자격증 한 번에 따기

비서 1급

기출문제 정복하기

PREFACE

· ·

과거의 비서가 상사로 하여금 본연의 업무를 효율적으로 수행할 수 있도록 보좌하는 역할에 그쳤다면 현재의 비서는 최고경영자는 물론 조직 내의 다른 사람들이 업무를 원활하게 수행할 수 있도록 전반적인 관리를 하는 전문가(office professional)의 역할을 담당하고 있다. 이러한 비서의 역할을 충실히 수행하기 위해서는 어학능력, 경영이론, 사무실무, 대인관계 등 다방면의 전문지식과 보좌능력에 더하여 조직의 운영과 관리에 관여할 수 있는 실제적인 관리 능력이 필요하다.

우리 기업의 세계화 및 외국 기업의 한국 진출로 인하여 실력 있는 전문비서에 대한 수요가 늘고 있다. 이럴 때 일수록 비서의 역할과 비서 고용에 대해 새롭게 인식하고 전문비서만의 영역을 구축해야 한다. 대학 비서학과를 중심으로 비서학에 대한 지식과 이론이 체계화 되어 가고 있으며, 기업에서도 비서학 전공자인 전문비서를 선호하는 추세에 있다. 비서과에 진학하려는 학생들과 비서 자격증에 응시하는 수험생들이 증가하는 것은 이러한 사회적 요구를 반영한 것이라고 할 수 있다.

본서는 2016년부터 2020년까지의 최근기출문제를 자세한 해설과 함께 수록함으로써 기출경향을 확인하고 시험 준비의 마무리를 가능하도록 하였다.

① 비서자격시험의 유형을 파악할 수 있도록 최근 5년간의 기출문제를 수록하였다.

② 기출문제를 연도별로 구분하여 문제의 경향을 한눈에 확인할 수 있도록 구성하였다.

③ 문제마다 상세한 해설을 수록하여 핵심이론을 함께 익힐 수 있도록 하였다.

신념을 가지고 도전하는 사람은 반드시 그 꿈을 이룰 수 있습니다. 서원각이 수험생 여러분의 꿈을 응원합니다.

INFORMATION

⊘ 소개
경영진이 행정업무로부터 벗어나 많은 시간을 중대한 의사결정에 집중하기 위해서는 비서의 역할이 중요하다. 〈비서〉는 경영진을 보좌하는데 필요한 전반적인 실무능력을 평가하는 국가기술자격시험이다.

⊘ 응시자격
제한 없음

⊘ 시험과목

등급	시험방법	시험과목	출제형태	시험시간
1급	필기시험	비서실무, 경영일반, 사무영어, 사무정보관리	객관식 80문항	80분
	실기시험	워드프로세서, 컴퓨터활용능력, 한글속기, 전산회계운용사 종목 중 택일	선택종목 기준따름	
2급	필기시험	비서실무, 경영일반, 사무영어, 사무정보관리	객관식 80문항	80분
	실기시험	워드프로세서, 컴퓨터활용능력, 한글속기, 전산회계운용사 종목 중 택일	선택종목 기준따름	
3급	필기시험	비서실무, 사무정보관리, 사무영어	객관식 60문항	60분
	실기시험	워드프로세서, 컴퓨터활용능력, 한글속기, 전산회계운용사 종목 중 택일	선택종목 기준따름	

⊘ 합격결정기준
① 필기 : 매 과목 100점 만점에 과목당 40점 이상이고 평균 60점 이상
② 실기 : 선택 종목(워드, 컴활, 전산회계, 속기)의 합격 결정기준에 따름

⊘ 비서 실기 시험 과목(선택종목)

① 비서 실기 종목은 합격한 비서 필기 급수에 해당하는 비서 실기 선택(면제)종목 중 택일하여 선택한 종목의 실기 시험에 응시하여 합격하면 비서 자격 취득으로 인정한다.

② 비서 필기 합격년도에 따른 비서 실기 선택(면제)종목은 아래 표를 참고한다.

③ 또한 기존 자격 취득자(워드프로세서, 컴퓨터활용능력, 한글속기, 전산회계운용사)는 비서 실기 면제가 가능하다.

④ 비서 선택종목 기 자격취득자가 비서 실기를 면제 받고자 하면 비서 필기 유효기간 내에 홈페이지 또는 방문 신청 해야 한다.

⑤ 국가기술자격법 개정에 따라 2012년 1월 1일 이후 비서실기 선택(면제)종목이 변경된다.

⑥ 시험과목

자격종목	2012년 이후 비서실기 선택(면제)종목
비서 1급	워드프로세서(구 1급) 컴퓨터활용능력 1급 · 2급 한글속기 1급 · 2급 전산회계운용사 1급 · 2급 중 택일
비서 2급	워드프로세서(구 1급) 컴퓨터활용능력 1급 · 2급 한글속기 1급 · 2급 전산회계운용사 1급 · 2급 중 택일
비서 3급	워드프로세서(구 1급) 컴퓨터활용능력 1급 · 2급 한글속기 1급 · 2급 · 3급 전산회계운용사 1급 · 2급 · 3급 중 택일

⊘ 검정 수수료

① 필기 : 17,500원

② 실기 : 선택 종목 검정 수수료

⊘ 출제기준

필기 과목명	주요항목	세부항목	세세항목
비서 실무 (20문항)	1. 비서개요	1. 비서역할과 자질	• 비서직무 특성 • 직업윤리 및 비서윤리 • 비서의 자질 • 비서의 역량(지식, 기능, 태도)
		2. 비서의 자기개발	• 시간관리 • 스트레스 관리 • 경력관리
	2. 대인관계업무	1. 전화응대	• 전화 수·발신 원칙 및 예절 • 전화선별 • 직급/상황별 전화연결 • 국제전화 사용방법 • 전화부가서비스 종류 및 활용 • 전화메모 및 기록부 작성 및 관리
		2. 내방객 응대	• 내방객 응대 원칙 • 내방객 응대 준비 • 내방객 맞이 및 선별 • 내방객 면담 중 업무 • 내방객 배웅 및 종료 업무 • 내방객 기록 관리 • 내방객 응대 예절(명함, 소개, 안내, 상석, 다과 예절 등)
		3. 인간관계	• 상사 및 조직구성원과의 관계 • 고객 및 이해관계자와의 관계 • 직장예절 • 갈등 및 스트레스 관리
	3. 일정 및 출장 관리	1. 일정	• 일정관리 원칙 • 비서업무일지 작성법 • 일정표 작성법(일일/주간/월간) • 일정관리절차(계획/정보수집/조율/보고) • 다양한 일정관리 방법의 활용
		2. 예약	• 예약 종류별 예약필요지식 • 예약 종류별 예약방법 및 절차 • 예약 이력정보
		3. 출장	• 출장 일정표작성 • 교통·숙소 예약방법 및 용어 • 국내/해외 출장준비물 • 기타 출장 전 업무 • 출장 중 업무 • 출장 후 사후처리 업무

4. 회의 및 의전관리	1. 회의관리업무	• 회의의 종류 및 좌석배치 • 회의 전 업무 • 회의 중 업무 • 회의 사후 업무 • 원격통신회의 지원 업무 • 회의관련 지식(회의 용어, 회의록 구성요소 등) • 회의록 작성 및 관리	
	2. 의전 지원업무	• 의전원칙과 절차(서열 기준, 좌석 배치 등) • 의전 관련 지식(용어, 복장 지식, 국기게양, 비즈니스 매너 등) • 식사예절 및 선물예절 • 행사 의전계획(1급) • 국가별 문화 이해(국가별 응대 금기사항 등)	
5. 상사 지원업무	1. 보고와 지시	• 보고의 일반원칙 • 보고 방법(구두, 문서, 문자 등) • 지시받기와 전달 • 직장 화법 • 실용한자	
	2. 상사 정보 관리	• 상사신상카드 작성 • 상사의 네트워크 관리 • 상사의 개인정보 관리 • 상사의 대외업무 관리(홍보 업무, 기사 작성 방법 등)	
	3. 총무	• 회사 총무업무 이해 • 경비처리 • 경조사 업무	
	4. 사무환경 및 비품관리	• 사무용품 및 비품 용어 • 사무환경 관리(상사실, 회의실, 비서실, 탕비실 등) • 사무비품 관리 • 간행물 관리	
경영 일반 (20문항)	1. 경영환경 및 기업형태	1. 경영환경	• 경영환경의 개념 • 경영환경의 이해관계자 특성 • 경영현황 지식 • 기업윤리 • 글로벌 경영의 이해(1급)
		2. 기업형태	• 기업형태 • 중소기업과 대기업 • 기업의 인수 · 합병
	2. 경영관리	1. 경영조직관리	• 경영자 역할의 이해 • 경영관리의 기능 • 경영조직과 유형변화 • 경영전략(1급) • 조직문화의 개념
		2. 조직행동관리	• 동기부여 • 리더십 • 의사소통

		3. 경영활동	1. 기능별 경영 활동	• 마케팅 일반 • 인적자원관리 일반 • 경영정보 일반 • 회계 일반 • 재무 기초(1급)
			2. 시사경제	• 실생활 중심 경제 • 시사 · 경제 · 금융용어
사무 영어 (20문항)	1. 비즈니스 용어 및 문법	1. 비즈니스 용어	• 비즈니스 기본 단어 및 약어 • 거래, 회계, 인사 · 조직 용어 • 영문 부서명과 직함명 • 사무기기 및 사무용품 용어
		2. 영문법	• 영문법의 정확성
	2. 영문서 지원업무	1. 영문서 구성 내용 및 형식	• 비즈니스 레터 구성요소 및 스타일 • 봉투 수 · 발신 및 우편 처리 방법 • 이메일 • 사내연락문 • 팩스 • 기타 비즈니스 영문서(이력서, 커버레터, 회의통지문, 구매주문서 (Purchase Order), 출장일정표(Itinerary), 일정표(Schedule), 전화메 모, 초청장, 감사장 등)
		2. 영문서 내용 이해	• 상황별 영문서 내용 파악(알림, 약속, 취소, 불만, 조의, 축하, 문의, 주 문, 요청, 예약, 감사, 초청 등)
		3. 영문서 수 · 발신 처리	• 영문서 수신 및 전달
		4. 영문서 작성	• 상황별 영문서 작성(회신 문서, 회의 통지문, 출장 일정표 작성 등) • 상황별 표현의 적절성
	3. 비서 영어회화 업무	1. 전화응대	• 응대 인사(수 · 발신) • 용건 파악 • 메시지 전달 • 전화 연결 • 상황별 응대(상사 부재 시 응대, 상사 통화 중 응대, 상사 회의 중 응 대 등)
		2. 내방객 응대	• 내방객 맞이 • 약속확인 또는 용건파악 • 안내 • 접대 • 배웅 • 상황별 응대(상사 부재 시 응대, 상사 통화 중 응대, 상사 회의 중 응 대 등)
		3. 일정에 따른 예약	• 교통수단 예약(항공, 철도, 버스 등) • 식당 · 호텔 예약 • 예약 관련 지식 • 일정 계획 및 조율
		4. 지시와 보고	• 지시받기 • 보고하기

사무 정보 관리 (20문항)	1. 문서작성	1. 문서작성의 기본	• 문서의 이해(2급) • 문서의 작성목적(2급) • 문서의 형식 · 구성요소 • 문서의 종류 • 공문서의 작성 • 문서의 결재 • 문장부호의 기능과 사용법 • 한글 맞춤법
		2. 각종문서 작성	• 의례문서 작성 • 업무문서 및 거래문서의 작성 • 이메일 작성 • 기타 문서 작성(편지병합, 라벨작성 등)
	2. 문서관리	1. 문서관리	• 문서관리 원칙 • 목적 · 수신대장 · 처리단계에 따른 문서의 분류 • 명함관리방법 • 문서 수 · 발신 처리방법 • 우편관련 업무 • 문서 정리 방법
		2. 전자문서관리	• 전자문서의 종류 및 정리방법 • 종이문서를 전자문서화 방법 • 저장매체에 대한 이해 • 전자문서관리 시스템 • 전자결재시스템(1급)
	3. 정보관리	1. 정보분석 및 활용	• 정보수집 및 검색방법 • 인터넷 활용 일반 • 정보 선별 능력 • 그래프와 도표 이해 및 활용 • 프레젠테이션 활용 • 각종 검색 매체의 특성과 활용 • 데이터베이스 활용 • 정보 분석 및 이해
		2. 보안관리	• 정보보안 관리 • 기밀문서에 대한 보안원칙 • 컴퓨터 정보보안 지식
		3. 사무정보기기	• 사무정보기기 활용 • 어플리케이션 활용 • 컴퓨터와 스마트 모바일기기 특성과 활용

STRURCUTRE

10 2020년 11월 8일 시행

비서실무

비서의 자질과 태도에 관한 설명 중 가장 적합하지 않은 것은?

① 다양한 사무정보 기기를 능숙히 다루기 위하여 많은 노력을 기울인다.
② 바쁜 업무시간 틈틈이 인터넷 강의를 들으며 외국어 공부를 한다.
③ 평소 조직 구성원들과 호의적인 관계를 유지하기 위해 노력한다.
④ 상사의 직접적인 지시가 없어도 비서의 권한 내에서 스스로 업무를 찾아 수행한다.

2 아래는 전문 분야에서 일하고 있는 비서들의 경력개발 사례이다. 가장 적절한 것은?

① A : A씨는 국제기구의 사무총장 비서이다. 다음 달에 상사가 국제회의에 참석하셔야 하므로 이에 대비

최신 기출문제를 비롯하여 그동안 시행된 기출문제를 수록하여 출제경향을 파악할 수 있도록 하였습니다. 기출문제를 풀어봄으로써 실전에 보다 철저하게 대비할 수 있습니다.

---

② Mr. Trevor wanted to see Mr. Chang yesterday, but hecouldn't.
③ Mr. Chang already looked through today's schedule thismorning.
④ Ms. Lee is Mr. Trevor's secretary.

is Mr. Chang의 비서이다.

제가 들어가서 오늘 스케줄에 대해 말씀드려도 될까요?
침에 집을 나서기 전에 훑어봤지만, 들어오세요 Ms. Lee, 다시 한 번 확인해도 나쁘지 않죠?
요, 실은, 어제 당신이 집으로 떠난 후 재무부의 Mr. Trevor가 들렀었습니다. 그는 내년 프로젝트를 위한 자금에 대
려고 당신을 만나고 싶어했습니다.
급 그를 만날 수 있어요.
요, Mr. Trevor는 지금 부서 회의입니다. 그는 11시에 당신을 만나러 올 것입니다. Mr. Chang, 11시부터 정오까지
일정이 없습니다.
B : 11시 좋아요. 그가 여기에 오면 알려주세요. 또 다른 건 없습니까?
S : 제5차 서울중소기업경영자총협회 면처총회에 참석하실 예정이십니다.
B : 회의가 몇 시에 있고 어디로 가야 하나요?
S : ABC 호텔에서 오후 6시입니다. 퇴근 시간이기 때문에 적어도 한 시간 일찍 떠나시길 권합니다.
B : 네, 감사합니다. Ms. Lee.:

매 문제 상세한 해설을 달아 문제풀이만으로도 학습이 가능하도록 하였습니다. 문제풀이와 함께 이론정리를 함으로써 완벽하게 학습할 수 있습니다.

CONTENTS

비서 1급 기출문제정복

01	2016년 5월 22일 시행	14
02	2016년 11월 20일 시행	63
03	2017년 5월 14일 시행	114
04	2017년 11월 12일 시행	159
05	2018년 5월 13일 시행	210
06	2018년 11월 13일 시행	254
07	2019년 5월 13일 시행	298
08	2019년 11월 10일 시행	338
09	2020년 5월 10일 시행	384
10	2020년 11월 8일 시행	428

비서
1급

기출문제 정복하기

1과목 비서실무

1 다음 중 전문비서 윤리강령의 내용과 가장 부합하는 비서의 태도는?

① 퇴근 후 비서모임 세미나에서 회사 고객사의 신사업 내용을 주제로 기획 아이디어 토론을 한다.

② 임원 비서로서 모든 업무는 동료들과의 팀워크보다 임원의 업무 만족도 증진을 우선으로 한다.

③ 자원 및 환경보존이라는 직무 윤리를 이행하고자 종이컵 사용 절제를 실천하여 경험을 공유해 본다.

④ 비서직무수행효과 제고를 위해 상사에 대한 충성심은 조직 순응보다 우선시 된다.

ANSWER 1.③

1 전문비서 윤리강령
　㉠ 직무에 관한 윤리
　　• 상사 및 조직과 고객의 기밀 유지 : 비서는 업무와 관련하여 얻게 되는 상사나 조직 또는 고객에 대한 정보의 기밀을 보장하고 업무 외의 목적으로 기밀 정보를 사용하지 않는다.
　　• 조직과 상사와의 관계 : 비서는 전문적인 지식과 사무능력을 보유하고 업무를 효율적으로 수행함으로써 상사와 조직의 이익을 증진시킨다.
　　• 예의와 정직 : 비서는 항상 상사와 고객에게 예의를 갖추어 친절하게 대하며 직무수행에 있어 직위의 범위를 벗어나는 언행을 삼가고 정직하게 임하여 신뢰를 받도록 노력한다.
　　• 동료와의 관계 및 팀워크 : 비서는 존중과 신뢰를 바탕으로 동료들과의 관계를 협조적, 우호적으로 유지하여 효과적인 팀워크를 이루어 나갈 수 있도록 노력한다.
　　• 보상 : 비서는 최선의 업무결과에 대한 정당한 대우를 받을 권리가 있으나 부당한 목적을 위해 제공되는 보상에 대해서는 응하지 않는다.
　　• 자원 및 환경보존 : 비서는 업무수행 시 경비절감과 자원절약, 환경보존을 위해 노력한다.
　　• 직무수행 봉사정신 : 비서는 자신의 직무와 관련된 사항에 대해 직무수행 효과를 제고한다.
　㉡ 전문성에 관한 윤리
　　• 전문성 유지 및 향상 : 비서는 지속적인 자기개발을 위해 교육훈련프로그램에 적극적으로 참여함으로써 비서로서의 전문성을 유지 및 향상시킨다.
　　• 전문직 단체 참여 : 비서는 자신의 전문성을 향상시킬 수 있는 전문직 단체에 참여하여 정보교환과 상호교류를 통해 비서직 성장 발전과 권익 옹호를 도모한다.
　　• 품위유지 : 비서는 직업의 명예와 품위 향상을 위하여 노력한다.
　　• 사회봉사 : 비서는 지역사회의 발전 및 공공의 이익을 도모할 수 있는 각종 봉사활동에 적극적으로 참여한다.

2 다음은 보람생명보험 회장실 비서 김혜진 과장에 대한 설명이다.

> 보람생명보험 회장실 비서 김혜진 과장의 프로필은 다음과 같다. 삼십대 중반의 나이, 회장실 비서경력 12년차, 결혼 2년차, 그리고 식품영양학과 출신이다.
>
> 누구보다 아침을 일찍 시작하는 김혜진 과장, 7시 출근 4시 퇴근의 회사 규정 때문이기도 하지만 아침을 여유롭게 시작해야 하루가 즐겁다고 말한다. 회장실 비서경력 12년차로 같은 분을 12년 보좌했지만 아직까지 어려운 부분이 있다. 물론 많은 부분에서 익숙하고 업무상으로도 잘 알고 있지만 스스로가 매너리즘에 빠지지 않으려고 매사에 노력한다고 한다.
>
> 주요업무로는 회장님의 전반적인 스케줄 관리, 대외자료 정보보고, 문서관리, 수신/발신업무, 사장실 비서관리 등을 주 업무로 하고 있다. 그리고 관계사 후배비서들을 대상으로 일년에 1~2번 정도 특강 형식의 교육을 진행하게 되는 경우도 있다. 또한 그녀는 요즘 비서직으로 첫발을 내딛는 후배들의 경우에는 비서교육에서 배운 이론과 실제 현업무의 차이점 때문에 괴리감 및 심한 스트레스를 받는 사람이 많다며 안타까운 마음을 나타냈다.

위의 내용으로 보아 김혜진 과장이 자신의 경력 개발을 위해 확대해 나갈 수 있는 업무 분야로 가장 적절하지 않은 것은?

① 신입사원 교육훈련
② 사내 정책수립
③ 비서 인사관리
④ 비서 전문가 대외활동

3 창업주이던 상사 부친의 장례를 회사장으로 치르기로 결정하였다. 비서 A양이 언론자료를 작성하여 신문사에 보낼 때 반드시 들어가야 할 내용이 아닌 것은?

① 고인의 가족관계
② 고인의 약력과 업적
③ 장례위원장의 직함과 이름
④ 빈소, 발인, 장지 정보

ANSWER 2.② 3.③
....

2   ② 사내 정책수립은 비서인 김혜진 과장의 경력 개발에 적절하지 않다.

3   회사장에 대한 언론자료에는 고인의 가족관계, 고인의 약력과 업적, 빈소, 발인, 장지 정보 등이 반드시 들어가야 한다.

※ 다음 상황을 읽고 해당 질문에 답하시오. 【4~5】

> 김일구 사장 비서 송선미는 본인이 회의에 참석하는 동안 걸려올 전화응대를 후배 비서 황하나에게 부탁하였다.
> 회의 종료 후 황하나로부터 다음과 같은 전화메모를 받았다.
>
> > 자리를 비우신 동안에 <u>사장님께서 런던에 계시는 박영구님</u>으로부터 전화가 왔었습니다.
> > 2016년 3월 31일 오후
> > 발신자 : 박영구
> > ● 전화 요망(TEL : 44 7751 653992)
> > ○ 다시 거시겠다고
> > ○ 그냥 전화했다고만
> > ○ 급한 용무시라도
> > ○ 기타

4 황하나가 작성한 위 전화메모의 보완 요소로 다음 중 그 우선 순위가 가장 낮은 것은?

① 전화 수신 시각　　　　　　　　② 발신자 소속기관과 메시지
③ 발신자가 통화가능한 시간대　　④ 수신자명과 국가통화번호

5 다음 중 김일구 사장과 박영구의 전화연결을 하기 전 송선미가 점검해야 할 내용으로 연관성이 가장 낮은 것은?

① 영국의 국제전화 국가번호 재확인
② 국제전화 제3자 요금부담 서비스
③ 회사에서 계약 체결된 국제전화 할인 서비스 제공 통신 사업자 제공번호
④ 런던의 지역번호 재확인

ＡNSWER 4.④ 5.②

4　전화 수신 시각, 발신자 소속기관과 메시지, 발신자가 통화가능한 시간대는 통화 종료 후에는 정확하게 확인하기가 어렵다.
　　④ 수신자명과 국가통화번호(44, 영국)는 해당 메모를 통해 차후에도 알 수 있다.

5　비서 송선미는 김일구 사장이 박영구에게 전화연결을 하기 전 영국의 국제전화 국가번호와 런던의 지역번호를 재확인하고, 회사에서 계약 체결된 국제전화 할인 서비스 제공 통신 사업자가 있다면 그 제공번호를 확인해야 한다.

6 상사는 Mr. Petre Jones의 10월 1~2일의 서울방문을 맞이하여 Mr. Jones와 함께 우리 회사의 주요거래처를 방문하고자 한다. 상사는 주요 거래처 10곳의 명단을 주며 방문 일정을 잡아보라고 지시하였다. 다음 중 비서가 고려해야 할 사항으로 바람직한 것으로만 묶은 것은?

A. 지리적으로 가까운 거래처를 묶어 이동거리를 최소화한다.
B. 중요한 거래처부터 면담약속을 잡은 후 시간 여유가 되면 다른 거래처와 약속을 잡는다.
C. 일정표 잡을 때 거래처 근처의 맛집이나 식당을 찾아본다.
D. 면담을 초안이 나오면 Mr. Jones에게 일정 수정이 쉽지 않다는 코멘트와 함께 일정이 모두 확인되었음을 알린다.
E. 식당은 Mr. Jones와 상사의 선호도를 판단하여 결정한다.
F. 점심식사는 거래처와 함께 하도록 일정을 수립하고 거래처의 접대 예산으로 구분한다.
G. 되도록이면 마지막 날은 Mr. Jones와 우리 회사측 인사들과 방문을 정리하는 미팅을 가질 수 있는 시간을 마련한다.

① A, B, C, D, E, G
② A, B, C, E, G
③ A, B, C, E, F, G
④ A, B, C, D, E, F, G

7 다음의 내용 중 비서의 경력개발을 위한 자세로 가장 부적절한 것은?

① 외국계 회사의 비서직 업무 수행을 해외 MBA 취득의 수단으로 활용한다.
② 본인이 속한 조직의 업종에 관련한 공부를 지속적으로 하여 향후 동종업계 이직 기회 발생 시 경력 요소로 활용한다.
③ 사내 프로젝트 및 기획에 대한 업무 참여를 통하여 기획에 대한 내용을 익히려고 노력한다.
④ 우편물, 문서, 업무일지 등을 통한 직무분석을 통해서도 개인 역량을 증진시킬 수 있음을 이해한다.

ANSWER 6.② 7.①

6 D. 일정표 초인은 수정이 가능해야 한다. Mr. Jones에게 일정 수정이 쉽지 않다는 코멘트와 함께 일정이 모두 확인되었음을 알리는 것은 바람직하지 못하다.
   F. 점심식사를 거래처와 함께 하도록 일정을 수립하고자 한다면 우선 거래처에 일정을 확인해야 하며, 우리 회사의 접대 예산으로 구분한다.

7 ① 비서직 업무 수행을 자신의 MBA 취득 수단으로 활용하는 것은 부적절하다. 경력개발과 업무가 주객이 전도되어서는 안 된다.

8 상사는 다음 달에 국제금융시장의 변화와 관련하여 국제금융 전문가를 모시고 외부회의를 개최하고자 한다. 초청인원은 약 50명 정도이고 사내에서는 10여명 정도가 참여한다. 회의 시간은 오전 9시부터 오후 5시까지이다. 회의 준비와 관련하여 김비서의 업무 처리로 가장 적절하지 않은 것은?

① 김비서는 일시, 장소, 프로그램, 예산, 참석자 명단 등이 포함된 회의기획안을 작성하여 상사의 승인을 받는다.

② 회의 초대장은 회의일보다 최소 15일 전에 초청자들이 받을 수 있도록 한다.

③ 불참의사를 밝힌 주요 인사의 경우 다시 연락하여 참석을 부탁한다.

④ 외국인 참석자들을 위해 통역 수신기를 참석자의 수보다 조금 더 준비한다.

9 한결상사에 근무중인 강비서는 대표이사를 보좌하고 있다. 강비서의 상사는 공식 행사 참석이 빈번하여 행사 드레스 코드에 대해 잘 이해하고 있어야 한다. 다음 중 드레스 코드에 대한 설명으로 옳지 않은 것은?

① 일반 행사는 평상복이 원칙이다.

② 야회복(white tie)은 상의의 옷자락이 제비 꼬리 모양을 하고 있어 연미복(tail coat)이라고도 하는데 무도회나 정식 만찬 또는 저녁 파티 등에 사용된다.

③ 약식 야회복(black tie)은 턱시도(tuxedo)라고도 하며, 정식 만찬 이외의 모든 저녁파티에 입는 격식을 갖춘 정식 야회복이다.

④ 평상복(informal)은 lounge suit, business suit라고도 한다. 평상복의 색깔은 진한 회색이나 감색이 적합하며, 재킷과 바지의 색깔이 다른 것을 입어서는 안 된다.

10 상사의 해외출장시 수명(受命)과 보고에 대한 비서의 자발적인 행동으로 가장 바람직하지 않은 것은?

① 상사 출장지인 해외에서도 전자결재가 가능하므로, 업무지연을 막기 위해 평상시와 같이 상사의 결재를 받도록 관련부서에 전달하였다.

② 상사 출장시 상사 업무대행자에게 사안을 보고하여 상사의 부재를 최소화하였다.

③ 상사 출장 중에 상사의 회신을 요하는 통신문이나 우편물은 우선순위를 정하여 상사에게 알려 회신이 늦어지지 않도록 하였다.

④ 매일 회사의 주요사안 및 중요 인물의 전화, 방문 등을 브리핑하는 이메일을 보내고 보충설명이 필요한 경우 상사와 통화 하였다.

ＡNSWER 8.③ 9.③ 10.①

8 ③ 불참의사를 밝힌 사람에게 다시 연락하여 참석을 부탁하는 것은 바람직하지 않다.

9 ③ 약식 야회복(Black tie)은 일종의 만찬복으로, 19세기 영국의 dinner coat를 뉴욕의 Tuxedo Club에서 연미복 대신에 착용한 데서 '턱시도(Tuxedo)'라는 이름으로 부르게 되었다. 예식적인 정식 만찬 이외의 모든 저녁파티, 극장의 첫 공연, 음악회, 고급 레스토랑이나 유람선에서의 만찬 등에 입는 편리한 약식 야회복이다.

10 ① 상사가 해외출장시에는 관련부서에 이를 알리고 평상시와는 다르게 결재에 있어 유동적으로 조율하는 것이 바람직하다.

※ 다음 지문을 읽고 물음에 답하시오. 【11~12】

신입비서인 한 비서는 근무한지 어느덧 6개월이 되었다. 어느 정도 익숙해졌다고 생각했으나 다섯분의 이사님을 모시는 것은 언제나 힘들었고 유난히 일정관리에 있어서 애를 먹고 있었다. 특별히 A이사님과 B이사님은 한 비서가 가장 업무에 애로를 겪고 있는 상사이다.

A 이사님은 수요일부터 출장 일정이 잡혀 있다는 말을 그 전날 듣거나 약속 일정 변경 시 아무런 지시사항을 받지 못하기가 일쑤였다. 그래서 이사님의 책상에 일정표를 작성하여 올려놓고 이사님께서 약속시간이 변경되었거나 갑자기 출장 일정이 잡힐 경우 수정할 수 있도록 조치를 취했다. 그러나 바쁜 일정으로 이사님의 일정표를 수정하기란 힘든 일이었다. 이러한 상황이 계속되면서 불만은 늘어만 갔다.

B 이사님의 경우는 지시 사항을 받을 때 발음이 부정확해서서 알아듣기가 힘이 든다. 하루는 급한 목소리로 "이이사 좀 불러 줘."라고 지시하셨다. 나는 급히 연락을 취했고 잠시 후에 이 이사님이 오셨다. 한참 뒤에 이 이사님이 나오시더니 나에게 한마디 하셨다. "이 기사를 부르셨는데 왜 날 불렀어요. 한 비서 때문에 시간만 낭비했잖아요."하시면서 불쾌한 표정으로 나가셨다. 잠시 후에 이사님이 나오셔서 "내가 이 기사에게 연락했으니 연락할 필요 없다."는 말씀을 하시고 외출을 하셨다. B 이사님의 발음에 문제가 있는 것인지 아니면 나의 귀에 문제 있는 것인지 많은 고민을 했다.

---

11 다음 중 한 비서가 자신의 업무상황에 대한 문제해결을 위해 가장 적절한 태도는 무엇인가?

① 인사부에 자신의 애로사항을 얘기하고 부서변경을 요청한다.

② 다섯 명의 상사일정관리가 가장 어려움이 많은 업무이므로, 각 이사들에게 수시로 발생하는 일정은 스마트폰 앱에 직접 입력을 부탁드린다.

③ A 이사의 일정을 각별히 신경 쓰고 자주 일정에 대해 묻고 확인한다.

④ B 이사의 기분이 좋을 때 발음을 정확히 해주시면 감사하겠다고 진솔하게 부탁드린다.

ANSWER 11.③

11 ③ 일정을 직전에 알려주거나 일정 변경 시 아무런 지시사항을 하지 해주지 않는 A이사의 일정은 각별히 신경 쓰고 자주 일정에 대해 묻고 확인하는 것이 좋다.

12 다음 중 한 비서가 B 이사님과 이 이사님께 실수한 상황에 대한 대처방안으로 가장 적절한 것은 무엇인가?

① 외출하시는 B이사님을 따라가서 죄송하다고 말씀드리고, 주의하겠다고 말씀드린다.

② 이 이사님께 사과를 못 드렸으므로 집무실에 찾아가 죄송하다고 말씀드린다.

③ 이 기사님께 연락드려 외출하신 B 이사님의 기분이 어떤지 알아보고 돌아오시는대로, 바로 집무실에 들어가서 부주의함을 죄송하다고 말씀드린다.

④ 선임비서나 다른 비서들에게 B 이사님의 발음을 잘 알아들을 수 있는지 물어보고 자신의 문제점을 파악하여 개선하려고 노력한다.

13 오피스 매니저 이선영은 사내 전직원의 해외 워크샵을 준비 중이며, 다음은 행사의 간단한 개요이다. 행사 경비의 효율적 관리를 위하여 오피스 매니저가 취한 행동으로 가장 바람직한 것은?

> 워크샵 목적 : 사내 소속 임직원 및 가족 포함 90명의 리더십 훈련
> 워크샵 장소 : 아시아 지역 내 휴양지 리조트
> 워크샵 시기 : 12월 둘째주 3박 4일
> 워크샵 프로그램 : 한 해 비즈니스 리뷰 및 임직원 단결을 위한 단체 스포츠 경기

① 사내 직원의 지인이 운영하는 여행사를 섭외하여 경비 절감을 요청한다.

② 해외 워크샵 여행의 시기에 다른 경비 차이가 커서 워크샵의 시기를 비수기 시즌으로 조정할 수 있는지의 여부를 상사에게 타진해 본다.

③ 인터넷 검색을 통하여 저렴함 단체 여행 상품을 선택하여 가능하면 워크샵 일정을 그 상품 프로그램에 맞추도록 조정한다.

④ 임원의 다른 출장일정과 연계하여 여행 경비를 출장비에 포함시킬 수 있도록 유도한다.

ANSWER 12.③ 3.②

12 ③ 우선 이기사님을 통해 상사의 기분이 어떤지 파악하고, 업무를 마치고 돌아오신 후 부주의함을 사과드리는 것이 바람직하다.

13 ① 여행사는 공정한 방식으로 선정해야 한다.
③ 워크샵 일정에 맞는 상품 프로그램을 찾는 것이 바람직하다.
④ 여행 경비를 출장비에 포함시켜서는 안 된다.

14 다음 중 아래의 상황에서 비서가 업무를 처리한 내용으로 가장 적절하지 못한 것은?

> 결혼 후 대전으로 이사하여 새 직장에 취업한 최 비서는 상사가 해외출장 중에 아래와 같은 전화를 받았다. "안녕하십니까. 한밭신문 박홍만 기자입니다. 이번에 귀사에 대한 홍보 기사를 싣게 되었는데, 사장님의 성함과 출신학교 등 몇 가지 사항을 확인하고자 전화 드렸습니다."

① 회사의 홍보에 도움이 되는 내용인지를 판단해서 가능한 범위 내에서 알려준다.

② 회사 홍보 관련 업무를 맡고 있는 홍보실 담당자에게 전화를 연결해 준다.

③ 지금 사장님이 출장 중이라고 하고 연락처를 받아 놓는다.

④ 인터넷으로 한밭신문을 검색하여 어떤 성격의 매체인지 확인해 보았다.

15 김영희 비서는 한일법률사무소에서 법률비서 업무를 수행하고 있는 경력 3년차 비서로 총무 업무와 변호사 비서 업무를 같이 수행하고 있다. 다음 총무업무 처리방식에 관한 내용 중 가장 적절하지 않은 것은?

① 상사의 소액 현금(petty cash) 관리는 금전출납부에 기입하고 영수증과 같은 증빙서류는 따로 보관해 두었다가 관련 부서에 제출한다.

② 회계부서가 따로 있는 사무소에서도 로펌비서는 재정에 관련된 기록들인 회계장부, 영수증, 전표 등을 관리하고 회계사의 업무를 보조하는 등의 재정 업무에 관여한다.

③ 법 소송 업무와는 달리 자문 업무는 변호사들의 소요된 시간 및 실제 비용을 기준으로 비용이 산출되므로, 김 비서는 시간 기록 및 정리, 수임료 청구 및 회수의 업무를 처리하고 있다.

④ 상사가 사용한 카드의 매출 전표는 카드명세서가 도착하면 내역을 확인한 후 폐기 후 카드명세서를 증빙으로 보관해 둔다.

ANSWER 14.① 15.④

14 ① 사장님의 성함과 출신학교 등 상사의 개인정보에 대하여 자신의 판단으로 외부에 알려주는 것은 바람직하지 않다.

15 ④ 카드 매출 전표는 폐기하지 않고 보관해 두어야 한다.

16 다음은 비서가 상사로부터 받은 명함이다. 이 중 ㈎, ㈏의 명함을 바르게 읽은 것은?

㈎	韓國機械研究員 先任研究員 朴詳葉 서울市 江南區 三成洞 167番地 電話 538-1234	㈏	株式會社 巨圓 代表理事 金容喆 서울市 鍾路區 苑西洞 181番地 電話 738-1354
㈐	Mr. Richard Davies Marketing Director Unicon Korea 20th Fl.. Kyobo Bldg..1. Jongno 1-ga. Jongno-gu. Seoul 110-714	㈑	Mr. Martin Cohen Managing Director Walter Adventure Korea 3rd Fl.. Center Plaza Bldg.. 1307. Seocho-dong. Seocho-gu. Seoul 137-070

① ㈎한국기계연구원 선임연구원 박상기
② ㈎한국기계연구원 선임연구원 박세기
③ ㈏주식회사 거도 대표이사 김용길
④ ㈏주식회사 거원 대표이사 김용철

16 ㈎ 한국기계연구원 선임연구원 박상엽
　　㈏ 주식회사 거원 대표이사 김용철

17 다음의 의전 설명 중 가장 바르게 제시된 것은?

① 2개국 간 국제회의의 좌석배치(높은 서열순 1→5, a→e)

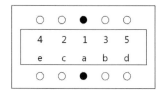

● 수석대표자

② 다수국 간 국제회의시 좌석배치(높은 서열순 A→Z)

높은 서열에서 낮은 서열 순

③ 비행기에서 상석은 비행기 종류에 따라 다르지만 최상석은 비행기 내부에서 보았을 때 앞쪽으로부터 왼쪽열 첫 번째 창가좌석으로 보는 경우가 많다.

④ 승강기에서 상석은 들어가서 오른쪽의 안쪽, 즉 내부에서 보면 왼쪽 안쪽이며, 상급자가 먼저 타고 먼저 내리는 것이 원칙이다.

※ 상사의 미국 출장 중 뉴욕과 시카고 지사 방문 일정이 포함되어 있으며, 다음은 뉴욕과 시카고 현지 지사로부터 받은 방문 일정 초안과 그에 따른 e-티켓 확약서이다. 이 자료를 토대로 다음 질문에 답하시오. 【18~20】

〈2016. 6. 20. 뉴욕 일정〉

시간	내용	비고
10:00	맨하탄 뉴욕지사 방문	
10:30~11:30	뉴욕매장 방문	
12:00	오찬	하동관
14:00	지사장 현황보고	
15:30~17:30	한식유통망 활성화 회의	

〈2016. 6. 21. 시카고 일정〉

시간	내용	비고
10:00	시카고 박람회장 도착	시카고 대학교(장소)
10:30~11:00	기조연설	
11:00~12:00	전시관 관람	
12:00~	오찬	메리어트 호텔
13:30	거래처 방문계획	

Passenger Name	KOH/YOUNGHEEMR	
Booking Reference	8297-4477	Restriction: NON-ENDS, NON-RER
Ticket Number 8986789093452		
Flight KE0893 Operated by KE		
Departure	서울(ICN/Incheon intl)	19JUN16 16:35 Local Time Terminal No. : 1
Arrival	뉴욕(EWR)	19JAN16 18:45 Local Time Termianl No. : 1
Flight Time	02H 10M	SKYPASS Miles 420
Seat type -	biz (Y)	Not Valid After 03JUL20
예약상태	Status OK	Baggage 1PC
Flight KE0877 Operated by DL(1874)		
Departure	뉴욕(JFK)	20JUN 07:35 Local Time Terminal No. : 2
Arrival	시카고(O'hara)	21JUN 08:50 Local Time Terminal No. : 2

Flight KE0898	Operated by DL(6758)	
Departure	시카고(O'hara)	24JUN16 12:35 Local Time Terminal No. : 1
Arrival	서울(ICN/Incheon intl)	16:10+1 Local Time Terminal No. : 1
Flight Time	02H 00M	SKYPASS Miles 420
Seat type -	biz (L)	Not Valid After 03JUL20
예약상태	Status OK	Baggage 1PC

18 비서 A양이 위의 자료 정보를 가지고 상사의 미국 출장을 위해 수행한 업무이다. 다음 중 가장 적절한 내용은?

① 뉴욕에서의 숙소는 1박으로 예약할 준비를 하되, 만약 상사가 20일 당일 도착을 원한다면 뉴욕 공항에 늦어도 오전 9시까지는 도착할 수 있는 비행기 일정이 있는지 다시 확인해 본다.

② 출장일정이 중간에 변경되는 상황에 대비하여 미리 대한 항공에 여정변경 여부를 물어보고 안 될 경우는 항공사를 변경한다.

③ 시카고에서의 숙소는 4박으로 예약하되 상사의 복귀 업무 일정은 25일부터 이루어질 수 있도록 일정을 짠다.

④ 시카고로 가는 비행기 탑승 시 출발지 숙소와 공항과의 거리를 감안하여 공항에 늦어도 오전 6시까지는 도착하도록 일정표에 기입한다.

ANSWER 18.④

18 ④ 시카고로 가는 비행기는 뉴욕(JFK)에서 07시 35분에 떠나므로 늦어도 오전 6시까지는 공항에 도착하도록 일정표에 기입한다.

19 상사가 위의 일정으로 출장을 갔을 때 비서의 업무처리 내용으로 가장 적절한 것은?

① 방문 면담을 원할 경우, 상대방을 확인해서 상사가 출장 중임을 밝히고 6월 24일 저녁부터 면담이 가능함을 알려드린다.

② 상사 출장 중 면담자 목록을 만들어 상사에게 실시간으로 보고하여 지시를 받는다.

③ 일정관리를 비서가 모두 일임을 받았을 경우, 상사가 출장에서 돌아온 후의 일정은 상사에게 보고 드린 후 확정한다.

④ 22일 오후에 상사와 급하게 연결해야 하는 전화가 있어서 상사에게 바로 문자를 남기고 시키고 숙소에도 메시지를 남겨 놓았다.

20 상사가 출장을 마치고 귀사 한 후 처리해야 할 비서의 업무로 가장 적절한 것은?

① 출장비용보고서를 작성할 때 출장지에서 사용한 법인카드의 내역을 출력하여 날짜별, 항목별로 기재하여 증빙으로 제출한다.

② 상사가 미국 출장지에서 받은 명함과 자료들을 정리하고 파일링하며, 결재서류는 날짜순으로 결재가 진행될 수 있도록 정리해 둔다.

③ 숙박비, 교통비 등이 회사여비규정에 맞게 집행되었는지 확인하여 정산하다.

④ 출장보고서에는 출장기간, 출장자 직위와 이름, 일정과 이용 교통편, 면담자 이름 및 면담 장소, 출장의 성과 등을 기재하여 해당 부서에 제출한다.

ANSWER 19.③ 20.②

19 ① 상사는 6월 25일 16시 10분에 서울에 도착 예정으로 24일 저녁에는 방문 면담이 불가능하다.
② 급한 용무가 아닐 경우 출장에서 돌아온 후 보고하여 지시를 받는다.
④ 22일은 상사의 일정이 없으므로 급하게 연결해야 하는 전화가 있을 경우 문자나 메시지를 남기기보다는 전화로 확인하는 것이 적절하다.

20 상사가 출장을 마치고 귀사한 때 우선적으로 처리해야 할 비서의 업무로는 출장 기간 동안 밀린 결재서류를 정리하여 결재가 진행될 수 있도록 하는 것과, 상사가 출장 중 업무와 관련하여 받은 명함과 자료들을 정리하여 파일링하는 것이 있다.

21 글로벌 경영과 관련된 다음 설명 중 가장 적절하지 않은 것은?

① 1947년, 23개국의 지도자들은 관세장벽과 수출입 제한을 제거하고 국제무역과 물자교류를 증진시키기 위해 국제적 포럼인 관세무역일반협정(GATT)을 출범시켰다.

② 세계무역기구(WTO)는 회원국들 간의 무역 관계를 정의하는 많은 수의 협정을 관리 감독하기 위한 기구로서 국가 간의 무역을 보다 자유롭게 보장해 준다.

③ 세계무역기구(WTO)는 1947년 시작된 관세 및 무역에 관한 일반협정(GATT) 체제를 대체하기 위해 등장했으며, 세계무역 장벽과 보호무역을 통해 국가경쟁력을 높이기 위한 목적을 가지고 있다.

④ 북미자유무역협정(NAFTA)은 미국, 캐나다, 멕시코 사이에 자유무역 지대를 형성하는 것을 목적으로 한다.

22 다음 중 일본 정부의 양적완화정책에 따른 엔화의 약세가 한국(국내) 관련 업종에 미치는 영향으로 가장 적절하지 않은 것은?

① 엔화 대출기업의 이자 부담이 늘어난다.

② 글로벌 시장에서 일본기업 대비 수출가격 경쟁력이 떨어진다.

③ 일본시장으로 제품 수출이 감소되고 성장이 위축된다.

④ 일본인 관광객 감소로 여행이나 관광업계의 매출이 감소한다.

ANSWER 21.③ 22.①

21 ③ 세계무역기구는 무역자유화를 통한 전 세계적인 경제발전을 목적으로 하는 국제기구이다.

22 엔화 약세란 엔화의 가치가 떨어지는 것으로 동일한 금액의 엔화를 원화로 환산했을 때 이전보다 적은 가치를 갖게 되는 것이다.
① 엔화 대출기업의 이자 부담이 줄어든다.

23 다음 중 기업윤리에 대한 설명으로 가장 적절하지 않은 것은?

① 기업윤리는 사회적 윤리에 관계되는 일반의 인식과 제도 및 입법의 기본 취지를 바탕으로 한다.

② 영리조직으로서 기업조직이 윤리경영을 실천하는 데는 단기적으로나 장기적으로 비용이 증가하고 효율성이 약화되는 측면이 존재한다.

③ 현대사회에서 기업윤리가 중요하게 대두되는 이유는 경영 활동의 윤리성이 기업의 내부적 이해관계자뿐만 아니라 외부적 이해관계자에게 미치는 영향이 크기 때문이다.

④ 세계적으로 비윤리적 기업 활동이 미치는 부정적 효과가 부각됨에 따라 주요 국가에서는 각국의 상황에 적합한 기업윤리강령이나 헌장을 채택하고 준수하도록 권장하고 있다.

24 다음 중 기업집중의 형태에 대한 설명으로 가장 적절하지 않은 것은?

① 기업연합형태인 카르텔(cartel)은 주로 시장통제를 목적으로 동종 또는 유사 업종간의 신사협정을 통한 기업집중의 형태이다.

② 카르텔(cartel) 참가기업들은 법률적으로나 경제적으로 독립성을 유지하면서 협약에 의거, 시장통제에 관한 일정사항에 관해서 협정을 체결한다.

③ 시장지배를 목적으로 동종 또는 동일한 생산단계의 기업들이 하나의 자본에 결합되는 강력한 결합 형태는 트러스트(trust)이다.

④ 기업집중으로 시장이 몇 개의 기업에 의해 관리되어 소비자와 다른 중소기업에도 이익을 가져다준다.

Aɴsᴡᴇʀ 23.② 24.④

23 ② 윤리경영은 기업경영에 있어서 이익을 추구하는데 투명한 가치관으로 무장하고 공정한 업무를 수행하는 것으로 단기적으로는 비용이 증가할 수 있지만, 장기적으로 볼 때 기업의 모든 행위가 명확한 윤리적 원칙 및 가치관에 입각하여 판단되고 실행되는 효율성과 윤리성을 획득할 수 있다.

24 ④ 기업집중으로 시장이 몇 개의 기업에 의해 관리되면 소비자와 다른 중소기업의 이익은 감소하게 된다.

25 다음 중 주식회사의 특징에 대한 설명으로 가장 적절하지 않은 것은?

① 주식회사의 출자자인 주주는 모두 유한책임사원으로서 출자액을 한도로 회사의 적자, 채무, 자본 리스크에 대한 책임을 진다.

② 주식회사는 대중으로부터 대규모의 자본조달이 가능하며, 주주의 개인재산과 주식회사의 재산은 뚜렷이 구별된다.

③ 주식회사는 자본과 경영의 분리가 이루어지지 않은 기업의 형태이며, 출자자와 경영자가 공동으로 기업을 지배하게 된다.

④ 주식회사의 기관에는 주주총회, 이사회, 감사 등이 있다.

26 다음의 기업 형태에 대한 설명으로 가장 적절하지 않은 것은?

① 주식회사의 특징 중 하나는 소유와 경영의 분리이다.

② 주식회사는 다수의 소액투자자들이 자기들의 지분율에 비례하여 회사의 소유권을 가지지만, 경영에 직접 참가하기에는 그 수가 많고 전문적 지식이 없기 때문에 전문적 지식이나 능력을 가진 전문경영인을 고용하여 경영을 맡기는 형태를 띤다.

③ 합명회사는 2명 이상의 출자자가 공동으로 출자하여 기업의 채무에 대하여 연대하여 유한책임을 지는 기업형태로서 소유와 경영이 분리된 회사형태이다.

④ 합명회사는 무한책임사원만으로 구성되는 회사로 가족적·인적 결합의 색채가 짙은 전형적인 인적회사이다.

ANSWER 25.③ 26.③

25 ③ 주식회사는 사원인 주주의 출자로 이루어지는데 주주는 회사에 대해 인수한 주식의 가액을 한도로 출자의무를 부담할 뿐 이외의 어떤 의무도 부담하지 않는다. 즉, 자본과 경영의 분리가 이루어진 기업이다. 또한 주식회사는 주주총회, 이사회, 감사의 세 기관을 가져야 하며 그 권한 또한 나누어진다.

26 ③ 합명회사는 무한책임 사원만으로 구성되는 회사이다. 즉 사원전원이 회사 채무에 직접 연대 무한 책임을 지고 이에 대응하여 각 사원이 업무집행의 권리 및 대표권을 가진다. 따라서 소유와 경영이 분리되지 않은 회사형태라고 할 수 있다.

27 다음 중 기업의 인수 및 합병(M&A)에 관련한 설명으로 가장 적절하지 않은 것은?

① 인수 및 합병은 두 개 이상의 조직이 결합해서 보다 큰 조직을 만드는 것을 가리킨다.

② 기업이 새로운 분야에 진출하고자 할 때 이미 그 분야에서 활동하고 있는 기업을 인수 및 합병으로 획득하여 진출함으로써 경영기반을 확립하는데 소요되는 시간을 절약할 수 있다.

③ 같은 업종의 기업을 인수 및 합병함으로써 기존시장에서 차지하던 시장점유율을 끌어올릴 수 있다.

④ 수평합병은 동종의 산업에 속하지만 생산 활동의 단계가 다른 기업 간에 합병하는 것으로 한 제품의 모든 생산단계의 산업을 지배하려는데 그 목적이 있다.

28 다음의 지식경영에 대한 설명으로 가장 적절하지 않은 것은?

① 지식경영이란 지식과 정보를 체계적으로 발굴하고 공유함으로써 조직 전체의 문제해결 능력을 향상시키는 경영방식이다.

② 지식경영은 지식의 활발한 창출과 공유를 제도화시키는 것을 목표로 한다.

③ 지식공유를 촉진할 수 있는 네트워크는 사람들 간에 신뢰와 배려가 형성되어 있는 경우이다.

④ 지식경영시대에 적합한 조직은 수직적이고 기능중심의 조직이다.

29 다음의 조직관리방법 중 목표관리(MBO)에 대한 설명으로 가장 적절하지 않은 것은?

① 효율적인 경영관리체제를 실현하기 위한 경영관리의 기본수법이다.

② 목표관리의 구성요소는 목표설정, 참여, 피드백이다.

③ 주요일정상 당해년도 실적이 집계되기 이전에 다음년도 목표를 수립하게 되어 당해년도 실적은 고려하지 않는다.

④ 목표관리는 연봉인상, 성과급 지급뿐 아니라 승진 등 인사 자료로도 활용한다.

ANSWER 27.④ 28.④ 29.③

27 ④ 수평적 합병은 동일 산업에서 생산 활동 단계가 비슷한 기업 간에 이루어지는 경우를 말하며 시장점유율을 높이거나 판매력 강화 또는 생산 및 판매를 일원화하기 위해 이루어지는 것이다.

28 지식경영은 기업의 개개인이 가진 지식의 공유를 통해 기업의 문제해결 능력을 향상시키려는 경영방식을 말한다.
④ 지식경영시대에 적합한 조직은 수평적이고 지식중심의 조직이다.

29 ③ 목표관리는 다음년도 목표를 수립할 때 당해년도 실적, 즉 목표 달성 정도를 고려한다. 즉, 최종 결과에 대한 평가단계에서 목표성취 여부를 평가하여 그 결과를 다음에 진행될 목표관리의 과정에 다시 투입하는 것이다.

30 다음 중 매트릭스 조직 특성을 설명한 것으로 가장 적절한 것은?

① 분업과 위계구조를 강조하며 구성원의 행동이 공식적 규정과 절차에 의존하는 조직이다.

② 전체 조직의 각 계층에서 선발된 위원으로 구성되며, 각 부분별 의견차를 극복함으로써 회사의 전반적인 의사결정을 행하는 조직이다.

③ 이원적인 권한과 권력의 균형이라는 특성으로 인해 동태적이고 복잡한 환경에서 성장전략을 축구하는 조직체에 적합한 조직이다.

④ 특정 과업의 수행을 위해 일정기간 동안 각 소속팀에서 모였다가 그 프로젝트가 완료되면 헤어지는 동태적 조직의 한 형태이다.

31 다음 중 마케팅활동의 STP전략 중에서 아래 내용과 관련된 것으로 가장 적절한 것은?

> 경쟁상품에 대해 해당 제품이 상대적으로 차지하는 지위를 말한다. 해당 제품에 대한 고객의 지각과 평판에 차이를 가져온다.

① 표적시장 선정   ② 포지셔닝

③ 구매자행동분석   ④ 시장세분화

ANSWER 30.③ 31.②

30 매트릭스 조직은 프로젝트 조직과 기능식 조직을 적층한 조직 형태로 구성원 개인은 원래의 조직 계열과 함께 횡적 또는 프로젝트 팀의 일원으로서 임무를 수행하게 하는 조직 형태이다. 따라서 한 사람의 구성원이 동시에 두 개 부문에 속하게 된다.

※ 매트릭스 조직의 특징
  ㉠ 계층 원리와 명령 일원화 원리가 적용되지 않는다.
  ㉡ 라인과 스태프 구조가 일치하지 않는다.
  ㉢ 프로젝트가 끝나면 원래 조직 업무를 수행한다.

31 제시된 내용은 포지셔닝에 대한 설명이다.

32 다음 중 리더십에 관한 설명으로 가장 적절하지 않은 것은?

① 리더십은 목표와 관련되며 타인에게 영향을 미치는 과정이며, 리더는 구성원들에게 비번을 제시하고 동기를 유발시키면서 이끌어가는 사람이다.

② 리더십의 특성이론은 리더의 개인적 자질에 의해 리더십의 성공이 좌우된다는 전제 하에 유능한 리더와 그렇지 않은 리더를 구분하는 리더의 개인적 특성 및 자질이 존재한다고보는 이론이다.

③ 리더십의 상황이론은 상황에 따라서 과업지향적 리더가 효과적일 때도 있고, 관계지향적 리더가 효과적일 때도 있다는 것이다.

④ 변혁적 리더십은 개인적 이익이나 가치를 중요시하며, 조직과 개인의 경쟁적 관계를 추진력으로 하면서 공동목표를 향해 혁신적으로 이끌어가는 것이다.

33 다음의 동기부여이론에 관련한 설명 중 가장 적절한 것은?

① 알더퍼의 EFG이론은 매슬로우의 욕구단계이론이 직면했던 문제점들을 극복하고 보다 실증조사에 부합하게 수정한 이론이다.

② 아담스의 공정성이론은 불공정한 대우와 관련한 것으로 투입보다 산출이 클 때만 생기고, 투입보다 산출이 적을 때는 생기지 않는다는 주장이다.

③ 허즈버그의 2요인이론은 보상의 수준이 높다는 사실이 비례적으로 종업원에게 만족감을 주는 요인이라는 주장이다.

④ 포터와 로울러의 기대이론은 전통적인 만족 – 사기양양 – 성과와 관련된 이론으로 동기부여 방법은 사람에 따라 다르지 않다는 주장이다.

ANSWER 32.④ 33.①

32 ④ 개인적 이익이나 가치를 중요시 하는 것은 거래적 리더십이다. 변혁적 리더십은 지도자가 부하들에게 기대되는 비전을 제시하고 이를 달성할 수 있도록 호소하고 이끌어 부하들의 가치관과 태도의 변화를 일으키는 능력을 말한다.

33 ② 공정성이론에 따르면 투입/산출비가 일치하면 만족하고, 자신의 것이 작으면 편익 증대를 요구하거나 생산량을 감축하는 등 투입을 감소시키며, 반면에 자신의 투입/산출비가 크면 노력을 더하는 등 투입 증대를 꾀한다.
③ 2요인이론은 조직구성원에게 만족을 주고 동기를 유발하는 동기요인과 불만족을 초래하는 위생요인이 상호 독립적으로 작용한다고 보는 이론으로, 위생요인은 충족되지 않을 경우 불만족을 초래하지만 그러한 욕구를 충족시켜 준다 하더라도 직무 수행 동기를 적극적으로 유발하지 않는다.
④ 기대이론은 욕구와 만족 그리고 동기유발 사이에 기대라는 개념을 사용해 동기부여 과정을 설명하는 이론으로, 동기유발의 크기는 행동의 결과에 부여하는 가치의 크기와 자신의 노력이 그러한 결과를 가져다 줄 것이라는 기대에 달려 있다고 설명한다.

34 인적자원관리활동은 인적자원계획을 수립하는 것으로부터 시작된다. 다음 중 인적자원계획 수립의 활동에 포함되는 것으로 가장 적절하지 않은 것은?

① 불필요한 인적자원을 줄이는 해고계획을 수립하는 활동

② 현재의 종업원과 필요한 종업원 간의 수급불균형을 맞추기 위한 방법을 계획하는 활동

③ 종업원의 능력을 개발하기 위한 인적자원개발계획을 수립하는 활동

④ 종업원들의 생활수준 유지를 위한 적절한 보상수준을 계획하는 활동

35 고용주가 매월 근로소득을 지급할 때 적용하는 것으로, 월급여 및 부양가족에 따른 소득세 원천징수 금액을 지정해 놓은 것과 관련된 용어로 가장 적절한 것은?

① 근로소득 원천징수 지급조서

② 근로소득 간이세액표

③ 연말정산 간소화서비스

④ 표준근로계약서

36 다음 중 개인퇴직연금(IRP)에 대한 설명으로 가장 적절하지 않은 것은?

① 개인 이름으로 개설하는 퇴직연금이다.

② 이직 시에 받은 퇴직금 등을 불입하여 은퇴 후에 연금으로 활용할 수 있다.

③ 연말정산시에 세액공제 혜택이 부여된다.

④ 은행, 증권사, 보험사에서 판매하며 누구나 가입할 수 있다.

ANSWER 34.④ 35.② 36.④

34 인적자원계획은 현재 및 장래에 조직에서 필요한 인력을 양적인 차원에서 사전에 예측하고 결정하며 이를 충족시킬 수 있는 인적자원을 수급, 배치, 정리하는 인사기능을 말한다.
④ 적정 보상수준을 계획하는 활동은 인적자원계획 수립 단계에 포함되지 않는다.

35 ② 근로소득 간이세액표는 연말정산 시 추가납부 등에 따른 근로자의 부담을 분산하기 위해 월 급여수준과 공제대상 부양가족 수별로 매월 원천징수해야 하는 세액을 정한 표이다.

36 ④ IRP는 회사가 퇴직연금을 시행하고 있어서 퇴직연금에 가입되는 임직원 및 퇴직금을 받는 사람이 가입가능하다.

37 다음 중 마케팅 믹스(Marketing Mix)에 대한 설명으로 가장 적절하지 않은 것은?

① 마케팅 믹스란 목표시장에서 기업의 목표를 달성하기 위하여 통제 가능한 마케팅 변수를 최적으로 배합하는 것을 말한다.

② 통제 가능한 마케팅 변수는 제품(product), 가격(price), 유통경로(place), 촉진(promotion)을 포함한다.

③ 제품관리전략이란 시장의 변화를 검토하여 시장의 욕구와 필요에 부응하도록 제품의 구성을 끊임없이 조정하는 것을 말하며, 제품관리의 핵심은 제품수명주기에 대한 이해에 있다.

④ 제품수명주기는 신제품이 시장에 도입된 후 판매장소에 따른 인지도 수준을 나타내는 시장공급의 변화 패턴을 말한다.

38 다음 중 대차대조표에 대한 설명으로 가장 적절하지 않은 것은?

① 회사의 자산은 자기자본과 타인자본으로 이루어지며, 자산＝자기자본＋타인자본의 등식에 따라 이를 자세하게 명시해주는 표가 대차대조표이다.

② 대차대조표의 오른쪽(대변)의 부채 및 자본란은 자금이 어떻게 조달되었는지 보여준다.

③ 대차대조표의 오른쪽(차변)의 자산란은 들어온 자금이 어디에 저장되어 있는지 보여준다.

④ 대차대조표는 일정 기간의 영업실적을 올리고 그 이익을 내기 위해 어느 정도의 비용을 사용했으며 현재의 총이익은 얼마이며 세금을 낸 후의 순이익은 얼마인지를 정확히 밝히고 있다.

39 다음 괄호에 들어갈 재무관련 용어로, 일정기간 동안의 기업의 경영 성과를 한눈에 나타내기 위해 작성하는 재무제표로 기업의 수익발생부분과 지출내역 등을 파악하고 그에 관해 미래를 예측 할 수 있는 지표로도 사용되는 것으로 가장 적절한 것은?

> A기업은 (   )를 통해 지난 1/4분기에 매출 100억원, 영업이익 20억원을 달성했다고 공시했다.

① 재무상태표　　　　　　　　　　　② 자본변동표
③ 포괄손익계산서　　　　　　　　　④ 이익잉여금처분계산서

37 ④ 제품수명주기는 하나의 제품이 시장에 도입되어 폐기되기까지의 과정을 말한다.

38 ④ 손익계산서에 대한 설명이다.

39 포괄손익계산서 … 일정 기간 동안의 기업의 경영 성과를 포괄적으로 한눈에 나타내기 위해 작성하는 재무제표로, 기업이 어떤 활동을 통하여 발생된 이익과 그 이익을 발생하게 한 수익과 비용을 알기 쉽게 기록한 재무제표라고 할 수 있다.

40 다음의 균형성과표(BSC)에 대한 설명으로 가장 적절하지 않은 것은?

① 균형성과표는 재무적 성과지표와 동시에 비재무적 성과지표를 동시에 고려하는 성과측정이 기업경영에 있어 균형적이고 종합적 정보와 지식을 제공한다는 개념을 바탕으로 하고 있다.

② 균형성과표는 미래지향적인 비재무적 지표를 통합한 평가시스템이기 때문에 조직의 비전과 전략에 따라 차별적으로 설계, 운영될 수 있다.

③ 비재무적 지표는 정량화, 계량화될 수 있고 인과관계가 규명되는 장점이 있다.

④ 균형성과표의 구체적 도입과 실행에 있어서는 각 조직의 성격에 맞게 설계되어야 한다.

ANSWER 40.③

40 ③ 비재무적 지표는 기업의 사회·환경적 활동까지 고려하여 기업의 성과를 측정하는 기업성과지표로 정량화·계량화가 어렵다.

41 Choose one which <u>does not</u> explain departments in company correctly.

① The purchasing department compares prices and discounts from the supplies and buy materials.

② The sales department deals with all the invoices from purchases and others.

③ The personnel department is responsible for recruiting new staffs, keeping files on employees, and training them.

④ The research and development department improves, adapts and changes the products and plans for technical issues.

42 Choose the one which is not correctly translated into Korean.

① I am pleased to inform you that we have decided to sign the contract.

　– 우리가 계약을 체결하기로 결정했음을 알려 드리게 되어 기쁩니다.

② Please, note that our agency will be closed from the 7th until 9th.

　– 우리 영업소는 7일부터 9일까지 문을 닫으니 유념해 주시기 바랍니다.

③ Send me an acknowledgement e-mail as soon as you receive my e-mail.

　– 당신이 내 이메일을 받고 바로 확인 이메일을 보내주세요.

④ Let me know if you experience any difficulties in viewing the file I sent.

　– 파일은 여는데 어려움이 있으시면 제가 다시 당신에게 파일을 보내드릴 수 있도록 알려 주십시오.

ANSWER 41.② 42.④

　41 회사 내 부서에 대한 설명으로 잘못된 것을 고르는 문제이다. ②는 틀린 설명이다.
　　② 영업부는 구매부 및 기타 모든 송장을 처리한다.

　42 ④ 제가 보내드린 파일을 보시는데 어려움이 있다면 저에게 알려주세요.

43 Which of the followings is the most appropriate term for the underlined blank ⓐ?

ABC Sports Equipment

ⓐ

To: Mr. Boris Douglas

Quantity	Product Number	Description	Price	Total
1	F-132	Football gloves	52.00	$52.00
2	T-86	Training jacket	44.00	$88.00
2	B-5	Backpack	24.00	$48.00
				Total : $188

* ABC Sports Equipment's Exchange or Refund Policy : Should you need to return a product or request a refund, contact our customer service department at 345-6789 with the serial number on the bottom of your receipt.

① Check

② Invoice

③ Price

④ Notice

43 제시된 문서는 ABC Sports Equipment에서 Mr. Boris Douglas에게 보낸 청구서이다. 주문 내역을 확인하고 교환 및 환불 정책에 대해 안내하고 있다.

44 Fill in the blanks ⓐ~ⓒ with appropriate words.

> FAX TRANSMISSION
>
> TO : Reservation, Maple Hotel
>
> FROM : Samuel Kim
>
> DATE : September 5, 2016
>
> RE : Reservation for conference facility
>
> TOTAL NO. PAGES : Two (including this)
>
> Dear Sir or Madam :
>
> We are interested in reserving facilities for our upcoming conference from October 8 through 11, 2016. Since this event has been widely ___ⓐ___ in the media, we expect more than two hundred attendees will register. Please find attached the list of equipment and facility we require, including one conference room and the hotel rooms to ___ⓑ___ the attendees from abroad. Please quote us the price based on double ___ⓒ___.

	ⓐ	ⓑ	ⓒ
①	publicised,	accommodate,	occupation
②	publicized,	accommodate,	occupants
③	publicised,	accommodate,	occupancy
④	publicized,	accommodate,	occupancy

44 publicize 광고하다, 알리다 accommodate 수용하다 occupancy 사용
  ⓐ : has been widely <u>publicized</u> in the media → 미디어를 통해 널리 광고되다.
  ⓑ : to <u>accommodate</u> the attendees from abroad → 해외에서 온 참가자들을 수용할
  ⓒ : the price based on double <u>occupancy</u> → 가격은 2인 1실 기준

45 Choose the one that is the most appropriate purpose for the following message.

> Dear Mr. Brown,
>
> I wish I could send you a copy of our New Employees Training Manual to help you establish your own manual, but the information in our Employee Training Manual is classified as confidential and is available only to our management employees. Instead, I am sending you a copy of a booklet which is for our incoming employees. I'm sure it will be helpful to you since it does contain some of our training policies.
>
> With best regards,

① The purpose of this message is to request a copy of a manual.

② The purpose of this message is to refuse Mr. Brown's information request.

③ The purpose of this message is to inquire some information.

④ The purpose of this message is to notify the date of shipment.

46 Choose one statement which is <u>not true</u> about 'Memo'.

① 'Memo' is a short expression for 'memorandum'.

② It is one of the business correspondences.

③ It is generally to communicate with people out of the company.

④ The subject line is sometimes abbreviated as "SUB."

ANSWER 45.② 46.③

45 ② 이 메시지의 목적은 Mr. Brown의 정보 요청을 거절하기 위함이다.

> 친애하는 Mr. Brown,
> 나는 당신이 자신의 매뉴얼을 만들 수 있도록 우리의 신입 사원 교육 안내서 사본을 보내 줄 수 있기를 바랍니다. 하지만 우리의 직원 교육 매뉴얼은 기밀로 분류되며 경영진에게만 제공됩니다. 대신에 우리 신입 사원을 위한 책자 사본을 보냅니다. 그것에는 우리의 교육 정책이 일부 포함되어 있어 당신에게 도움이 될 것이라 믿습니다.
> 마음을 담아┘

46 메모는 회사 내부 사람들과 간단한 의사소통을 하기 위해 이용한다. 따라서 회사 외부 사람들과의 의사소통을 위한 것이라는 설명은 틀렸다.

47 Read the four dialogues and choose one which <u>does not match</u> each other.

① A : Do you have anything to declare?

   B : No, I don't have anything except my personal belongings.

② A : I'd like to change some money. I have Korean Won. Do you have Hong Kong Dollars?

   B : Sure, how much are you changing?

③ A : Your bag is overweight.

   B : How do I lose my weight?

④ A : My suitcase hasn't arrived yet.

   B : Please fill out this form and describe your bag.

48 According to the following telephone message, which one is <u>not true</u>?

For : Ms. Natasha Insler

Recorded by : Miyuki Ishii   Today's Date : Tuesday, May 15

Time of call	Caller	Company	Message
9:10 A.M.	James Fiddler	Apartment #420	Available at 10:00 A.M. May 19, to sign new lease for apartment
9:35 A.M.	Carmen Helmsworth	Saint Maria Hospital	Follow-up on proposal to organize wellness fair for all patients Contact by dialing 624-567-1216
10:20 A.M.	Janie Reed	KKC Kims Advertising	Completed printing 400 brochures. Will send them to your office by May 20.

① Carmen is scheduled to make a delivery to Ms. Insler.

② There is a document to sign on May 19.

③ Ms. Insler should call Carmen Helmsworth.

④ Janie Reed called Natasha on May 15.

49 Which of the followings <u>does not match</u> the underlined ⓐ~ⓓ?

A : Today, our goal is to ⓐ <u>come up with</u> a decision on the relocation of our plant in China, which we have been debating over a year. After that, we will spare some time on ⓑ <u>brainstorming</u> to find ways to diversify and upgrade our supply chain.

B : To begin with, Albert will briefly ⓒ <u>go through</u> the report from our last meeting. Has everyone received the report and a copy of the agenda for today? As for today's meeting, Jacob has kindly agreed to ⓓ <u>take the minutes</u>.

C : Well, what time do you expect the meeting is over?

A : Let's make sure we finish on time today.

---

① ⓐ : produce

② ⓑ : putting heads together

③ ⓒ : review

④ ⓓ : spend a few minutes

49 ④ 'minutes'가 '회의록'이라는 의미로 사용되었다. 'take a minutes'는 '회의록을 작성하다'는 의미이다.

「A : 오늘, 우리의 목표는 우리가 1년 넘게 논쟁해온 중국 공장 이전을 결정하는 것입니다. 그 후에 우리는 공급망을 다양화하고 업그레이드 할 수 있는 방법을 찾기 위해 브레인스토밍에 잠시 시간을 할애할 것입니다.

B : 우선 Albert와 지난 회의에 대해 간략하게 보고서를 살펴볼 것입니다. 모든 사람들이 보고서와 오늘 의제 사본을 받았습니까? 오늘 회의는 친절하게도 Jacob이 회의록을 작성에 동의했습니다.

C : 우선, 회의가 몇 시에 끝나기를 기대합니까?

A : 오늘 정시에 마칠 수 있을 겁니다.」

50 According to the following schedule, which one is not true?

Frank Hopkins : Fri. June. 24, 2016

a. m.

9:00	Arrive London Heathrow (BA709)
10:00−11:00	Board meeting at London HQ office
11:30	Designers meeting at POP Design Center

p. m.

12:30−2:00	Luncheon with a CEO of Modern Design Center at Rose restaurant
2:30−4:30	Visit to downtown retail shops
4:30−5:30	Refreshments and a break
6:00−9:00	Reception & Dinner at Hero Hotel

---

① Mr. Frank has two meetings in a row in the morning.

② Mr. Frank is supposed to have a lunch at Hero Hotel.

③ Mr. Frank will go to downtown in the afternoon.

④ Reception and dinner will be held for 3 hours.

51 Read the following conversation and choose one which is true.

A : Good morning. I'm Mrs. Kim's secretary. She's not in the office at the present time. May I do anything for you?

B : My name is Jonathan Gray. I'm with the ABC Company. Here is my business card. I would like to see Mrs. Kim regarding our latest order.

A : Mrs. Kim is out today, but I can give you an appointment for tomorrow at 10 a.m. Will that be satisfactory?

B : Yes, thank you.

① The visitor handed a present to the secretary.

② The visitor dropped by Mrs. Kim's office to order some items.

③ Mrs. Kim was in a meeting at that moment.

④ The visitor will come to Mrs. Kim's office again.

52 According to the conversation below, which is <u>not true</u>?

Mr. Parker : This is Alan Parker from BioTech. I'd like to see Mr. Smith.

Secretary : Do you have an appointment with him?

Mr. Parker : No, I don't. I believe I spoke with you last week and left a message for Mr. Smith.

Secretary : I contacted Mr. Smith and delivered your message. Is there anything that I can do further for you?

Mr. Parker : Yes, indeed. I haven't heard from him and I haven't received any proposal for the new project yet. Can I speak with him? It's urgent.

Secretary : Actually, he's tied up at the moment.
But I'll see what I can do.

---

① The secretary failed to deliver the message.

② Mr. Smith didn't call Mr. Parker back.

③ Mr. Parker failed to contact Mr. Smith.

④ A proposal from Mr. Smith for the new project hasn't been submitted.

ANSWER 52.①

52 ① 비서는 Mr. Parker의 메시지를 Mr. Smith에게 전달하였다.

「Mr. Parker : BioTech의 Alan Parker입니다. Mr. Smith를 만나고 싶습니다.
비서 : 그와 약속을 하셨나요?
Mr. Parker : 아니오. 나는 지난주에 당신과 이야기를 하고 Mr. Smith에게 메시지를 남겼습니다.
비서 : Mr. Smith에게 연락하여 당신의 메시지를 전달했습니다. 제가 도와드릴 일이 더 있을까요?
Mr. Parker : 네, 그렇습니다. 나는 그에게서 소식을 듣지 못했고 아직 새로운 프로젝트에 대한 어떤 제안도 받지 못했습니다. 그와 이야기할 수 있을까요? 급한 일입니다.
비서 : 사실 그는 지금 바쁘십니다. 하지만 어떻게 할 수 있을지 알아보겠습니다.」

53 Read the following conversation and choose one which is true.

A : Good morning. May I help you?

B : I am Peter Evans of Boston Insurance. I'd like to see Mr. Kwon.

A : Do you have an appointment with him?

B : I'm afraid not.

A : Actually he is having a meeting with someone at the moment. But I'll see if he is available.

B : Thank you.

A : (To Mr. Kwon) Mr. Peter Evans of Boston Insurance is here to see you.

C : I'm sorry, but I have to attend the board meeting right now. Would you have him call me anytime after three o'clock this afternoon?

A : I certainly will. (To Ms. Evans) I'm sorry, but he is scheduled to attend the board meeting. Please call him after 3 o'clock.

B : Thank you.

A : You're welcome.

① Mr. Evans and Mr. Kwon have an appointment each other to meet in Mr. Kwon's office.

② The secretary will have Mr. Kwon call Mr. Evans after 3 o'clock.

③ Mr. Evans will call Mr. Kwon in the afternoon.

④ Mr. Kwon is planning to attend a meeting at 3 p.m.

53 「A : 안녕하세요, 무엇을 도와드릴까요?

B : 저는 Boston 보험에서 온 Peter Evans입니다. Mr. Kwon을 만나고 싶습니다.

A : 그와 약속이 되어 있으신가요?

B : 아닙니다.

A : 사실 그는 지금 다른 분과 미팅 중이십니다. 그러나 혹시 가능하신지 알아보겠습니다.

B : 감사합니다.

A : (Mr. Kwon에게) Boston 보험의 Peter Evans가 당신을 만나기 위해 와 계십니다.

C : 미안하지만, 지금 이사회에 참석해야 합니다. 그에게 오늘 오후 3시 이후에 전화해 달라고 해줄래요?

A : 그러겠습니다. (Mr. Evans에게) 죄송하지만 그는 이사회에 참석할 예정입니다. 오후 3시 이후에 그에게 전화해 주세요.

B : 감사합니다.

A : 천만에요.」

54 Which of the followings gives the <u>incorrect</u> explanation?

Secretary : It's good to see you again, Mr. Wong.

How was your flight?

Visitor : It was as usual except the food. You know that* ⓐ <u>in-flight meals</u> these days are getting worse.

Secretary : Was it a direct flight?

Visitor : No, I had ⓑ <u>a layover</u> in Tokyo Narita. It took me 20 hours to get here including the transit time. I waited for 7 hours to change the plane for ⓒ <u>connecting flight</u>.

Secretary : How did you recover from the ⓓ <u>jet lag</u> so soon after such a long flight?

① ⓐ : meals provided to passengers during flight

② ⓑ : a stopover

③ ⓒ : a flight with a stop and a change of aircraft

④ ⓓ : a time lag caused by jet flights

ANSWER 54.④

54 ⓓ jet lag는 비행기를 이용한 장거리 여행 시 시차로 인한 피로감을 말한다.

「비서 : 다시 뵙게 되어 반갑습니다, Mr. Wong. 비행은 어떠셨어요?

손님 : 음식을 빼고는 보통 때와 같았습니다. 당시도 알다시피 기내식이 점점 나빠지네요.

비서 : 직항이었나요?

손님 : 아니요, 도쿄 나리타에서 경유했습니다. 여기까지 오는데 환승시간까지 포함해서 20시간이 걸렸어요. 나는 비행기를 갈아타기 위해 7시간을 기다렸습니다.

비서 : 그런 긴 비행 직후에 시차로 인한 피로에서 어떻게 회복했습니까?」

55 Which of the followings is the most grammatically correct word?

Ms. Baker : ⓐ What's the market research project going, Ms. Kim?

Ms. Kim : It's going very ⓑ smooth.

Ms. Baker : Give me ⓒ a writing report of the project, please.

Ms. Kim : When do you need the ⓓ report by?

Ms. Baker : I need it first thing tomorrow morning.

Ms. Kim : OK. I'll get on it right away.

---

① ⓐ What's

② ⓑ smooth

③ ⓒ a writing

④ ⓓ report by

---

55 ① What's → How is

② smooth → smoothly

③ a writing → a written

「Ms. Baker : Ms. Kim, 시장 조사 프로젝트는 어떻게 되어 가나요?

Ms. Kim : 원활하게 진행되고 있습니다.

Ms. Baker : 프로젝트에 대해 서면으로 보고 부탁해요.

Ms. Kim : 언제까지 필요하십니까?

Ms. Baker : 내일 아침 첫 업무에 필요합니다.

Ms. Kim : 네, 지금 바로 처리하겠습니다.」

56 Look at the airline e-ticket and choose one which is not informed?

CATHAY Pacific Airways		
e-Ticket Itinerary / Receipt		
Passenger name		KIM/SUNGSOOMR
e-Ticket number		16048376
Itinerary		Booking Reference 6417485
CX 411 Operated by CATHAY Pacific Airways		
		Via: −
Departure	서울(ICN)	06MAY07
	16:25 Local Time	Termianl NO. : −
Arrival	홍콩(HKG)	06MAY07
	19:30 Local Time	Terminal NO. : 3
Class B	Status OK	Fare Basis SYIA17
Free Baggage Allowance 20KG		
Not Valid Before − After 14 APR07		
CX 412 Operated by CATHAY Pacific Airways		
		Via: −
Departure	홍콩(HKG)	11MAY07
	08:20 Local Time	Termianl NO. : −
Arrival	서울(ICN)	11MAY07
	11:30 Local Time	Terminal NO. : 3
Class B	Status OK	Fare Basis SYIA17
Free Baggage Allowance 20KG		
Not Valid Before Not Valid Before 06MAY07 After 13 MAY07		

① Whether this is a round−trip or one way ticket.

② What airline the passenger is using.

③ When the passenger arrives to Seoul.

④ What gate the flight leaves from.

56 ④ 비행기가 출발하는 게이트에 대해서는 나와 있지 않다.

57 Which of the followings is the most appropriate expression for blanks ⓐ to ⓓ?

A : Good morning, Daehan Trading. Ms. Lee speaking.

B : May I speak to Mr. Park of Personnel Department, please?

A : I'm sorry, he's not in. May I ask who's calling, please?

B : This is Pauline Wong.

A : I'm sorry. How do you ___ⓐ___ your ___ⓑ___ ?

B : Wong. W−O−N−G.

A : M ___ⓒ___ Mexico?

B : No. N ___ⓒ___ Nancy. N−G.

A : W−O−N−G? Is that right?

B : Right.

A : Would you like to ___ⓓ___ a message?

B : Yes, please tell him that I'll leave Busan this afternoon and that I'll call him when I get to New York.

A : I'm sure he gets your message. Ms. Wong. Good bye.

---

① ⓐ spell   ⓑ surname   ⓒ as in   ⓓ leave

② ⓐ pronounce   ⓑ given name   ⓒ as of   ⓓ leave

③ ⓐ address   ⓑ family name   ⓒ for   ⓓ take

④ ⓐ write   ⓑ first name   ⓒ as for   ⓓ receive

---

57 ⓐⓑ : How do you <u>spell</u> your <u>surname</u>? → 당신의 성은 철자가 어떻게 됩니까?

    ⓒ : M <u>as in</u> Mexico? → Mexico에 M입니까? (as in ~의 경우와 같이)

    ⓓ : Would you like to <u>leave</u> a message? → 메시지를 남겨드릴까요?

58 According to the conversation, when is Ms. Smith going to check out the hotel?

> Hotel Clark : Hello, Flamingo Hotel. How may I help you?
> Secretary : I'd like to reserve a suite room.
> The guest name is Clara Smith.
> Hotel Clark : Okay, when do you need a room?
> Secretary : Ms. Smith will be arriving next Tuesday and staying four nights.
> Hotel Clark : Let me check. Next Tuesday is May the 11th. Okay, a suite room is reserved under the name of Clara Smith.

① Tuesday, 11th

② Thursday, 13th

③ Friday, 14th

④ Saturday, 15th

ANSWER 58.④

58 5월 11일에 도착하여 4일 밤을 머문다고 하였으므로 퇴실 날짜는 15일이다.
「Hotel Clark : 안녕하세요, Flamingo 호텔입니다. 무엇을 도와드릴까요?
비서 : 특실을 예약하고 싶습니다. 게스트 이름은 Clara Smith입니다.
Hotel Clark : 네, 언제 방이 필요하세요?
비서 : Ms. Smith는 다음 주 화요일에 도착하고 4일 밤을 머무를 것입니다.
Hotel Clark : 확인해 보겠습니다. 다음 주 화요일은 5월 11일입니다. 네, Clara Smith 이름으로 특실 예약하였습니다.」

59 According to the dialog below, which statement is <u>not true</u> to the conversation?

> Boss : Are there any special plans for the week that I have to bear in mind?
>
> Secretary : Yes. You've accepted an invitation to the banquet for the delegation from the Asian Investment Bank. It is at Continent Hotel on Wednesday at 7:00. Besides, you agreed to deliver a welcoming speech on behalf of the reporters' association.
>
> Boss : Is the draft for the speech proofread by the managing editor?
>
> Secretary : Yes, of course. As soon as you go over it and finalize the speech, it will be printed and be ready for distribution.
>
> Boss : OK. Then, let's start off with reviewing the draft.

① The boss will be present at the party on Wednesday at 7:00.

② There will be a welcoming speech during the banquet.

③ The boss will peruse the draft of his welcoming speech to finalize it.

④ The secretary should proofread the draft for the managing editor.

59 「상사 : 주중에 주의해야 할 특별한 계획이 있습니까?
비서 : 네, 아시아 투자 은행 대표단의 연회 초대장을 수락했습니다. 수요일 7시 Continent 호텔에서 있습니다. 게다가 당신은 기자 협회를 대신하여 환영하는 연설을 하기로 동의했습니다.
상사 : 편집장이 연설 초안을 교정했습니까?
비서 : 물론입니다. 당신이 연설을 완성하고 그것을 말해주자마자 인쇄에 들어가고 배포할 준비가 되었습니다.
상사 : 네. 그럼 초안 검토로 시작하겠습니다.」

60 Which of the following alternatives <u>is not included</u> in the suggestions?

Secretary :

Hello, Ms. Jones. This is Yuna Lee, Mr. Smith's secretary. I'm calling about the important meeting during his business trip. Actually he is supposed to go on the business trip, but I just found out that his flight is delayed. So I have thought of some options to solve this problem. One option is to postpone the meeting until tomorrow. I'm sure that he can get there by then.

Another option is to arrange a video conference if the clients agree to do it. Or how about letting Mr. Koo do instead of him. He worked with Mr. Smith on the project, so he knows all about it. What do you think about my suggestions?

---

① to delay the meeting until tomorrow

② to arrange a video conference

③ to let Mr. Koo do instead of Mr. Smith

④ to reschedule the meeting within a week

60 「안녕하세요, Ms. Jones. Mr. Smith의 비서인 Yuna Lee입니다. 그의 출장 중에 중요한 회의에 대해 전화 드렸습니다. 사실 그는 출장을 가기로 되어 있지만, 방금 비행기가 지연되었다는 것을 알았습니다. 그래서 이 문제를 해결할 수 있는 몇 가지 옵션을 생각했습니다. 하나의 옵션은 내일까지 회의를 연기하는 것입니다. 저는 그가 그때까지는 그곳에 도착할 수 있다고 확신합니다. 또 다른 옵션은 고객이 동의한다면 화상 회의를 준비하는 것입니다. 또는 Mr. Koo가 그를 대신할 수 있습니다. 그는 Mr. Smith와 함께 프로젝트를 진행했기 때문에 모든 것을 알고 있습니다. 제 제안에 대해 어떻게 생각하십니까?」

61 회사에서 문서를 수신할 경우 처리방법으로 바른 것끼리 묶인 것은?

> 가. 당직근무자가 접수한 문서는 익일 관련부서에 전달한다.
> 나. 접수문서는 문서수신부서에서 접수하여 등록대장에 기재한다.
> 다. 접수문서는 접수인을 찍고 접수번호와 접수일시를 문서에 표시한다.
> 라. 친전문서인 경우 수신처가 불문명하니 개봉하여 확인하고 수신처에 전달한다.
> 마. 상품 안내서나 광고문 같은 것은 즉시 폐기해서 유통량을 줄인다.
> 바. 여러 부서원들이 보아야 할 문서는 복사본으로 회람을 한다.

① 가, 나, 다, 마, 바   ② 가, 나, 다, 라

③ 가, 나, 다, 마   ④ 가, 나, 다, 바

62 신입으로 들어온 김 비서의 문서 발신 업무 처리에 대한 내용 중 바람직하지 않은 것끼리 묶인 것은?

> 가. 상사를 대신하여 작성한 기밀문서이므로 문서 발신부 기록을 생략하였다.
> 나. 문서를 발송하기 전 상사 확인 후 서명을 받아서 발송하였다.
> 다. 익일특급으로 발송하였으므로 등기 번호를 잘 기록해두었다.
> 라. 발송문서의 사본보관용으로 최종 수정한 워드파일을 보관해 두었다.
> 마. 사내로 전달하는 기밀문서인 경우 봉투에 봉한 후 직접 전달하였다.

① 가, 라   ② 가, 마

③ 다, 라   ④ 다, 마

ANSWER 61.④ 62.①

61 라. 비밀문서, 친전문서, 기타 개봉하여서는 안 된다고 인정되는 문서를 수발하는 경우에는 밀봉한 상태로 처리하여야 한다.
   마. 상품 안내서나 광고문의 내용을 확인하고 필요에 따라 처리한다.

62 가. 문서 발신부 기록은 명백히 해야 한다.
   라. 발송문서의 사본보관용은 출력하여 보관한다.

63 다음 우편서비스 중 통화등기(현금배달서비스)에 대한 설명으로 옳은 것으로만 구성된 것은?

> 가. 통화등기는 우편으로 현금을 직접 수취인에게 배달하는 서비스이다.
> 나. 통화등기의 금액 제한은 없다.
> 다. 배달 중 분실 시 전액이 변상된다.
> 라. 결혼식장 혹은 장례식장 등으로 경조금을 보낼 때 유용하다.

① 가, 다

② 가, 나

③ 가, 나, 다

④ 가, 다, 라

64 다음 중 감사장의 작성 방법에 대한 설명으로 가장 옳지 않은 것은?

① 취임 축하장에 대한 감사장은 축하에 대해서 감사 인사를 한 후 포부와 결의를 밝힌다.

② 창립기념 축하연 참석에 대한 감사장은 먼저 참석에 대한 감사의 말을 전하고 앞으로 협력을 부탁하는 내용을 기술한다.

③ 출장 중의 호의에 대한 감사장은 신세를 진 담당자와 그 상사에게 감사의 인사를 기술한다.

④ 문상 답례장은 미사여구를 활용한 계절인사 후, 문상에 대한 감사의 글을 쓴다.

Answer 63.① 64.④

63 나. 통화등기 서비스는 100만 원까지 가능하다.
　　라. 결혼식장, 장례식장, 사서함 등 일시적인 장소에는 배달되지 않는다.

64 ④ 문상 답례장은 받는 사람은 고인에 대해 다시 한 번 생각할 수 있는 시간이 되고, 상주는 조문에 대한 감사를 표현함으로써 장례 끝까지 예를 다할 수 있는 수단이 된다. 미사여구를 활용한 화려한 계절인사보다는 문상에 대한 감사의 글을 진심을 담아 작성하는 것이 좋다.

65 다음 각 비서들의 명함관리 방법에 해당하는 사례에 대한 정리 방법이 순서대로 기입된 것은?

> 가. 최 비서는 받은 순서대로 일련번호를 명함에 기재하고, 명함에 관련된 정보를 입력하고 일련번호 순으로 정리한다.
> 나. 고 비서는 명함정보를 입력하고 회사명의 가나다순으로 정리 하였다.
> 다. 박 비서는 명함정보를 입력하고 이름명의 가나다순으로 정리하였다.

① 주제별 – 주제별 – 명칭별
② 번호식 – 명칭별 – 명칭별
③ 번호식 – 주제별 – 명칭별
④ 주제별 – 명칭별 – 명칭별

66 다음 중 전자결재시스템에서 가능한 기능을 모두 고른 것은?

> 가. 결재 경로 지정 및 수정 기능
> 나. 결재 진행 중 결재 경로의 변경 및 수정 기능
> 다. 의견 첨부 기능
> 라. 결재 상황 조회 기능

① 가, 나, 다
② 가, 다, 라
③ 가, 라
④ 가, 나, 다, 라

67 사용 목적에 맞는 사무기기와 소모품의 구매가 가장 적절하지 않은 것은?

① 법률사무소에서 일하는 강 비서는 서류 위조 방지를 위해 인증천공기를 구매하였다.
② 공기업에서 일하는 박 비서는 QR코드와 바코드 인쇄를 위해 라벨프린터와 라벨테이프를 구매했다.
③ 연구소에서 일하는 최 비서는 전자칠판과 칠판기종에 맞는 용지를 함께 구매하였다.
④ 홍보회사에서 일하는 조 비서는 회의자료를 제본하기 위해 제본기와 코팅용 필름을 함께 구매했다.

Answer 65.② 66.④ 67.④

65 가. 일련번호를 활용한 번호식
　　 나. 회사명을 활용한 명칭별
　　 다. 이름명을 활용한 명칭별

66 제시된 기능 모두 전자결재시스템에서 활용 가능한 기능이다.

67 ④ 회의자료 제본에 코팅용 필름은 필요하지 않다.

68 ABC 회사는 아래와 같은 전자매체에 대한 회사보안정책을 만들고 배포하였다. 다음 중 이 회사보안 정책을 가장 잘못 이해한 것은?

> ABC사의 모든 전자적 정보 및 데이터에 저장되는 보안정책을 다음과 같이 정의하였으며, 이에 모든 직원이 이 정책과 절차를 이해하고 준수한다.
> 전자적인 비즈니스는 전자우편, 메일, 파일, 보고서, 상거래, 기후정보 등을 포함하여 다양한 형태로 이루어지고 있다. 이에 ABC의 직원으로서 여러분은 전자적 정보와 데이터가 회사의 중요한 자산임을 이해하고 전자적 정보 및 데이터와 관련된 각자의 권리와 책임을 숙지해야 한다.
>
> 이를 위해 다음의 정책을 시행한다.
> 1. ABC가 보유 또는 임대하여 사용 중인 모든 전산 장비에서 생성, 저장, 유지되는 데이터, 프로그램, 문서는 ABC의 재산이다.
> 2. 상기 자료에 대한 ABC의 소유권은 이들 자료의 모든 복사본까지 포함한다. 이때 복사본은 종이인 쇄물, 전자적 형태, 마그네틱테이프나 하드 드라이브, 플로피 디스켓 등 모든 형태의 저장매체에 저장된 형태로 있을 수 있다.
> 3. ABC의 직원이 보내거나 받은 이메일 메시지는 ABC의 재산이다.
> 4. 인터넷은 기본적으로 업무수행을 보다 효율적으로 하고 필요한 자료를 얻기 위해 사용한다. 예를 들어 정보의 검색, 외부인과 비즈니스 관련 사안의 협의를 위한 통신수단으로서 인터넷을 사용한다. 업무와 관계없는 자료의 발송, 다운로드, 복사, 인쇄 등 인터넷의 부적절한 사용은 징계 조치의 대상이 된다.
> 5. 모든 직원은 ABC의 컴퓨터를 이용하여 저작권의 보호를 받는 소프트웨어를 불법으로 이용하거나 복제해서는 안 된다.

① ABC회사의 메일서버에 있는 개인적 이메일도 모두 회사의 재산이다.

② 대학원에 다니는 상사가 지시한 논문을 다운받아 인쇄하는 것은 정당한 사용이다.

③ ABC회사의 컴퓨터에 있는 소프트웨어는 저작권이 없어도 회사재산이다.

④ 퇴사 시에 회사 컴퓨터에 저장된 개인자료를 허락 없이 복사해가는 것은 회사재산을 탈취하는 행위이다.

69 전자상거래 결제 시 신용카드를 대체하는 전자화폐가 등장하고 있다. 전화화폐의 특징으로 가장 적절하지 않은 것은?

① 누가 어떤 상점에서 무엇을 샀는지를 제3자가 알 수 없어야 한다.

② 다른 사람에게 이전이 가능해야 한다.

③ 불법 변조 및 위조가 안 되어야 한다.

④ 한국은행에서 발행하며 현금처럼 사용할 수 있어야 한다.

70 다음 중 비서의 행동으로 가장 바람직하지 않은 것은?

① 김 비서는 상사의 근황에 관해 묻는 방문객의 질문에 일체 답변하지 않았다.

② 박 비서는 늦게까지 야근을 할지언정 회사업무를 집으로 가져가 수행하지는 않는다.

③ 장 비서는 타부서 윗사람이 묻는 질문이 회사 기밀에 관한 것이어서 잘 모르는 상황이라고 답하였다.

④ 한 비서는 중요서류는 전자 잠금장치가 있는 서류함에 보관하고 수시로 비밀번호를 변경한다.

71 반도체 업체에서 일하는 조정민 비서의 행동 중 잘못된 것으로만 묶인 것은?

> 가. 상사가 부재 시 손님이 일찍 방문했을 때 상사 집무실에서 기다리게 조치하였다.
>
> 나. 상사의 일정은 기사와 공유하는데, 기사에게 정보보안에 주의하도록 당부하였다.
>
> 다. 상사의 정보를 외부에서 요청한 경우 상사에게 보고한 후 지시를 기다렸다.
>
> 라. 상사가 무심코 버린 문서 중 기밀에 해당하는 것은 세단기를 이용하여 파쇄 하였다.
>
> 마. 작성 중인 보고서 마감일이 임박하여 USB드라이브에 문서 파일을 복사해 와서 집에서 밤샘 작업 하였다.
>
> 바. 일반 문서 작성 중 자리를 비울 때에 모니터를 꺼두었다.

① 다, 마   ② 마, 바

③ 가, 바   ④ 가, 마

ANSWER 60.④ 70.① 71.④

69 ④ 전자화폐는 한국은행에서 발행하지 않는다. 전자화폐의 예로 금융결제원에서 발행한 K캐시(K-cash)가 있다.

70 ① 일체 답변하지 않는 것은 바람직하지 않다. 개인정보 또는 기밀에 해당하는 정보가 아닌 대외적으로 알려도 되는 근황 정보에 대해서는 적절하게 답변하는 것이 바람직하다.

71 가. 집무실에서 손님을 기다리게 하지 않는다.
　　마. 회사의 파일은 집으로 가지고 가지 않는다.

72 상사로부터 프레젠테이션 자료제작을 부탁받은 비서들이 사용하는 방법으로 가장 적절하지 않은 것은?

① 박 비서는 문장보다 키워드로 구성된 도해, 그림, 사진으로 이미지화하였다.

② 황 비서는 모든 컨텐츠에 효과를 주어서 화려하게 작성했다.

③ 정 비서는 중요 부분은 하이라이트 칼라를 사용해 강조했다.

④ 윤 비서는 템플릿을 이용하여 폰트, 색감, 레이아웃에 통일성을 주었다.

73 다음 중 PDF 파일에 대한 설명으로 가장 옳지 않은 것은?

① 컴퓨터 기종에 관계없이 호환이 가능한 문서 형식이다.

② 소프트웨어 종류에 관계없이 호환이 가능한 문서 형식이다.

③ 암호와 및 압축 기술을 통해 내용의 변조가 어렵다.

④ 문서 형식이나 제작 기술에 독점적인 기술이 사용된다.

74 다음 중 클라우드 사무환경에 관련하여 가장 올바른 설명은?

① 개인이 업무수행을 위해 필요한 소프트웨어만 다운받아 설치하여 사용한다.

② 인사이동시 필요한 자료를 저장하여 이동하지 않아도 된다.

③ 출장 등 원격근무를 할 때 필요한 자료를 USB에 저장하여 사용하기 용이하다.

④ 자료를 별도의 데이터 센터에 통합하여 저장하므로 정보 유통 및 손실에 대한 우려가 증가한다.

ANSWER 72.② 73.④ 74.②

72 ② 모든 콘텐츠에 효과를 줄 경우 너무 화려하고 산만하여 집중할 수 없다. 꼭 필요하고 중요한 자료에만 효과를 주도록 한다.

73 PDF(Portable Document Format)는 미국 Adobe Systems에서 만든 문서파일 유형이다. 마이크로소프트 윈도우, 애플 맥, 유닉스, 구글 안드로이드 등 거의 모든 운영체제에서 읽거나 인쇄할 수 있으며 원본 문서의 글꼴, 이미지, 그래픽, 문서 형태 등이 그대로 유지된다.

74 ② 클라우드 서비스는 인터넷으로 연결된 외부서버를 이용하여 정보를 저장하는 것으로 자료를 따로 저장하여 이동하지 않아도 된다.

75 다음은 김 비서가 상사에게 받은 명함이다. 정리순서대로 나열한 것은?

가. Kimberley, Charles	나. Dr. Stephen Leigh
다. Eugene Maslov, Jr.	라. Charlie Kimberly, CAP
마. Stephanie Lee	

① 라 - 나 - 다 - 가 - 마   ② 가 - 라 - 마 - 나 - 다

③ 가 - 라 - 나 - 마 - 다   ④ 라 - 가 - 마 - 나 - 다

76 다음은 인터넷 사용 중 발생한 피해 사례에 관한 내용이다. A와 B가 각각 어떤 범죄에 의한 피해인지 A와 B 순서대로 올바르게 나열한 것은?

A. 김 비서는 컴퓨터를 사용하던 중 "파일에 암호를 걸어놨으니 풀고 싶으면 돈을 보내라"는 메시지를 받았다. 해커가 몰래 악성코드를 심어서 파일을 잠가 놓고 돈을 요구하는 것이다.

B. 민 비서는 인터넷 뱅킹을 하기 위해서 인터넷 포털사이트 검색을 통해서 상공은행 사이트에 접속했다. 팝업창이 나타나서 개인정보와 금융거래정보를 입력하였는데 며칠 후 민 비서의 상공은행 계좌에서 돈이 사기범의 계좌로 이체되었다.

① 하이재커 – 피싱   ② 하이재커 – 파밍

③ 랜섬웨어 – 피싱   ④ 랜섬웨어 – 파밍

75 성을 알파벳순으로 정리하면 '가-라-마-나-다' 순이다.

76 • 랜섬웨어 : 인터넷 사용자의 컴퓨터에 잠입해 내부 문서나 스프레드시트, 그림파일 등을 암호화해 열지 못하도록 만든 후 돈을 보내주면 해독용 열쇠 프로그램을 전송해 준다며 금품을 요구하는 악성 프로그램
　　 • 파밍 : 악성코드에 감염된 PC를 조작해 이용자가 인터넷 즐겨찾기 또는 포털사이트 검색을 통하여 금융회사 등의 정상적인 홈페이지 주소로 접속하여도 피싱(가짜)사이트로 유도되어 범죄자가 개인 금융 정보 등을 몰래 빼가는 수법

77 다음은 상공주식회사의 위임전결기준표의 일부이다. 이에 따른 문서 처리방법이 가장 올바른 것은?

업무내용	전결권자				
	사장	전무	상무	부장	과장
유무상증자 (확정 ◎, 준비○, 계획 △)	◎		△	○	

① 무상증자 계획에 관한 문서를 부장이 전결하였다.

② 유상증자 계획을 위하여 부재중에 전무가 대결하였다.

③ 유상증자 확정을 위한 문서를 사장 출장 중에 상무가 대결하였다.

④ 무상증자 준비를 위한 문서를 부장이 전결하였다.

78 다음 중 밑줄 친 부분의 맞춤법 사용이 가장 올바른 것은?

① 친구가 힘들게 해도 <u>되갚는</u> 것은 옳지 않다.

② <u>오랫만에</u> 옛 동료를 만나서 반가웠다.

③ <u>비서로써</u> 갖추어야 할 역량은 무엇인가?

④ 신제품이 날개 <u>돋친 듯이</u> 팔렸다.

79 다음 그래프를 통해서 알 수 있는 내용으로 가장 올바른 것은?

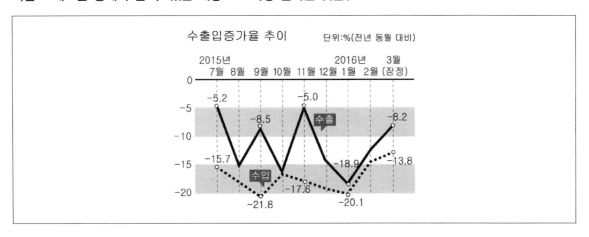

① 2016년 2월에는 2015년 2월에 비해서 수출보다 수입 감소율이 더 높다.

② 2016년 2월보다 2016년 3월 수출입량이 증가한 것으로 잠재 조사되었다.

③ 2015년 9월에는 전월에 비해서 수입량은 감소했으나, 수출량은 증가하였다.

④ 2015년 11월에는 2014년 11월에 비해서 수출이 증가하였다.

79 ③ 해당 그래프는 전년 동월 대비 수출입 증가율 추이를 나타낸 그래프로, 동년 전월 대비 수출입량의 변화는 알 수 없다.

④ 2015년 11월에는 2014년 11월에 비해서 수출이 감소하였다.

80 다음 기사 내용을 통해서 알 수 있는 내용과 가장 거리가 먼 것은?

〈전략〉

ISA 계좌에서 발생하는 전체 수익금 중 비과세 대상은 소득 수준에 따라 200만~250만 원뿐이다. 나머지 수익에 대해선 9.9%의 세율로 분리과세된다. 이 때문에 '절세 ISA'나 '절세혜택(비과세+저율분리과세) ISA'라는 문구로 광고하는 것은 가능하지만 온전히 비과세라는 뉘앙스를 풍기는 문구는 써서는 안 된다. 금융사가 ISA의 모델 포트폴리오에 대해 예상·목표 수익률을 광고하는 것도 금지된다. 금투협은 이를 근거로 '초저 위험 가입 시 연 3% 약정 수익률을 지급한다.'는 광고 문구는 쓰지 말라고 주문했다. 금융사가 공개하는 '공시수익률'을 광고하는 것도 허용되지 않는다. 〈중략〉

금투협 관계자는 "공시수익률은 수수료 등이 반영되지 않아 엄밀한 의미의 수익률이라 할 수 없기 때문에 광고에 쓰지 못하도록 했다"고 설명했다. ISA는 기본적으로 원금손실위험이 있는 상품인 만큼 광고에 '손실보전'이나 '이익보장'으로 인식되는 정보도 표시할 수 없다. 〈후략〉

한국경제신문, 2016년 3월 11일자

① ISA는 수익금 일부에 대해서만 비과세가 가능하다.
② 금융사가 ISA 수익률을 공시하는 것은 가능하다.
③ ISA계좌 수익금 중 비과세 외 수익은 종합과세 되지 않는다.
④ ISA는 원금이 손실될 수도 있으므로 이익보장이라고 표시 할 수 없다.

A NSWER 80.①
....

80 ① ISA 계좌에서 발생하는 전체 수익금 중 비과세 대상은 소득 수준에 따라 200만~250만원이므로 수익금이 이보다 적을 경우 전체에 대해서도 비과세가 가능하다.

1과목 비서실무

1 다음 중 전문비서의 관리역할로서 잘못 설명된 것은?

① 커뮤니케이션 관리자 – 메시지에 담겨 있는 의미를 파악하여 전하는 전략적 의사소통에 기여하는 자

② 재고관리자 – 단순한 물품 주문만 하는 것이 아니라 재고수준 관리, 비용절감 효과를 측정함으로써 구매에 관한 의사결정에 참여하는 자

③ 정책관리자 – 조직의 정책과 절차 등을 유지하고 갱신하고 보완하는 자. 편람을 정비하고 종업원들을 위해 정책이나 절차 등을 설명하기도 함

④ 위기관리자 – 상사가 부재중일 때 상사를 대신하여 긴급사태를 지휘하는 자

Aɴsᴡᴇʀ 1.④

1 ④ 위기관리자 역할은 상사가 부재중일 때 모든 위기 상황은 해결할 수 없을지라도 긴급 사태에 충분히 대처할 수 있도록 평소에 위기관리 능력을 길러, 관련된 사람들을 최상으로 배려하여 위기를 효율적으로 대처하는 것을 말한다.

※ 현대 사회에서 전문비서의 관리역할(Richard G. Ensman)
  ㉠ 정보관리자(Information Manager)
  ㉡ 커뮤니케이션 관리자(Communication Manager)
  ㉢ 재고관리자(Inventory Manager)
  ㉣ 계획관리사(Planning Manager)
  ㉤ 정책관리자(Policy Manager)
  ㉥ 인사관리자(Employee Relations Manager)
  ㉦ 재무관리자(Financial Manager)
  ㉧ 홍보관리자(Community Relations Manager)
  ㉨ 교육훈련관리자(Training Manager)
  ㉩ 위기관리자(Crisis Manager)
  ㉪ 고객관리자(Customer Relations Manager)

2 다음 중 비서의 자기개발 및 경력계획에 대한 설명으로 적절하지 않은 것은?

① 비서는 새로운 정보기기를 잘 사용할 수 있도록 계속해서 배워야 하며, 데이터의 습득, 해석, 평가, 파일의 조작, 관리 등과 관련된 업무 능력도 지속적으로 높여나감으로써 자기개발을 할 수 있다.

② 비서는 커뮤니케이션 능력을 향상시키기 위해서 경청과 표현능력 뿐 아니라 인간관계 능력, 프레젠테이션 능력, 문제해결 능력, 논리력 등도 개발해야 한다.

③ 비서는 본인이 속한 분야의 전문용어를 제대로 구사하고, 의전에 맞추어 편지문과 연설문 등을 작성하며, 비서실에서 다루는 모든 문서를 문법적 오류 없이 수정할 수 있어야 하며, 난해한 문서를 이해하기 쉽게 수정할 수 있는 언어능력을 개발해야 한다.

④ 회계능력을 보유한다는 것은 한 단계 높은 수준의 비서로 자리매김하는 계기가 될 수 있으나, 전산을 활용한 회계시스템의 활용과 ERP, PI시스템에 대한 부분은 전문가의 영역이므로 비서고유의 업무 위주로 자기개발 및 경력계획을 하도록 한다.

3 김 비서는 주말에 일간지에 대표 이사의 행동을 비난하는 기사를 발견하였다. 이에 대해 김 비서가 취할 수 있는 가장 적절한 태도는?

① 일간지 편집국장에게 이메일을 보내 사태 수습을 먼저 한다.

② 주말이라도 상사에게 바로 보고 드리고 지시에 따라 행동한다.

③ 일간지 담당기자에게 연락하여 일단은 글을 먼저 삭제하도록 요청한다.

④ 홍보팀 담당자에게 이 사실을 알리고 선 조치를 취한 후 상사에게 경과보고를 한다.

Ａnswer 2.④ 3.②
....

2 ④ 회계시스템, ERP, PI시스템 등은 경영자원의 효과적 이용이라는 관점에서 통합적으로 관리하고 경영의 효율화를 기하기 위한 수단으로 비서의 자기개발 및 경력계획에 도움이 된다.

3 ② 대표 이사의 행동을 비난하는 기사가 일간지에 게재된 것은 중요한 일이다. 주말이라도 상사에게 바로 보고하고 지시에 따르는 것이 가장 적절하다.
①③④ 상사에게 보고하지 않고 혼자 판단하거나 다른 사람과 상의하여 조치를 취하지 않도록 주의한다.

4 다음은 비서와 고객의 전화통화 내용이다. 전화응대의 내용을 읽고 가장 적절한 응대방법을 제시한 것은?

> 비서 : 안녕하십니까? 한국전자 손광민 전무실입니다.
>
> 고객 : 안녕하세요? 저는 에스물산 정진우 사장입니다. 손 전무님과 통화 가능한가요?
>
> 비서 : 정 사장님, 죄송하지만 저희 전무님은 기린전자 강 사장님과 점심 약속이 있어서 외출하셨습니다. 메모 남겨드리겠습니다.
>
> 고객 : 급하게 중요한 일로 통화를 해야 하는데 손 전무님 휴대폰 전화번호를 알려 주겠어요?
>
> 비서 : 급한 용건이시면 010-1357-5688번으로 전화하시면 됩니다. 감사합니다.

① 손 전무님이 외출했다고만 말하고, 누구와 점심 약속이 있는지 말할 필요가 없다.

② 상사의 휴대폰 번호는 어떠한 상황이라도 알려주지 말아야한다.

③ 에스물산 정 사장님이 상사보다 높은 직위에 있는 분이므로 상사의 전화번호를 알려드린 것은 이 상황에서 적절하였다.

④ 정 사장님의 용건을 먼저 확인해서 판단한 후 손 전무님께 전달해 드린다고 해야 했다.

5 한 비서가 김 사장의 출장일정을 보좌하기 위한 업무로 가장 적절한 것은?

편명	출/도착지	일자 및 시간	좌석	기종
KE121	Seoul/Incheon Sydney	9/23 19:10 9/24 06:25	Prestige	Boeing 777
KE122	Sydney Seoul/Incheon	9/27 07:55 9/27 17:25	Prestige	Boeing 777

숙소 : Marriott Sydney Harbour

30 Pitt Street, Sydney 2000

Tel. 61-2-9259-7700 / Fax. 61-2-9259-1100

Confirmation No. A1730S80

① 9월 23일 오전에 회사에 출근하신 후 출국하실 예정이어서, 오전에 US 달러로 환전하여 준비해드렸다.

② 시드니의 호텔은 4박 일정으로 예약하였다.

③ 김홍철 사장의 항공편은 국적기 1등석 좌석 등급으로 좌석은 사전에 미리 예약하였다.

④ 9월 21일경에 호텔예약 확인증을 보내달라고 Marriott 호텔에 팩스 요청을 하였다.

6 한영희 비서는 작성한 회의록을 정리하여 상사에게 승인을 받고자 한다. 다음의 회의록 내용 중 회의용어 내용이 올바르게 표현되지 않은 것은?

① 定足數가 출석인원 과반수이상이 되어 成員이 되었음을 알리다.

② 김영희 재무팀장이 1안에 대해 動議하고 재청하여 1안이 採決되다.

③ 손지영 부장이 議案에 대한 表決방식을 거수로 하자고 제안하다.

④ 動議된 議案에 대해 김영희 팀장이 改議하다.

---

5 ① 시드니는 오스트레일리아의 도시로 US 달러가 아닌 AUD 달러로 환전하여 준비해야 한다.

② 오스트레일리아에 9/24에 도착하고 9/27에 귀국하므로 시드니의 호텔은 3박 일정으로 예약해야 한다.

③ Prestige class는 Business class에 해당한다.

6 ② 재청은 다른 사람의 동의(動議)에 찬성하여 자기도 그와 같이 청함을 이르는 말이다. 따라서 動議가 아닌 同意로 써야 한다.

• 動議(동의) : 회의 중에 토의할 안건을 제기함. 또는 그 안건

• 再請(재청) : 회의할 때에 다른 사람의 동의(動議)에 찬성하여 자기도 그와 같이 청함을 이르는 말

• 採決(채결) : 의장이 의안의 채택 여부를 의원들에게 물어 결정함

7 사장님의 아버지인 회사 설립주 김영철 명예회장의 호는 풍운이다. 다음 중 회사장으로 치러지는 김영철 명예회장의 장례절차를 준비하는 비서의 업무 수행 중 적절하지 않은 것으로만 묶여진 것은?

⊙ "故 풍운 김영철 명예회장 영결식"으로 외부 안내표시를 하였다.
ⓛ "故 명예회장 김영철 풍운 영결식"으로 외부 안내표시를 하였다.
ⓒ 부고소식을 언론자료로 배포 시 고인의 약력과 업적, 가족관계 내용을 포함시켰다.
ⓔ 부고소식을 언론자료로 배포 시 입관절차와 하관식 일정을 포함시켰다.
ⓜ 부고소식을 언론자료로 배포 시 발인일시와 향년나이를 포함해 사망사실을 고지하였다.

① ⊙, ⓒ

② ⊙, ⓔ

③ ⓛ, ⓔ

④ ⓛ, ⓜ

8 미국지사의 팀장인 Greg Crawford는 한국에 업무상 10월 30일 입국 예정이며 상사는 그 즈음에 출장으로 부재중이어서 김 비서에게 대리 접견을 요청하였다. Greg씨를 맞이하는 비서의 태도로 부적절한 것을 고른 것은?

⊙ 한국의 고유한 기념품을 준비하여 방문 시 전달하도록 한다.
ⓛ 사내 게시판을 통해 미국지사 팀장의 방문을 직원들에게 미리 공지한다.
ⓒ 회사를 방문한 Greg에게 회사를 안내하며 각 부서의 업무를 상세히 안내한다.
ⓔ 상사를 대신하여 직원회의를 소집하고 직원들과 서로 인사를 나눌 수 있도록 계획한다.

① ⊙, ⓛ

② ⓛ, ⓒ

③ ⓒ, ⓔ

④ ⊙, ⓔ

ANSWER 7.③ 8.③

7 ⓛ 호는 이름 앞에 쓴다.
　　ⓔ 입관절차와 하관식 일정은 부고소식 언론자료에 포함시키지 않는다.

8 ⓒ 각 부서의 업무를 상세히 안내할 필요는 없다.
　　ⓔ 직원들과 인사를 위해 직원회의를 소집하는 것은 적절하지 않다.

※ 다음의 글을 읽고 물음에 답하시오. 【9~10】

> 다국적 기업 FG Motors 한국지사에 근무하는 최미경 비서는 서울에서 개최되는 FG Motors 마케팅 로드쇼 행사를 담당하고 있다. 이번 행사에는 15개국의 지사장들이 참석할 예정이며, 국내외 관계자 500명을 대상으로 개최될 예정이다.

9 위의 행사를 위한 최 비서의 준비업무로 가장 적절한 것은?

① 호텔은 각 지사장들의 기호를 고려하여 선호하는 호텔로 각각 예약하였다.
② 공항에서 호텔까지의 교통편을 제공하기 위해 45인승 버스를 준비하였다.
③ 회의내용의 통역을 위해 외국어 통역요원을 배치하였다.
④ 행사가 진행되는 호텔은 최근 새로 오픈한 유명한 호텔로 예약하였다.

10 최 비서는 행사 기간이 끝난 후 각 지사장들의 1일 관광 일정을 계획하고 있다. 최 비서가 유의해야 할 점으로 가장 거리가 먼 것은?

① 관광 일정은 호텔 또는 관광회사와 협의하여 마련하도록 한다.
② 일정 중 식사 메뉴는 지사장들의 기호를 미리 파악하여 세심하게 준비하도록 한다.
③ 기념품 및 선물 등을 구입할 수 있도록 단체 일정에 쇼핑 일정도 포함시킨다.
④ 한국의 문화유산을 알릴 수 있는 유적지와 유명 관광지를 방문한다.

ANSWER 9.③ 10.③

9 ③ 15개국의 지사장들이 참석할 예정이므로 회의내용의 통역을 위해 외국어 통역요원을 배치해야 한다.

10 ③ 단체 일정에 쇼핑 일정은 포함시키지 않는다.

11 강 비서는 상사가 골프를 취미와 업무상으로 빈번하게 치시기 때문에 골프 예약업무를 자주하게 된다. 다음 중 골프 예약 시 필요 정보와 예약 시 고려 사항에 대한 설명으로 옳지 않은 것은?

① 골프장은 시간단위로 티오프(tee-off) 시각을 정하는 경우가 많으니 예약 시 시각을 혼동하는 일이 없도록 한다.

② 그린피와 캐디피·카트피로 나누어지며, 캐디피와 카트피는 법인 카드 사용이 안 되는 곳이 대부분이므로 현금을 준비하도록 해야 하고, 회원 그리고 주말이나 주중에 따라서 가격이 달라지므로 해당 골프장 홈페이지를 참조해서 가격 정보를 확인한다.

③ 회원권 소지자만 예약이 가능한 회원제 골프장과 일반인도 예약 가능한 퍼블릭 골프장이 있으며, 골프 예약은 주로 회사나 상사 개인이 회원권을 소유한 골프장을 이용하는 경우가 대부분이나 예약 대행사들을 통해서 예약을 진행하기도 한다.

④ 골프장마다 자체적으로 정한 위약 규정이 홈페이지에 안내되어 있고, 규정을 어기면 벌점을 받게 되는데 일정 점수 이상이 되면 골프 예약이 불가하므로 규정을 잘 준수해야한다.

12 외부강사를 초청하는 회의에서 비서가 준비해야 할 것으로 다음 중 가장 적절한 것은?

① 강사에게 강의 요청서를 미리 보낸 후 확답을 받으면 일시, 장소, 목적 등 정보를 구두로 알려준다.

② 회의에 참석할 대상자의 정보를 강사에게 미리 전달하고 강사에게 이력서나 약력을 보내달라고 요청한다.

③ 강의 요청서 공문을 보낼 때 참석여부에 대한 항목을 넣어 회신하도록 한다.

④ 강사료는 현금과 계좌 입금 중 강사가 원하는 것으로 준비해 둔다.

ANSWER 11.① 12.②

11 ① 티오프(tee-off)란 티를 처시 없앤다는 뜻으로 코스의 처음에서 공을 쳐내는 행위, 즉 티샷을 치는 행동을 이르는 말로, 골프 시작시간으로 사용하기도 한다. 골프장은 분단위로 티오프 시각을 정하는 경우가 많으니 예약 시 시각을 혼동하는 일이 없도록 한다.

12 ① 일시, 장소, 목적 등은 서면으로 강의 요청서와 함께 알려주는 것이 좋다.
③ 공문에는 참석여부에 대한 항목을 넣어 회신하도록 하지 않는다.
④ 강사료 지급은 내부 규정에 따른다.

13 최고경영자의 이미지 제고와 홍보 관리자로서의 비서의 업무 수행 내용으로 가장 적절하지 않은 것은?

① 최고경영자의 대외 스피치 자료와 기고문 등을 저장, 관리하여 사내외 온라인 게시판에 업로드 한다.

② 최고경영자의 사회 참여활동과 봉사활동 등을 보좌하고 관련 정보를 수집하여, 사내 홍보담당자와 공유한다.

③ 최고경영자와 관련된 보도 자료에 세심한 관리뿐 아니라, 업무상 관련 기자들의 정보를 리스트업 하고 수시로 업데이트 한다.

④ 최고경영자의 이미지가 중요하므로 회사를 홍보하는 팜플렛 등은 접견실에 두지 않고 상사 관련 보도 자료를 비치하여 손님응대에 활용한다.

14 김 비서는 아침 8시에 출근해 오늘 해야 할 일의 목록을 적었다. 업무의 우선순위를 순서대로 나열한 것 중 가장 옳은 것은?

> (가) 오전 9시에 있을 사내 김 부장과의 면담 약속을 내일로 변경하는 전화를 한다.
> (나) 오후 2시로 예정되어 있는 ○○상사와의 약속을 확인한다.
> (다) 오전 11시까지 결재 받아야 할 보고서에 들어갈 수치를 판매부에 전화해 확인한다.
> (라) 상사로부터 다음 달에 열릴 이사회 회의 일정의 초안을 받아 입출력한다.

① (가) – (나) – (다) – (라)

② (가) – (다) – (나) – (라)

③ (나) – (다) – (라) – (가)

④ (다) – (가) – (라) – (나)

Aɴsᴡᴇʀ 13.④ 14.②

13 ④ 회사를 홍보하는 팜플렛도 접견실에 두고 손님응대에 활용한다.

14 오전 9시에 있을 면담을 변경하는 (가)가 가장 우선적으로 처리해야 할 업무이고 다음 달에 열릴 이사회 회의 일정의 초안을 받아 입출력하는 (라)가 가장 나중에 처리해도 될 업무이다. (나)는 오후 2시 예정인 약속의 확인이므로, 11시까지 결재를 받아야 할 보고서에 들어갈 수치를 확인한 후 처리하는 것이 바람직하다. 따라서 (가)-(다)-(나)-(라)이다.

15 출장 관련 항공 예약 시 알고 있어야 할 항공 용어 설명으로 옳지 않은 것은?

① Stopover : 여정 상 두 지점 사이에 잠시 체류하는 것으로 24시간 이상 체류 시에는 해당 국가 입국 심사를 마치고 위탁 수하물을 수령하여 세관검사까지 마쳐야 한다.

② Transit : 비행기가 출발지에서 출발 후 목적지가 아닌 중간 기착지에 내려서 기내식 준비, 청소, 연료 보급, 승객 추가 탑승 등의 이유로 1~2시간 정도 대기 후 다른 비행기에 다시 탑승하는 경우이다.

③ Open Ticket : 일정이 확정되지 않아 돌아오는 날짜를 정확히 지정하기 어려운 경우 돌아오는 날짜를 임의로 정하여 예약하고 항공권의 유효 기간 내에서 일정 변경이 가능한 항공권이다.

④ Overbooking : 판매하지 못한 항공권은 시간적으로 재판매가 불가능하므로 예약이 취소되는 경우와 예약 손님이 공항에 나타나지 않는 경우를 대비하여 실제 판매 가능 좌석수보다 예약을 초과해서 접수하는 것을 말한다.

16 다음에 제시한 사례에서 김 비서가 저지른 실수가 아닌 것은?

> 인도인 James씨와 중국인 려호씨, 그리고 사장님을 모신 가운데 식사와 함께 가벼운 미팅을 진행 중이다. 김 비서는 힌두교 신자인 James씨에게는 소고기 커리를 식사메뉴로 준비하였고, 식사 후에는 James씨와 려호씨를 위해 우리나라에서 가장 잘 나간다는 ○○기업의 시계를 선물로 준비하였다.

① James를 위한 식사메뉴
② James를 위해 준비한 시계선물
③ 려호씨를 위해 준비한 시계선물
④ James와 려호씨를 위한 식사메뉴

ANSWER 15.② 16.②

15 ② Transit은 같은 비행기에 다시 탑승한다.

16 ①④ 힌두교도들은 소를 신성하게 여긴다. 따라서 힌두교 신자인 Jame의 식사메뉴로 소고기 커리는 적절하지 않다.
③ 중국어로 '시계를 선물하다'라는 뜻의 '送鍾'은 '임종을 지키다'라는 의미의 '送終'과 동음으로, 시계를 선물하는 것은 '죽음'을 연상하게 해 중국에서는 시계를 선물하지 않는다.

17 아래는 Mr. R. Greg 회장의 방한 일정표이다. 한국 방문이 처음인 본사 회장 Mr. R. Greg의 방문 일정이 원활히 진행되기 위한 김 비서의 업무수행 중 가장 옳은 것끼리 짝지은 것은?

Itinerary for Mr. R. Greg, Chairman

(June 7~11, 2016)

Monday, June 7

18:30	Arrive at Incheon via AP 881(Pick up by SH Kim, VP)
20:00	Check-in Ritz Carton Hotel

Tuesday, June 8

11:00~15:00	Meeting with Gil Hong(Conference Room, 7th, F3)
15:00~17:00	Management Meeting(Conference Room, 7th, F3)

Friday, June 11

7:00~	Breakfast with Ronald James (Singgrira Grill)

㉠ Mr. Greg가 한국에 도착한 후 호텔 예약을 confirm했다.

㉡ 6월 8일 저녁예약은 하지 않았다.

㉢ 담당직원에게 Mr. Greg의 이름이 적힌 피켓을 준비하게 하여 영접하도록 했다.

㉣ 6월 7일 도착 후 교통상황 등을 고려하여 Ritz Carton Hotel에 'late arrival notice'를 해두었다.

---

① ㉠, ㉡

② ㉡, ㉢

③ ㉢, ㉣

④ ㉠, ㉣

17 ㉠ 호텔 예약 confirm은 Mr. Greg가 한국에 도착하기 전에 한다.

㉡ 6월 8일 Management Meeting 후 저녁예약을 해야 한다.

18 김영숙 비서는 영업 상무와 마케팅 부사장을 함께 모시고 있다. 또한 영업부서와 마케팅 부서의 부서장들과도 긴밀하게 업무 협조를 하고 있다. 그러다보니 두 명의 상사로부터 동시에 업무 지시를 받는 경우도 있고 가끔은 상사와 부서장들이 서로 어긋나는 지시를 하는 경우도 있다. 이런 상황에서 김 비서의 업무 보고 시 가장 적절한 것은?

① 두 명의 상사로부터 동시에 지시를 받을 때는 업무의 긴급도와 중요도에 따라 업무의 우선순위를 정해야 하므로 각각의 상사에게 업무의 경중을 확인한 후 수행한다.

② 부서장들로부터 지시를 받아 업무를 수행해야 하는 경우 직속 상사에게 보고를 한다.

③ 비서는 상사의 지시 내용을 100% 완수해야 하므로 예외적인 상황을 가능한 배제하도록 한다.

④ 상사의 지시가 서로 어긋날 경우 우선순위 업무를 판단하여 선(先)수행한 후 보고한다.

19 다음 중 비서가 경비 처리하는 방법에 대한 설명으로 가장 적절하지 않은 것은?

① 영수증은 거래의 유효성을 뒷받침하는 증거 서류이므로 훼손되거나 분실하지 않도록 주의한다.

② 회사 내 ERP 회계정보시스템을 이용해서 회계처리를 할 때 비서실과 상사의 거래 자료를 입력하면 자산, 부채, 자본, 수익, 비용의 증감을 가져오게 되므로 거래 자료의 특성에 따라 과목을 설정하여 해당 계정에 입력한다.

③ 전산회계 프로그램에는 일반적으로 기업에서 사용하는 공통된 계정 과목이 입력되어 있으므로, 전표 입력 시 계정과목을 새로 등록하거나 수정하여 선택하는 것은 불가능하다.

④ 비서실 출장비를 정산할 때 지출 내역 중 숙박비, 식비, 교통비는 여비 교통비로 처리하고, 거래처의 선물비는 접대비로 처리한다.

Aɴsᴡᴇʀ 18.② 19.③

18 ① 업무의 경중은 각각의 부서장들에게 확인하는 것이 좋다.
③ 예외적인 상황이 있을 수 있음을 염두에 두어야 한다.
④ 지시가 서로 어긋나는 상황에 대해 보고하고 그에 대한 확인 후 수행한다.

19 ③ 전표 입력 시 계정과목을 새로 등록하거나 수정하여 선택하는 것이 가능하다.

20 아래의 상황을 읽고 상사의 지시에 대응하는 비서의 업무처리 내용 중 우선순위가 가장 낮은 것은?

> 상사는 2주 후 싱가폴 지사에서 방문할 Ms. Jones의 서울 방문에 맞춰 우리 회사의 주요 거래처와 회의 일정을 확정하고자 한다. 이틀간 서울에 머물 Ms. Jones와 함께 방문할 거래처 목록 10곳의 명단을 상사가 언급하였다.

① 10곳 대상기업 중 우선순위 기업이 있는지를 상사에게 질문한다.

② 언제까지 일정을 확인하여 보고해야 하는지를 확인한다.

③ 현재 Ms. Jones의 방문일정 관리로 바쁜 상황이므로 동료 비서에게 도움을 청해도 될지를 상사에게 질의해 본다.

④ 거래처 방문 시 준비해야 할 자료 및 사항을 바로 확인한다.

21 다른 사람과 비교하여 내가 받는 보상이 노력에 비해 적다고 생각하면 불만이 생기고, 노력을 줄이게 된다는 동기부여 이론은 다음 중 무엇인가?

① XY이론

② ERG이론

③ 공정성이론

④ 기대이론

22 다음 중 국제 라이센싱(licensing)에 대한 설명으로 가장 옳지 않은 것은?

① 현지국의 무역장벽이 높을 경우, 라이센싱이 수출보다 진입 위험이 낮으므로 진입전략으로 라이센싱이 유리하다.

② 해외진출 제품이 서비스인 경우 수출이 어렵고 이전비용이 많이 소요되므로 라이센싱보다 직접투자를 선호하게 된다.

③ 라이센싱에 따른 수익이 해외투자에 따른 수익보다 낮지만 정치적으로 불안정한 시장에서 기업의 위험 부담이 적다는 장점이 있다.

④ 라이센서(공여기업)가 라이센시(수혜기업)의 마케팅 전략이나 생산 공정을 통제하기가 쉽지는 않다.

ANSWER 21.③ 22.②

21 공정성이론 … 공정성 이론에서 사람은 자신의 노력(공헌)에 대한 보상이 타인과 비교하여 상대적으로 공정한 대우를 받았는지 판단하며 차이가 있다면 그것을 줄이기 위해 노력한다고 보았다.

22 ② 서비스 분야의 경우 해외 계약방식으로 라이센싱을 선호한다.

23 다음 중 기업 활동에 직접적으로 영향을 미치는 환경요인에 대한 설명으로 가장 적절한 것은?

① 산업의 경쟁구조를 이해하기 위해 동종산업 내 산업경쟁자뿐만 아니라 예상진입자나 대체 산업자와의 경쟁관계도 파악해야 한다.

② 정부는 기업 활동에 대한 규제기관이 아니라 지원기관으로서, 기업 활동의 보호, 육성, 연구지원 등을 통해 기업을 돕는다.

③ 기업은 공급자의 경쟁력을 낮추기 위한 노력으로 공급사슬 관리(SCM)를 활용하지만 이를 통해 안정적 공급처를 확보하기에는 어려움이 있다.

④ 시장구조가 구매자시장에서 판매자시장으로 변함에 따라 거래조건이 판매자 중심이 되고 있다.

24 다음 중 경영환경에 대한 설명으로 가장 적절하지 않은 것은?

① 기업을 둘러싼 외부환경이 보다 복잡해지고 점점 동태적으로 변해가고 있다.

② 기업의 경영환경은 기업이나 기업의 활동에 영향을 주는 모든 요인을 의미한다.

③ 기업 경영활동에 영향을 주는 거시환경에는 국제환경, 경제 환경, 사회 문화 환경, 정치 법률적 환경, 기술 환경 등이 있다.

④ 기업 경영활동에 영향을 주는 미시환경에는 고객, 경쟁업체, 공급업자, 판매업자, 주주, 정부기관, 노동 조합, 인구특성요인 등이 있다.

ANSWER 23.① 24.④

23 ② 정부는 기업 활동에 대해 규제하기도, 지원하기도 한다.
　③ 공급사슬관리는 새로운 정보기술과 기업의 자원을 그 수요에 맞게 배치하여 조직을 재구축하고, 그 수요가 최종 소비자에게 정확히 공급되도록 하여 기업의 업무 효율성을 강화시켜주는 최적화 프로세스로, 기업들은 SCM을 통해 고객 서비스의 수준을 높이면서 비용도 최소화하여 경쟁력을 향상시킬 수 있다.
　④ 구매자가 판매자보다 유리한 입장에 있는 상태를 구매자시장이라 하고 판매자가 구매자보다 유리한 입장에 있는 상태를 판매자시장이라고 한다. 시장구조가 점차 구매자시장으로 변함에 따라 거래조건이 구매자 중심이 되고 있다.

24 ④ 경제상황이나 사회상황, 인구 변화 등은 거시환경에 해당한다.

25 다음을 읽고 철수 – 민아 – 영미는 각각 무엇을 말하고 있는 것인지, 가장 적합하게 연결된 것은 무엇인가?

> 철수 : 이번에 A탄산음료 회사가 B생수제조 회사를 매수했다며?
> 민아 : 그래? 작년에는 A탄산음료 회사가 C인공감미료제조 회사를 매수했었잖아?
> 영미 : 그렇구나. 지난달에는 D탄산음료 회사가 E스낵제조 회사를 매수했었는데.

```
        철수        민아        영미
```
① 수직적 합병 – 수평적 합병 – 혼합 합병
② 수직적 합병 – 수평적 합병 – 매각
③ 수평적 합병 – 수직적 합병 – 혼합 합병
④ 수평적 합병 – 수직적 합병 – 매각

26 다음 중 주식회사에 대한 설명으로 가장 적절한 설명은 무엇인가?

① 주식회사는 여러 투자자들로부터 자본을 모으는데 가장 편리한 기업형태로 자산과 부채가 소유주들로부터 분리된 법인체(legal entity)이다.
② 경영자는 주식의 인수가액을 한도로 출자의무를 부담할 뿐, 회사의 채무에 대해서는 책임을 지지 않는다.
③ 주식회사는 민법에 따라 당국의 승인에 의해서만 설립될 수 있다.
④ 주식회사의 이익금은 개인소득세로 과세되며, 주주의 배당금에 대해서도 법인세를 내야한다.

Aɴsᴡᴇʀ 25.③ 26.①

25 합병의 종류
　㉠ **수직적 합병** : 한 기업의 생산과정이나 판매경로 상에서 이전 또는 이후의 단계에 있는 기업을 인수하는 것으로 주로 일관된 생산체제 또는 종합화 등을 목적으로 할 때 나타난다.
　㉡ **수평적 합병** : 동일 산업에서 생산활동 단계가 비슷한 기업 간에 이루어지는 경우를 말하며 시장점유율을 높이거나 판매력 강화 또는 생산 및 판매를 일원화하기 위해 이루어지는 것이다.
　㉢ **혼합 합병** : 상호 관련성이 없고 경쟁관계가 없는 이종업종의 기업들 간에 이루어지는 합병으로, 주로 재무측면에서의 상승효과를 얻기 위한 합병이다.

26 ② 경영자는 회사의 채무에 대해서 책임을 진다.
　③ 주식회사의 설립에는 상법의 규정에 의하여 발기인만으로 설립하는 발기설립과 발기인이 일부 인수하고 잔액을 공모하여 설립하는 모집설립의 두 가지가 있다.
　④ 주식회사의 이익금은 법인세로 과세된다.

27 다음 중 기업 형태에 대한 설명으로 가장 적절하지 않은 것은?

① 합명회사는 출자도 경영도 2인 이상이 공동으로 하고 회사부채에 대해 끝까지 무한책임을 지는 형태이다.

② 합자회사는 유한책임자와 무한책임자가 공동 설립한 회사이며, 무한책임자가 경영을 맡는다.

③ 유한회사란 모두가 유한책임사원으로 출자만하고 경영은 제3자가 하되, 지분의 증권화 및 타인에의 양도가 주식회사보다 자유롭다.

④ 주식회사는 전문경영자의 도입이 가능하며, 주식의 소유자는 자신이 출자한 지분에 대해서 유한책임을 진다.

28 다음 중 기업결합형태에 관련된 설명으로 가장 옳지 않은 것은?

① 트러스트는 기업합병이라고도 하며 둘 이상의 기업이 경제적으로 독립성을 상실하고 새로운 기업으로 통합하는 결합형태를 말한다.

② 조인트벤처는 둘 이상의 사업자가 공동출자하고 출자액에 비례하는 손익을 분담하는 결합형태를 말한다.

③ 카르텔은 시장통제 및 기업안정을 목적으로 상호 관련성이 없는 이종 기업 간에 수직적 협정을 맺는 결합형태를 말한다.

④ 콘체른의 결합형태에서는 지배되는 기업이 법률적으로 독립성은 유지되지만 경제적 독립성은 상실하게 된다.

ANSWER 27.③ 28.③

27 ③ 유한회사는 정관으로 지분의 양도를 제한할 수 있어 주식회사보다 자유롭지 않다.

28 ③ 카르텔은 시장통제를 목적으로 동일 산업부문의 독립기업을 독점적으로 결합시키는 기업연합형태를 말한다.

29 다음 보기 중 적대적 M&A의 공격기법을 묶은 것으로 가장 옳은 것은?

<보기>
㉠ 공개매수   ㉡ 그린메일
㉢ 포이즌필   ㉣ 황금낙하산
㉤ 백기사   ㉥ 위임장대결

① ㉢, ㉣, ㉤   ② ㉢, ㉤, ㉥
③ ㉠, ㉢, ㉣   ④ ㉠, ㉡, ㉥

30 다음 중 지식경영에 대한 설명으로 가장 적절하지 않은 것은?

① 지식경영은 미국을 중심으로 문제해결대안으로 등장하였다.
② 지식은 형식지와 암묵지로 구분된다.
③ 형식지는 학습과 체험을 통해 습득되지만 드러나지 않는 지식이다.
④ 지식경영은 시스템적 관점에서 지식을 축적하고 활용하는 과정이다.

29 ㉠ 공개매수 : 경영권 지배를 목적으로 특정기업의 주식을 주식시장 외에서 공개적으로 매수하는 적대적 M&A 방식
 ㉡ 그린메일 : 특정 회사의 주식을 대량으로 매집해놓고 기존 대주주에게 M&A를 포기하는 조건으로 일정한 프리미엄을 얻어 주식을 매입하도록 요구하는 행위
 ㉢ 포이즌필 : 적대적 M&A의 시도가 있을 때 기존 주주들에게 시가보다 싼 가격에 지분을 매수할 수 있도록 권리를 부여하는 행위
 ㉣ 황금낙하산 : 인수 대상 기업의 최고경영자가 인수로 인하여 임기 전에 사임하게 될 경우를 대비하여 거액의 퇴직금, 스톡옵션, 일정기간 동안의 보수와 보너스 등을 받을 권리를 사전에 고용계약에 기재하여 안정성을 확보하고 동시에 기업의 인수 비용을 높이는 방법으로, 적대적 M&A를 방어하는 대표적인 전략
 ㉤ 백기사 : 적대적 매수자보다 높은 가격으로 인수 제의를 내면서도 기존의 경영진을 유지시키는 제3의 우호세력
 ㉥ 위임장대결 : 다수의 주주로부터 주주총회에서의 의결권 행사 위임장을 확보해 M&A를 추진하는 전략으로 적대적 M&A의 한 수단

30 ③ 학습과 체험을 통해 습득되지만 드러나지 않는 지식은 암묵지이다. 형식지는 문서나 매뉴얼처럼 외부로 표출되어 공유할 수 있는 지식으로 객관적인 지식이다.

31 다음 중 예금은행의 자금조달비용을 반영하여 산출되며 주택담보대출을 받을 때 기준이 되는 금리에 해당되는 것은 무엇인가?

① 양도성예금증서(CD)금리

② 코픽스(cofix)금리

③ 콜(call)금리

④ 기업어음(CP)금리

32 다음의 리더십의 원천인 권력(power)과 관련된 설명 중에서 가장 적절하지 않은 것은?

① 준거적리더십은 리더가 조직으로부터 합법적으로 부여받은 권한에 의해 발생한다.

② 전문적리더십은 리더가 가지고 있는 전문적 지식이나 능력에 의해 발생한다.

③ 보상적리더십은 리더가 조직원에게 원하는 보상을 줄 수 있을 때 발생한다.

④ 강압적리더십은 리더가 가지고 있는 강압적 권한에 의해 발생한다.

Answer 31.② 32.①

> **31** 코픽스(Cost Of Fund IndeX) … 은행의 자본조달 비용을 반영한 주택담보대출 기준금리로 2010년 2월부터 도입됐다. 이 지수는 은행연합회가 매달 한 번씩 시중은행으로부터 정기예금, 정기적금, 상호부금, 주택부금, CD, 환매조건부채권, 표지어음, 금융채 등 자본조달 상품관련 비용을 취합해 산출한다.

> **32** ① 준거적리더십은 권력 주체를 좋아해서 그에게 동화되고 그를 본받으려고 하는 데 기초를 둔 권력을 말한다.

33 다음의 설명 중, 괄호에 들어갈 적합한 용어를 순서대로 고른다면 무엇인가?

> (   )이란 시장전체를 하나의 표적시장으로 삼고 동일한 마케팅전략을 수립하여 구사하는 것을 의미한다. (   )이란 두 개 이상의 세분시장을 표적시장으로 선정하여 각각에 대하여 서로 다른 마케팅믹스를 제공함으로서 각 세분 시장에서 최대의 성과를 실현하는 것을 의미한다. (   )이란 하나 또는 제한된 수의 세분시장만을 표적시장으로 선정하여 마케팅 노력을 몰두하는 것이다.

① 비차별적 마케팅전략 – 차별적 마케팅전략 – 집중적 마케팅전략
② 비차별적 마케팅전략 – 차별적 마케팅전략 – 선택적 마케팅전략
③ 차별적 마케팅전략 – 비차별적 마케팅전략 – 집중적 마케팅전략
④ 차별적 마케팅전략 – 비차별적 마케팅전략 – 선택적 마케팅전략

34 다음 중 조직구성원을 기업경영에 참여시키는 경영참가제도의 유형과 그 예를 묶은 것으로 가장 적절한 것은?

① 의사결정참가제도 – 락카플랜
② 자본참가제도 – 스캔론플랜
③ 이익참가제도 – 노사협의회
④ 자본참가제도 – 종업원지주제도

ANSWER 33.① 34.④

33 마케팅전략
  ㉠ **비차별적 마케팅전략** : 시장전체를 하나의 표적시장으로 삼고 동일한 마케팅전략을 수립하여 구사하는 것
  ㉡ **차별적 마케팅전략** : 두 개 이상의 세분시장을 표적시장으로 선정하여 각각에 대하여 서로 다른 마케팅믹스를 제공함으로써 각 세분시장에서 최대의 성과를 실현하는 것
  ㉢ **집중적 마케팅전략** : 하나 또는 제한된 수의 세분시장만을 표적시장으로 선정하여 마케팅 노력을 몰두하는 것

34 ④ **종업원지주제도** : 회사가 경영방침으로 특별한 편의를 제공하여 종업원으로 하여금 자사주를 취득, 보유하게 하는 제도→자본참가제도
  ① **럭커플랜** : 조직이 창출한 부가가치 생산액을 구성원 인건비를 기준으로 배분하는 제도→이익참가제도
  ② **스캔론플랜** : 구성원들의 경영참가를 높이기 위한 방법으로서 생산액의 변동에 임금을 연결시켜 산출하는 것→이익참가제도
  ③ **노사협의회** : 노동자와 사용자의 협력 관계를 높이기 위해 사업장별로 구성하도록 법으로 정해진 노사 간 협의회→의사결정참가제도

35 다음 중 내부모집을 통한 인재채용의 장점으로 가장 적절하지 않은 것은?

① 조직분위기를 쇄신하고 구성원들의 경영의식을 고취할 수 있다.

② 모집에 소요되는 비용이 저렴하고 채용 후 교육훈련 비용을 절감할 수 있다.

③ 지원자에 대한 평가의 정확성을 확보할 수 있다.

④ 종업원에게 승진기회를 제공하고 사기진작을 하여 낮은 이직률을 가져올 수 있다.

36 아래 표를 참고하여 유동비율과 부채비율을 계산한 것으로 가장 옳은 것은?

(단위 : 백만 원)

유동자산	300	유동부채	200
		비유동부채	100
비유동자산	400	자기자본	600

① 유동비율 150%, 부채비율 43%

② 유동비율 67%, 부채비율 50%

③ 유동비율 67%, 부채비율 43%

④ 유동비율 150%, 부채비율 50%

37 다음 중 파생금융상품에 대한 설명으로 가장 적절하지 않은 것은?

① 옵션(option)은 장래 특정일 또는 일정기간 내에 미리 정해진 가격으로 상품이나 유가증권 등의 특정자산을 사거나 팔 수 있는 권리를 현재시점에서 매매하는 거래이다.

② 선물(futures)은 거래소에서 거래되는 장내거래상품으로 표준화된 계약조건으로 매매계약 체결 후, 일정기간이 경과한 뒤에 미리 결정된 가격에 의하여 그 상품의 인도와 결제가 이루어지는 거래를 말한다.

③ 스왑은 주택을 담보로 금융기관에서 일정액을 매월 연금으로 받는 상품을 말한다.

④ 파생금융상품 종류는 선물, 선도, 옵션, 스왑으로 거래형태에 따라 분류된다.

ANSWER 35.① 36.④ 37.③

35 ①은 외부모집을 통한 인재채용의 장점이다.

36 • 유동비율 $= \dfrac{유동자산}{유동부채} \times 100 = \dfrac{300}{200} \times 100 = 150$

　• 부채비율 $= \dfrac{부채총액}{자기자본} \times 100 = \dfrac{300}{600} \times 100 = 50$

37 ③ 주택을 담보로 금융기관에서 일정액을 매월 연금으로 받는 상품은 역모기지이다.
　※ 스왑 … 두 당사자가 각기 지니고 있는 미래의 서로 다른 자금흐름을 일정기간 동안 서로 교환하기로 계약하는 거래이다.

38 아래 〈보기〉 내용을 나타내는 용어로 가장 적절한 것은?

〈보기〉

공정거래위원회는 증거확보가 어려운 기업 간 담합조사의 효율성을 높이기 위해 불공정한 담합행위를 자진 신고한 기업들에게 과징금 면제 또는 감면을 제시하고 있다. 죄수의 딜레마이론을 활용한 이 제도의 도입 이후, 담합 자진신고가 크게 늘어나고 있다.

① 타임오프제도
② 리니언시제도
③ 백기사
④ 연대보증제도

39 다음 중 사업부제 조직에 대한 설명으로 가장 적절하지 않은 것은?

① 사업부제 구조는 구별된 사업영역에서 각각이 책임을 지고 있는 상이한 사업부들로 회사가 분화된 구조이다.
② 사업부는 이익 및 책임중심점이 되어 경영성과가 향상된다.
③ 사업부 간 연구개발, 회계, 판매, 구매 등의 활동이 조정되어 관리비가 줄어든다.
④ 사업부제 조직구조는 제품의 제조와 판매에 대한 전문화와 분업을 촉진한다.

40 아래의 내용은 무엇을 설명하는 것인지 가장 적합한 것은?

이것은 한 제품시장을 전체 소비자들의 니즈나 행동, 특성면에서 유사한 하부집단으로 구분하는 것이다. 이것이 성공적으로 이루어지기 위해서는 측정가능성, 접근가능성, 경제적 시장규모, 안정성, 차별적 반응 등의 요건이 충족되어야 한다. 이때 사용될 수 있는 기준은 인구통계, 사회계층, 문화, 라이프 스타일 등이 될 수 있다.

① 마케팅믹스
② 포지셔닝구축
③ 시장세분화
④ 표적시장

ANSWER 38.② 39.③ 40.③

38 제시된 내용은 담합 자진신고자 감면 제도인 리니언시 제도에 대한 설명이다.

39 ③ 사업부 간 연구개발, 회계, 판매, 구매 등의 활동 중복으로 관리비가 늘어난다.

40 제시된 내용은 시장세분화에 대한 설명이다.

41 Choose the one which does not correctly explain the abbreviations.

① CFO : Chief Financial Organization

② DST : Daylight Saving Time

③ GNP : Gross National Product

④ MOU : Memorandum of Understanding

42 Which of the following set is the most appropriate for the blank ⓐ and ⓑ?

> A ⓐ_____ is a message sent from one person to another in the same firm; it is a/an ⓑ_____ letter that does not go to someone outside the firm. Its purpose is to give or to ask for information, just as in a business letter. Because the memos stay within the firm, they are typed on plain paper, on letterhead stationery or on special forms which are set up so that the typist will just zoom along while typing this.

① ⓐ memo – ⓑ internal

② ⓐ manual – ⓑ instructional

③ ⓐ business letter – ⓑ outgoing

④ ⓐ fax – ⓑ transmitted

ANSWER 41.① 42.①

41 ① CFO는 회사의 자금부분 전체를 담당하는 총괄책임자로 'Chief Financial Officer'의 약자이다.

42 「ⓐ메모는 같은 회사 안에서 한 사람이 다른 사람에게 보내는 메시지이다. 그것은 회사 밖의 사람에게는 가지 않는 ⓑ내부의 글이다. 그것은 비즈니스 레터처럼 정보를 주거나 받는 것을 목적으로 한다. 메모는 그 회사 안에 머물기 때문에 그것들은 선이 없는 백지나 편지용지, 또는 입력자가 메모를 수월하게 타이핑할 수 있도록 준비된 특별한 형식에 입력된다.」

43 Choose the one which has a grammatical error among ⓐ~ⓓ.

ⓐ I am writing on relation to your recent complaint. ⓑ I would like to apologize for the inconvenience you have suffered. ⓒ We will send replacement items immediately. ⓓ Please accept my assure that it will not happen again.

① ⓐ   ② ⓑ

③ ⓒ   ④ ⓓ

43 my 뒤에는 명사가 와야 한다. assure은 동사이므로 명사형태인 assurance가 와야 한다.

44 Read the following message and choose one which is the most appropriate.

FAX Message

Pelican Paper Ltd. College Court, College Road, London N21 3LL.

Tel: 0870-7675982

Fax: 0870-7675983

Ms. Paula Robinson   Date: November 17, 2016

Northern Paperworks   No. of pages to follow: 0

Fax 01524-767542

Dear Ms. Robinson:

Thank you for your email of November 15, enquirin about Wainman Ltd.
We have been dealing with the company for over six years. During this time, they have always settled their accounts with us promptly, and we have never had any reason for complaint.

I hope that this information is of use to you.

Yours sincerely,

---

① This message is supposed to be sent by e-mail.

② If there is a problem of transmission, Ms. Robinson may call Pelican Paper Ltd. with the number 0870-7675983.

③ The total page of the fax is one.

④ The sender works for Northern Paperworks.

※ Read the following message and answer the questions. 【45~46】

Mr. Banta
Personnel Director
XYZ Ltd.

Dear Mr. Banta:

I would like to ⓐ_____ the position of secretarial position, which you advertised in the New York Times on July 10, 2015. I believe my education and experience have given me the background you desire for the position.

⋮

The ⓑ_____ resume will provide you further details of my ⓒ_____, and I would appreciate it if you could give me an opportunity to have an interview.

Thank you very much for your consideration, and I look forward to hearing from you soon.

---

45 What kind of letter is this?

① Thank you letter
② Cover letter
③ Follow-up letter
④ Curriculum Vitae

❈ 【45~46】

「친애하는 Mr. Banta
저는 당신이 2015년 7월 10일자 New York Times에 광고한 비서직에 지원하고 싶습니다. 저는 저의 학력과 경험이 당신이 그 자리에 요구하는 배경을 갖추었다고 믿습니다. … 동봉된 이력서는 제 자격요건에 대해 더 자세히 알려줄 것이고, 그 진가를 알아보신다면 저에게 인터뷰할 기회를 주실 것입니다. 당신의 숙고에 감사드리며, 답장 기다리고 있겠습니다.」

45 ② 이 편지는 비서직에 지원하는 지원자의 이력서와 동봉된 Cover letter이다.

46 Which of the followings is the most appropriate expression for the blanks ⓐ, ⓑ, and ⓒ?

① ⓐ apply to   ⓑ attached   ⓒ requirements

② ⓐ apply for   ⓑ enclosed   ⓒ qualifications

③ ⓐ volunteer for   ⓑ enclosure   ⓒ requirements

④ ⓐ provide   ⓑ attached   ⓒ qualifications

47 Which of the following is the most appropriate word for the blank?

> The _____ is a written account of a person's education and employment history. The information must be brief but as complete as possible.
> A(n) _____ always includes a heading, an education section, and a list of experience. If you have room, include additional information such as a language skill.

① graduation diploma   ② reference letter

③ autobiography   ④ resume

48 Which of the following is the most appropriate expression for the blank?

A : How far along are you with the report?

B : I'd say I'm about 70% done.

A : Can you finish it by tomorrow?

B : _____. I'll need at least two more days.

A : It has to be done before Friday's meeting.

B : OK. I'll make every effort to get it done at least by Thursday afternoon.

① I don't think so.

② I disagree with what you say.

③ I will do that.

④ I feel the same way.

ANSWER 48.⑴

48 「A : 그 보고서는 얼마나 진행되었나요?
B : 70% 정도 되었습니다.
A : 내일까지 마칠 수 있나요?
B : 그렇게 생각하지 않아요. 저는 적어도 이틀 정도가 더 필요해요.
A : 금요일 미팅 전까지 완성해 주세요.
B : 네. 최대한의 노력을 기울여서 적어도 목요일 오후까지는 완성하겠습니다.」

49 According to the following email, which is not true?

You are invited to attend Sales Managers Workshop.
Managers Workshop is a one-day workshop designed to equip you with the foundation to understand how to progress deals faster through your pipelines and help your team perform at a higher level.

To Register
Click on the registration link for the session you wish to attend. Three sessions will be held.
On the resulting page, select the "Enroll" button, located on the top-right side of the page. You will receive an email confirmation and a calendar entry.

Each workshop has a maximum capacity of twenty seats.
If you register but are unable to attend, please send an email to Mirae Lee to cancel your registration.

① 각각의 워크샵은 하루 일정으로 진행된다.
② 워크샵 참석 신청은 컴퓨터를 이용해서 신청해야 한다.
③ 각각의 워크샵 인원은 이십명이 넘어야 한다.
④ 등록은 하였지만 참석하지 못할 경우 취소 이메일을 보내야 한다.

ANSWER 49.③
----
49 ③ Each workshop has a maximum capacity of twenty seats'를 통해 각각의 워크샵은 최대 수용이 20석임을 알 수 있다.
① one-day workshop이라고 언급하고 있다.
② 등록 링크를 타고 가서 참석 신청을 해야 한다.
④ 마지막 문장을 통해 알 수 있다.

50 Read the following conversation and choose one which is not true.

Official : Good morning, sir. Can you tell me your name please?

Delegate : I'm Jim Anderson from ABC Company.

Official : Ah yes, here's your nametag. Can you sign in please?

Delegate : Of course. What time does everything start?

Official : Mr. Daniel's giving a welcoming address at ten o'clock in the auditorium. After that there's a lecture. Here's a program of events for you.

Delegate : Thanks.

Official : You'll also need to sign up for the sessions?

Delegate : Sessions?

Official : Yes. The morning workshops are assigned already, but there's a choice of seminars in the afternoon. The lists are over there.

Delegate : Oh, I didn't realize. I'll sign up now.

Official : And there are refreshments available in the lobby.

Delegate : Thanks for your help.

① Mr. Jim Anderson has already preregistered for the event.

② The event will start at 10:00 am.

③ Mr. Jim Anderson can choose all seminars regardless of the time.

④ Drinks will be served in the lobby.

51 Read the following itinerary for Mr. Jim Blake and choose one which is not scheduled for him to do in New York.

Date	Time	Event
Monday, July 12	6:30 P.M.	Arrival at La Guardia Airport
Tuesday, July 13	11:00A.M. ~ 1:00P.M.	Meeting and Lunch, New York Dental Association
	3:00P.M. ~ 5:00P.M.	Meeting at Cosmetic Dentist Partners
Wednesday, July 14	10:00A.M. ~ 11:30A.M.	Q&A Session with editors, Dental Innovation and Creativeness Magazine
	4:45P.M.	Departure from La Guardia Airport

① He is scheduled to participate in meetings.

② He will take a field trip to La Guardia Airport.

③ He is supposed to have one interview with editors of magazine.

④ He will have lunch with someone from New York Dental Association on Tuesday.

ANSWER 51.②

51 ① 그는 미팅에 참가할 예정이다.
② 그는 La Guardia 공항으로 현지 조사 여행을 갈 것이다.
③ 그는 잡지 에디터들과 한 번의 인터뷰를 하기로 했다.
④ 그는 뉴욕 덴탈 협회에서 온 사람과 화요일에 점심을 먹을 것이다.

52 Read the following conversation and choose the most appropriate expression for the blank.

> Secretary : Good morning, may I help you?
>
> Visitor : Good morning. My name is Lucy Choi.
> I have an appointment with Mr. Jones at 11, but I'm a little early.
>
> Secretary : Oh, Ms. Choi. Mr. Jones has been expecting you. Wait a moment, please.(via interphone)
>
> Secretary : Mr. Jones, Ms. Choi came here a few minutes early for her 11 o'clock meeting. Are you available now?
>
> Boss : Not really. Just a second. I'm replying to an urgent email at the moment.
>
> _____
>
> Secretary : Sure.
>
> Secretary : Ms. Choi, Mr. Jones is not available at the moment. Would you please have a seat and wait for a moment?

① Please tell her to come another time.

② Would you ask her to wait for a few minutes?

③ Would you ask her to cancel an appointment?

④ Please give me her new contact number so I can call her now.

ANSWER 52 ②

52 「비시 : 안녕하세요, 무엇을 도와드릴까요?
손님 : 안녕하세요, 제 이름은 Lucy Choi입니다. Mr. Jones와 11시에 약속이 있는데 제가 조금 일찍 왔네요.
비서 : 오, Ms. Choi. Mr. Jones가 당신을 기다리고 계십니다. 잠시만요.
(인터폰을 통하여)
비서 : Mr. Jones, Ms. Choi가 11시 미팅보다 몇 분 일찍 도착하셨습니다. 지금 가능하세요?
상사 : 아니오. 잠시만요. 나는 지금 긴급한 이메일에 답변을 하려는 참이었어요. 그녀에게 잠시만 기다려 달라고 요청해 줄래요?
비서 : 네
비서 : Ms. Choi, Mr. Jones이 지금은 어렵다고 하십니다. 앉아서 잠시만 기다려 주시겠습니까?」

53 Choose one pair of dialogue which does not match each other.

① A : Can you show me the way to the meeting room 702?

   B : Take the elevator on your right to the 7th floor.

      When you take off the elevator, you can see the room on your left side.

② A : Can I see Mr. Jung for a few minutes?

   B : Let me see if he's available.

③ A : If there is anything you need, let me know.

   B : Thanks a lot. It's very kind of you.

④ A : Would you mind making copies?

   B : Yes, I can manage.

53 ④ 복사 좀 해다달라는 요청에 혼자서도 할 수 있다는 대답은 적절한 짝을 이루지 못한다.

54 Read the dialogue below and choose one which is not appropriate to replace the underlined.

Visitor : Excuse me. My name is David Martin of IBM.

       I'd like to see Ms. Yoon, director of HR Department.

Secretary : Have you made an appointment?

Visitor : No, I didn't make it.

Secretary : Well, _____.

Visitor : I'd like to discuss our new product.

Secretary : I see. I'll see if she's available now.

Would you please wait for a while?

---

① could you give me the nature of your business?

② could you tell me about your work experience?

③ could you tell me what you want to see her about?

④ could you tell me the business affairs?

54 ① 용건이 어떻게 되십니까?

② 당신의 직업 경험에 대해 말씀해 주시겠습니까?

③ 어떤 일로 그녀를 보길 원하시는지 말씀해 주시겠습니까?

④ 용건을 말씀해 주시겠습니까?

「손님 : 실례합니다. 저는 IBM에서 온 David Martin입니다. HR Department의 디렉터인 Ms. Yoon을 뵙고 싶습니다.

비서 : 약속하셨나요?

손님 : 아니오, 그렇지 않습니다.

비서 : 아, _____

손님 : 우리의 새로운 상품에 대해 설명드리고 싶습니다.

비서 : 알겠습니다. 그녀가 지금 가능한지 알아보겠습니다. 잠시만 기다려 주시겠어요?」

55 Read the following conversation and choose the most appropriate set for the blank ⓐ and ⓑ.

A : AAA Company, Jena Park speaking.

B : This is James White from Intel Company.
   Can I speak to Mr. Sean Kim?

A : Mr. White, I'm afraid Mr. Kim is in a meeting at the moment.
   ⓐ _____ ?

B : Yes, please tell him to call me back.

A : Certainly I will. Does he know your number?

B : Yes, he does.

A : May I have it, just in case?

B : It's 456-445-7870.

A : ⓑ _____ 456-445-7870.

B : It's correct.

A : Thank you.
   I'll tell him to call you back as soon as he can.

---

① ⓐ Would you like to take a message?

　 ⓑ Let me read that back to you.

② ⓐ May I put you on hold?

　 ⓑ Let me repeat it.

③ ⓐ Would you like to leave a message?

　 ⓑ I'll read it again.

④ ⓐ Will you make sure Mr. Brown gets the message?

　 ⓑ Could you read that back to me?

Ａnswer 55.③

55 「A : AAA사에 Jena Park입니다.
　　B : Inter사에 James White입니다. Mr. Sean Kim과 통화할 수 있습니까?
　　A : Mr. White, 죄송하지만 Mr. Kim은 미팅 중이십니다. ⓐ 메시지를 남겨드릴까요?
　　B : 네, 저에게 전화 좀 해달라고 말해 주세요.
　　A : 알겠습니다. 그가 당신의 번호를 아십니까?
　　B : 네, 그렇습니다.
　　A : 혹시 모르니 번호를 남겨 주시겠습니까?
　　B : 456-445-7870입니다.
　　A : ⓑ 다시 확인하겠습니다. 456-445-7870이 맞습니까?
　　B : 맞습니다.
　　A : 감사합니다. 그에게 가능하면 빨리 당신께 전화를 드리도록 전하겠습니다.」

56 Choose the expression which is the best for the underlined blanks ⓐ and ⓑ in common.

A : Ms. Kidman, how are you this morning?

B : Couldn't be better, thank you. And you?

A : Fine, thanks.

　　Did you read over the brochure about the plants?

B : Yes, I'm looking forward to visiting the plants.

A : There's nothing like seeing for oneself.

B : You can say that again.

A : You'll have a rewarding visit even though you have a ⓐ_____.

B : I'm quite used to having a ⓑ_____.

---

① spare time

② tight schedule

③ work hard

④ tourist attractions

57 Choose the most appropriate pair of words for the blank ⓐ and ⓑ.

Boss : Please check the itinerary for the Hong Kong visit next week.

Secretary : Yes.

Boss : Also arrange a ⓐ_____ for me at the airport to the hotel.

Secretary : Hong Kong management team will handle every detail there.

Boss : OK. How about the ⓑ_____ there?

Secretary : They made a reservation at the Plaza Hotel near the main office.

---

① ⓐ accommodation, ⓑ hotel

② ⓐ ride service, ⓑ entertainment

③ ⓐ pick-up service, ⓑ accommodation

④ ⓐ airport limousine, ⓑ catering service

58 Which of the following is the most appropriate expression for the blank ⓐ and ⓑ?

Mr. Edwards : Yes, Tina?

Secretary : Excuse me, Mr. Edwards. It's Mr. David Jones from Asia Corporation. He's calling long distance.

Mr. Edwards : What does he want?

Secretary : He's responding to the e-mail you sent him.

Mr. Edwards : Ah, yes. Okay. ⓐ_____ him through.

Secretary : Mr. Jones?

Mr. Jones : Yes?

Secretary : ⓑ_____.

Mr. Jones : Thank you.

Mr. Edwards : Hello, this is Bill Edwards.

Mr. Jones : Mr. Edwards, this is David Jones from Asia Corporation. Thanks for taking my call.

① ⓐ connect   ⓑ Would you like to leave a message?

② ⓐ take   ⓑ I'll connect you to Mr. Edwards.

③ ⓐ transfer   ⓑ I'll put you with Mr. Edwards.

④ ⓐ put   ⓑ I'll transfer your call to Mr. Edwards.

58 put somebody through (전화로) 연결해 주다

「Mr. Edwards : 네, Tina?
비서 : Mr. Edwards, 실례합니다. Asia사의 Mr. David Jones가 장거리 전화를 걸어왔습니다.
Mr. Edwards : 그의 용건이 뭡니까?
비서 : 그에게 보낸 이메일에 대한 답변입니다.
Mr. Edwards : 아, 네. 그에게 ⓐ 연결해 주세요.
비서 : Mr. Jones?
Mr. Jones : 네?
비서 : ⓑ Mr. Edwaeds와 연결해 드리겠습니다.
Mr. Jones : 감사합니다.
Mr. Edwards : 안녕하세요, Bill Edwards입니다.
Mr. Jones : Mr. Edwards, Asia사의 David Jones입니다. 전화를 받아 주셔서 감사합니다.」

59 Belows are sets of Korean sentences translated into English. Choose one which is not correctly translated.

① In the past quarter our domestic sales have increased by 50% while our overseas sales by 19%.

　－ 지난 분기 우리의 국내 판매는 50% 증가 하였고 반면 해외 판매는 19% 감소하였습니다.

② I am wondering if I am able to postpone the meeting scheduled this Friday to next Friday.

　－ 제가 이번 금요일로 예정된 회의를 다음 주 금요일로 미루는 것이 가능할까요?

③ If you have any further queries, please do not hesitate to contact me on my direct line.

　－ 질문이 더 있으시면 주저하지 마시고 제 직통전화로 연락 하십시오.

④ Manual and service industry workers are often organized in labor unions.

　－ 육체노동자들과 서비스 산업 종사자들은 종종 노동조합에 가입되어 있다.

59 ① 지난 분기에서 우리의 국내 판매는 50% 증가하였지만 해외 판매는 19% 증가하였습니다.

60 Read the following conversation and choose one which is not true?

> Mr. James : Good morning, ABC Travel.
>
> How can I help you today?
>
> Ms. Loppez : Hello, I need to book a flight to Beijing for my employer. She needs to arrive by 10:00 a.m. on January 21st.
>
> Mr. James : Which airport would you like to depart from?
>
> Ms. Loppez : Manchester.
>
> Mr. James : We have a flight departing from Manchester at 6:00 p.m. on January 19th. It lands on the 20th at 1:40 p.m. local time.
>
> Ms. Loppez : Perfect. Could you please book a business class seat for Teresa May?
>
> Mr. James : Of course.
>
> Is there anything else I can do for you?
>
> Ms. Loppez : Yes. Can you arrange a hotel in the centre and an driver to take Mrs. May there from the airport?
>
> Mr. James : I'll arrange a driver to meet her at the airport, and I'll make reservations with a top hotel. We'll send them to you with the tickets.
>
> Ms. Loppez : Great. Thanks so much.

① Ms. Loppez wants to reserve a hotel in the centre for her boss.

② The travel agent will organize a driver for Mrs. May.

③ Ms. Loppez works for Mrs. May's office.

④ A flight to Beijing will depart from Manchester at 1:40 p.m., on January 20.

ANSWER 60.④
....

60 「Mr. James : 안녕하세요, ABC 여행입니다. 오늘 어떻게 도와드릴까요?
Ms. Loppez : 안녕하세요, 저희 사장님을 위한 베이징행 비행기 예약이 필요합니다. 그녀는 1월 21일 오전 10시까지 도착해야 해요.
Mr. James : 어느 공항에서 떠나길 원하십니까?
Ms. Loppez : 맨체스터요.
Mr. James : 1월 19일 오후 6시에 맨체스터에서 떠나는 비행기가 있습니다. 베이징 시간으로 20일 오후 1시 40분에 도착합니다.
Ms. Loppez : 완벽하네요. Teresa May로 비즈니스 좌석을 예약할 수 있을까요?
Mr. James : 물론이죠. 또 무엇을 도와드릴까요?
Ms. Loppez : 네. 시내에 있는 호텔과 공항에서 호텔까지 Mrs. May을 데려다 줄 기사분도 준비가 될까요?
Mr. James : 공항에서 그녀를 맞이할 기사분을 준비하고 top 호텔을 예약하겠습니다. 우리는 티켓과 함께 그것들을 당신께 보내드릴 게요.
Ms. Loppez : 좋아요. 정말 감사합니다.」

61 상공에너지의 위임전결 규정의 일부가 아래 표와 같다. 아래 표에 의거하여 문서의 결재가 이루어졌다. A문서와 B문서의 안건이 알맞게 짝지어진 것은?

〈위임전결표〉

업무	팀장	부사장	대표이사
조직개편 사항			○
경영위원회 안건 제출		○	
예산 배정 요청	○		
경영분석 자료 제출	○		
인사규정의 개정			○
인사규정의 개정 요청		○	

〈문서의 결재상황〉

A 문서	대리 진서우	팀장 신준영	부사장 대결 박서현
B 문서	과장 한수진	팀장 대결 신준영	부사장 전결

① A : 조직개편 사항,   B : 경영위원회 안건 제출

② A : 경영위원회 안건 제출,   B : 인사규정의 개정 요청

③ A : 인사규정의 개정 요청,   B : 경영분석 자료 제출

④ A : 인사규정의 개정,   B : 예산 배정 요청

ANSWER 61.①

61 A : 부사장이 대결하는 안건은 조직개편 사항, 인사규정의 개정이다.
     B : 부사장이 전결하는 안건은 경영위원회 안건 제출, 인사규정의 개정 요청이다.
     따라서 바르게 짝지어진 것을 고르면 ①이다.

62 최근에는 문서가 이메일로 수신되는 빈번하여, 상사의 업무상 이메일을 비서가 열람하고 처리하는 경우가 있다. 이메일 접수에 관련한 비서의 업무가 바람직한 것으로 묶인 것은?

> 가. 정 비서는 상사의 업무메일을 주기적으로 확인하여 업무 처리가 늦어지지 않도록 주의하고 있다.
>
> 나. 조 비서는 상사가 직접 처리가 필요한 메일의 경우 이메일 내용을 인쇄하여 중요한 부분에 형광펜으로 표시하여 종이 문서의 형태로 상사에게 전달하였다.
>
> 다. 박 비서는 상사가 이메일 열람 권한을 주지 않아서, 상사가 전달해주는 이메일의 처리만을 하고 있다.
>
> 라. 강 비서는 상사의 이메일 중 다른 부서에서 처리해야 할 메일인 경우는 담당 부서담당자에게 포워드하였다.

① 가, 나
② 가, 나, 다
③ 가, 나, 라
④ 가, 나, 다, 라

63 다음 중 상사에게 온 우편물에 대한 처리방법으로 적절하게 처리한 것끼리 묶인 것은?

> 가. 내용증명으로 발송하기 위해서 원본 1부와 등본 2부를 준비한다.
>
> 나. 접수일부인을 서류의 아래쪽에 찍어 우편물의 발송날짜를 기입한다.
>
> 다. 상사가 100통이 넘는 우편물을 한꺼번에 발송하라고 지시해 요금별납으로 우표 대신 스탬프를 찍어서 발송한다.
>
> 라. 우편물을 정기간행물 등 크기가 큰 우편물을 위에 놓고 긴급서신, 중요서신, 개봉하지 않은 서신은 밑에 놓는다.

① 가, 나, 다, 라
② 가, 나, 다
③ 가, 다, 라
④ 가, 다

ANSWER 62.④ 63.④

62 가, 나, 다, 라 모두 옳다.

63 나. 접수일부인에는 접수된 날짜를 기입한다.
라. 크기가 큰 우편물들은 아래에 놓고 긴급서신, 중요서신, 개봉하지 않은 서신은 위에 놓는다.

64 다음은 학회 사무국에서 근무하고 있는 최시은 비서가 작성한 안내장이다. 다음 밑줄 친 표현 중 적절하지 못한 것을 모두 고른 것은?

> 회원님 안녕하십니까?
>
> (ㄱ)근 20년 가까이 학회에 깊은 관심과 배려를 보여주신 회원님께 진심으로 감사드립니다. 학회 이사들이 (ㄴ)서로 상의하여 올 4월에 학회 설립 20주년을 맞아 '미래의 산업교육'이라는 주제로 상공대학에서 (ㄷ)총회를 개최하기로 결정하였습니다. 또한 이번 총회는 일본, 중국의 산업교육 전문가들이 모이는 국제 학회로 개최되는 (ㄹ)수확을 거두게 될 예정입니다.
>
> 이에 회원님의 적극적인 참여가 있으시길 바라며 (ㅁ)신년 새해에 복 많이 받으시고 학회 이사진은 (ㅂ)맡은 바 임무를 다해 학회 발전을 위해 노력하겠습니다.

① (ㄱ), (ㄴ), (ㄷ)

② (ㄱ), (ㄴ), (ㄹ), (ㅁ), (ㅂ)

③ (ㄱ), (ㄴ), (ㄷ), (ㄹ), (ㅂ)

④ (ㄱ), (ㄴ), (ㄹ), (ㅂ)

65 감사장의 작성방법으로 가장 적절하지 않은 것은?

① 출장 중 상대방의 호의에 대한 감사장은 출장지에서 돌아온 후에 즉시 작성한다.

② 행사 참석에 대한 감사장에 행사 중 미진함으로 인해 불편을 준 것에 대해 사과의 말도 함께 적는다.

③ 출장 후 감사장은 출장지에서 신세를 많이 진 담당자에게 뿐만 아니라 그 상사에게도 보낸다.

④ 감사장 내용을 적을 때는 항목을 분류하여 요점만 간단히 기재하여 한눈에 이해하기 쉽도록 작성한다.

ANSWER **64.② 65.④**

64 (ㄱ) '근'은 수량을 나타내는 말 앞에 쓰여 '그 수량에 거의 가까움'을 나타내는 말이다. 따라서 뒤에 '가까이'와 의미가 중복된다.

(ㄴ) '상의'는 '어떤 일을 서로 의논함'이라는 의미로, 앞의 '서로'를 삭제해야 한다.

(ㄹ) '수확'은 '거두어들임'을 포함하고 있다. 또한 '수확을 거두게'보다는 '쾌거를 이루게'가 문맥상 적절하다.

(ㅁ) '신년'과 '새해'는 동일한 의미이다.

(ㅂ) '맡은 바'='임무로 중복된 표현이다.

65 ④ 감사장은 감사하는 마음을 담아 전하는 것으로, 요점만 간단히 기재하기보다는 감사하는 마음이 잘 나타나도록 표현하는 것이 바람직하다.

66 상공물산 해외사업본부장 비서인 이소진씨는 상사로부터 받은 명함을 나라별로 정리한 후에 회사명으로 정리하려고 한다. 다음 정리 순서가 바르게 된 것은?

구분	나라명	회사명
가	United States	Albert & Tailor Company
나	United Kingdom	Ace-American Insurance Inc.
다	United Kingdom	Ace Investment Inc.
라	United Kingdom	Anglo-American company
마	United States	Anglo Africa Investors Union
바	United States	Ace Amenity Incorporation

① 바 - 나 - 다 - 가 - 마 - 라
② 나 - 다 - 라 - 바 - 가 - 마
③ 바 - 다 - 나 - 가 - 마 - 라
④ 다 - 나 - 라 - 바 - 가 - 마

66 우선 나라별로 구분하면 (나, 다, 라)와 (가, 마, 바)의 두 그룹이 되는데 알파벳 순서에 따르면 United Kingdom이 먼저 오게 된다. 이후 회사명 순서로 정리하면 다-나-라-바-가-마 순이다.

67 최 비서는 다음 신문기사를 분석해 보고서를 작성하려고 한다. ㉠부분의 자치구별 사망사고 수와 ㉡부분의 연령별 교통사고 사망자 비율을 표현하는데 가장 적합한 그래프 형태를 바르게 연결한 것은?

2016년 상반기 서울시 교통사고 사망자는 171명으로, 교통 사고 통계를 낸 이래 가장 적은 수치를 기록했다. 서울시 자료에 따르면 2015년 서울시 교통사고 사망자 수는 총 372명, 10만 명당 교통사고 사망자 수로 환산하면 3.81명이다.

㉠서울지방경찰청의 2016년 상반기 교통 사망사고 분석 결과에 따르면 25개 자치구에서 사망사고가 가장 많은 구는 동작구(12명)고, 가장 적은 구는 종로구와 중랑구(2명)다. 6배나 차이가 나는 셈이다. 10만 명당 교통사고 사망자 수로 환산하면 성동구가 3.28명으로 가장 많고 가장 적은 지역은 중랑구(0.48명)로 조사됐다.

무단횡단 사망자를 연령대별로 살펴보면 60대 이상 노인층이 73명으로 60%를 차지한다. 서울시는 노인층의 교통사고를 줄이기 위해 2014년 6월 폐지수집 노인 6354명에게 안전 조끼와 손수레 안전표시를 지급했다. 어르신 우대용 교통카드 발급 시 교통안전 의무교육도 하고, 노인보호구역도 해마다 20곳을 새로 지정해 늘려가고 있지만, ㉡교통사고 사망자 중 60대 이상이 차지하는 비율은 2010년 29.1%에서 2015년 37.4%로 꾸준히 늘고 있다. 노령인구 증가가 원인이기도 하지만, 노인들의 사회활동이 늘고 있는 데서도 원인을 찾을 수 있다.

[서울&] 2016년 8월 25일 기사 발췌

---

① 꺾은선 그래프 – 막대 그래프
② 혼합 그래프 – 꺾은선 그래프
③ 막대 그래프 – 원 그래프
④ 분산 그래프 – 꺾은선 그래프

67 25개 자치구 중 사망사고가 가장 많고 적음을 보여주기에 효과적인 그래프는 막대 그래프이고, 전체 연령대 중 한 연령대가 차지하는 비율이 얼마나 되는지를 효과적으로 보여주는 그래프는 원 그래프이다.

68 다음은 문서의 보존연한과 관련된 한국산업의 규정이다. 가장 적절히 문서를 폐기한 비서는 누구인가?

보존연한은 문서처리 완결일인 익년 1월 1일부터 기산한다.

① 최 비서는 2015년도 5월에 작성된 문서의 보존연한이 1년이라 2016년도 6월 초에 폐기했다.
② 김 비서는 2012년도 8월에 작성된 문서의 보존연한이 3년이라 2015년 12월 31일에 폐기했다.
③ 안 비서는 2013년도 1월에 작성된 문서의 보존연한이 2년이라 2015년도 2월 초에 폐기했다.
④ 정 비서는 2012년도 7월에 작성된 문서의 보존연한이 3년이라 2016년도 1월경에 폐기했다.

ANSWER 68.④

68 ④ '익년'은 다음 해를 말한다. 따라서 2012년도 7월에 작성된 문서의 보존연한은 2013년 1월부터 기산하므로 보존연한
  이 3년인 문서는 2016년 1월경에 폐기하는 것이 바람직하다.
  ① 2017년 1월경에 폐기해야 한다.
  ② 2016년 1월경에 폐기해야 한다.
  ③ 2016년 1월경에 폐기해야 한다.

69 아래 그림에서 사용한 문서 분류방법의 특징으로 가장 적절한 것은?

		기간이사회
		간사회의
회의		
		전직, 전보
		채용
		인사계획
인사		

① 간접적인 정리 방법으로 비용이 많이 든다.

② 문서 내용을 언급할 필요가 없어 문서 보안에 용이하다.

③ 거래상대방이 있는 자료의 분류에 주로 사용되는 방법이다.

④ 같은 주제나 활동에 관련된 문서를 한 곳에 모을 수 있다.

70 노트북을 사용하는 최 비서가 저장공간 부족 문제 해결을 하기 위해 사용하는 방법으로 적절한 것끼리 묶어진 것을 고르시오.

가. 마이크로 SD	나. DSLR
다. 외장형 하드디스크	라. SSD
마. SNS	바. 클라우드 서비스
사. CD-R	아. IoT

① 다, 라, 마, 사, 아   ② 가, 나, 마, 바, 사

③ 가, 나, 다, 마, 아   ④ 가, 다, 라, 바, 사

69 ① 비용이 적게 든다.
　　② 문서의 내용을 알아야 적절하게 분류할 수 있다.
　　③ 거래상대방이 있는 자료보다는 내부문서 분류에 주로 사용된다.

70 노트북 저장공간 부족은 이동식 디스크를 사용하거나 인터넷으로 연결된 외부서버를 이용하여 정보를 저장하는 클라우드 서비스 등을 활용해 해결할 수 있다.

71 최진혜 비서의 회사에서는 전자결재 시스템을 도입하였다. 종이로 결재하던 이전 방식과 전자결재 시스템을 비교한 설명으로 가장 적절하지 않은 것은?

① 전자결재 시스템은 결재 상황 조회가 가능해 이전 방식에 비해 신속한 결재가 가능하다.

② 전자결재 시스템을 사용한 후 결재라인에 따라 결재 파일이 자동으로 넘어가 이전에 비해 결재과정의 시간낭비를 줄일 수 있다.

③ 결재 문서의 작성부터 문서의 수신과 발신 및 배부가 온라인으로 처리되어 문서관리가 단순화 되었다.

④ 문서를 보관할 대용량 데이터베이스 설치 공간이 필요해 사무공간이 좁아지는 단점이 존재한다.

72 다음 중 정보보안 유지와 관련된 행동이 가장 적절한 비서는?

① 최 비서는 사무실에서 컴퓨터를 폐기할 때 문서 파일을 모두 삭제해 휴지통으로 이동시킨다.

② 김 비서는 퇴근할 때 중요한 서류는 집으로 가져갔다가 출근할 때 다시 가져온다.

③ 이 비서는 문서뿐 아니라 사용하지 않는 법인카드, 디스켓도 세단기를 이용해 파쇄 한다.

④ 유 비서는 해킹에 대비해 공인인증서를 컴퓨터 하드 디스크에 저장한다.

71 ④ 데이터베이스는 설치를 위한 물리적 공간을 필요로 하지 않는다. 따라서 사무 공간이 넓어지는 장점이 있다.

72 ① 휴지통으로 이동시킨 문서는 복원이 가능하다.
② 이동 시 분실 위험이 있으므로 중요한 서류를 집으로 가져가지 않는다.
④ 해킹에 대비하기 위해서는 공인인증서를 이동식 디스크에 보관하는 것이 좋다.

73 아래 그림은 MS-Access로 작성한 내방객 데이터베이스 테이블의 디자인의 일부이다. 이중 'O' 안에 열쇠 표시된 필드의 특징이 아닌 것은?

필드 이름	데이터 형식
방문번호	일련 번호
명함번호	숫자
방문일자	날짜/시간
방문목적	짧은 텍스트
동반자이름	짧은 텍스트

① 유일한 값이어야 한다.
② Null 값이어서는 안 된다.
③ 입력된 값을 변경할 수 있다.
④ 입력을 생략할 수 없다.

74 다음 중 금융감독원의 전자공시 시스템에서 얻을 수 있는 기업 정보가 아닌 것은?

① 회사 재무상태
② 사업자 등록번호
③ 사업보고서
④ 소액주주명단

75 다음 비서의 정보 보안에 관련한 행동 중에서 가장 올바르지 못한 경우는?

① 김 비서에게 주어진 모든 업무가 정보 보안과 관련이 되어 있으므로 상사가 선호하는 방식과 회사의 규정을 준수하여 보안업무를 수행하였다.
② 서 비서는 상사의 암묵적 동의에 따라서 상사를 대신해서 조직의 중요기밀정보에 접근하여 취급하였다.
③ 정 비서는 상사의 개인정보를 제 3자에게 제공하는 경우에 상사의 서면 동의를 받아서 제공하고 관리하였다.
④ 이 비서는 사용하는 업무용 컴퓨터의 중요 문서 보호를 위하여 정기적으로 외장하드에 백업을 받았다.

ANSWER 73.③ 74.④ 75.②

---

73 ③ 열쇠 표시는 기본키 설정으로 입력된 값을 변경할 수 없다.

74 전자공시 시스템(DART ; Data Analysis, Retrieval and Transfer System)은 상장법인 등이 공시서류를 인터넷으로 제출하고, 투자자 등 이용자는 제출 즉시 인터넷을 통해 조회할 수 있도록 하는 종합적 기업공시 시스템이다.
④ 소액주주명단은 전자공시 시스템을 통해 얻을 수 없다.

75 ② 조직의 중요기밀정보는 상사의 암묵적 동의만으로 접근 및 취급해서는 안 된다.

76 다음 중 컴퓨터 범죄에 대한 대응 및 예방을 위한 조치가 가장 적절하지 않은 비서는?

① 황 비서는 스미싱 방지를 위하여 PC의 OS 보안패치 업데이트를 수시로 실시한다.

② 강 비서는 랜섬웨어를 방지하기 위하여 불확실한 문자메시지의 URL을 클릭하지 않는다.

③ 박 비서는 악성코드에 감염되는 것을 방지하기 위하여, 인터넷 사이트의 이미지를 다운받아 저장하지 않는다.

④ 신 비서는 신뢰할만한 백신 1개를 중점적으로 사용하여 악성 코드를 탐지하도록 한다.

77 다음 중 같은 종류의 어플리케이션끼리 짝지어지지 않은 것은?

① Google calendar - Outlook - Planner S.

② 카카오톡 - 텔레그램 - Messenger

③ Remember - CamCard - BizReader

④ Office2 HD - EverNote - Camscanner

76 ① 스미싱(smishing)이란 문자메시지(SMS)와 피싱(Phishing)의 합성어로 '무료쿠폰 제공', '돌잔치 초대장' 등을 내용으로 하는 문자메시지 내 인터넷주소 클릭하면 악성코드가 설치되어 피해자가 모르는 사이에 소액결제 피해를 발생시키거나 개인 · 금융정보를 탈취하는 수법이다. 스미싱을 예방하기 위해서는 출처가 확인되지 않은 문자메시지의 인터넷주소를 클릭하지 말고, 미확인 앱이 함부로 설치되지 않도록 스마트폰의 보안설정을 강화하도록 한다.

77 ④ Office2 HD는 Office 어플, EverNote는 메모 어플, Camscanner는 스캐너 어플이다.
① 캘린더 어플
② 메신저 어플
③ 명함 관리 어플

78 다음은 2016년 9월 28일 발효된 청탁금지법에 관련한 사례를 모아둔 기사 중 일부이다. 기사를 읽고 유추할 수 있는 사항으로 가장 적당하지 않은 내용은?

문. 공직자 등이 직무 관련성이 있는 사람한테서 2만원짜리 식사를 하고 나오는 길에 4만원짜리 선물을 받아도 처벌되나요?

답. 네, 그렇습니다. 식사와 선물, 경조사비를 같이 받는 경우엔 그 액수를 합산해서 가액기준 상한액이 가장 높은 가액을 넘기면 안 됩니다. 이 경우 6만원 어치의 금품을 받아서 선물의 상한액인 5만원을 넘겼기 때문에 과태료 부과 대상이 됩니다.

문. 국립대병원 입원 순서를 앞당겨 달라고 병원 관계자에게 부탁하는 건 안 되나요?

답. 안 됩니다. 입원 순서의 경우 특별한 사정이 없으면 접수 순서대로 하는 것이 정상적 관행입니다. 예를 들어, 입원 대기자가 제3자인 친구를 통해 원무과장에게 병원 입원순서를 앞당겨 달라고 부탁을 한 것은 부정한 청탁입니다. 입원 대기자는 제3자를 통하여 부정청탁을 한 경우이므로, 1천만원 이하 과태료, 친구는 제3자를 위하여 부정청탁을 했기 때문에 2천만원 이하의 더 무거운 과태료가 부과됩니다.

문. 기업체 직원이 공무원에게 부정청탁을 했을 경우, 회사도 같이 처벌받나요?

답. 그렇습니다. 예를 들어 건설회사 직원이 "건축 허가를 해달라"며 담당 지자체 공무원에게 부정청탁을 한 경우를 봅시다. 건설사 직원은 회사라는 제3자를 '위하여' 부정청탁을 했으므로 2천만원 이하의 과태료 부과 대상이 됩니다. 건설사도 과태료 부과 대상입니다.

〈출처 : 한겨레신문, 2016.9.9에서 일부 발췌〉

---

① 기업체 직원이 공무원에게 부정청탁을 할 경우에 직원과 기업체 모두 과태료 부과대상이 될 수 있다.

② 제 3자를 위해서 부정청탁을 해준 경우는, 본인이 제3자를 통해서 부정청탁하는 것보다 과태료가 낮다.

③ 공직자가 직무관련자로부터 2만원짜리 식사를 대접받는 것은 과태료 부과대상이 아니다.

④ 식사와 선물, 경조사비를 같이 받을 경우 합산하여 가액기준 상한액이 가장 높은 가액을 초과하면 과태료 대상이다.

79 다음 신문기사에 나오는 피해를 막기 위해 만들어진 정보 보안 관련 서비스를 무엇이라 하는가?

> 헌법재판소는 주민번호의 기능이 53년 전 주민등록법 제정때와 판이하게 달라졌다는 점도 근거로 들었다. 1962년 4월 국가재건최고회의는 주민등록법을 만들면서 '주민의 거주관계 파악'과 '행정사무의 적정한 처리' 등 두 가지 목적을 제시했다. 하지만 지금의 주민번호는 단순한 개인식별번호에서 전화번호, 집 주소, 은행계좌 등 '개인정보를 통합하는 연결자'로 사용되고 있다는 것이 헌재의 판단이다. 주민번호의 악용 가능성에 대응할 필요성이 높아졌다는 얘기다.
>
> 특히 지난해 국민은행, 농협은행, 롯데카드 등에서 2000만명의 개인정보가 한꺼번에 유출된 사건 등 불법 유출 혹은 오·남용 사례가 빈번하게 발생하고 관련 피해가 크다는 점도 주민번호 변경이 필요한 배경이다.
>
> [서울신문] 2015년 12월 24일 기사 발췌

① Active X
② Firewall
③ 백신 프로그램
④ i-PIN

80 다음 (개), (내), (대), (래) 에서 사용하여야 할 사무정보기기가 정확하게 순서대로 기재된 것을 고르시오.

> 비서로 일하고 있는 오성은씨는 상사가 주관하는 회의 개최를 지원하고 있다. 노트북을 이용하여 발표하기를 원하는 김 이사님을 위해서 (개)를 준비하였고, 30페이지에 달하는 회의자료 내용이 기밀이라서 외부업체에 제작을 맡길 수 없어서 (내)를 이용하여 자료집으로 묶어서 제작하였다.
> 회의가 끝난 후 남은 회의 자료의 전자화를 위하여 (대)을/를 사용한 후 남은 회의 자료는 (래)를 이용하여 처리하였다.

① LCD프로젝터 – 링제본기 – 복사기 – 문서파쇄기
② 슬라이드프로젝터 – 문서재단기 – 스마트마커 – 열제본기
③ LCD프로젝터 – 열제본기 – 전자칠판 – 문서코팅기
④ 빔 프로젝터 – 와이어제본기 – 스캐너 – 문서파쇄기

ANSWER 79.④ 80.④

79 i-PIN(Internet Personal Identification Number) … 인터넷 상에서 주민번호를 대신하여 아이디와 패스워드를 이용하여 본인확인을 하는 수단이다. 아이핀 아이디와 패스워드를 이용하면 웹사이트에 더 이상 주민번호를 이용하지 않아도 회원가입 및 기타 서비스 이용이 가능하다.

80 (개) 빔 프로젝터, (내) 와이어제본기, (대) 스캐너, (래) 문서파쇄기 순이다.

1과목 **비서실무**

1 상사는 우리 회사의 새로운 고객이 된 ITC사의 강무원 대표이사와 다음 주에 점심식사를 하시겠다며 좋은 장소로 예약을 하라고 하신다. ITC사는 우리 회사가 많은 공을 들여 얻게 된 주요 고객사이다. 비서의 업무 자세로 가장 적절하지 않은 것은?

① 비서는 강무원 대표이사가 선호하는 음식점과 음식이 무엇인지 상대방의 비서에게 확인한 후 예약한다.

② 강무원 대표이사의 약력이나 ITC사와 관련된 최근 소식 등을 검색한 후 정리하여 상사에게 보고한다.

③ 강무원 대표이사 비서와 좋은 인간관계를 형성하기 위해 필요한 정보를 서로 교환할 것을 제안한다.

④ 식당 이동 경로와 이동 예상 시간을 확인하여 운전기사에게 미리 알려준다.

ANSWER 1.③

1 ③ 고객사의 비서에게 필요한 정보를 서로 교환하자고 제안하는 것은 비서의 업무 자세로 적절하지 않다.

※ 다음의 사례를 읽고 질문에 답하시오. 【2~3】

> 우리회사는 싱가폴에 본사를 두고 있는 다국적 기업이다. 한국 지사 대표인 상사가 중국 출장 중일 때 김 비서는 싱가폴 본사 직원이라는 외국인의 전화를 받았다. 미국내 샌프란시스코 지사의 전화번호를 알려달라고 하여 대표 번호를 알려주자 다시 샌프란시스코 지사 소속 직원들의 전화번호를 이메일로 전송해 달라는 요청을 받았다.

2 위의 상황에서 김 비서의 대처 방법으로 가장 바람직하지 못한 것은?

① 전화번호 등 개인적인 정보와 관련해서는 제3자가 제공하기 어렵다는 사실을 안내한다.

② 정보를 요청하는 사람의 이름과 신분이 확인되면 요청한 정보는 신속히 제공하는 것이 좋다.

③ 정보를 제공하기 전에 어떤 용도로 사용되며 누가 사용할 것인지에 대한 정보를 확인한 후 정보를 제공한다.

④ 필요 이상의 정보 제공을 요청받을 경우에는 상대방의 연락처를 받고 상부의 허락을 얻은 후에 처리하도록 한다.

3 상사의 출장 기간 중 중국 현지 시간으로 매일 오후 5시에 상사가 묵고 있는 중국 상하이 Four Seasons Hotel (Tel : 86-21-2020-1000)로 전화를 통한 업무 보고를 하기로 되어 있다. 서울에 있는 김 비서가 전화를 걸어야 하는 시각과 국제전화 통화 번호가 바르게 연결된 것은?

① 오후 5시, 00700-86-21-2020-1000

② 오후 6시, 00700-86-21-2020-1000

③ 오후 5시, 002-1-86-21-2020-1000

④ 오후 6시, 001-1-86-21-2020-1000

ANSWER 2.② 3.②

2 정보를 요청하는 사람의 신원이 확인되었다고 하더라도 전화번호 등 개인적인 정보와 관련해서는 제3자가 제공하기 어려우므로, 어떤 용도로 누가 사용할 것인지를 확인하고 필요 이상의 정보 제공을 요청받은 경우 상부의 허락을 얻은 후에 처리하는 것이 바람직하다.

3 상하이는 한국보다 1시간 느리다. 따라서 한국 시간으로 오후 6시에 국제전화 서비스 번호(00700, 001, 002)를 누르고 국가번호부터 이어지는 전화번호를 눌러 통화할 수 있다.

4 상사의 인적 네트워크를 관리하기 위해 비서가 할 수 있는 업무들에 대한 설명이다. 가장 적절하지 않은 것은?

① 효과적인 인적 네트워크 관리를 위해서 가장 먼저 상사의 인적 관계를 파악해야 한다.

② 상사의 인적 네트워크 정보를 수집하였다면, 이를 비공개로 유지하면서 데이터베이스화 한다.

③ 출처가 불분명한 정보일지라도 필요할 경우 참고자료로 활용한다.

④ 인적 네트워크 정보는 외부 인사로 구성된 정보만을 그 내용으로 한다.

5 상사는 우리 회사 주요 거래처의 이민영 대표이사를 김영숙 비서에게 1층 로비로 내려가서 접견실까지 모시고 오라고 지시하셨다. 우리 회사는 대형빌딩의 32층에 위치하고 있다. 다음 중 김 비서의 내방객 응대 자세로 적절하지 않은 것은?

① 김 비서는 32층에서 내리는 사람이 너무 많아 손님보다 먼저 엘리베이터에서 내려서 다음 길을 안내하였다.

② 접견실 문은 왼편으로 미는 문이라 왼손을 이용하여 문을 열고 손님보다 먼저 들어갔다.

③ 상사가 통화 중이라 손님을 접견실로 안내한 후 상사가 통화가 끝날 때까지 기다렸다.

④ 복도에서는 손님의 대각선 방향으로 비켜선 자세로 2~3걸음 앞서 가며 안내하였다.

6 로펌(Law Firm)에 근무하는 강 비서가 내방한 외국인으로부터 받은 명함이다. 강 비서가 위 손님을 응대하기 위한 요령으로 가장 바람직한 것은?

Ellen & Ivery LLP Singapore
www.ellenivery.com
Michael Cheng Esq.
Attorney-in-Law / NY Bar

70 Collyer Quay #08-01 OUE Bayfront
Singapore 049321
e-mail : mich_cheng@ellenivery.com
T.+65 6671 6666 / F. +65 6671 7777

① Michael Cheng의 명함이름으로 보아 화교출신일 가능성이 높으므로 중국어로 반갑게 인사한다.
② Michael Cheng이 돌아가고 난 다음에 명함에 명함을 받은 날짜와 인적 특징을 기재하였다.
③ 홍차가 유명한 싱가폴 출신 Michael Cheng이 방문한 시간이 오전 11시이므로 차를 내올 때 High Tea 를 준비하여 드린다.
④ 점심식사 장소를 Singapore 사람들이 선호하는 Sea Food 음식점으로 예약하였다.

6 ② 상대방이 돌아가고 난 다음에 명함에 명함을 받은 날짜와 기억해야 할 인적 특징 등을 기재하여 보관하면 필요할 때 요긴한 정보가 된다.
① 이름으로 상대방의 출신을 추측하여 중국어로 인사하는 것은 바람직하지 않다.
③ High Tea는 영국인들이 오후 5시 반쯤에 홍차를 마시는 티타임을 부르는 호칭이다.
④ 음식에 대한 선호는 개인마다 다르므로, Singapore 사람들이 Sea Food 음식점을 선호한다고 하여 Sea Food 음식점으로 예약하는 것은 바람직하지 않다.

7 비서가 업무를 수행하면서 이루어지는 상사, 동료, 고객과의 인간 관계에 대한 설명으로 가장 적절하지 않은 것은?

① 상사와 회사의 이익을 증진시킴으로써 자신의 이익을 도모할 수 있다는 믿음을 갖는다.

② 내게 부과된 책임이나 활동에 대해서 책임을 지고 수행한다. 특히, 자신의 책임사항에 관한 한 상사의 직접적인 감독없이도 이행한다.

③ 동료 비서들이 나를 신뢰할 수 있도록 모든 약속을 충실히 이행하며, 임원 관련 업무 내용을 공유하여 협동 관계를 유지한다.

④ 방문객을 맞을 때나 전화응대를 할 때 회사의 이미지를 높이도록 노력한다.

8 다음 주에 개최되는 신제품 발표회를 준비하느라 박서연 비서는 매우 바쁜 상황이다. 4시에 약속된 현대건설의 민태성 상무님이 약속시간보다 조금 일찍 방문하셨다. 상사가 지금 중요한 전화 통화 중이라고 말씀드리니 당신이 일찍 왔으니 기다리시겠다고 하셔서 접견실로 안내하고 자리로 돌아왔으나 상사는 진지한 표정으로 계속 통화 중이었다. 박 비서는 신제품 발표회 초청장 마무리 작업에 다시 몰두하였다. 그러다 시계를 보니 4시 10분이 지났고 상사도 전화를 끊고 업무 중이셨다. 이 경우 박 비서의 업무 자세로 가장 바람직한 것은?

① 상사에게 본인의 잘못을 말씀드리고 얼른 접견실로 상사를 안내한다.

② 접견실로 얼른 가서 오랫동안 기다리게 해서 죄송하다고 말씀드리고 상사 통화가 끝났으므로 곧 오신다고 말씀드린다.

③ 손님에게 자신의 실수로 오랫동안 기다리게 된 상황을 설명드리면서 전적으로 자신의 잘못임을 밝힌다.

④ 손님에게 자신의 잘못을 사과하고 상사에게도 자신의 실수를 알려 상사 또한 손님에게 사과할 수 있도록 한다.

Ａnswer 7.③ 8.④

7 ③ 동료 비서들의 신뢰는 인간관계에서 중요하지만 임원 관련 업무 내용을 공유하는 것은 적절하지 않다.

8 신제품 발표회 초청장 마무리 작업으로 인해 약속시간인 4시를 지나 손님을 기다리게 하였으므로 손님에게 자신의 잘못을 사과하고, 상사에게도 자신의 실수를 알려 상사 또한 기다린 손님에게 사과할 수 있도록 해야 한다.

9 Z company의 장 전무는 개인비서인 양 비서에게 경리팀장과 회계팀장과의 회의일정을 잡으라고 지시하였다. 양 비서가 상사의 일정을 관리하기 위해서 수행한 업무 일부를 아래에 나열하였다. 상사의 일정을 효율적으로 관리하기 위해 수행한 업무를 가장 합리적인 순서로 나열한 것은 어느 것인가?

(a) 경리팀장과 회계팀장에게서 두 사람이 가능한 날짜와 시간대를 받았다.

(b) 일정을 정리하여 상사에게 보고하고 확정하였다.

(c) Z company의 연간 계획을 체크하여 일정표에 기록하였다.

(d) 경리팀장과 회계팀장에게 장전무가 가능한 날짜와 시간대를 알려 주었다.

(e) 장 전무가 매월 정기적으로 참석하는 회의와 행사를 일정표에 기록하였다.

(f) 경리팀장과 회계팀장과의 회의일정을 장전무의 일정표에 기록하였다.

---

① c-e-d-a-b-f

② a-d-b-f-e-c

③ c-e-a-d-b-f

④ c-e-f-d-a-b

9 우선 가장 상위에 위치하는 회사의 연간 계획을 체크하여 일정표에 기록하고 장 전무의 고정적인 일정을 기록한 후, 경리팀장과 회계팀장에게 장 전무가 가능한 날짜와 시간대를 알린다. 이에 대한 경리팀장과 회계팀장의 피드백이 돌아오면 일정을 정리하여 장 전무에게 보고하고 확정한 후 회의일정을 일정표에 기록한다.

10 그림은 예약 업무의 순서도이다. (개)에 들어갈 업무 수행 방식에 대한 설명으로 가장 옳은 것은?

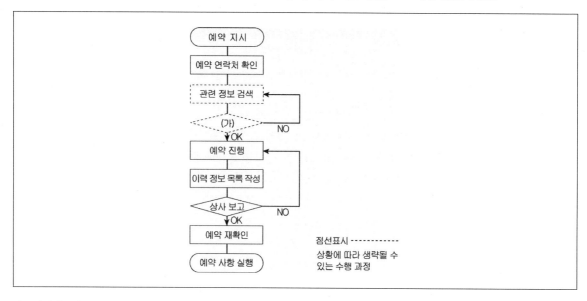

① 예약을 진행하면서 예약 이력 정보 목록을 수시로 업데이트한다.

② 예약 정리 목록을 근거로 구체적이고 상세하게 하여 문서로 보고한다.

③ 예약과 관련된 주요 내용을 간단명료하게 상사에게 보고한 후 상사의 승인을 받는다.

④ 구두로 보고할 때는 원칙에 근거하지 않고 예약 종류별로 필요한 핵심 내용을 간단명료하게 보고한다.

11 다음 메일의 내용을 읽고 아래의 설명 중 적절하지 않은 것은?

An e-mail from a Personal Assistant(PA) working in New York.

I keep a 'hard copy' Bring Forward (or BF) system at work. I work as a PA and I keep meeting papers, agendas and invitations in a filing system ie. files marked 1 to 31 representing each day of the month. So if my boss is attending a meeting on the 25th of the month, I would

mark any papers relevant to that meeting (that I had received previously) in the "24th" file – so on the 24th I dig them out and put in his papers along with his diary sheet for the next day.

---

① 초청장의 리셉션 날짜가 7월 3일이므로 초청장을 숫자 '2'의 폴더에 넣어 둔다. 2일 아침 초청장을 꺼내어 상사에게 보고한 뒤 다음날 상사가 지참하고 행사에 참석할 수 있도록 보좌한다.

② Bring Forward Filing System을 활용하고 있는 비서의 사례이다.

③ 총 31개의 폴더를 마련하여 각 폴더의 귀에 1~31의 숫자를 마크해 둔다.

④ 7월 3일에는 7월 3일 폴더를, 8월 3일에는 8월 3일 폴더에 들어있는 내용물을 확인한다.

12 다음은 비서가 상사의 해외출장을 준비할 때, 해야 할 업무들을 나열한 것이다. 다음 4가지 업무 중에서 세 번째에 할 업무는 어느 것인가?

① 호텔 예약 시 선결제를 요구하여 비서가 미리 결제한다.

② 출장 계획을 수립하여 상사의 결재를 받는다.

③ 출장 경비 규정을 확인한다.

④ 출장 신청서를 작성해 회사의 승인을 얻는다.

---

11 ④ 7월 3일과 8월 3일 모두 '3' 폴더에 들어있는 내용물을 확인한다.

12 보기의 해야 할 업무들을 순서대로 나열하면 우선 출장 경비 규정을 확인하고, 출장 계획을 수립하여 상사의 결재를 받은 후 출장 신청서를 작성해 회사의 승인을 얻고 예약 업무에 들어간다.

13 다음과 같은 상황에 적합한 회의장 좌석 배치 형태는 무엇인가?

> 김 비서 이번 주주총회에 참석하는 주주들의 명단을 내일까지 보고해주세요.

① 네모형
② 원탁형
③ V자형
④ 교실형

14 의전행사 준비를 위해 알아야 할 드레스 코드(dress code)에 대한 설명으로 가장 적절하지 않은 것은?

① 초청장에 드레스 코드가 명시된 경우 참석자는 드레스 코드에 맞는 복장을 착용한다.
② 야회복(white tie)은 상의의 옷자락이 제비 꼬리 모양을 하고 있어 연미복(tailcoat)이라고도 하는데 무도회나 정식 만찬 또는 저녁 파티 등에 사용된다.
③ 초청장에 Dress Blue or Equivalent라고 명시된 경우 군인의 경우 제복을 착용하면 된다.
④ 평상복(informal)은 lounge suit, business suit라고도 하는데, 색깔은 제한이 없으며 재킷과 바지의 색깔이 다른 것을 입어도 된다.

15 다음 중 국제매너에 있어서 기본적인 관례상의 서열 기준에 대한 설명으로 가장 적절하지 않은 것은?

① 부부 동반의 경우 부인의 서열은 남편과 동급이다.
② 여성 간 서열은 기혼, 미망인, 이혼, 미혼 순이다.
③ 내국인과 외국인이 있을 때는 내국인을 관례상 상위로 간주한다.
④ 높은 직위 쪽의 서열이 상위이다.

ANSWER 13.④ 14.④ 15.③

13 주주총회, 설명회 등 정보전달 목적으로 진행되는 회의에 적합한 회의장 좌석 배치 형태는 교실형이다.

14 ④ 평상복의 색깔은 진한 회색이나 감색이 적합하며, 재킷과 바지의 색깔이 다른 것을 입어서는 안 된다.

15 ③ 내국인과 외국인이 있을 때는 외국인을 관례상 상위로 간주한다.

16 다음은 비서들이 상사가 지시한 업무를 수행하거나 업무상 보고를 하면서 취한 행동을 설명한 것이다. 각 비서들이 취한 행동 중 효율적인 보고를 위해 가장 바람직한 예시는 어느 것인가?

① 고 비서의 상사는 어제 미국으로 출장을 가셨다. 상사가 출국하시기 전에 시간을 가지고 천천히 생각해 보라고 주신 업무를 빠르게 해결한 고 비서는 기쁜 마음에 시차를 체크하고는 바로 상사에게 전화로 보고 드렸다.

② 이 비서는 상사가 급한 성격인 것을 잘 알고 있으므로, 구두 보고를 드릴 때는 결론부터 먼저 말하고 난 후에 관련된 경과나 이유, 소견 등을 말하려고 노력해 왔다.

③ 장 비서에게 모레까지 상사에게 보고해야 할 내용이 생겼다. 이를 잊지 않기 위해서, 장 비서는 상사가 오찬을 마치고 들어 오시자마자 신속히 보고 드렸다.

④ 안 비서는 보고용으로 기안한 문서가 한 장이면 상사에게 드릴 문서 한 장만을 들고 상사의 집무실로 가서 보고 드렸다. 혹시라도 관련 참고 자료들이나 보고문서 여러 장을 함께 들고 갔다가, 정리가 안 되어 보이거나 잘못된 문서를 드리는 실수를 미연에 방지하고자 하였다.

17 다음은 다양한 보고 형태에 대한 설명이다. 가장 바르게 설명된 것을 고르시오.

① 지금은 오후 2시, 30분 뒤에 시작될 회의의 변경 소식을 들었다. 평소 상사는 문서 보고를 선호하셔서 집무실에 계시는 상사에게 이메일로 회의시간 변경을 보고 드린다.

② 상사가 성격이 급하신 편이라 보고서를 작성하며 문장을 개조식으로 간략하게 작성하려 노력 중이다.

③ 우연히 상사의 좌천에 대한 소식을 듣게 되었다. 아직 인사 발표 전이나 이 사실을 직접 뵙고 전달하기가 부담스러워 상사에게 이메일로 알려 드렸다.

④ 보고서 내용에 충실하기 위하여 그림이나 도표 삽입보다는 텍스트 위주로 성실히 작성하였다.

ANSWER 16.② 17.②

16 ② 성격이 급한 상사에게는 두괄식 보고를 하는 것이 바람직하다.
① 상사가 시간을 가지고 천천히 생각해 보라고 주신 업무는 상사가 출장 후 귀국하였을 때 보고하는 것이 바람직하다.
③ 모레까지 보고해야 할 내용을 오찬을 마치고 들어오시자마자 보고하는 것은 바람직하지 않다.
④ 문서 한 장만을 들고 보고하는 것은 바람직하지 않다. 상사가 관련 참고 자료들을 찾을 경우 바로 드릴 수 있도록 함께 들고 가 보고하는 것이 좋다.

17 ① 평소 문서 보고를 선호한다고 해도 30분밖에 남지 않은 회의의 변경 소식은 바로 구두 보고하는 것이 바람직하다.
③ 인사 발표 전 우연히 들은 소식을 이메일로 알려 드리는 것은 바람직하지 않다.
④ 보고서 내용에 충실하기 위해서는 그림이나 도표 등을 삽입하여 이해를 도울 수 있도록 작성한다.

18 사장비서직을 담당하고 있는 이가현은 언론사에 노출되는 자사 관련 자료 수집 및 관리를 담당하고 있다. 자사 관련 기사를 점검할 때 비서로서 갖추어야 할 태도 중 가장 부적절한 것을 고르시오.

① 회사 관련 기사를 읽을 때 자사관련 상품 이름 또는 그 가격이 정확한지 확인한다.

② 우리 회사와 관련하여 기사화된 내용을 신속히 검색하여 관련부서에 보고한다.

③ 언론에서 사용된 대표자의 사진이 잘 나왔는지 확인한다.

④ 언론에서 보도된 기사의 전체 흐름이 자사의 이미지에 잘 어울리지 않을 경우 즉시 정정 보도를 요청한다.

19 비서가 상사의 친지나 친구, 자사나 거래처 사람, 그리고 기타 관계자의 사망 소식을 들으면 할 수 있는 업무와 조문 예절에 대한 내용으로 옳지 않은 것은 어느 것인가?

① 사망 소식을 들으면, 즉시 사망 일시, 조문 장소, 발인 시각과 장지, 장례 형식, 상주 성명, 주소, 전화번호 등을 확인하여 상사에게 보고한다.

② 부의(賻儀), 근조(謹弔), 위령(慰靈), 하의(賀儀) 등의 문구가 쓰여진 겉봉투를 준비한다.

③ 조문을 위해 빈소에 도착하면 조객록에 서명을 한 다음 분향 또는 헌화한다.

④ 조문하는 중에, 영정을 향해서 두 번 절을 한 후 반절을 하는데, 이 때 남성은 오른손이 위로 가도록 하고, 여성은 왼손이 위로 가게 한다.

20 김영숙 비서는 상사의 정보관리자로서 상사에게 필요한 정보를 확인하여 보고하고 있다. 다음 중 정보관리자로서 비서의 업무로 보기 어려운 것은 무엇인가?

① 언론사 중 공신력 있는 사이트를 선정하여 인사, 부음, 동정 및 인물정보를 검색할 수 있는 사이트를 확인한 후 즐겨찾기에 등록하고 매일 확인한다.

② 매일 아침 상사와 관련된 신문기사를 검색하여 관련 기사를 상사에게 보고한다.

③ 인터넷 사이트에 올라와 있는 상사의 인물정보 및 프로필 등에 잘못된 부분이나 수정할 부분이 있을 경우 상사에게 보고하고 해당 사이트에 요청한다.

④ 상사의 개인적인 대외 활동 내용이나 사진 등을 회사 블로그에 탑재함으로써 상사의 대외활동을 홍보한다.

ANSWER 18.④ 19.② 20.④

18 ④ 단순히 기사의 전체 흐름이 자사의 이미지에 잘 어울리지 않는다는 이유로 즉시 정정 보도를 요청하는 것은 바람직한 태도가 아니다.

19 ② 하의(賀意)는 '축하하는 뜻'이라는 의미로 축의금 봉투에 사용하는 용어이다.

20 ④ 상사의 개인적인 대외 활동 내용이나 사진 등은 회사 블로그에 작성하지 않는다.

21 다음 중 기업의 사회적 책임에 대한 설명으로 가장 옳지 않은 것은?

① 기업의 사회적 책임은 청렴, 공정, 존중 등의 기본원칙을 충실히 이행하려는 책임감에서 비롯된다.

② 기업의 사회적 책임은 기업의 소유주뿐만 아니라 기업의 모든 이해관계당사자들의 복리와 행복에 대한 기업의 관심과 배려에 바탕을 두고 있다.

③ 기업은 내부 거래자로 알려진 투자자들에게 기업의 비공개 내부정보를 제공할 사회적 책임이 있다.

④ 기업은 종업원의 급여, 승진, 인사평가 등을 공정하게 할 사회적 책임이 있다.

22 다음 중 경영환경 변화의 성격에 대한 설명으로 가장 적절하지 않은 것은?

① 기업의 경제적 환경뿐만 아니라 사회적, 정치적 환경의 중요성이 부각되면서 경영환경의 범위가 확장되고 있다.

② 경영환경의 변화속도가 더욱 빨라지면서 기업의 신속한 대응과 변화를 예측하는 활동이 요구되고 있다.

③ 기업활동이 성공하려면 기업은 외부환경과 양립할 수 있는 기업 내부환경을 만들어야 한다.

④ 글로벌화로 인해 국제 표준이 강조되면서 경영환경의 복잡성은 줄어들고 불확실성이 낮아지고 있다.

23 출자와 경영의 특징에 따라 기업형태를 구분할 때 이를 설명한 내용으로 다음 중 가장 적절한 것은?

① 합자회사는 2인 이상의 출자자가 회사의 채무에 연대무한 책임을 지는 기업형태이다.

② 주식회사의 최고의사결정기관은 이사회이다.

③ 협동조합은 '영리주의'가 아닌 '이용주의' 원칙에 따른다.

④ 유한회사는 유한책임사원만으로 구성되므로 투명성 확보를 위한 재무제표에 대한 결산공고 등의 기업공개의무가 있다.

Ａnswer 21.③ 22.④ 23.③

21 ③ 내부 거래자로 알려진 투자자들에게 기업의 비공개 내부정보를 제공해서는 안 된다.

22 ④ 글로벌화는 경영환경의 복잡성 및 불확실성을 증대시킨다.

23 ① 합자회사는 무한책임사원과 유한책임사원으로 구성되는 복합적 조직의 회사이다.
  ② 주식회사의 최고의사결정기관은 주주총회이다.
  ④ 유한회사는 기업정보에 대한 공개의무가 없다.

24 다음 중 기업의 인수 및 합병(M&A)에 대한 설명으로 가장 적절하지 않은 것은?

① 기업의 M&A는 자산가치가 높은 기업을 인수한 후 매각을 통한 차익획득을 위한 목적으로 진행되기도 한다.

② M&A 시장의 활성화를 통해 전문 경영인의 대리인 문제를 완화시키는 역할을 할 수 있다.

③ M&A를 통해 전략적으로 중요하지 않은 사업부문을 처분하여 내적 건실화 전략을 추구할 수 있다.

④ 우호적 M&A에서는 피매수대상기업의 의사와 관계없이 인수합병이 진행될 때 매수기업의 저항이 나타난다.

25 다음 중 기업의 다각화에 대한 설명으로 가장 적절하지 않은 것은?

① 다각화를 위한 방법으로 기업의 내부적 창업, 합작투자, 인수합병 등이 있다.

② 다각화된 기업은 내부의 자본력과 노동력을 적극적으로 활용할 수 있는 이점이 있다.

③ 다각화를 통해 경영 위험을 분산하고 기업경영의 안정성을 도모할 수 있다.

④ 자동차 제조회사가 타이어 제조업체를 인수하는 것을 다각화라고 할 수 있다.

26 다음에서 설명하는 '이것'에 해당하는 주식회사의 기관으로 가장 적절한 것은?

- 이사나 감사를 선임하거나 타 회사와의 합병, 정관의 개정을 위해서는 반드시 '이것'의 승인을 얻어야 한다.
- 3%이상의 지분을 가진 주주는 '이것'의 소집을 청구할 수 있다.
- 정관의 변경은 '이것'의 결의에 의해야 한다.

① 이사회   ② 주주총회
③ 감사위원회   ④ 사외이사

Answer 24.④ 25.④ 26.②

24 ④ 피매수대상기업의 의사와 관계없이 인수합병이 진행될 때 매수기업의 저항이 나타나는 것은 적대적 M&A이다.

25 기업의 다각화는 한 기업이 다양한 분야의 사업을 추진하는 것을 말한다.
④ 자동차 제조회사가 타이어 제조업체를 인수하는 것은 같은 자동차 사업 분야이므로 다각화라고 볼 수 없다.

26 제시된 내용은 주식회사의 최고의사결정회의인 주주총회에 대한 설명이다.

27 다음 중 기업집중형태에 대한 설명으로 가장 적절하지 않은 것은?

① 시장독점을 위하여 기업의 독립성을 상실하고 하나의 기업체로 합동하는 것을 트러스트라고 한다.

② 신제품이나 신기술 등 아이디어의 개발과 발명을 하는 모험적인 중소기업을 벤처기업이라고 한다.

③ 카르텔은 금융적 방법에 의한 기업집중의 형태이며 독점의 최고형태이다.

④ 콘체른은 법률적으로는 독립적인 기업들이 자본적 결합관계를 통해 결합하는 형태이다.

28 다음 중 경영통제에 관한 설명으로 가장 적절하지 않은 것은?

① 경영통제는 경영순환과정의 마지막 단계로써 다음의 계획 수립 단계에 피드백하는 활동이다.

② 권한위임이 활발한 조직에서 결과에 대한 책임을 확실히 하는 매커니즘으로 경영통제가 필요하다.

③ 네트워크 정보망에 따라 경영통제의 범위가 넓어지고 속도가 빨라지고 있으며 이에 따라 중간경영층의 역할과 입지가 축소되는 경향이 있다.

④ 경영통제는 성과표준에 근거한 경영계획을 평가하는 활동으로 관리자는 이 과정에서 환경변화에 대한 조직적 대응이 어렵다.

ANSWER 27.③ 28.④

27 ③ 금융적 방법에 의한 기업집중의 형태이며 독점의 최고형태는 콘체른이다. 카르텔은 기업 상호 간의 경쟁의 제한이나 완화를 목적으로, 동종 또는 유사산업 분야의 기업 간에 결성되는 기업담합형태로, 기업연합이라고도 한다.

28 ④ 관리자는 경영통제를 통하여 기업에 영향을 미치는 변화요인을 탐지하고 환경변화에 의해서 발생하는 위협이나 기회에 보다 쉽게 대응하여야 한다.

※ 경영통제의 특성
　㉠ 더 좋은 품질을 창출하는 역할을 한다.
　㉡ 변화에 대응하는 역할을 한다.
　㉢ 순환주기를 빠르게 하는 역할을 한다.
　㉣ 가치를 증가시키는 역할을 한다.
　㉤ 팀워크를 증진시키는 역할을 한다.

29 현대사회에서 기업경영의 문제가 복잡해지고 자본이 분산됨에 따라 전문경영자가 출현하게 되었다. 다음 중 전문경영자에 대한 설명으로 가장 적절한 것은?

① 전문경영자는 단기적인 성과보다는 주주 이익의 극대화를 위해 장기적인 안목의 과감한 투자를 선호한다.

② 전문경영자는 소유경영자가 고용한 경영자로서 일부 경영 활동을 위양 받아 이 부분에 대해서만 책임을 진다.

③ 전문경영자는 경영합리화를 위해 종업원에게 권한을 위양하며 이를 통제하는 과정에서 대리인 비용을 발생시킨다.

④ 전문경영자는 출자기능은 없고 경영기능만 담당한다.

30 다음 중 경영관리의 포괄적 의미에 대한 설명으로 가장 적절한 것은?

① 경영관리란 조직목표를 설정하고 이를 달성하기 위한 절차와 방법을 찾는 것을 의미한다.

② 경영관리란 기업목표 및 경영목표를 보다 효과적으로 달성하기 위해 계획, 조직화, 지휘, 통제 등의 활동을 통해 기업의 제반자원을 배분, 조정, 통합하는 과정이다.

③ 경영관리란 수립된 계획이 수행할 수 있도록 인적자원과 물적자원을 배분하여 최적 결과가 도출될 수 있도록 하는 것이다.

④ 조직의 세부활동이 목적에 부합될 수 있도록 관리하고 통일되고 일관된 활동이 되도록 하는 것이다.

ANSWER 29.④ 30.②

29 ① 전문경영자는 장기적인 안목의 과감한 투자보다는 단기적인 성과 중심의 투자를 선호한다.
② 전문경영자는 경영활동 전반에 대한 관리를 위양 받아 경영자의 지위를 가진다.
③ 대리인 비용은 기업의 주체(주주, 채권자)와 대리인(경영자)과의 상충된 이해관계로 인하여 발생하는 비용이다.
※ 대리인 비용
  ㉠ 감시비용 : 대리인의 행위가 주체의 이익으로부터 이탈하는 것을 제한하기 위하여 주체가 부담하는 비용
  ㉡ 확증비용 : 대리인이 주체에게 해가 되는 행위를 하지 않고 있음을 확증하기 위해야 대리인이 부담하는 비용
  ㉢ 잔여 손실 : 대리인의 의사 결정과 주체의 입장에서 본 최적 의사결정 사이에는 괴리가 발생하는데 이러한 괴리로 말미암아 주체가 감수하게 되는 부의 감소

30 경영관리란 기업목표 및 경영목표를 보다 효과적으로 달성하기 위해 계획, 조직화, 지휘, 통제 등의 활동을 통해 기업의 제반자원을 배분, 조정, 통합하는 과정이다.

31 다음은 동기부여이론의 설명이다. 이 중 가장 적절하지 않은 설명은 무엇인가?

① 매슬로우의 욕구단계이론은 생리적욕구, 안전욕구, 사회적 욕구, 존경욕구, 자아실현의 욕구로 구성되어있다.

② 허쯔버그의 2요인이론은 동기 위생이론으로 위생요인은 직무불만족요인으로 성취감, 인정, 책임감, 직무 자체 등이 있다.

③ 맥클랜드의 성취동기이론은 성취욕구, 친교욕구, 권력욕구를 인간의 행위를 동기화시키는 주요요인으로 설명하고 있다.

④ 브룸의 기대이론은 조직원들은 성과달성을 위한 노력을 하기 전에 기대감, 수단성, 보상가치를 고려한다.

32 다음 중 집단의사결정기법에 대한 설명으로 가장 적절하지 않은 것은?

① 명목집단기법은 구성원들이 각자 독립적으로 의사를 개진함으로써 집단구성원의 적극적 참여를 유도할 수 있다.

② 델파이기법은 전문가 집단의 의견을 수렴하고 분석하는 대면적 집단토의방법이다.

③ 브레인스토밍은 아이디어 창출을 위한 과정이므로 아이디어에 대한 비판이나 평가는 하지 않는다.

④ 브레인스토밍은 제시된 아이디어의 수정이나 개선을 허용함으로써 아이디어들의 융합을 가능하게 한다.

ANSWER | 31.② 32.②

31 ② 위생요인 또는 불만요인은 욕구 충족이 되지 않을 경우 조직구성원에게 불만족을 초래하지만 그러한 욕구를 충족시켜 준다 하더라도 직무 수행 동기를 적극적으로 유발하지 않는 요인을 말한다. 성취감, 인정, 책임감, 직무 자체 등은 동기요인, 즉 만족요인이다.

32 ② 델파이 기법은 예측하고자 하는 사회현상에 대하여 그 분야의 전문가들에게 앙케트를 통하여 의견을 듣고, 그것을 집계한 결과를 다시 응답자에게 보내어 그 의견들을 집계하는 과정을 반복하여 전문가의 견해를 수렴·분석는 것이다. 즉, 비대면적 의사결정기법이다.

33 마케팅에서 시장세분화 전략을 성공적으로 수행하기 위한 요건에 대한 설명으로 다음 중 가장 적절하지 않은 것은?

① 세분시장별로 세분시장의 규모와 구매력이 측정가능해야 한다.

② 세분시장 간에는 동질적인 소비자 욕구를 가져야 하고 세분시장 내에서는 이질성을 극대화할 수 있어야 한다.

③ 기업의 마케팅활동이 해당 시장에 소속된 고객들에게 접근 가능해야 한다.

④ 경제성이 보장될 수 있는 충분한 시장규모를 가져야 한다.

34 다음은 어떠한 직무평가방법을 서술한 내용인지 가장 적절한 것은?

> 평가하려는 직무를 사전에 규정된 등급 혹은 부류에 배정하여 직무를 평가하는 방법

① 서열법(rank method)   ② 직무분류법(job classification method)

③ 요소비교법(fact comparison method)   ④ 점수법(point rating method)

35 다음 중 마케팅 관련 설명으로 가장 적절하지 않은 것은?

① 마케팅이란 고객의 욕구를 충족시키기 위하여 기업이 행하는 시장과의 커뮤니케이션, 적시적소의 상품 유통, 적정한 가격결정, 제품의 설계와 개발 등을 의미한다.

② 마케팅 믹스는 기업이 표적시장에서 마케팅 목표를 달성하기 위하여 활용할 수 있는 마케팅 변수를 말하며, 제품(product), 가격(price), 유통(place), 기획(planning) 등이 그것이다.

③ 마케팅관리란 조직의 목표를 달성하기 위하여 마케팅활동의 대상이 되는 고객을 만족시킬 수 있는 마케팅전략과 계획을 수립하고, 그것을 실행 및 통제하는 일련의 활동을 말한다.

④ 마케팅 조사는 회사가 직면하고 있는 마케팅문제와 관련된 시장환경이나 마케팅 활동의 성과 등에 대한 정보를 체계적이고 객관적으로 수집, 분석, 보고하는 일련의 활동을 말한다.

Answer   33.②   34.②   35.②

33 ② 세분시장(market segment)이란 주어진 마케팅 자극에 대해서 유사한 반응을 보이는 소비자들로 구성되어 있는 시장이다. 세분시장 간에는 이질성을, 세분시장 내에서는 동질성을 가져야 한다.

34 제시된 내용은 직무분류법에 대한 설명이다.

35 마케팅 믹스는 마케팅 목표의 효과적인 달성을 위하여 마케팅 활동에서 사용되는 여러 가지 방법을 전체적으로 균형이 잡히도록 조정·구성하는 일이다. 효과적인 마케팅을 위한 네 가지 핵심요소인 4P는 제품(Product), 가격(Price), 유통(Place), 홍보(Promotion)이다.

36 종업원이 직무에 관한 지식과 기술을 현직에 종사하면서 감독자의 지시 하에 훈련받는 현장실무중심의 현직훈련을 의미하는 직무 현장훈련(OJT)에 해당하는 교육훈련방법은?

① 역할연기

② 도제식훈련

③ e-러닝

④ 세미나

37 다음의 재무상태표(statement of financial position)의 설명 중에서 가장 적절하지 않은 것은?

① 자산은 유동자산과 비유동자산으로 구분되는데, 유동자산은 투자자산, 유형자산, 무형자산으로 구분하고, 비유동자산은 당좌자산과 재고자산으로 구분한다.

② 부채는 유동부채와 비유동부채로 구분한다.

③ 자산과 부채는 유동성이 큰 항목부터 배열하는 것을 원칙으로 한다.

④ 자본은 자본금, 자본잉여금, 자본조정, 기타포괄 손익누계액 및 이익잉여금으로 구분한다.

---

36 도제식훈련 … 종업원이 직무에 관한 지식과 기술을 현직에 종사하면서 감독자의 지시 하에 훈련받는 현장실무중심의 현직훈련을 의미하는 직무현장훈련(OJT)

37 ① 유동자산은 당좌자산, 재고자산으로 구분하고 비유동자산은 유형자산, 무형자산, 장기의 성격을 갖는 금융자산(투자자산)으로 구분한다.

※ 유동자산과 비유동자산

㉠ 유동자산

• 당좌자산 : 바로 현금화할 수 있는 자산으로 현금 · 예금 · 받을어음 · 외상매출금, 일시적 소유를 목적으로 한 유가증권 등

• 재고자산 : 제조 · 판매 등의 과정을 거쳐 현금화할 수 있는 것으로, 상품 · 원재료 · 재공품 · 반제품 등

㉡ 비유동자산

• 유형자산 : 건물 · 구조물 · 기계장치 · 토지 등

• 무형자산 : 영업권 · 특허권(特許權) · 광업권 등

• 장기의 성격을 갖는 금융자산 : 매도가능금융자산(20% 미만의 지분투자증권이나 채권 등), 장기매출채권(영업활동을 통해 인식한 매출채권 중 정상영업주기를 초과하여 회수될 것으로 기대되는 매출채권) 및 기타채권, 관계기업투자주식(피투자회사에 유의적인 영향력을 갖기 위해 취득한 지분증권) 등

38 다음 중 통화정책에 대한 설명으로 가장 옳은 것은?

① 경기가 활황기인 경우 이자율을 높여서 돈을 빌리는 비용을 증가시킨다.

② 통화량을 감소시키면 기업은 더 많은 돈의 사용이 가능해지고 경제는 더 빨리 성장한다.

③ 경기가 불황기인 경우 이자율을 높여서 돈을 빌리는 비용을 증가시킨다.

④ 경제성장을 늦추고 인플레이션을 막기 위해 통화량을 증가시킨다.

39 ☐ 에 들어갈 수 있는 가장 적절한 용어는 무엇인가?

> 최근 중국 증시 급락세와 중국 경기 둔화는 글로벌 금융시장에서 ☐ (으)로 부상하고 있다.
> ☐ 은(는) 발생확률이 매우 낮지만 발생하면 시장에 큰 충격을 주는 현상을 말한다.

① 블랙스완   ② 블랙먼데이

③ 블랙마켓   ④ 블랙프라이데이

40 다음은 무엇을 의미하고 있는지 가장 적절한 것은?

> 실질GCP, 소비, 투자, 고용 등 집계변수들이 장기추세선을 중심으로 상승과 하락을 반복하는 현상

① 장기불황   ② 호황국면

③ 경기변동   ④ 인플레이션

Aɴsᴡᴇʀ 38.② 39.① 40.③

38 ② 통화량을 감소시키면 기업이 사용 가능한 돈이 줄어 경제 성장이 둔화된다.

③ 경기가 불황기인 경우에는 이자율을 낮춰 돈을 빌리는 비용을 감소시킨다.

④ 인플레이션은 통화량의 증가로 화폐가치가 하락하고, 모든 상품의 물가가 전반적으로 꾸준히 오르는 경제 현상이므로 인플레이션을 막기 위해서는 통화량을 감소시킨다.

39 블랙스완 … 발생확률이 매우 낮지만 발생하면 시장에 큰 충격을 주는 현상

② 1987년 10월 19일(월요일) 뉴욕증권시장에서 일어났던 주가 대폭락 사건을 일컫는 용어로, 현재는 시장의 과도한 쏠림이나 구조적인 문제로 나타나는 시장의 급락을 나타내는 용어로 쓰인다.

③ 정상 가격이 아닌 가격 수준에서 재화가 비합법적으로 거래되는 음성적인 시장으로, 암시장이라고도 한다.

④ 11월 마지막 목요일인 추수감사절 다음날로, 미국에서 최대 규모의 쇼핑이 이뤄지는 날이다.

40 실질GDP, 소비, 투자, 고용 등 집계변수들이 장기추세선을 중심으로 상승과 하락을 반복하는 현상은 경기변동에 해당한다.

41 Choose one which has the least appropriate definition for the underlined words.

① A <u>detour</u> is a special route for traffic to follow when the normal route is blocked.

② The <u>venue</u> for an event or activity is the place where it will happen.

③ Your <u>autograph</u> is your name, written in your own characteristic way, often at the end of a document to indicate that you wrote the document or that you agree with what it says.

④ The <u>cabinet</u> is a group of the most senior ministers in a government, who meet regularly to discuss policies.

42 Choose one that does not match each other.

① DST : Daylight Saving Time

② ROI : Return on Investment

③ TBA : To Be Announced

④ GDP : Gross Domain Product

---

41 ②는 signature(서명)에 대한 설명이다. autograph는 유명인이 하는 사인을 의미한다.

42 ④ GDP : Gross Domestic Product

43 Belows are sets of English sentence translated into Korean. Choose one which does not match correctly each other.

① My boss used to think he was superior to others.

  → 우리 사장님은 그가 다른 사람들보다 우월하다고 생각하곤 했었다.

② I am thinking about singing up for an online business class.

  → 나는 온라인 비즈니스 수업을 등록할까 생각 중이다.

③ He stayed up all night preparing for his presentation.

  → 그는 프레젠테이션을 준비하느라 밤을 샜다.

④ The secretary stopped to take minutes.

  → 비서는 회의록 작성하는 것을 멈추었다.

44 Which of the followings is correct in order?

---

① The meeting with you and your staffs was a great opportunity to share long term partnership between two companies and also to figure out how to collaborate effectively together.

② I sincerely thank you for sharing your time and hospitality when I visited your office.

③ In closing, I thank you once again for your sincere hospitality and look forward to seeing you soon.

④ I truly hope that this first meeting could be a good starting for our success in global Cosmetics market.

---

① ②①③④

② ②①④③

③ ①②④③

④ ④①②③

ANSWER) 43.④ 44.②

43 ④ 'take minutes'는 '회의록을 작성하다'는 의미이다. 'stop + to ~'는 '~를 하기 위해 멈추다'로 '비서는 회의록을 작성하기 위해 멈추었다.'로 해석해야 한다.

44 「② 제가 당신의 사무실을 방문했을 때, 시간 내 주시고 반갑게 맞이해 주신 것 진심으로 감사드립니다.
① 당신과 당신의 직원과의 만남은 두 회사 사이의 장기적인 협력 관계를 공유할 수 있는, 그리고 또한 효과적으로 공동 작업하는 방법을 파악할 수 있는 좋은 기회였습니다.
④ 저는 이 첫 만남이 글로벌 화장품 시장에서 우리의 성공을 위한 좋은 출발이길 진심으로 바랍니다.
③ 마지막으로, 진심 어린 환대에 다시 한 번 감사드리며 곧 뵙기를 고대합니다.」

45 Read the following memorandum and choose one which is not true?

From : John Taylor, Training Manager
To : All Department Heads
Date : February 10, 2016
Subject : In-house Human Relations Class

1. From March 1, Monday, Human Relations class will be held in the library. There will be two sessions: intermediate level (11a.m.) and advanced level (2p.m.).
 Please encourage your staff to attend one of the sessions.

2. Please send me the names of all interested staffs by February 20. They will be given a test so that we can decide which of the classes is best for them.

① Human Relations class is divided into two levels.
② The writer sent this memo to all department heads.
③ All interested staffs should attend two sessions of Human Relations class.
④ John Taylor is responsible for organizing the in-house training.

45 ③ 직원들은 세션 중 하나에 참석하면 된다. 따라서 두 가지 세션에 출석해야 한다는 설명은 틀리다.

「발신 : 교육 관리자 John Taylor
수신 : 모든 부서장
날짜 : 2016. 2. 10
제목 : 사내 인간관계 수업
1. 3월 1일 월요일부터 도서관에서 인간관계 수업이 열릴 예정입니다. 중간 레벨(11a.m.)과 고급 레벨(2p.m.)의 두 세션이 있습니다. 직원들에게 세션 중 하나에 참석하도록 장려해 주십시오.
2. 2월 20일까지 관심 있는 직원들의 이름을 보내 주세요. 그들은 우리가 그들에게 가장 적합한 수업을 결정할 수 있도록 테스트를 받을 것입니다.」

46 Choose the set which arranges the correct order in a business letter.

Apple Business Software

554 Fourth Avenue, Suite 1619, New York, NY 10036

Tel. 212-877-1234 Fax. 212-877-5342

ⓐ Ms. Susan Jenkins

Marketing Manager

ABC Co., Ltd.

.

.

ⓑ With warm regards,

ⓒ October 17th, 2017

ⓓ Dear Ms. Jenkins:

ⓔ Robert Tan

---

① ⓐ → ⓒ → ⓓ → ⓔ → ⓑ

② ⓒ → ⓐ → ⓓ → ⓑ → ⓔ

③ ⓒ → ⓔ → ⓐ → ⓓ → ⓑ

④ ⓔ → ⓒ → ⓓ → ⓐ → ⓑ

ANSWER 46.②

46 business letter의 구성은 다음과 같다.

㉠ Letterhead(or Return Address)

㉡ Date → ⓒ October 17th, 2017

㉢ Inside Address → ⓐ Ms. Susan Jenkins

Marketing Manager

ABC Co., Ltd.

㉣ Salutation → ⓓ Dear Ms. Jenkins

㉤ Body of the Letter

㉥ Complimentary Close → ⓑ With warm regards

㉦ Signature Block

㉧ Final Notations → ⓔ Robert Tan

47 Which of the followings is the most appropriate for the blank boxes?

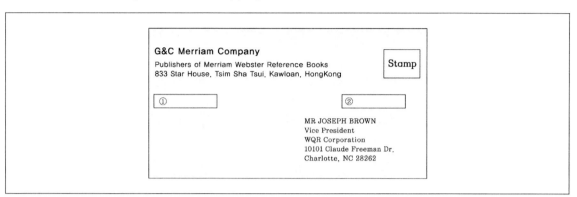

① ① HOLD FOR ARRIVAL   ② VIA AIR MAIL

② ① CONFIDENTIAL   ② PLEASE FORWARD

③ ① SPECIAL DELIVERY   ② REGISTERED

④ ① CONFIDENTIAL   ② PRIVATE

48 Choose the most appropriate expression that has the same meaning of the underlined word.

> The financial manager gave <u>down-to-earth</u> advice to his long term client.

① practical   ② profitable

③ critica   ④ determined

ANSWER **47.**①   **48.**①

47 빈칸에 가장 적절한 것은 ① HOLD FOR ARRIVAL, ② VIA AIR MAIL이다.

48 down-to-earth 현실적인, 실제적인
     ① 현실적인 ② 수익성이 있는 ③ 비판적인 ④ 단호한

49 What is the following passage referring to?

> This is a speech that reveals the main theme of the event as a whole in public speaking. At political or industrial conventions and conferences and at academic conferences, this is delivered to set the underlying tone and summarize the core message or most important theme of the event. It even establishes the framework for the following events or agenda.

① Congratulatory remarks
② Keynote address
③ Closing remarks
④ Welcoming speech

50 Read the following sets of Q&A conversation and choose one that does not match each other.

① A : Why don't you go to a Korean tourist attraction near here?

B : Great. Do you know anywhere you'd like to recommend?

② A : We had a three-hour layover in JFK airport.

B : I'm glad to hear that. I've heard a lot about you from Ms. Jones.

③ A : Would you like to join us for dinner if you are not busy?

B : Thank you. I'd like that very much.

④ A : Let me take one of your bags.

B : That's very thoughtful of you.

---

49 제시된 내용은 Keynote address(기조 연설)에 대한 설명이다.

「이 연설은 전체적으로 이 행사의 주제를 대중 연설에서 드러내는 것이다. 정치 또는 산업 컨벤션 및 회의와 학술회의에서, 이것은 기본적인 방향을 설정하고 행사의 핵심 메시지 또는 가장 중요한 주제를 요약하기 위해 전달된다. 그것은 다음과 같은 사건이나 안건에 대한 체계를 확립하기도 한다.」

① 격려사 ③ 마무리 발언 ④ 환영사

50 「② A : 우리는 JFK공항에서 세 시간 동안 대기했습니다.

B : 그 말을 들으니 기쁩니다. 저는 Jones씨로부터 당신에 대한 이야기를 많이 들었습니다.

① A : 이 근처에 있는 한국 관광지에 가보는 건 어때요?

B : 좋아요. 어디 추천해 주고 싶은 곳 없으세요?

③ A : 바쁘지 않으면 저녁 같이 하실래요?

B : 감사합니다. 매우 좋습니다.

④ A : 가방 하나 들어 드릴게요.

B : 정말 사려 깊으시군요.」

51 Read the following conversation and choose one which is not true?

> Agent : Hello, ABC Conference Supplies.
>
>   May I help you?
>
> Organizer : Hi, I'd like to order some equipment for a conference.
>
> Agent : Sure. Where and when is the conference?
>
> Organizer : It's at the Grand Hotel from the 23rd to the 26th of January.
>
> Agent : And what supplies do you need?
>
> Organizer : Well, we need a microphone and speakers in our auditorium, and we need a projector and a screen in there too.
>
> Agent : Right, that's fine.
>
> Organizer : We also have eight small meeting rooms.
>
>   We'll need a flip chart in each one.
>
> Agent : Okay. Anything else? Do you need any laptops?
>
> Organizer : No, our speakers will bring their own.
>
> Agent : Fine, we'll deliver those to the hotel on January 23rd.
>
> Organizer : Thank you very much.

① The conference will be held at the Grand Hotel for four days.

② The customer doesn't need to order a laptop.

③ The organizer of the conference needs several conference equipment.

④ There are six small meeting rooms for a conference.

ANSWER 51.④

51 ④ 회의실은 8개이다. 따라서 6개라는 설명은 틀렸다.

「Agent : 안녕하세요, ABC 회의 용품입니다. 무엇을 도와드릴까요?
Organizer : 안녕하세요, 회의를 위해 장비를 주문하고 싶은데요.
Agent : 그럼요. 회의 장소는 어디이고 언제죠?
Organizer : 그랜드 호텔에서 1월 23일부터 26일까지입니다.
Agent : 그리고 어떤 용품이 필요하시가요?
Organizer : 음, 우리는 깅딩에 마이크와 스피거가 필요하고, 프로젝티와 스크린도 필요합니다.
Agent : 네, 좋습니다.
Organizer : 또한 작은 회의실이 8개 있습니다. 각각 플립 차트가 필요합니다.
Agent : 알겠습니다. 또 다른 것은요? 노트북 필요하세요?
Organizer : 아니요, 우리 발표자가 그들의 것을 가져올 겁니다.
Agent : 좋아요, 1월 23일에 호텔로 배달해 드릴게요.
Organizer : 매우 감사합니다.」

52 Which of the followings is true to the itinerary prepared by a secretary for her boss as given below?

Trip Itinerary : September 6~8, 2015		
Sun., Sept. 6	9:30 a.m.	Depart from Incheon
	5:40 p.m.	Airport pick-up and transfer to Four Star Hotel, Kuala Lumpur, Malaysia
Mon., Sept. 7	9:00 a.m.	Convention at Four Star Hotel
	12:00 p.m.	Lunch meeting with Plant Managers
	3:00 p.m.	Visit to the Ministry of Commerce
Tues., Sept. 8	10:00 a.m.	Visit to Exxor Manufacturing Company
	12:00 p.m.	Luncheon with executives of Exxor
	3:00 p.m.	Depart from Kuala Lumpur
	10:20 p.m.	Arrive in Incheon

① The boss will go on a business trip for three business days.

② He will transfer to hotel by airport limousine.

③ The main purpose of this trip is to visit the Ministry of Commerce.

④ The place for lunch with Exxor members is not specified in the itinerary.

ANSWER 52.④

52 ④ Exxor 경영진과의 오찬 장소는 일정표에 명시되어 있지 않다.
   ① 출장은 일요일부터 화요일까지이다.
   ② 공항에서 픽업하여 호텔로 이동한다. 공항 리무진 이용에 대해서는 언급되어 있지 않다.
   ③ 출장 일정 중에 상무부 방문이 있지만, 주요 목적인지 알 수 없다.

53 Which of the followings is the most appropriate expression for the blank ⓐ?

A : I'm sorry, I'm late. The traffic was backed up.

B : No, not at all. I just got here myself. Please, come in.

Let me take your coat.

A : Thanks.

B : Would you like something to drink?

A : Yes, please. _____ⓐ_____

B : Two glasses of wine coming right up.

Have a seat and make yourself at home.

---

① It smells delicious.

② I don't know anything about Korean food. What can you suggest?

③ I appreciate your invitation to dinner.

④ Whatever you're having will be fine.

54 Read the following schedule. What activity is not on the schedule?

TIME	EVENT	Place	PERSON
8:30 A.M.	Completion of employment forms	Lounge	S.J Ted
9 A.M.	Human Resources – Introduction – ExPlanation of personal leave Policy	Room C	Anna Davis
11 A.M.	Immunization records check	Room A	Dr. Romero
12 P.M.	Lunch and Director's welcome : "History and Mission of the Eastem Medical Center"	Auditorium	Jim Jenson
1 P.M.	Proper documentation of medical procedures	Room C	Dr. Yang
2 P.M.	Equipment and Computer training information "Back safety in the workplace"	Ward A	Alice Evans

① Safety training

② Record keeping

③ Checking immunizations

④ Getting parking permits

55 Which of the followings is the most appropriate expression for the blank?

A : Hello. This is Lesley Morris from Green Cross Holdings.

    May I speak to Mr. Parker?

B : I'm sorry, but Mr. Parker is with a client and asked not to be disturbed.

A : I hate to ask you, but _____.

    I have an urgent matter to discuss with him.

B : Well, let me check, but I doubt I'll be able to put you through. (To Mr. Parker) Ms.

    Lesley Morris is on the line.

    She said she had an urgent matter to discuss with you.

C : All right. Put her through.

---

① Please stop him for me.

② Could you please interrupt him for me?

③ Please tell him I'll call again.

④ I will get back to him.

55 「A : 안녕하세요. Green Cross Holdings의 Lesley Morris입니다. Parker씨와 통화할 수 있을까요?

B : 죄송합니다만, Parker씨는 고객과 함께 있어서 방해 받지 않도록 부탁하셨습니다.

A : 이런 말을 드려 죄송하지만, 저를 위해 그를 좀 불러 주시겠어요? 그와 의논할 급한 일이 있어요.

B : 글쎄요. 확인해 보죠. 하지만 전화를 연결해 드릴 수 없을 것 같아요. (Parker에게) Lesley Morris씨에게 전화가 와 있습니다.

    그녀가 당신과 의논할 급한 일이 있다고 합니다.

C : 알겠습니다. 연결해 주세요.」

56 Choose one which is the most appropriate expression for the blank?

A : _____?

B : Yes. Do you know the country code and area code of the person you want to call?

A : I'm afraid I don't know.

B : You need to look up those numbers, first.

A : Hmm, I see.

B : It is not that difficult. Dial 001 when you are using regular phone and 011 for mobile phone. And then, press the country code and area code and enter the local number of the person you want to talk to.

---

① Do you know how to operate the fax machine?

② Do you know how to place an order in a restaurant?

③ Do you know how to make an overseas call?

④ Do you know how to use the new security system?

56 「A : 국제 전화 거는 방법을 아세요?
B : 예. 전화하실 분의 국가 번호와 지역 번호를 아십니까?
A : 유감이지만 몰라요.
B : 먼저 그 숫자들을 찾아보세요.
A : 음, 알겠어요.
B : 그것은 어렵지 않아요. 일반 전화에서는 001을 누르고, 휴대 전화에서는 011을 누르세요. 그런 다음, 국가 번호와 지역 번호를 누르고 통화하려는 사람의 현지 번호를 입력합니다.」

57 According to the given passage, which of the followings is true?

A : Hello, Hilton Hotel Reservation Desk. Kang speaking.

 How may I help you?

B : Hello. I'd like to book a room on October 13.

A : How long will you be staying, sir?

B : I'd like to stay for three nights.

A : What type of room would you like, sir?

B : A double room with a bath, please.

A : We have double rooms available on the 11th floor.

B : What's the room rate for that period?

A : It's $175 per night.

B : That's fine. I'll take it.

---

① The room rate is $175 for three nights.

② He is going to stay for three nights and four days.

③ The room where he will be stay is on the 13th floor.

④ He made a reservation a double room without a bath.

---

57 ① 객실 요금은 하룻밤에 175달러이다.

 ③ 그가 머물 방은 11층에 있다.

 ④ 그는 욕실이 딸린 더블 룸을 예약했다.

「A : 안녕하세요, Hilton 호텔 예약 데스크 Kang입니다. 무엇을 도와드릴까요?

 B : 안녕하세요. 10월 13일에 방을 예약하고 싶어요.

 A : 얼마나 머무르실 예정이십니까?

 B : 3일 밤 묵고 싶어요.

 A : 어떤 종류의 방을 원하십니까?

 B : 욕실이 딸린 더블 룸으로 부탁합니다.

 A : 11층에 이용이 가능한 더블 룸이 있습니다.

 B : 그 기간 동안의 객실 요금이 얼마죠?

 A : 하룻밤에 175달러입니다.

 B : 좋습니다. 그걸로 할게요.」

58 What should secretary do first, after the conversation with her boss?

Boss : Could you arrange for a leadership training program for the employees?

Secretary : How many people will be there?

When and how long would it be?

Boss : There will be 17 trainees. The program is for 2 weeks starting from September 7.

I want the KTB's facility to be its venue.

Secretary : Are you supposed to give lectures for the program?

Boss : I'll give the first lecture for the first session as an opening.

I'll leave the rest of the program to Jacob.

Secretary : It's only a couple of weeks away. I need to expedite the process as quickly as I can.

Boss : By the way, can I postpone the committee meeting up to tomorrow, say at 5:00?

I have to finish my report and I'm behind my schedule.

Secretary : I'll contact the members and delay the meeting.

① To call the committee members and reschedule the meeting

② To contact the lecturers for the training sessions

③ To contact KTB for the availability of the training facility

④ To make a checklist of equipment necessary for lectures

ANSWER 58.①

58 ① 대화 후 가장 먼저 해야 할 일은 회의 참석자들에게 연락해서 회의를 연기하는 일이다.

「사장 : 직원들을 위한 리더십 교육 프로그램을 준비할 수 있습니까?
비서 : 몇 분이 참석하십니까? 언제, 얼마나 걸리나요?
사장 : 훈련생은 17명입니다. 이 프로그램은 9월 7일부터 시작해 2주간 진행됩니다. KTB의 시설이 장소에 있었으면 좋겠습니다.
비서 : 그 프로그램을 위한 강의를 하기로 되어 있으신가요?
사장 : 오프닝으로 첫 번째 세션의 첫 강의를 할 겁니다. 나머지 프로그램은 Jacob에게 맡길게요.
비서 : 겨우 몇 주 남았네요. 저는 그 과정을 최대한 빨리 진행해야겠습니다.
사장 : 그나저나, 위원회 회의를 내일로 연기할 수 있을까요? 5시쯤? 보고서를 끝내야 해서 일정이 늦어졌어요.
비서 : 참석자들에게 연락해서 회의를 연기하겠습니다.」

59 According to the conversation, which of the followings is not true?

A : Korea Airlines. May I help you?

B : I'd like to book a business-class seat for the August 23rd flight from Seoul to Hong Kong.

A : Two flights are available: one at 11:00 in the morning and the other at 1:30 in the afternoon.

B : I'll take the 11 o'clock flight.

Can you tell me what time I arrive in Hong Kong?

A : You will arrive in Hong Kong at 3:00 p.m. Hong Kong time.

Do you want to reserve a return flight?

B : Yes, I want an open-ended return ticket.

Can I have an aisle seat?

A : Let me see... Yes, A-32 aisle seat is booked for you.

Can I have your name and phone number, please?

B : My name is Freddy Jones and my cell phone number is 000-0000-0000.

A : Thank you, Mr. Jones.

Your reservation number is Ar224876z.

B : Could you tell me what the baggage allowance is?

A : You can check in one baggage up to 30kg at no cost.

US$10 will be added by 1kg if you carry more than 30kgs.

---

① Mr. Jones will travel business class.

② Mr. Jones did not reserve a return flight.

③ Mr. Jones did not decide the return date from Hong Kong to seoul.

④ Mr. Jones can check in one baggage up to 30kg free of charge.

ANSWER 59.②

59 ② Mr. Jones은 왕복 항공편을 예약하였다.

「A : 대한 항공입니다. 무엇을 도와드릴까요?

B : 8월 23일 서울에서 홍콩으로 가는 비즈니스 클래스 좌석을 예약하고 싶습니다.

A : 항공편은 두 가지가 있습니다. 하나는 아침 11시에 있고, 다른 하나는 오후 1시 30분에 있습니다.

D : 11시 비행기를 탈게요. 홍콩에 몇 시에 도착하는지 알려 주시겠어요?

A : 현지시각으로 오후 3시에 홍콩에 도착할 예정입니다. 왕복 항공편을 예약하시겠습니까?

B : 네, 오픈-엔드 왕복표를 주세요. 통로 쪽 좌석으로 할 수 있나요?

A : 한 번 볼게요... 네, A-32 통로 쪽 좌석이 예약되었습니다. 전화번호랑 성함을 말씀해 주시겠어요?

B : 제 이름은 Freddy Jones이고 핸드폰 번호는 000-0000-0000입니다.

A : 감사합니다, Jones씨. 예약 번호는 Ar224876z입니다.

B : 수하물 허용량이 얼마인지 알려 주시겠어요?

A : 수하물 하나는 30kg까지 무료로 체크인 할 수 있습니다. 30kg 이상을 운반할 경우 1kg당 미화 10달러가 추가됩니다.」

60 Which of the followings is the most appropriate for the blank?

Jefferson : Hello, Mr. Kim. I need that data of your sales promotion. Can you fax it to us now.

Kim : I'm still working on it. _____

Jefferson : Good. I'll be waiting. But be sure to get in touch with me, will you?

Kim : Sure. But it may take a while.

Jefferson : I'll check back with you if you don't get me first.

---

① So as soon as it's finished, I'll call you back, OK?

② The order will be faxed through to the manufacturer.

③ If you have any other questions, just feel free to call me.

④ You'll have to come in person in order to discuss that matter.

60 「Jefferson : Mr. Kim, 안녕하세요. 당신의 판매 촉진에 대한 데이터가 필요해요. 지금 팩스를 보내 주시겠어요?
Kim : 아직 작업 중입니다. 끝나는 대로 다시 전화 드리겠습니다. 괜찮나요?
Jefferson : 좋아요. 기다릴게요. 하지만 꼭 연락해 주셔야 해요. 그러실 거죠?
Kim : 물론이죠. 하지만 시간이 좀 걸릴 거예요.
Jefferson : 만약 당신이 먼저 연락을 주지 않는다면, 제가 다시 연락할게요.」

61 다음 중 밑줄 친 부분의 한글 맞춤법이 잘못 표기된 것을 고르시오.

① <u>왠지</u> 가슴이 두근거린다.

② 착한 사람이 <u>돼라.</u>

③ 비서<u>로서</u> 나의 위치

④ <u>출석율</u>을 살펴보면

62 다음 보기 중 비서가 우편제도를 제대로 활용하지 못한 경우를 모두 고르시오.

가. 황 비서는 외국에 샘플을 발송하기 위하여 EMS를 이용하였다. 나. 박 비서는 내일까지 부산에 도착해야 하는 계약서를 발송하기 위하여 익일특급을 이용하였다. 다. 이 비서는 인터넷에서 직접 작성한 우편물로 제작하여 배달해주는 에코우편 서비스를 이용하였다. 라. 김 비서는 내용증명으로 독촉장을 발송하기 위해서 같은 내용을 2통 작성하였다.

① 다   ② 라

③ 다, 라   ④ 가, 다

ANSWER 61.④ 62.③

61 ④ 받침이 있는 말 다음에는 '률'로 적고 'ㄴ' 받침이나 모음 뒤에서는 '율'로 적는다. 출석율→출석률

62 다. 인터넷에서 고객이 작성한 문서를 우편물로 제작하여 받는 분에게 배달해 주는 서비스는 e-그린우편 서비스이다.
　　라. 내용증명은 보내는 사람, 받는 사람, 우체국 보관용으로 같은 내용을 3통 작성해야 한다.

63 상사는 우 비서에게 주주총회 개최통지서를 주주들에게 발송하라고 지시하였다. 우편물 발송을 위해 레이블을 작성할 시 수신인 부분에 들어갈 말로 가장 적절한 것끼리 짝지어진 것은?

주주 (㉠)
상공상사 김철수 부장 (㉡)
NCA국제연구회 (㉢)

① ㉠ 각위　　㉡ 귀하　　㉢ 좌하
② ㉠ 제위　　㉡ 귀하　　㉢ 귀중
③ ㉠ 귀중　　㉡ 님　　㉢ 귀하
④ ㉠ 님　　㉡ 각위　　㉢ 귀하

64 상사의 서류 및 우편물 개봉, 상사의 일정, 개인정보, 회사의 기밀 내용 등과 관련된 업무처리 시 기본원칙으로 가장 잘못된 것은?

① 컴퓨터에 있는 정보는 수시로 백업해두고 암호를 설정한다.
② 정보의 접근권한과 범위에 대해 사내규정을 숙지한다.
③ 정보에 대한 외부요청이 있을 경우 상사가 선호하는 방식으로 처리한다.
④ 상사와 합의하여 비서의 정보접근권한과 범위를 정한다.

ANSWER 63.② 64.③

63 ㉠ 제위 : '여러분'을 문어적으로 이르는 말
　　㉡ 귀하 : 편지글에서, 상대편을 높여 이름 다음에 붙여 쓰는 말
　　㉢ 귀중 : 편지나 물품 따위를 받을 단체나 기관의 이름 아래에 쓰는 높임말

64 ③ 정보에 대한 외부요청이 있을 경우 사내규정에 따른 방식으로 처리한다.

65 다음과 같이 결재된 문서에 대한 설명으로 가장 적절한 것은?

대한상공협회장

| 대리 최우진 | 부장 대결 김철수9/20 | 상무이사 전결 |

① 문서 담당자는 부장 김철수이며 상공협회장이 정규 결재하였다.

② 문서 담당자는 대리 최우진이며 부장 김철수가 전결하였다.

③ 문서 담당자는 대리 최우진이며 상무이사가 부장 김철수 대신에 대결하였다.

④ 상무이사가 전결하여야 하는 문서이나 부재로 부장 김철수가 대결하였다.

66 다음은 상공자동차의 문서관리규정 중 문서보존기간에 관한 사항이다. 아래 규정에 의거하여 2016년 2월에 폐기 여부를 검토할 수 없는 문서는?

10년 보존	주주명의 변경서 상업 장부 영업에 관한 서류(재무상태표)
5년 보존	세금 납부 관련 서류 수출입 관련 서류
3년 보존	임금 대장 시장 조사 및 홍보 관련 일반 서류
처리종결 후 수시처리	참고용 보고서 원본이 있는 문서의 사본 수정본 발행으로 보존 가치가 없는 자료

① 2010년의 세금 납부 관련 서류

② 2016년 1월에 작성한 보고서의 사본

③ 2006년 연차 회계 보고서

④ 2012년 2사분기 시장조사 보고서 원본

Answer 65.④ 66.③

65 문서 담당자는 최우진 대리이고, 상무이사가 전결해야 하는 문서이나 부재로 부장 김철수가 대결하였다.

66 ③ 연차 회계 보고서의 문서보존기간은 10년 보존이므로 2006년 연차 회계 보고서는 2016년 2월에 폐기 여부를 검토할 수 없다.

67 문서정리의 절차를 올바르게 연결한 것을 고르시오.

> 가. 문서의 처리가 끝나 정리를 해도 되는지 확인한다.
> 나. 문서의 제목으로 정한 주제에 붉은색 밑줄을 긋는다.
> 다. 문서 내용을 읽은 후 문서의 주제를 결정한다.
> 라. 문서를 분류하여 문서 분류법에 따라 정리한다.
> 마. 문서에 문서 정리인을 날인하고 담당 취급자의 날인과 처리 날짜를 기입한다.

① 가 - 나 - 다 - 라 - 마   ② 가 - 다 - 라 - 나 - 마

③ 가 - 마 - 다 - 나 - 라   ④ 가 - 다 - 나 - 마 - 라

68 다음 중 전자 문서 결재시스템의 올바르고 효율적인 활용으로 가장 적절하지 않은 경우는?

① 장 비서는 사전에 전자문서결재시스템에 탑재된 문서양식을 이용하여 문서기안을 함으로써 효율성을 높였다.

② 정 비서는 문서 유출에 대한 안전성을 확보하기 위하여 보안설정을 이중으로 관리한다.

③ 최 비서는 종이문서를 선호하는 상사를 위하여 전자결재가 완료된 문서를 종이로 보관하였다.

④ 오 비서는 결재선에 포함되지 않아서 상사가 결재하는 타 부서의 서류에 대한 열람권한이 없었으나, 추가 열람권한을 할당받아서 내용을 파악하였다.

ANSWER 67.③ 68.③

67 문서정리 절차
    ㉠ 문서의 처리가 끝나 정리를 해도 되는지 확인한다.
    ㉡ 문서에 문서 정리인을 날인하고 담당 취급자의 날인과 처리날짜를 기입한다.
    ㉢ 문서 내용을 읽은 후 문서의 주제를 결정한다.
    ㉣ 문서의 제목으로 정한 주제에 붉은색 밑줄을 긋는다.
    ㉤ 문서를 분류하여 문서 분류법에 따라 정리한다.

68 ③ 상사가 종이문서를 선호하더라도 전자결재가 완료된 문서를 종이로 보관하는 것은 적절하지 않다.

69 다음 중 전자문서 시스템에 대한 설명으로 가장 옳지 않은 것은?

① 전자문서 시스템과 전사적 콘텐츠 관리(ECM)는 최근 들어 더욱 분리되어 인식되고 있다.

② 전자결재는 미리 설정된 결재 라인에 따라 자동으로 결재 파일을 다음 결재선으로 넘겨준다.

③ 저장된 결재 문서를 불러내 재가공하여 사용할 수 있다.

④ 전자 결재를 할 때는 전자문자 서명이나 전자이미지 서명을 한다.

70 다음 중 전자문서에 대한 설명으로 가장 적절하지 않은 것은?

① 전자 문서 국제 표준은 doc이다.

② 전자 문서 시스템은 전자 결재 시스템과 전자 문서 관리시스템(EDMS)으로 크게 나눌 수 있다.

③ 전자 결재는 기본적으로 EDI 시스템 하에서 이루어지는 것이다.

④ 전자 결재 시스템은 피결재자와 결재권자가 동시에 동일 위치에 존재하지 않아도 문서의 결재가 가능하여 시간적, 공간적 제약을 극복할 수 있다.

ANSWER 69.① 70.①

69 ① 전자문서 시스템과 전사적 콘텐츠 관리는 최근 들어 통합적으로 인식되고 있다.

70 ① 전자문서 국제표준은 pdf이다.

71 다음 이메일의 머리글(Header)을 보고 이와 관련된 설명이 가장 적절하지 않은 것은?

From	Rodney Kim 〈bapo2001@uahoo.com〉
To	Guna Goh 〈guna0405@ddm.com〉
CC	yeaa@ddm.com
	hert@ddm.com
Bcc	rems@gsa.or.kr
Date	2017년 4월 18일 화요일, 04시 42분 31초
Subject	A business trip

① 이메일을 보낸 사람은 Rodney Kim이며 출장과 관련된 내용으로 구성되어 있다.

② 이메일은 총 4명의 사람에게 발송되지만 Guna Goh는 자기에게만 이메일이 발송되었는지 알고 있다.

③ yeaa@ddm.com은 hert@ddm.com이 이메일을 받은걸 알고 있다.

④ hert@ddm.com은 rems@gsa.or.kr이 이메일을 받은걸 모르고 있다.

72 벤처회사에 다니는 나 비서는 상사를 위하여 프레젠테이션 자료를 준비하고 있다. 상사는 문장보다는 도해화한 프레젠테이션 자료를 선호하시는 편이라서 스마트 아트를 활용하였다. 아래의 스마트 아트를 사용하는 상황에 관한 설명이 가장 적절하게 이루어진 것은?

① : 상호 인접한 사항에 대한 연관성을 살펴볼 때 사용

② : 중앙의 내용에 대한 관계를 표시할 때 사용

③ : 비례관계 및 상호 연결 관계, 계층 관계를 표시할 때 사용

④ : 계획 또는 결과를 필터링하는 관계 표시할 때 사용

ANSWER 71.② 72.③

71 ② CC는 참조, BCC는 숨은 참조이다. Guna Goh는 자기와 참조에 있는 사람들에게만 이메일이 발송되었는지 알고 있다.

72 ① 깔대기형 : 정보의 필터링 또는 부분을 전체로 병합하는 방법을 표시

　② 교대 육각형 : 상호 인접한 사항에 대한 연관성을 표시

　④ 상향 화살표형 : 작업, 프로세스 또는 워크플로에서 위쪽으로 향하는 진행 방향 또는 단계를 표시

73 김 비서는 상사의 인맥관리를 위해 MS-Access프로그램을 이용해 명함정리와 내방객 관리를 하고 있다. 다음 중 김 비서의 프로그램 사용법이 가장 적절하지 않은 것은?

① 테이블에 명함의 인적사항과 방문용건을 입력한다.

② 쿼리의 요약기능을 이용해 내방객의 연도별 평균 방문 횟수를 알 수 있다.

③ 입력한 명함을 내방객별로 보고 싶으면 폼 개체를 이용한다.

④ 매크로 기능을 이용해 연말 우편물의 레이블을 출력한다.

74 다음 IP 주소가 올바르지 않은 것은?

① 192.245.0.253

② 192.245.0.254

③ 192.245.1.255

④ 192.245.1.256

73 ④ 우편물 레이블 마법사 기능을 이용한다.

74 ④ 각 마디(옥텟)의 숫자는 255(0~255)를 넘을 수 없다.

75 다음의 신문기사의 분석내용으로 가장 적절하지 않은 것은?

> 한국은행 금융통화위원들이 올 하반기 우리 경제의 하방리스크가 커졌다며 우려감을 드러냈다. 한은이 전망한 올해 성장률 2.7%를 또 다시 수정할 지 주목된다.
>
> 한은이 29일 오후 공개한 8월 금통위 의사록에 따르면 A금통위원은 "하반기에는 소비나 투자심리 위축 등과 같은 하방리스크가 더 크게 나타날 가능성이 있다"는 의견을 냈다. 이 위원은 "하반기 달러화 강세 가능성 등이 국제유가 하방압력으로 작용할 수 있고 OPEC의 감산논의에 대해 회의적으로 보는 시각이 많다"며 "국제유가가 소비자물가, 수출입, 주요산업 구조조정 등에 미칠 영향을 감안해 국제유가의 향방을 면밀하게 살펴볼 필요가 있다"고 당부했다. B금통위원은 "국제유가 등 공급측면에서 하방리스크가 증대됐기 때문에 하반기 소비자물가 상승률이 기존 전망경로를 하회할 가능성이 있다"며 "각종 근원물가 지표 등에 근거할 때 수요측면에서도 물가상승압력이 둔화되고 있는 것으로 보인다."고 판단했다.
>
> 일부 위원은 경제성장 흐름이 아직까지 한은의 전망대로 움직이고 있다고 평가했다. C위원은 "소비자물가는 예상경로에서 크게 벗어나지 않았고 유가는 재차 하락할 경우 물가목표 수준에 도달하는 데 시간이 걸릴 것으로 예상된다"며 "경제성장은 기존 전망 경로에 부합된 것으로 보이나 불확실성이 여전히 상존한다."고 밝혔다.
>
> 앞서 한은은 지난 7월 올해 경제성장률 전망치를 2.8%에서 2.7%로 0.1%포인트 낮췄으며 오는 10월 한 차례 더 수정 전망을 발표할 예정이다. 당시 한은은 경제성장률을 낮추면서 대내적으로는 정부의 추가경정예산(추경), '김영란법'시행, 대외적으로는 영국의 유럽연합(EU) 탈퇴 영향, 국제유가 오름세 등을 반영했다고 밝혔다. 하지만 예상치 못한 변수가 잇따라 발생하면서 성장률 전망치 변동 가능성도 제기되고 있다. 정부가 7~9월 전기요금에 대해 누진제를 한시적으로 완화하기로 결정하면서 공공요금 물가 변화가 불가피한 데다 석유 생산량이 늘어날 것으로 전망되면서 국제유가도 오름세가 더딘 상황이다. 환율도 대외적인 변수에 따라 급등락을 거듭하며 수출에서의 불확실성을 키우고 있다.
>
> 〈인터넷 A신문, 2016년 8월 30일 기사 중에서 발췌〉

① 경제성장 흐름은 한국은행의 전망대로 움직이는 편이라 평가할 수 있다.

② 소비투자심리 위축으로 하반기에는 소비자물가 상승률이 기존보다 올라갈 가능성이 있다.

③ 김영란법이나 영국의 EU탈퇴 영향, 국제유가 오름세는 경제 성장률을 낮출 가능성이 있다.

④ 국제유가는 소비자물가, 수출입, 주요산업 구조조정 등에 영향을 미치는 요소이다.

ANSWER 75.②

75 ② 하반기에는 소비나 투자심리 위축 등과 같은 하방리스크가 더 크게 나타날 가능성이 있는데 하방리스크가 증대되면 소비자물가 상승률이 기존 전망경로를 하회할 가능성이 있다고 언급하고 있다.

76 아래 그림은 리우올림픽 메달 성적에 관한 것이다. 이에 대한 설명으로 가장 올바른 것은?

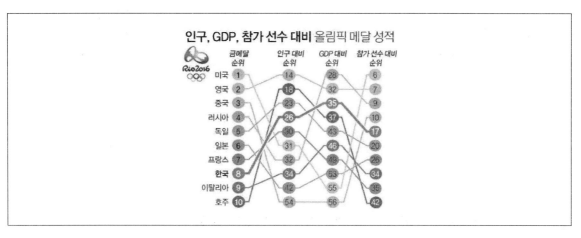

① 우리나라는 참가국 중에서 인구대비 순위로는 4등이다.

② 미국은 GDP대비 순위가 호주보다 높다.

③ 참가국 중에서 참가선수 대비 순위가 가장 낮은 나라는 호주이다.

④ 일본은 우리나라보다 금메달 수는 많지만, 다른 순위는 모두 낮다.

77 상사의 인적네트워크를 위한 정보 관리에 관한 사항으로 적절하지 않은 것끼리 묶인 것은?

가. 상사와 사적인 친분이 있는 인사도 포함하여 명단을 관리한다.
나. 상사의 인적관계 명단을 신속한 정보수정을 위해 업계에 공유한다.
다. 외부 인사뿐 아니라 내부 인사의 정보도 포함하여 관리한다.
라. 인물에 대한 자세한 정보를 가능한 모두 수집한다.
마. 출처가 불분명한 정보일지라도 필요할 경우 참고자료로 활용한다.

① 없다

② 나

③ 나, 마

④ 나, 라, 마

ANSWER 76.④ 77.②

76 ① 우리나라는 참가국 중에서 인구대비 순위로는 26위이다.
② 미국의 GDP대비 순위는 55위이고 호주는 37위이다.
③ 참가국 중에서 참가선수 대비 순위가 가장 낮은 나라는 알 수 없다.

77 ② 상사의 인적관계 명단을 업계에 공유하는 것은 적절하지 않다.

78 김 비서는 서울본사와 대전지사 두 곳의 집무실을 오가면서 업무를 수행하고 있는 상사를 모시고 있다. 상사는 별도 휴대품 없이 김 비서와 함께 일하는 본사 집무실 컴퓨터에서 작업하던 문서를 대전지사 집무실의 컴퓨터에서도 확인하고 작업하기를 원하신다. 2개의 집무실에 있는 각 컴퓨터에서 작업한 파일이 자동으로 동기화될 수 있어야 한다고 하셔서 김 비서는 다음과 같은 서비스를 사용하실 것을 권유하였다. 이 경우에 가장 적절한 서비스에 해당하는 것은?

① SSD
② 소셜미디어
③ 클라우드 서비스
④ 이메일

79 다음 중 성격이 유사한 어플리케이션끼리 짝지어지지 않은 것은?

① Uber – 카카오택시 – T맵택시
② 블루리본 – 카카오헤어 – 트립어드바이저
③ CamCard – 리멤버 – BIZ reader
④ Google calendar – Outlook – T cloud

80 다음 감사장 작성에 관한 설명 중 가장 옳지 않은 것은?

① 취임축하장에 대한 감사장은 취임에 대한 포부와 결의를 밝힌 후에 축하장에 대한 감사 인사를 하는 순서로 작성한다.
② 수상 축하장에 대한 감사장은 수상할 수 있게 된 것이 상대방 덕분이라는 표현을 먼저 하는 것이 좋다.
③ 출장 중 상대방의 호의에 대한 감사장은 가급적 출장지에서 돌아온 직후에 작성하는 것이 바람직하다.
④ 문상에 대한 답례장은 미사여구를 나열하는 것보다는 솔직한 감사의 인사를 전한다.

ANSWER 78.③ 79.④ 80.①

78 클라우드 서비스 … 인터넷으로 연결된 초대형 고성능 컴퓨터(데이터센터)에 소프트웨어와 콘텐츠를 저장해 두고 필요할 때마다 꺼내 쓸 수 있는 서비스

79 ④ Google calendar(캘린더 서비스) – Outlook(전자메일 서비스) – T cloud(클라우드 서비스)

80 ① 취임축하장에 대한 감사장은 축하장에 대한 감사 인사를 한 후에 취임에 대한 포부와 결의를 밝히는 순서로 작성한다.

1과목 비서실무

1 다음 중 김혜진 과장의 비서로서의 업무 특성을 가장 잘 설명한 것은?

> 보람생명보험 회장실 비서 김혜진 과장은 삼십대 중반의 나이, 회장실 비서경력 12년차, 식품영양학
> 과 출신, 현 보람생명보험, 회장실 비서 김혜진 과장의 프로필이다.
> 누구보다도 아침을 일찍 시작하는 김혜진 과장, 7시 출근 4시 퇴근의 회사 규정 때문이기도 하지만
> 아침을 여유롭게 시작해야 하루가 즐겁다고 말한다. 회장실 비서경력 12년차로 같은 분을 12년 보좌
> 했지만 아직까지 어려운 부분이 있다. 물론 많은 부분에서 익숙하고 업무상으로도 잘 알고 있지만 스
> 스로가 매너리즘에 빠지지 않으려고 매사에 노력한다고 한다. 주요업무로는 회장님의 전반적인 스케
> 줄 관리, 대외자료 정보보고, 문서관리, 수신/발신업무, 임원실 비서 관리 등을 주 업무로 하고 있다.
> 그리고 관계사 후배 비서들을 대상으로 일 년에 1~2번 정도 특강 형식의 교육을 진행하게 되는 경우
> 도 있다. 또한 그녀는 요즘 비서직으로 첫발을 내딛는 후배들의 경우에는 비서 교육에서 배운 이론과
> 실제 현 업무의 차이점 때문에 괴리감 및 심한 스트레스를 받는 사람이 많다며 안타까운 마음을 나타
> 냈다.

① 업무 내용의 가변성   ② 상사에의 예속성
③ 다양한 업무   ④ 취업 분야의 다양성

ANSWER 1.③

1 비서는 상사의 전반적인 스케줄 관리, 대외자료 정보 보고, 문서관리, 문서 수신/발신 업무, 임원실 비서 관리 등의 업무
뿐만 아니라 관계사 후배 비서들을 대상으로 특강 형식의 교육훈련을 진행하는 등 다양한 업무를 수행하는 특성이 있다.

2 한가을 비서는 원인터내셔널 비서실에서 부사장 비서로 일하고 있다. 원인터내셔널의 인사정책은 비서 입사시 계약직으로 2년을 근무한 후에 평가를 받아 정규직으로 전환하고 있다. 그런데 한가을 비서는 연말 인사고과 후에 정규직으로 전환은 되었으나 마케팅 부서의 사무직으로 소속과 포지션이 전환되어 발령이 났다. 원인터내셔널은 근로조건이 매우 좋지만 비서를 위한 별도의 직급 체계가 마련되어 있지 않아 2년 계약직으로만 비서를 고용하고 있다. 그래서 2년 계약기간이 끝난 한가을 비서는 정규직으로 전환되어 다른 부서로 발령이 난 것이다. 그러나 한가을 비서는 비서직으로 계속 근무하기를 희망하는 상황이다. 이 때 한 비서가 자신의 경력관리를 위해 취할 수 있는 행동으로 가장 적절한 것은?

① 기회를 보아 상사에게 조심스럽게 비서직에 직급체계를 마련하여 운영하고 있는 다른 회사의 사례를 말씀드려 본다.

② 상사에게 자신의 인사고과가 좋을 뿐만 아니라 비서직무를 잘 수행하고 있음을 어필한 후 비서실에서 계속 근무할 수 있도록 회사 인사 규정을 수정해 줄 것을 요청한다.

③ 승진을 위해 기회가 있을 때마다 인사부장과 팀원들에게 비서실로 이동하고 싶다는 것을 이야기한다.

④ 한가을 씨는 전문비서를 희망하므로 원인터내셔널에서 경력 개발을 할 수 없다면 퇴사하고 구직활동을 다시 시작한다.

3 상사 부재 시 전화응대에 대한 설명으로 적절하지 않은 것은?

① 상사의 부재 이유를 부정적으로 응답하지 않도록 한다.

② 상사가 어디로 외출했는지 혹은 어디로 출장 갔는지 집요하게 묻는 경우에는 비서가 아는 한도에서 친절하게 설명해 드리는 것이 좋다.

③ 예의 바르게 응대하다 과잉 친절이 되어 기밀 정보를 알려주는 일이 없도록 주의한다. 예를 들면 어디에 계신지 자세히 말하는 것보다 "방금 자리를 비우셨습니다." 또는 "외출 중이십니다."라고 한다.

④ 상사 부재 시에는 상사의 책상에 전화응대 메모를 갖다놓는다. 그리고 상사가 들어오면 메모 내용을 간단하게 말씀드리고 메모를 보았는지 확인한다.

ANSWER 2.① 3.②

2 직접적이고 지속적인 요청보다는 비서직 직급체계를 마련하여 효율적으로 운영하고 있는 사례를 보여주며 그 장점을 어필하는 것이 좋다. 또한 퇴사라는 극단적인 선택을 하는 것은 적절하지 않다.

3 ② 상사의 소재나 출장지 등에 대한 정보는 예외적인 경우를 제외하고는 상대방에게 공개하지 않는다. 긴급한 상황일 경우 먼저 상대방이 누구인지 확인하고 상사에게 확인한 후 알려주는 것이 바람직하다.

4 다음은 대기업의 계열사인 택배회사의 사장님 비서로 근무 중인 고소영씨가 전화를 받고 있는 장면이다. 내용 중 비서가 해야 하는 전화응대 방법으로 옳지 않은 구문이나 행동, 대처방법이 있으면 모두 고르시오.

사장님은 현재 사내에서 열리는 회의에 참석 중이며, 1시간 정도가 지난 후에 회의가 끝날 예정이다. 사장님실로 걸려온 전화가 비서실의 전화기에 연결되어 벨이 울렸다.

㈎ <u>비서 고소영씨가 벨이 2번 울리고 난 후에 수화기를 들고 통화를 시작하였다.</u>

비서 : ㈏ (필기구를 들면서)<u>안녕하십니까? 빨리택배입니다.</u>

고객 : 사장님 좀 바꿔주세요.

비서 : 실례지만, 어느 분이시라 여쭐까요?

고객 : 보석은행의 김유정 상무입니다.

비서 : ㈐ <u>네, 김 상무님. 안녕하십니까? 죄송합니다만, 사장님께서는 지금 회의 중이라 통화하실 수 없습니다.</u>
      <u>(말이 끝난 후, 전화를 부드럽게 끊기 위해 준비를 한다.)</u>

고객 : 중요한 일로 통화를 해야 하는데, 어떻게 하면 될까요?

비서 : ㈑ <u>중요한 일이 무엇인지요?</u>

고객 : 네, ABC회사와의 투자거래 계약서 건으로 통화 원한다고 해주세요.

비서 : ㈒ <u>네, 알겠습니다. 김 상무님, 연락 가능한 전화번호를 알려주세요.</u>

고객 : 이천삼십국에 천칠백번입니다.

비서 : ㈓ <u>네, 이공삼공에 일칠공공번 맞으시죠?</u>

고객 : 네.

비서 : 김 상무님, 사장님 회의 끝나시면 메시지 전달해 드리도록 하겠습니다. ㈔ <u>전화 주셔서 감사합니다. (인사를 하자마자 바로 신속하게 수화기를 내려놓으며, 후크스위치를 눌러 부드럽게 통화를 종료하였다.)</u>

① ㈎, ㈏, ㈐   ② ㈎, ㈐, ㈒

③ ㈏, ㈑, ㈔   ④ ㈐, ㈑, ㈔

4 ㈏ 전화를 받을 때에는 자신이 누구인지 밝힌다.
    ㈑ 직접적으로 묻기보다는 어떤 용무인지 말씀해 주실 수 있는지에 대해 먼저 양해를 구한다.
    ㈔ 인사 후에는 상대방이 전화를 끊는 것을 확인하고 통화를 종료한다.

5 조이롬 비서는 상사를 찾아온 손님과 다음과 같은 대화를 나누었다. 비서가 올바르게 내방객을 응대한 부분을 고르시오.

비서 : 안녕하십니까? 어느 분을 찾아오셨습니까?

상대방 : 오 전무님 좀 뵈려고요.

비서 : 실례지만, 어느 분이시라 말씀 드릴까요?

상대방 : 저는 무영물산의 김무열 대표이사입니다.

비서 : ㈎ 죄송합니다만, 전무님께서는 STFT-CM 중이라 만나 뵙기 어려울 것 같습니다.

상대방 : 그냥 저번부터 한번 들르라고 해서, 안부 차 들렀으니 괜찮습니다.

비서 : ㈏ 혹시, 내일은 시간이 없으십니까? ㈐ 전무님께서 내일 일정이 여유 있으실 것 같으신데, 대
표님도 가능하시면 일정을 잡아 드리겠습니다.

상대방 : 아닙니다. 다음에 전화 드리고 방문하죠.

비서 : ㈑ 여기까지 오셨는데, 못 뵙고 가시게 되어 죄송합니다. 다음번에 미리 연락 주시면 전무님이
가능한 시간으로 약속을 잡아 드리겠습니다. 안녕히 가십시오.

---

① ㈎, ㈑

② ㈏, ㈐

③ ㈐, ㈑

④ 없음

5 ㈎ 선약 없이 방문한 손님은 소속과 방문목적을 확인한 후 상사에게 물어 조치한다. 상사가 손님의 면담을 거절한 경우
방문객의 감정이 상하지 않도록 부드러운 표현으로 정중하게 응대한다.

㈏㈐㈑ 상사에게 확인 없이 일정표만 보고 약속을 잡지 않는다. 또한 상사의 편한 시간을 먼저 제시하며 상대방에게 '가
능하면 일정을 잡겠다'는 식의 표현은 바람직하지 않다.

6 영은수씨는 가나상사에 대표이사 비서로 입사한 신입사원이다. 다음의 상황에서 영은수 비서가 취할 수 있는 행동으로 가장 적절한 것은?

> 어느 날 영은수 비서가 상사가 지시한 업무를 처리하고 있는데 인사부 부장님이 오셔서 영 비서에게 커피를 달라고 한다. 영 비서는 처음에는 기분 좋게 커피를 타 드렸다. 그런데 그 후부터 다른 부서의 부서장들도 영 비서에게 커피뿐 아니라 자신의 부서의 일도 영 비서에게 처리하라고 지시하기도 한다. 게다가 영 비서가 일을 제대로 처리하지 못했다고 꾸중을 하기도 한다.
> 영 비서는 자신의 상사가 지시한 업무만으로도 벅차고 할 일이 많았는데 다른 부서의 부서장들이 시킨 일까지 해야 하니 너무 힘이 든다.

① 상사에게 자신의 상황을 말씀드리고 자신의 애로사항에 대해 상사의 의견을 구한다.

② 부서장들에게 대표이사 보좌에 집중해야하므로 비서업무 외 업무와 커피 요청은 해드릴 수 없다고 분명하고 솔직하게 말한다.

③ 상급자인 부서장들의 요청에 마지못해 커피를 타 드리지만, 다시 요청하지 않도록 커피를 아주 맛없게 타서 드린다.

④ 타 부서 부서장들이 대표이사를 만나러 올 때가 되면 잠시 자리를 비우는 등 가능한 마주치지 않도록 한다.

ANSWER 6.②
....

6 부서장들에게 자신의 주업무인 대표이사 보좌에 집중해야하므로 비서업무 외의 업무와 커피 요청은 해드릴 수 없다고 분명하고 솔직하게 말하는 것이 차후에 이런 상황이 반복되는 것을 차단하는 바람직한 방법이다.

7 다음 중 직장 내 대인관계에 대한 설명으로 가장 적절한 것으로만 짝지어진 내용을 고르시오.

> (ㄱ) 결혼을 하게 되는 동료에게 진심으로 행복을 빌어주며 결혼 생활에 대한 충고도 함께 해 준다.
> (ㄴ) 구조조정의 대상이 된 동료에게 그 구조조정의 배경에 대하여 탐색하여 알려준다.
> (ㄷ) 업무 중일 때 동료가 와서 가벼운 대화를 시도한다면 다른 때에 이야기를 나누자고 제안을 해보도록 한다.
> (ㄹ) 임신을 한 동료의 소식에 함께 기뻐해 주되 너무 꼬치꼬치 캐묻지 않는다.

① (ㄱ), (ㄴ)   ② (ㄴ), (ㄷ)

③ (ㄷ), (ㄹ)   ④ (ㄹ), (ㄱ)

8 다음의 비서가 예약업무를 처리하는 방법에 대한 설명으로 가장 적절하지 않은 것은?

① 인터넷 사이트를 통해 예약 시에는 인터넷 오류로 인해 예약이 진행되었다가 취소되는 경우가 있으므로 반드시 예약성공 여부를 재확인하고 있다.

② 인터넷 사이트를 통해 예약 시에는 예약 진행과 동시에 결제가 진행되는 경우가 대부분이므로 결제 정보를 미리 준비하고, 티켓이나 예약 확인서를 프린터로 바로 출력하여 상사에게 보고하고 있다.

③ 정보가 많거나 복잡한 경우에는 전화를 이용해서 구두로 예약을 하고 있다. 예약 내용을 구두로 확인하므로 정확성을 기할 수 있다.

④ 담당자와 직접 전화 통화하여 예약을 하면 실시간으로 정보 확인이 가능하지만 예약이 정확하게 진행되었는지 확인하기 위해 예약확인서를 받아 두고 있다.

ANSWER 7.③ 8.③

7 ㉠ 상대방이 먼저 조언을 구하는 경우가 아니고서는 사생활에 대해 먼저 충고하는 것은 바람직하지 않다.
　　㉡ 구조조정의 대상이 되어 상심해 있을 동료에게 그 구조조정의 배경에 대하여 탐색하여 알려주는 것은 바람직하지 않다.

8 ③ 정보가 많거나 복잡한 경우에는 메일이나 팩스 등을 통하여 문서로 예약을 하는 것이 정확성을 기할 수 있다.

9 항공 예약 시 알아야 할 항공 용어에 대한 설명으로 바르지 않은 것은?

① 오픈티켓 (Open Ticket) : 일정이 확정되지 않아 돌아오는 날짜를 정확히 지정하기 어려운 경우, 돌아오는 날짜를 임의로 정하여 예약하고, 항공권의 유효 기간 내에서 일정 변경이 가능한 항공권

② 초과 예약 (Overbooking) : 항공편은 판매하지 못한 좌석에 대해 재판매가 불가능하므로 예약이 취소되는 경우와 예약 손님이 공항에 나타나지 않는 경우에 대비하여 실제 판매 가능 좌석 수보다 예약을 초과해서 접수하는 것

③ 경유(Transit) : 비행기가 출발지에서 출발 후 목적지가 아닌 중간 기착지에 내려서 기내식 준비, 청소, 연료 보급, 승객 추가 탑승 등의 이유로 1~2시간 정도 대기 후 동일한 비행기에 다시 탑승하는 것

④ 환승(Transfer) : 여정 상 두 지점 사이에 잠시 체류하는 것으로 24시간 이상 체류 시에는 해당 국가 입국 심사를 마치고 위탁 수하물을 수령하여 세관 검사까지 마쳐야하는 것

Ａnswer 9.④

9 ④ 체류(stopover)에 대한 설명이다.

※ 경유 · 환승 · 체류의 구분
　㉠ 경유(transit) : 잠시 쉬었다 가는 것으로, 예를 들어 인천~방콕 노선 중 타이항공 TG629편은 홍콩에서 1시간 15분을 머물렀다 간다. 이때 홍콩행 손님들은 내리고, 그 사이엔 홍콩에서 방콕까지 가는 손님들을 내운다. 원래 방콕까지 가는 손님들은 홍콩공항에 잠시 내렸다가 다시 같은 비행기를 타게 된다.
　㉡ 환승(transfer) : 비행기를 갈아타는 것으로, 예를 들어 인천~런던 구간을 루프트한자 항공을 이용하면, 인천~프랑크푸르트 구간은 LH713편을 타고, 프랑크푸르트공항에서 LH920편으로 갈아타고 런던까지 가는 것이다. 경유지 공항에서 새 비행기로 갈아타기 위해선 별도의 절차가 필요해 번거로움이 따른다.
　㉢ 체류(stopover) : 경유 또는 환승하는 도시에서 24시간 이상 머물다가 다음 비행기로 목적지로 이동하는 것이다. 스톱오버는 경유지에서 체류하는 것이므로, 수화물도 찾고 입국 수속도 해야 한다. 반면 트랜짓과 트랜스퍼는 항공수화물을 최종목적지까지 보내준다.

10 회의를 개최하는 경우에 회의 시작 전과 회의 중, 회의 종료 후 할 수 있는 비서의 업무를 설명한 것으로 가장 적절하지 않은 것은 무엇인가?

① 회의 시작 전에 회의에 필요한 자료를 준비하는데, 과거 회의록이나 의제에 관련된 자료를 준비할 수 있다. 또한, 회의 일정표나 좌석 배치도 및 참석자 프로필, 발표문과 연설문 등의 자료가 준비되어야 할 경우가 있다.

② 회의 식음료는 회의 전에 계획되어, 필요에 따라 회의 중 공급될 수 있도록 준비한다. 일반적으로는 음료수와 다과가 준비될 수 있는데, 리셉션(reception) 형태의 회의에서는 주류 혹은 핑거 푸드(finger food)가 추가되기도 한다.

③ 회의 시나리오는 시간 단위로 회의가 어떻게 진행되는지를 작성한 것으로 필요에 따라서 회의 중에 작성되기도 한다.

④ 회의 중에 회의 참석자에게 긴급한 연락이 있을 때는 해당 메모를 작성하여 전달할 수 있도록 준비하고, 필요에 따라 전화를 연결해 줄 수 있어야 한다.

11 다음 초청장의 내용과 일치하지 않는 것은?

> *In Celebration of the*
> *238th Anniversary of the Independence of*
> *The United States of America*
> *The ambassador of the United States of America*
> *Christopher D. Johnson*
> *requests the pleasure of your company*
> *at a Reception*
> *on Thursday, July 3, 2017*
> *from 6:30 p.m. to 8:30 p.m.*
> *Civilian : Business Suit   Grand Ballroom, Grand Hotel*
> *Military : Dress Blue of Equivalent   RSVP from Enclosed*
> *Please present the invitation card upon entry.*

① 행사 후 만찬이 준비되며 상사의 좌석이 지정되어 있다.

② 입장할 때 반드시 초청장을 보여주어야 하므로 상사가 초청장을 소지하고 참석하도록 보좌한다.

③ 군인은 제복을 입으면 된다.

④ 참석 여부는 동봉된 참석 회신카드에 작성해서 보내야 한다.

12 행사 의전 원칙에 대한 설명으로 적절하지 않은 것은?

① 의전 원칙은 상대에 대한 존중(respect), 문화의 반영(reflecting culture), 상호주의(reciprocity), 서열(rank), 오른쪽(right)이 상석이라는 것이다.

② 행사 참석 인사에 대한 예우 기준은 행사의 성격, 행사에서의 역할과 당해 행사와의 관련성 등을 고려하여 결정된다.

③ 단상 좌석 배치는 행사에 참석한 최상위자를 중심으로 하고 최상위자가 부인을 동반하였을 때에는 단 위에서 아래를 향하여 중앙에서 좌측에 최상위자를, 우측에 부인을 각각 배치한다.

④ 단하 좌석 배치는 분야별로 좌석군을 정하는 것이 무난하며, 당 행사와의 관련성이 높은 사람들 순으로 단상에서 가까운 좌석에 배치한다.

11 ① 좌석 지정에 대한 내용은 언급되지 않았다.

12 ③ 최상위자가 부인을 동반하였을 때에는 단 위에서 아래를 향하여 중앙에서 우측에 최상위자를, 좌측에 부인을 각각 배치한다.

13 테이블 매너에 대한 설명으로 적절하지 않은 것은?

① 중앙의 접시를 중심으로 나이프와 포크는 각각 오른쪽과 왼쪽에 놓이게 된다. 따라서 나이프는 오른손으로, 포크는 왼손으로 잡으면 된다.

② 사용 중일 때는 포크와 나이프를 접시 오른쪽에 평행하게 나란히 두며, 식사가 끝났을 때는 포크와 나이프가 팔(八)자로 접시 위에서 서로 교차하도록 놓는다.

③ 식사 중에 대화를 나누다가 포크와 나이프를 상대방을 향해 바로 세워 든 채 팔꿈치를 식탁에 놓고 말을 하는 것은 대단한 실례이다.

④ 나이프는 사용 후 반드시 칼날이 접시 안쪽으로 향하도록 한 후 포크와 가지런히 놓는다.

14 다음 중 비서실 비품을 점검하기 위한 순서가 바르게 나열된 것은?

㉠ 비품 관리표를 바탕으로 필요한 비품을 구입한다.
㉡ 비품을 사무용품, 사무기기 등으로 구분하여 확인한다.
㉢ 비품의 종류, 잔여수량, 최근 구매일과 추가 수량 등을 구분하여 정리한다.
㉣ 비품은 사용 빈도에 따라서 소모되는 속도가 다르므로 주기적으로 비품 관리표를 이용하여 비품의 상태와 수량을 확인한다.

---

① ㉠ - ㉡ - ㉢ - ㉣　　　　　　　　　② ㉠ - ㉢ - ㉡ - ㉣

③ ㉢ - ㉡ - ㉣ - ㉠　　　　　　　　　④ ㉡ - ㉢ - ㉣ - ㉠

ANSWER 13.② 14.④

13 ② 사용 중일 때는 포크와 나이프가 팔(八)자로 접시 위에서 서로 교차하도록 두고, 식사가 끝났을 때는 포크와 나이프를 접시 오른쪽에 평행하게 나란히 놓는다.

14 ㉡ 비품을 사무용품, 사무기기 등으로 구분하여 확인한다. → ㉢ 비품의 종류, 잔여수량, 최근 구매일과 추가 수량 등을 구분하여 정리한다. → ㉣ 비품은 사용 빈도에 따라서 소모되는 속도가 다르므로 주기적으로 비품 관리표를 이용하여 비품의 상태와 수량을 확인한다. → ㉠ 비품 관리표를 바탕으로 필요한 비품을 구입한다.

15 아래 전화메모를 보고 송선미 비서가 후배 황하나에게 업무 내용을 확인, 질문한 표현으로 가장 적절한 것을 고르시오.

김일구 사장 비서 송선미는 본인이 회의에 참석하는 동안 전화응대를 후배 비서 황하나에게 부탁하였다. 회의 종료 후 황하나로부터 다음과 같은 전화메모를 받았다.

> 자리를 비우신 동안에 <u>사장님께 런던에 계시는 박영구님</u>으로부터 전화가 왔었습니다.
>
> 2017년 9월 30일 오후
> 발신자 : 박영구
> ● 전화 요망(TEL : 44 7751 653992)
> ○ 다시 거시겠다고
> ○ 그냥 전화했다고만
> ○ 급한 용무시라고
> ○ 기타

① "황하나, 박영구씨 소속회사가 어디에요?"
② "하나야, 박영구님이 추가적으로 남긴 말은 없니?"
③ "황하나씨, 박영구님의 소속을 함께 표기하면 좋을 것 같아요."
④ "하나씨, 박영구님이 추가적으로 남기신 말씀도 기재해주시면 고맙겠습니다."

15 호칭은 성과 이름에 '~씨'를 붙여서 사용하며, 발신자에 대해서는 '~님'을 붙인다. 문장의 종결은 격식체를 사용하며 불필요한 과한 높임 및 감사의 표현은 하지 않는다.

16 김영숙 비서는 갑작스러운 사고로 1주일간 출근하지 못했다. 김 비서의 일을 도와주는 다른 직원도 없는 상황이어서 1주일 만에 사무실에 출근해 보니 밀린 일들이 산더미처럼 쌓여 있었다. '갑작스러운 사고나 질병 및 퇴사 등의 이유로 자리를 비우게 되는 경우에 대비해서 조직구성원은 자신의 업무매뉴얼을 작성해 두어야 한다.'라는 것이 생각이 났다. 김 비서는 자신의 업무 매뉴얼을 지금 당장 만들기로 결심했다. 김 비서가 업무매뉴얼을 만드는 방식으로 적절하지 않은 것은?

① 김 비서가 수행하는 업무의 종류를 구분하여 목차와 세부사항을 먼저 작성하였다.

② 김 비서가 수행하는 업무를 종류별로 구분한 후 업무 수행순서를 도해화하여 정리하였다.

③ 업무 수행과 관련하여 필요한 주관적인 의견도 함께 명시하였다.

④ 업무 내용은 가능한 간단하게 정리함으로써 다른 비서들이 김 비서의 업무를 대행할 때 도움이 되도록 하였다.

17 다음 중 비서의 상사 신상정보관리 업무 수행 자세로 적절하지 않은 것은?

① 상사에 관한 신상정보는 예전 기록이나 예약 관련 서류 등을 통해 파악할 수 있는데, 출장관련 서류를 통해 여권 정보, 비자 및 항공사 마일리지 정보 등을 알 수 있다.

② 상사의 신상카드를 작성할 때 상사의 건강과 관련된 정보를 수집하여 정리하고, 식사 예약이나 간식 준비 시 참고한다.

③ 상사의 이력 사항은 업무에 참고할 뿐만 아니라 대내·외적인 필요에 의해 공개하거나 제출할 경우가 있는데, 이런 경우 비서는 상사의 이력서 내용을 외부에 공개하고 추후 상사에게 보고해야 한다.

④ 상사신상카드에는 상사의 사번, 주민등록번호, 운전면허증, 신용카드번호와 각각의 만기일, 여권번호, 비자 만기일, 가족 사항, 은행 계좌번호 같은 내용을 정리하며 기밀 유지를 위해 암호화하여 보관한다.

18 미래연구소의 강철수 소장은 '2017 제1차 연구윤리 포럼'에 기조강연을 요청받았다. 비서인 김 비서는 초청장을 이메일로 받고 일정표를 다시 확인하는 과정에서 포럼 측과 협의했던 날짜와 포럼 초청장의 개최일시가 다르다는 사실을 뒤늦게 알게 되었다. 포럼일자가 일주일 밖에 남지 않았는데, 상사 기조 강연 시간에 중요한 임원회의 일정이 수립되어 있다. 이 때 김 비서가 일정을 보고하고 조율하는 방법으로 가장 바람직한 것은?

2017 제1차 연구윤리 포럼 Research Ethics : Practical issues and policies 일시 2017년 11월 17일 (화) 10:00~17:00 장소 대한상공회의소 (서울 중구 세종대로 39)		
프로그램		
		전체 사회 : 강준성 한국대학교 교수
개회식 & 기조강연		
10:00~10:10	개회식	개회사 : 이순신 – 학술단체총연합회장 축사 : 강감찬 – 연구재단 학술진흥본부장
10:10~11:00	기조강연	Recent Advances in Research Integrity 　강철수 미래연구소장
11:10~12:20	발표1	예술 연구윤리와 교육현장의 과제 　김지운 민국대학교 교수 ◼ 토론 한정주(영재대)
12:20~13:30	중식	
연구윤리		
13:30~14:40	발표2	연구윤리 확보를 위한 가이드라인 방향과 논점 　홍길동–나라대학교 교수 ◼ 토론 한석봉(창의대)
14:40~15:00	휴식	
15:00~17:00	발표3	인간대상연구와 대학 IRB의 필요성과 과제 　이율곡–대한연구소 소장 ◼ 토론 성삼문(융합대)

① 11월 17일 오전에 일정이 중복되었음을 보고하고 두 일정 모두 중요한 일정이므로 상사의 선택에 따른다.

② 기조강연과 임원회의 중 우선순위가 어떤 것인지 비서가 먼저 판단한 후 상사에게 선약되어 있는 임원회의에 참석하실 것을 권유한다.

③ 포럼 측에서 알려준 날짜는 11월 16일이었다는 것을 증명할 수 있는 이메일을 찾아 포럼 측에 알려주고 일정상 상사가 참여할 수 없음을 알린다

④ 임원회의는 사내회의이므로 조정이 가능하므로 임원회의 일자를 미루고 대외활동인 포럼에 참석하여 기조강연을 하는 것이 우선순위에 적합하다는 의견을 상사에게 말씀드린다.

18 일정이 중복되었을 때에는 상사에게 보고하고 상사의 선택에 따르는 것이 바람직하다. 비서가 임의로 판단하여 참석이나 불참을 알리지 않는다.

19 비서의 보고 업무 자세로 적절하지 않은 것은?

① 상사가 지시한 내용을 이행하는 중에 상황이 변경되었을 때, 처리 기간이 오래 소요될 때, 실수를 범했을 때, 상사가 지시한 범위를 벗어날 때, 상사가 지시한 방침이나 방법으로는 원활한 수행이 불가능할 때는 미루지 말고 즉시 중간보고를 해야 한다.

② 비서가 2인 이상의 상사를 모시는 경우 비서는 긴급도와 중요도에 따라서 우선순위를 정하여 지시 내용을 이행하며, 직속 상사 이외의 내·외부 고객으로부터 지시를 받은 경우 반드시 직속 상사에게 보고해야 한다.

③ 상사가 궁금해 하는 것을 먼저 보고해야 하는데, 이는 상사 입장에서 나에게 질문을 해 봄으로써 파악이 가능하다.

④ 보고할 때는 서론, 본론, 결론의 순서대로 체계적이고 논리적으로 말한다.

20 다음의 내방객 응대업무에 대한 비서의 업무수행방식에서 적절하지 않은 것은?

① 면담이 예정된 시간보다 길어지거나 다음 일정이 잡혀 있는 경우에는 상사가 적절한 시간에 면담을 마칠 수 있도록 다음 일정을 상사에게 메모로 전해 준다.

② 여러 사람이 회의를 하고 있는데 그중 한 사람에게 급한 전화가 온 경우에는 회의 중이므로 통화가 불가능하다고 하고 회의가 끝난 후 내용을 전달한다.

③ 내방객이 운전기사가 있는 승용차로 온 경우 주차장에 연락하여 내방객의 승용차를 정문 입구에 대기시키도록 한다. 승용차 번호, 운전자 이름 등을 내방객의 비서에게 미리 확인하여 내방객 기록 카드에 적어 놓도록 한다.

④ 내방객 카드에는 인적 사항뿐 아니라 내방객의 인상착의나 특징, 기호 등을 적어 두는데, 내방객 카드가 없는 경우에는 명함 뒷면에 필요한 내용을 간단히 적어 내방객 카드 대용으로 사용할 수도 있다.

ANSWER 19.④ 20.②

19 ④ 보고를 할 때는 결론을 먼저 말하는 것이 좋다.

20 ② 급한 전화가 온 경우에는 조용히 들어가 메모를 전달하는 것이 바람직하다.

21 다음은 기업윤리에 대한 설명이다. 이 중 가장 거리가 먼 것은 무엇인가?

① 기업윤리의 초점은 기업의 운영환경 내에서 발생하는 올바르거나 잘못된 행동과 관련된다.

② 기업의 윤리적인 의사결정을 위해 가장 우선적으로 고려해야 하는 부분은 주주의 최대수익이다.

③ 기업의 의사결정이 미치는 영향은 간혹 소비자의 이상적인 생각과 마찰을 일으킬 수 있기에 의사결정에 신중을 기할 필요가 있다.

④ 미국의 존슨 앤 존슨사의 경영윤리에 대한 신조(creed)는 기업을 경영하는데 있어 시사하는 바가 크다.

22 다음 중 경영환경에 관한 설명으로 가장 옳지 않은 것은?

① 과업환경은 고객, 공급자, 경쟁자, 노동조합 등을 말한다.

② 자연적 환경은 출생률, 사망률, 고령의 증가, 교통의 변화 등을 말한다.

③ 경제적 환경은 국제수지, 경제성장률, 1인당 GDP, 소비구조의 변화 등을 말한다.

④ 기술적 환경은 제조공정, 원재료, 제품, 정보기술 등을 말한다.

ANSWER 21.② 22.②

21 ② 주주의 최대수익을 가장 우선적으로 고려하다 보면 기업의 윤리적인 의사결정이 저해될 수 있다.

22 ② 자연적 환경은 기업을 둘러싸고 있는 자연자원과 기후 등의 생태적 환경을 말한다.

23 다음의 경영환경에 관한 설명을 읽고, 괄호에 들어갈 내용이 올바르게 연결된 것은 무엇인가?

> ( )은/는 동일하거나 유사한 제품 또는 서비스를 ( )에게 제공하는 중요한 기업의 경영환경 요인이다. 기업조직은 ( )로서, 외부로부터 인적자원, 물적자원 등 여러 자원들을 ( )로부터 받는다. 최근 각광받고 있는 ( )는 ( )가 ( )를 선정하여 지속적으로 기술지원하면서 우수한 재료나 부품을 공급받는 win-win 전략의 하나이다.

① 기업, 소비자, 서비스체제, 공급자, 공급사슬관리, 공급자, 소비자
② 기업, 소비자, 서비스체제, 공급자, 공급사슬관리, 수요자, 공급자
③ 경쟁자, 소비자, 개방체제, 공급자, 공급사슬관리, 공급자, 소비자
④ 경쟁자, 소비자, 개방체제, 공급자, 공급사슬관리, 수요자, 공급자

24 다음의 괄호에 들어갈 가장 적당한 용어로 구성된 것은 무엇인가?

> 50인 이하의 유한책임사원으로 구성된 ( ) 사원은 의결권 등에서는 주식회사와 유사하지만, 사원수의 제약으로 주식회사보다 자본규모가 작고 출자 지분의 양도도 ( )의 승인을 받는 등 제약을 받는다. 소수의 사원과 소액의 자본으로 운영되는 ( )에 적당한 기업형태이다.

① 합자회사 – 사원총회 – 중소기업
② 합자회사 – 이사회 – 중소기업
③ 유한회사 – 사원총회 – 중소기업
④ 유한회사 – 이사회 – 중소기업

23 (경쟁자)는 동일하거나 유사한 제품 또는 서비스를 (소비자)에게 제공하는 중요한 기업의 경영환경요인이다. 기업조직은 (개방체제)로서, 외부로부터 인적자원, 물적자원 등 여러 자원들을 (공급자)로부터 받는다. 최근 각광받고 있는 (공급사슬관리)는 (수요자)가 (공급자)를 선정하여 지속적으로 기술지원하면서 우수한 재료나 부품을 공급받는 win-win 전략의 하나이다.

24 유한회사 … 50인 이하의 유한책임사원으로 구성된 (유한회사) 사원은 의결권 등에서는 주식회사와 유사하지만, 사원수의 제약으로 주식회사보다 자본규모가 작고 출자 지분의 양도도 (사원총회)의 승인을 받는 등 제약을 받는다. 소수의 사원과 소액의 자본으로 운영되는 (중소기업)에 적당한 기업형태이다.

25 다음의 괄호는 무엇을 설명하고 있는지 가장 적합한 것은 무엇인가?

> (   )은 기업의 외적성장을 위한 발전전략이므로, 특정기업이 다른 기업의 경영권을 인수할 목적으로 소유지분을 확보하는 제반과정이라 할 수 있다. 이러한 (   )의 발전배경은 기존 기업의 내적 성장한계를 극복하고 신규사업참여에 소요되는 기간과 투자비용의 절감, 경영상의 노하우나 숙련된 전문인력 및 기업의 대외적 신용확보 등 경영전략적 측면에서 찾을 수 있다.

① 인수합병   ② 집중매입
③ 자회사전략   ④ 다국적기업

26 다음 중 주식회사에 대한 설명으로 가장 적절하지 않은 것은?

① 주식의 증권화제도를 택하고 있다.
② 주식회사는 어디까지나 회사의 일종이기 때문에 사단법인이며 영리를 목적으로 한다.
③ 이사회는 회사의 업무집행에 대해 주주가 의사표시를 하는 최고의사결정기관이다.
④ 주주는 회사의 자본위험에 대한 유한책임을 진다.

Answer 25.①   26.③

25 제시된 내용은 인수합병(M & A)에 대한 설명이다.

26 ③ 주식회사의 주주들이 모여 상법에 정해 놓은 회사의 중요한 사안을 정하는 최고의사결정기관은 주주총회이다.

27 다음은 기업집중에 대한 설명으로, 괄호에 적합한 용어를 순서 대로 열거하면 무엇인가?

> ( )은/는 다수의 동종 또는 유사제품을 생산하는 기업들이 경쟁을 방지하고 이익을 확보하기 위해 시장이 독점적 지배를 목적으로 협정을 맺는 기업의 결합형태이다.
> ( )은/는 시장독점을 목적으로 둘 이상의 기업이 경제적으로 독립성을 완전히 상실하고 새로운 기업으로 합동하는 기업집중 형태이다.

① 트러스트 – 카르텔　　　　　　　　　② 카르텔 – 트러스트

③ 콘체른 – 트러스트　　　　　　　　　④ 트러스트 – 콘체른

28 다음의 설명 중 지식경영과 가장 거리가 먼 내용은 무엇인가?

① 현대사회는 지식 및 정보가 경영의 핵심자원이기에 지식의 활용이 기업생존여부에 큰 영향을 미친다.

② 기업환경의 변화속도가 빨라짐에 따라 새로운 지식을 생산하고 그것을 활용/공유하는 것이 중요한 요소가 된다.

③ 기업에서는 개인 및 조직이 지닌 지적자산을 체계적으로 발굴하여 조직의 공통지식을 공유해야 한다.

④ 조직 내의 지식이 더 잘 공유될 수 있도록 조직구조를 집권화해야 한다.

ANSWER 27.② 28.④

27 기업집중

　　㉠ **카르텔**: 다수의 동종 또는 유사제품을 생산하는 기업들이 경쟁을 방지하고 이익을 확보하기 위해 시장이 독점적 지배를 목적으로 협정을 맺는 기업의 결합형태이다.

　　㉡ **트러스트**: 시장독점을 목적으로 둘 이상의 기업이 경제적으로 독립성을 완전히 상실하고 새로운 기업으로 합동하는 기업집중 형태이다.

　　㉢ **콘체른**: 법률상으로 독립되어 있으나 경영상 실질적으로 결합되어 있는 기업결합형태를 말하며 거대기업이 여러 산업의 다수의 기업을 지배할 목적으로 형성하는 기업집중 형태이다.

28 ④ 조직 내의 지식이 더 잘 공유될 수 있도록 하기 위해서는 조직구조를 분권화해야 한다.

29 다음 중 기업가정신(entrepreneurship)의 핵심요소로서 가장 적절하지 않은 것은?

① 창의성과 혁신

② 안전성과 보수주의

③ 도전정신과 가치창출

④ 창업자적 전문경영자 정신

30 다음 중 경영의사결정에 대한 설명으로 가장 적절하지 않은 것은?

① 현실적으로 대부분의 기업에서는 집단에 의한 의사결정보다 개인에 의한 의사결정방법을 더 많이 사용하지만, 집단의사 결정은 시간이 절약된다는 장점이 있다.

② 경영자는 조직 내에서 의사결정을 수행하는 역할을 하고 있다.

③ 의사결정의 중요도와 내용을 대상으로 하여 전략적 의사 결정, 관리적 의사결정, 일상적 의사결정으로 나눌 수 있다.

④ 의사결정이란 기업의 경영활동에서 나타나는 문제를 발견, 인식, 해결하는 일련의 과정을 말한다.

31 다음의 조직문화에 대한 설명 중 가장 적절한 것은?

① 조직문화란 조직의 구성원들의 행동을 만들고 인도하는 무정형의 개념이나, 기업의 성과달성에는 영향을 미치지 않는다.

② 조직문화는 조직구성원이 부딪히는 문제를 정의하고 분석함으로써 해결방법을 제시하지만, 조직을 결속하는 데는 오히려 어려움이 있다.

③ 사회화란 새로운 구성원이 조직의 가치, 규범, 문화를 배우며, 기존 구성원이 공유하는 행위와 태도를 배우는 과정이라고 할 수 있다.

④ 조직문화는 시간의 경과에 따라 형성되며, 한번 형성되면 고정적으로 바뀌지 않는다.

ANSWER 29.② 30.① 31.③

29 기업가정신은 일반적으로 기업가가 위험을 감수하며 도전적으로 새로운 기술과 혁신을 도모하여 기업의 성장과 사회적 가치를 창출하려는 의식을 말한다.
② 안전성과 보수주의는 기업가정신과 거리가 멀다.

30 ① 집단의사결정은 개인의사결정에 비해 시간과 비용이 많이 소요되는 단점이 있다.

31 ① 조직문화는 조직 구성원들에게 영향을 미쳐 기업의 성과달성에 영향을 미친다.
② 조직문화는 조직을 결속하는 데 도움이 된다.
④ 조직문화는 시간의 경과에 따라 형성되고 변화하는 특성이 있다.

32 일부 기업에서는 근로자가 일정 연령에 도달한 시점부터 임금을 삭감하는 대신 근로자의 고용을 보장해 주는 제도를 시행하고 있다. 이를 나타내는 용어로 가장 적합한 것은?

① 갠트임금제

② 임금피크제

③ 유연근무시간제

④ 포괄임금제

33 다음 중 인사고과의 방법에 관한 설명으로 가장 적절하지 않은 것은?

① 행위기준평정법(BARS)은 피평가자간의 상대적 서열로 평가하는 방법이다.

② 평정척도법(ranking scales)은 단계식 평정척도법, 도식평정척도법 등이 있다.

③ 대조리스트법(checklist)은 직무상 행동을 구체적으로 표현하여 피평가자를 평가하는 방법이다.

④ 순위법(ranking)은 피평가자에게 순위번호를 붙여 주관적으로 평가하는 방법이다.

34 다음의 빅데이터(big data)에 의한 가치창출이 가능한 분야에 대한 설명 중 가장 거리가 먼 것은?

① 고객의 패턴을 추출해서 실시간 예측 및 미래예측이 가능하다.

② 고객의 일상데이터로부터 새로운 패턴을 발견하여 숨은 니즈발견이 가능하다.

③ 고객 개인별로 차별화해서 유용한 정보를 제공하여 맞춤형 서비스가 가능하다.

④ 고객의 니즈가 빠르게 변하기 때문에 실시간 대응이 어렵다.

---

35 다음의 기사를 읽고, 가장 적합한 내용의 보기를 고른다면 무엇인가?

A사는 에어컨을 생산하는 중견기업으로 다른 대기업에 비해 인지도 측면에서 상대적인 열세에 있었다. 그러나 축적된 기술력과 시장에서의 특화를 통해 김치냉장고를 개발 및 공략하여 중소기업이라는 약점에도 불구하고 김치냉장고 시장에서 가장 선호되는 경쟁력을 유지하고 있다.

① 브랜드관리　　　　　　　　　　② 데이터베이스마케팅

③ 시장세분화　　　　　　　　　　④ 가격경쟁

36 한국기업은 A제품을 생산판매하고 있다. A제품의 제품 단위당 판매가격이 9천 원, 단위당 변동비가 3천 원, 총 고정비가 300만 원일 때 손익분기점(BEP) 판매량으로 가장 옳은 것은?

① 100개　　　　　　　　　　　　② 250개

③ 500개　　　　　　　　　　　　④ 1000개

ANSWER 35.③ 36.③

35 제시된 기사는 시장세분화와 관련된 내용이다.
※ 제시된 기사의 A사는 '대유위니아'로 에어컨을 생산하는 중견기업이었던 대유위니아는 삼성, LG 등 대기업에 비해 인지도 측면에서 열세에 있었으나 김치냉장고 시장을 공략하여 '딤채' 브랜드로 이 분야에서 가장 선호되는 경쟁력을 유지하고 있다.

36 • 손익분기점 판매량 = 고정비 / 단위당 공헌이익
• 단위당 공헌이익 = 단위당 판매가 − 단위당 변동비
따라서 손익분기점 판매량 = $\dfrac{3,000,000}{9,000-3,000} = \dfrac{3,000,000}{6,000} = 500$개

37 다음의 내용을 가장 잘 보여주는 재무정보는 무엇인가?

> 영업 : 사업을 운영하는 것과 관련된 현금거래들
> 투자 : 기업의 투자활동을 통해 사용되거나 유입되는 현금
> 재무 : 새로운 채권이나 주식을 발행하여 유입된 현금, 운영비용, 배당지급에 사용된 현금

① 손익계산서
② 대차대조표
③ 현금흐름표
④ 결산대조표

38 다음 중 브렉시트(Brexit)와 관련된 내용으로 가장 거리가 먼 것은?

① 이민정책, EU분담금 문제로 EU와 갈등
② 캐머런 총리의 EU탈퇴 국민투표
③ 하원에서 EU탈퇴 국민투표 시행법안 통과
④ 국민투표에서 채권단 긴축안 부결

39 다음 중 실업에 대한 설명으로 가장 적절한 것은?

① 마찰적실업은 근로여건에 대한 불만족으로 직장을 그만두고 새로운 직업을 찾는 경우에 발생한다.

② 계절적실업은 경기가 나빠지거나 침체기에 빠질 때 발생하는 실업이다.

③ 경기적실업은 노동의 질적인 차이 등으로 발생하는 실업이다.

④ 구조적실업은 농작물 재배와 같이 매년 노동의 수요가 변화하는 경우에 발생한다.

40 다음의 내용을 읽고 괄호에 들어갈 용어로 가장 적합한 것은?

> (   )을 실생활에 응용한 예를 보자. 뷔페식당은 다양한 음식을 갖추어 놓고 일정한 식사비만
> 내면 얼마든지 먹게 한다. 어떻게 그런 무모한 마케팅 전략을 세울 수 있는가? 이는 (   )이
> 성립되기 때문이다.

① 무차별곡선 법칙   ② 총효용의 법칙

③ 수요균등의 법칙   ④ 한계효용체감의 법칙

39 실업의 유형

ㄱ **경기적 실업** : 경기적 실업은 경제 상황이 좋지 못해 기업이 생산 및 고용을 줄이는 과정에서 발생한다.

ㄴ **계절적 실업** : 계절적 실업은 계절 변화에 따라 고용 기회가 감소함으로써 발생한다. 농업, 건설업, 관광업 등에서 종종 발생한다.

ㄷ **구조적 실업** : 구조적 실업은 새로운 기술의 발달 등으로 산업 구조가 바뀌어 관련 부분의 직업이 사라지는 경우에 발생한다.

ㄹ **마찰적 실업** : 마찰적 실업은 더 나은 일자리를 구하기 위해 일시적으로 현재의 직장을 그만두는 경우에 발생한다.

40 한계효용은 소비하는 재화의 마지막 단위가 가지는 효용을 말한다. 즉, 사탕을 하나 먹으면 사탕 하나의 효용이 한계효용이고 사탕을 두 개 먹으면 두 번째 사탕이 한계효용이 되는 것이다. 그런데 소비의 단위가 커지면 재화로부터 얻게 되는 만족이 점점 감소하게 되는데 이것을 가리켜 한계효용체감의 법칙이라 한다.

41 According to the below mail, which of the following is true?

As we are in the final week before our meeting at Alps Resort in Pyeongchang, please find below additional details for your information. All attendees will need to download and show an admission letter to gain access to Pyeongchang Resort. In-house guests can also use their hotel confirmation letters.

Please download the applicable letter for the dates you require.

- 7 – 10 July
- 8 – 10 July

If you are extending to attend additional Marketing meeting, please contact your respective meeting organiser for extension letters.

Please contact me via email or mobile if you have any questions or require further information.

Thanks and see you in Pyeongchang!

C. J. Park
Director, Executive Events

---

① The meeting venue is in Pyeongchang.

② All meeting attendees will receive their admission letters via express mail.

③ Meeting attendees can't choose their stay according to their schedule.

④ The meeting attendees who want to attend additional Marketing meeting can ask C. J. Park for their extension letters.

ANSWER 41.①

41 「평창에 있는 알프스 리조트에서 회의를 하기 전에 마지막 주에 와 있기 때문에, 당신의 정보를 위해 아래에 있는 추가 세부 사항을 확인해 주세요. 평창 리조트에 접근하기 위해서는 모든 참가자들이 출입허가서를 다운로드해서 제출해야 합니다. 게스트하우스 또한 호텔 확인서를 사용할 수 있습니다.
필요한 날짜에 해당하는 허가서를 다운로드하세요.
■ 7월 7-10
■ 7월 8-10
추가 마케팅 회의에 참석하려면 각 모임의 주최 측에 연락하여 연장허가서를 받으십시오. 질문이나 추가 정보가 필요하시면 이메일이나 모바일로 연락 주시기 바랍니다.
감사합니다. 평창에서 만나요!」

42 Choose one that does not correctly explain each other.

① Shredder – a machine that makes paper copies of pages

② Paper clip – an object that slides over papers to keep them together

③ Folder – an object to store and organize papers in

④ Scanner – a device that reads images and copies them into a computer

43 Which statement gives the most inappropriate description of an invoice?

① It is a commercial document issued by a seller to a buyer.

② It normally contains the description of items sold, their prices and quantities.

③ It is regarded as the letter of credit(L/C) between the trading partners which guarantees payment for the items.

④ It sometimes serves as a request for payment for the items sold.

ANSWER 42.① 43.③

42 ① Shredder는 파쇄기이다. 설명은 복사기(copy machine)에 대한 내용이다.

43 invoice 송장, 청구서
「① 판매자가 구매자에게 발행하는 상업적인 문서
② 통상적으로 판매 품목의 가격, 수량 등을 포함한다.
③ 상품에 대한 지급 보증을 하는 거래처 간 신용장으로 간주한다.
④ 때때로 판매되는 물품에 대한 지급 요청으로 기능하기도 한다.」

44 Which element of a business letter cannot be inferred from the information on the envelope below?

James Anderson

Accounting Manager

ABC Corporation

2010, 1st Avenue

Waterloo, Ontario, Canada N2L4P3

SPECIAL DELIVERY

Mr. Mark Harrison

Director of Finance

Alan Master Corporation

CONFIDENTIAL

100 E Main Street

Seattle, WA 98685

USA

---

① Letterhead   ② Inside Address

③ Writer's name   ④ Subject of Letter

45 Choose one that is the most appropriate subject for the following letter.

After reviewing your resume, we are pleased to invite you for an interview for the position of a marketing manager. Your interview is scheduled for Monday, May 15th at 10:00 a.m. If that is not convenient, please contact me to reschedule.

We look forward to meeting you.

---

① Applying for a job   ② Cancelling an interview

③ Requesting an interview   ④ Rejecting an applicant

ANSWER   44.④   45.③

44 서신의 제목은 제시된 내용만으로 유추할 수 없다.

45 「귀하의 이력서를 검토한 후에, 귀하를 마케팅 매니저 자리에 모실 면접에 초대하게 되어 기쁘게 생각합니다. 면접은 5월 15일 월요일 오전 10시로 예정되어 있습니다. 여의치 않으면 일정 조정을 위해 제게 연락해 주세요.
우리는 당신을 만나기를 고대하고 있습니다.」

46 Which of the following is the most appropriate job title for the underlined blank ⓐ?

Horizon Corp.
445 Main, Wellington, New Zealand
Tel : (708) 231-8877, Fax : (708) 231-8870

ABC, Inc.
1234 Main Street
Businessville, OK 43210

Dear Sir or madam,

My Previous company has dealt with you for many years and enjoyed both your merchandise and your businesslike way of dealing with customers. I am now with a new company and have recommended to them that they do business with you.

Please send your brochure and price list, including shipping information and available discounts, to my attention at the address shown above.

Thank you very much.

Yous truly,

Jacob Elli
_____ⓐ_____

JE:me

① Merchandise Manager   ② Research and Development Manager
③ Personnel Director   ④ Legal Affairs Executive

46 글의 내용으로 볼 때 발신인의 직급은 Merchandise Manager이다.

「관계자분께
저의 이전 회사는 여러 해 동안 당신과 거래를 해왔고, 당신의 상품과 당신이 고객을 대하는 사무적인 방식 둘 다에 만족했습니다.
저는 지금 새로운 회사에 다니고 있고, 그들에게 당신과 거래하는 것을 추천했습니다.
당신의 팸플릿과 선적 정보와 이용 가능한 할인을 포함한 가격표를 상술한 주소로 제게 보내 주십시오.
정말 감사합니다.」

47 다음은 회의에서 사용되는 용어들이다. 용어에 대한 설명이 바르지 않은 것은?

① minutes : an official record of the proceedings of a meeting, conference, convention, etc.

② agenda : one of the items to be considered in a meeting.

③ quorum : the maximum number of people that a committee needs in order to carry out its business officially.

④ vote : a choice made by a particular person or group in a meeting or an election.

48 Choose one that has the least appropriate definition for the underlined meeting and conference related words.

① Stroll is drinks and small amounts of food that are provided during a meeting.

② Place card is a piece of stiff paper or thin cardboard on which something is written or printed.

③ The closing address is at the end of the conference.

④ Session is a period of time that is spent doing a particular activity.

ANSWER 47.③ 48.①

47 ③ quorum(정족수)는 합의체가 의사를 진행시키거나 의결을 하는 데 필요한 최소한도의 인원을 말한다. maximum→minimum

48 「① Stroll(산책)은 회의 중에 제공되는 음료와 적은 양의 음식물이다. → 설명에 해당하는 용어는 refreshments(다과)이다.
② Place card(좌석표)란 무엇인가가 쓰여지거나 인쇄되어 있는 딱딱한 종이나 얇은 판지로 된 조각을 말한다.
③ The closing addres(폐회사)는 총회의 끝에 있다.
④ Session(회기)은 특정 활동을 하면서 보내는 시간을 말한다.」

49 According to the following invitation, which is not true?

We are pleased to invite you to ERP Conference which is being held at New York City, NY(U.S.A.) from November 21 to 23, 2017. Presentations, chats and panel discussions will be held on the recent ERP issues. Please join this exclusive Conference to network, socialize, and engage directly with ERP Systems technologists.

To Register
Click on the registration link for the ERP session you wish to attend. Three sessions will be held.
On the resulting page, select the "Enrol" button, located on the top-left side of the page.
You will receive an email confirmation and a calendar entry.

① ERP session에 참석 가능 인원이 채워지면 등록 버튼이 작동하지 않는다.
② 회의 내용은 최근 ERP 관련 사안들이다.
③ 참석자들은 자신들이 원하는 ERP session에 등록가능하다.
④ 이번 회의에서는 전문가들의 패널 토론도 진행될 예정이다.

50 Read the following conversation and choose one which is not true.

A : Good morning, sir. Could you tell me your name, please?

B : I'm Paul Evans. I'm from Handbridge and Son.

A : Ah yes, here's your nametag. Could you sign in, please?

B : Of course. There you are.

   What time does everything start?

A : Mr. Daniel's giving a welcoming address at ten o'clock in the auditorium. After that, there's a lecture. Here's a program of events for you.

B : Thanks.

A : You'll also need to sign up for the sessions.

B : Sessions?

A : Yes. The morning workshops are assigned already, but there's a choice of seminars in the afternoon.

   The lists are over there.

B : Oh, I didn't realize. I'll sign up now.

A : And there are refreshments available in the lobby.

B : Thanks for your help.

---

① Lobby allows attendees to have a break between events.

② The lecture will take place in the auditorium.

③ Attendees will need to register one of the seminars in the afternoon.

④ There is no official event in the morning.

ANSWER 50.④
....

50 ④ 오전에 워크숍이 있다.

「A : 안녕하십니까. 성함을 말씀해 주시겠습니까?
B : Paul Evans입니다. 저는 Handbridge와 Son에서 왔습니다.
A : 아, 네. 여기 이름표있습니다. 서명 좀 해 주시겠어요?
B : 그럼요. 여기 있습니다. 몇 시에 시작합니까?
A : Mr. Daniel의 환영 연설이 10시에 강당에서 있습니다. 그 후에, 강의가 있습니다. 여기에 당신을 위한 행사 프로그램이 있습니다.
B : 감사합니다.
A : 세션 등록도 필요하십니다.
B : 세션이요?
A : 네. 오전 워크숍은 이미 할당되었지만, 오후에 세미나를 선택할 수 있습니다. 명단은 저쪽에 있습니다.
B : 오, 몰랐어요. 지금 등록하겠습니다.
A : 그리고 로비에는 이용 가능한 다과가 마련되어 있습니다.
B : 도와줘서 고맙습니다.」

51 Which one is the most appropriate for the blank?

A : This is the United States operator. Is this 345−7890?

B : Yes, it is.

A : We have an overseas _____ for Mr. Kim from Mr. John Smith of Minnesota. Will you accept the charges?

B : Yes.

A : Your party is on the line. Go ahead, please

---

① caller identification

② extension call

③ collect call

④ conference call

51 「A : the United States operator입니다. 여기가 345−7890입니까?

B : 네, 그렇습니다.

A : Minnesota의 Mr. John Smith으로부터 Mr. Kim께 <u>수신자 부담</u> 국제 전화가 걸려 왔습니다. 당신이 요금을 부담하실 건가요?

B : 네.

A : 당사자가 연결되어 있습니다. 진행하세요.」

52 Look at the following sales table and choose one which is not explained correctly.

Year-End Sales Figures

Sales performance for each quarter last year is broken down by product category. Earnings for the previous year far exceeded projected sales.

	Q1	Q2	Q3	Q4
Cosmetics	3,427	37,560	32,990	32,423
Costumes	14,500	7,300	16,950	17,600
Jewelry	2,550	3,150	3,100	3,210
Accessories	4,225	4,560	4,750	4,840

① The sales of cosmetics have reached the peak in the second quarter.

② The item whose sales picked up substantially in the third quarter compared to second one is Jewelry.

③ There was no observable change in the sales of Accessories throughout the year.

④ The sales figure of cosmetics has decreased slightly from the third quarter to the fourth quarter.

52 ② 쥬얼리 품목의 3/4분기 판매량은 2/4분기 판매량에 비해 감소하였다. 3/4분기 판매량이 2/4분기에 비교해 상당히 증가한 품목은 의류이다.

53 According to the followings, which is true?

Hotel Information

At check in, the front desk will verify your check-out date. Rates quoted are based on check-in date and length of stay. Should you choose to depart early, price is subject to change.

Check-in : 3:00 pm
Check-out : 12:00 pm

Smoking : Non-Smoking
           (THIS HOTEL IS 100% NON SMOKING.)

Parking :
    Self parking : $21.00 (Self parking only, 10% tax will be added.)
    Valet : Not Available
Pets :
    Pets allowed : No

---

① If you check-out the hotel early in the morning, the room charge can be changed.

② Dogs & pets are allowed at the hotel.

③ Valet parking service is available for the hotel guests.

④ You can smoke at the hotel lobby.

---

53 ② 호텔에서는 개와 애완 동물이 허용되지 않는다.
　　③ 이 호텔은 셀프 주차 전용이다.
　　④ 100% 금연 호텔이다.

「호텔 정보
체크인 시 프런트에서 체크 아웃 날짜를 확인해 드립니다. 제시된 요금은 체크인 날짜와 체류 기간에 따릅니다. 일찍 출발하기로 결정했다면 가격은 변농될 수 있습니다.
체크인 : 오 후 3시
체크 아웃 : 12시
흡연 : 금연입니다.(이 호텔은 100% 금연입니다.)
주차 :
셀프 주차 : 21달러(셀프 주차 전용, 10% 세금 추가)
발렛 : 사용할 수 없음
애완 동물 :
애완 동물 허용 : 아니요」

54 Which of the following is the most appropriate expression for the blank?

> A : _____ ?
> B : I'd say I'm about 60% done.
> A : Can you finish it by the day after tomorrow?
> B : I don't think so. I'll need at least three more days.
> A : It has to be done before next Thursday's meeting.
> B : OK. I'll make every effort to get it done at least by Wednesday afternoon.

① How often do you check your manual?

② How frequently do you make each note per month?

③ How far along are you with the report?

④ How many times should I have to review your work?

54 「A : 그 보고서를 얼마나 진척시켰나요?
　　 B : 60% 정도는 끝냈습니다.
　　 A : 모레까지 해 주실 수 있어요?
　　 B : 안 될 것 같아요. 적어도 3일은 더 필요해요.
　　 A : 다음 주 목요일 회의 전까지 끝내야 합니다.
　　 B : 네. 최소한 수요일 오후까지는 그 일을 끝내도록 노력하겠습니다.」

55 Which of the following is the most appropriate expression for the blank?

A : Hello? May I speak to Mr. Thomas?

   This is Jane from the ABC Corporation.

B : Jane, hi. How are you doing?

A : Not bad, Mr. Thomas. _____.

B : How about Wednesday at around 2 p.m.?

A : Let me check my schedule first before we can make any sort of arrangement.

B : Okay, I will hold.

A : I'm sorry, but I can't make it that day.

   How about Friday instead?

B : Sure. That would be fine with me.

   Then I'll see you on Friday.

---

① I would like to set a date for our next meeting.

② I'm going to cancel our appointment.

③ I will check my schedule again.

④ What's up?

56 According to the following conversation, which one is true?

A : Good morning. May I help you?

B : Yes, please. I'm looking for the Sales Department.
   I was told that it's on this floor.

A : I'm sorry, but the Sales Department has moved to the 21st floor.

B : I see. Is there any stairs nearby?

A : Yes, just around the corner, sir. But you had better take the elevator on your left. You are on the fifth floor.

B : You're right. Thank you.

A : Sales Department is on the right side of the elevator.

---

① Take the elevator to go to the Sales Department.

② Go straight down the hall and turn left.

③ Sales Department is by the stairs.

④ The stairs are down the end of the hall.

56 「A : 안녕하세요. 무엇을 도와드릴까요?
   B : 네, 부탁해요. 저는 영업부를 찾고 있어요. 그것이 이 층에 있다고 들었습니다.
   A : 죄송합니다만, 영업부가 21층으로 이전했습니다.
   B : 알겠습니다. 근처에 계단이 있습니까?
   A : 네, 모퉁이를 돌면 바로 있어요. 하지만 왼쪽에 있는 엘리베이터를 타는 게 좋을 거예요. 여기는 5층입니다.
   B : 맞네요. 고맙습니다.
   A : 영업부는 엘리베이터 우측에 있습니다.」

57 According to the following phone messages, which one is not true?

> This is Juliet Kim. I'm sorry I'm not able to answer the phone at the moment as I'm on a business trip until next Tuesday. If you like to leave a message, please do after the beep. In ask of any urgency, please contact Mrs. J. S. Lee, extension 242. Thank you.
>
> Hi, Juliet, this is James Park of City Corp. It's 10:50 a.m. Thursday, November 2nd. I was calling to let you know that we don't need your project report until next Friday. You don't need to return my call. Bye.

① Juliet Kim is not able to answer the phone until next Tuesday.
② James Park of City Corp. left the message on Juliet's answering machine.
③ James Park left a message on Juliet's answering machine to ask for a call to him.
④ Juliet asked Mrs. J. S. Lee to handle any urgency in her absence.

57 ③ 답신 전화는 필요 없다고 하였다.

「Juliet Kim입니다. 죄송하지만, 다음 주 화요일까지 출장 중이어서 지금 전화를 받을 수가 없습니다. 메시지를 남기고 싶으시면, 삐 소리가 난 후에 하세요. 급한 일이 있으시면 내선 242번 Mrs. J. S. Lee에게 연락주세요. 감사합니다.
안녕하세요, Juliet, City사의 James Park입니다. 지금은 11월 2일 목요일 오전 10시 50분입니다. 다음 주 금요일까지 프로젝트 보고서가 필요 없다고 알려 드리려고 전화 드렸습니다. 저한테 답신 전화하실 필요는 없습니다. 안녕히 계세요.」

58 What is the purpose of this conversation?

A : Do you have any vacancies today?

B : Yes, we do. How long are you planning to stay?

A : I'm planning to stay for four days.

B : Would you like a single or a double room?

A : A double, please.

And can I have a smoking room with a balcony?

B : Okay. Anything else, sir?

A : How much do you charge per night?

B : $300.

A : Does that include breakfast?

B : Yes, it does. Please fill out this guest registration card.

① to confirm a reservation for business trip

② to check in at a hotel

③ to make an appointment with guest

④ to make a reservation for a customer

ANSWER 58.②

58 「A : 오늘 빈 방 있어요?
    B : 네, 있습니다. 얼마나 체류하실 예정입니까?
    A : 나흘 간 머물 계획입니다.
    B : 1인실을 드릴까요, 2인실을 드릴까요?
    A : 2인실 부탁합니다. 그리고 발코니가 있는 흡연실로 될까요?
    B : 알겠습니다. 또 다른 건 없습니까?
    A : 1박에 얼마죠?
    B : 300달러입니다.
    A : 아침 식사도 포함된 건가요?
    B : 네, 그렇습니다. 이 숙박 등록 카드를 작성해 주세요.」

59 Choose one which is the most appropriate expression for the blank.

A : I need an one-way ticket to Las Vegas.

B : When do you need it, sir?

A : This Saturday. By the way, is it a nonstop flight?

B : No. You have a 2-hours _____ in L.A.
   I'm afraid we don't have any nonstop flight to Las Vegas.

A : O.K. Then can you tell me what flights are available for the day?

B : We have two flights available for that day, one at 10:00 a.m. and the other at 4:30 p.m.

A : I'll take 10:00 a.m. flight.

---

① stopover

② direct flight

③ round-trip flight

④ open-ended ticket

ANSWER 59.①

59 ① 체류 ② 직항 ③ 왕복 항공 ④ 오픈티켓

「A : 라스베가스로 가는 편도 티켓이 필요합니다.
B : 언제 필요하십니까?
A : 이번 주 토요일이요. 그런데, 직항인가요?
B : 아니요. LA에 2시간 동안 <u>체류</u>합니다. 죄송하지만, 라스베가스로 가는 직항 편은 전혀 없습니다.
A : 알겠습니다. 그럼 그 날 이용할 수 있는 항공 편이 어떻게 <u>퇴죠</u>?
B : 그 날 오전 10시에 한 편과 오후 4시 30분에 한 편씩 두 편의 비행기를 이용할 수 있습니다.
A : 아침 10시 비행기로 할게요.」

※ stopover(체류)는 승객이 항공여정으로 여행하는 도중에 어떤 시점에서 의도적으로 여행을 중단하거나 또는 도착 당일 다음 도시로 가는 연결항공편이 있음에도 불구하고 해당 도시에서 다음날 출발하는 것을 말하며, 출발지와 종착지 간의 중간지점에서 24시간 이상 도중 체류함을 말한다. 이 대화에서는 transit(경유)가 더 바람직한 표현이나 보기 중에서는 stopover가 가장 가깝다.

60 This is Mr. M. Lee's itinerary. Which one is true?

Monday, January 10 (Seoul to New York)

9:00 am   Leave Incheon Airport on OZ902 for JFK Airport.

9:25 am   Arrive at JFK Airport.

1:00 pm   Meeting with Roger Harpers, President,
            ACF Corporation at Garden Grill.

7:00 pm   Dinner Meeting with Joyce Pitt, Consultant,
            American Business System at Stewart's Restaurant.

Tuesday, January 11 (New York)

9:30 am   Presentation "The Office Environment—Networking" at the National Office Systems
            Conference, City Conference Center

12:00 pm   Luncheon with Raym ond Bernard, Vice President, Wilson Automation, Inc., at
            the Oakdale City Club.

---

① Mr. M. Lee is going to fly to USA on OZ902.

② Mr. M. Lee will make a presentation at the City Conference Center after lunch.

③ Mr. M. Lee will have a luncheon meeting at Garden Grill on January 11th.

④ Mr. M. Lee will arrive at JFK airport at 9:25a.m. on January 11th Seoul time.

61 아래 경우에서 설명하는 문서의 효력발생 시점에 해당하는 것은?

> 사원총회소집의 통지는 다수의 대상자에게 우편물을 발송하는 것으로 효력을 인정한다. 일부 우편물을 받지 못하여 총회소집에 대해 인지하지 못하는 경우에는 총회소집 통지는 유효한 것으로 본다. 다수인에게 동일한 통지를 하는 경우 상대방에게 발송하는 것으로 효력이 있다고 본다.

① 도달주의   ② 발신주의
③ 표백주의   ④ 요지주의

62 비서들이 업무상 문서를 작성하고 있다. 문서의 성격에 맞추어 가장 적절하게 작성하는 경우는?

① 이나영 비서는 특정인을 대상으로 무료로 행사에 초대하기 위해서 안내장을 작성하였다.
② 안수아 비서는 안내장을 작성할 때에 초청장을 작성할 때 보다 예의와 격식을 갖추었다.
③ 정소연 비서는 격식과 기밀을 요하는 문서가 신속하게 전달 되어야 하는 경우에 이메일로 발송하였다.
④ 권진서 비서는 상사의 취임안내에 대한 인사장을 보내면서 품격 있는 문장을 사용하지만 어려운 한자어 중심의 표현을 자제하였다.

ANSWER 61.② 62.④

61 다수인에게 동일한 통지를 하는 경우 상대방에게 발송하는 것, 즉 대상자에게 우편물을 발송하는 것으로 효력을 인정하는 것은 발신주의이다.

62 ① 특정인을 대상으로 무료로 행사에 초대할 때는 초청장을 작성한다.
　② 초청장을 작성할 때는 안내장을 작성할 때보다 예의와 격식을 갖춘다.
　③ 격식과 기밀을 요하는 문서가 신속하게 전달되어야 하는 경우에 이메일로 발송하지 않는다.

63 다음은 문장부호의 사용법이다. 이 사용법에 맞는 문장은?

> • 겹낫표(『』)와 겹화살괄호(≪ ≫)는 책의 제목이나 신문 이름 등을 나타낼 때 쓴다.
> • 홑낫표(「」)와 홑화살괄호(〈 〉)소제목, 그림이나 노래와 같은 예술 작품의 제목, 상호, 법률, 규정 등을 나타낼 때 쓴다.

① 사무실 밖에 『해와 달』이라고 쓴 간판을 달았다.
② ≪한강≫은 사진집 〈아름다운 땅〉에 실린 작품이다.
③ 이 곡은 베르디가 작곡한 「축배의 노래」이다.
④ 이 그림은 피카소의 ≪아비뇽의 아가씨들≫이다.

64 다음 중 우편물 처리가 적절한 비서로만 묶인 것은?

> • 최 비서는 경품행사에 당첨된 고객 200명에게 통화등기로 상품권을 발송했다.
> • 김 비서는 일본 바이어에게 새로 나온 상품견본을 내용증명으로 발송했다.
> • 고 비서는 협력업체에 계약서를 발송하면서 배달증명을 통해 수령을 확인했다.
> • 박 비서는 요금별납을 통해 다음 달에 우편물 발송 요금을 지불했다.
> • 남 비서는 사옥이전 안내장을 e그린우편을 이용하여 대량 발송하였다.

① 김 비서, 박 비서   ② 최 비서, 남 비서
③ 고 비서, 남 비서   ④ 최 비서, 고 비서

ANSWER 63.③ 64.③

63 ③ 노래의 제목은 홑낫표나 홑화살괄호를 사용하므로 바람직하게 쓰였다.
　① 사무실 밖에 「해와 달」이라고 쓴 간판을 달았다.
　② 〈한강〉은 사진집 ≪아름다운 땅≫에 실린 작품이다.
　④ 이 그림은 피카소의 〈아비뇽의 아가씨들〉이다.

64 • 최 비서 : 통화등기는 현금 우송을 다루는 등기 우편이다.
　• 김 비서 : 내용증명은 우편물의 내용인 문서를 등본에 의하여 증명하는 제도로 주로 상호 간의 채권 또는 채무의 이행 등의 득실변경에 관한 부분을 증명할 때 사용한다.
　• 박 비서 : 우편물의 종류와 우편요금 등이 동일한 우편물을 다량으로 발송하는 경우에 개개의 우편물에 우표를 붙이는 대신 우편물 표면에, '요금별납'의 표시만을 하고 요금은 일괄하여 현금으로 별도 납부하는 제도이다.

65 다음 공문서 작성 방법이 올바르게 연결된 것을 모두 고른 것은?

> ㉠ 서기 2017. 8. 10.
>
> ㉡ 2017. 8. 10.
>
> ㉢ 오후 5:30
>
> ㉣ 17:30
>
> ㉤ 금123,450원(금일십이만삼천사백오십원)

① ㉠, ㉣, ㉤　　　　　　　　　　② ㉡, ㉢, ㉤

③ ㉠, ㉢, ㉤　　　　　　　　　　④ ㉡, ㉣, ㉤

66 다음 감사장의 빈 칸에 들어갈 가장 알맞은 인사말을 고르시오.

> 삼가 인사를 올립니다.
>
> ＿＿＿＿＿＿＿＿＿＿＿＿＿＿＿＿＿＿＿＿＿＿＿＿＿.
>
> 이번에 저희 상공전자가 대한민국 소비자 만족 대상을 받게 된 것을 축하해 주셔서 감사합니다. 저희 상공전자가 상을 받을 수 있었던 것은 축하해주신 여러분 모두의 도움 때문이라 생각합니다. 더욱 열심히 노력하여 각계각층의 기대에 어긋나지 않은 상공전자가 되겠습니다. 앞으로도 따뜻한 격려 부탁드립니다.
>
> 2017년 5월 15일
> 상공전자(주)
> 대표이사 최진우

① 가만히 있어도 땀방울이 맺히는 폭염의 더위가 계속되는 나날입니다.

② 한 해의 결실을 맺는 시기에 귀사의 무궁한 발전을 기원합니다.

③ 신록의 푸름이 더해 가는 계절에 귀사의 무궁한 발전을 기원합니다.

④ 세상의 생명들이 결실을 맞이하는 계절에 귀사가 날로 번창하길 기원합니다.

ANSWER 65.④ 66.③

65 ㉠ 2017. 8. 10.(목)
　　㉢ 시각은 24시각제에 따라 숫자로 표시한다. →17 : 30

66 5월에 어울리는 계절 인사는 ③이다.
　　① 여름　② 연말　④ 가을

67 황 비서는 상사가 미국 출장에서 가져온 명함을 정리하고 있다. 파일링 규칙에 따라서 올바른 순서대로 나열한 것은?

> 가. Ellen Taylor
> 나. Mrs. Ann Marie Taylor
> 다. Mr. Edward A. Trump, Jr.
> 라. Edward A. Trump
> 마. Alice Trump
> 바. Dr. Ann-Marie Taylor

① 마 – 나 – 바 – 다 – 라 – 가
② 마 – 바 – 라 – 가 – 다 – 나
③ 나 – 바 – 가 – 마 – 다 – 라
④ 나 – 바 – 가 – 마 – 라 – 다

68 문서의 회람에 대한 적절한 설명끼리 묶인 것은?

> 가. 여러 사람이 읽어야 할 문서는 여러 장 복사해서 회람한다.
> 나. 최대 10명으로 제한하여 신속하게 완료될 수 있도록 한다.
> 다. 다수의 사람이 모여 의견을 교환하는 활동을 정리할 때 활용한다.
> 라. 한 장소에 모여 의견을 나누고 그 실시사항을 결정하는 경우에 활용한다.

① 없다　　　　　　　　　　　　　② 가
③ 가, 나　　　　　　　　　　　　④ 가, 다

67 • Last name(성) → First name(이름) → Middle name(가운데 이름) 순으로 알파벳 표기 순서대로 정리한다.
　　• Jr.은 윗대의 다음에 위치한다. 따라서 다는 라 뒤에 정리한다.
　　• Dr.은 Mr. Mrs. 다음에 위치한다. 따라서 바는 나 뒤에 정리한다.

68 회람문서는 업무 관련 사항뿐만 아니라 기타 전달 사항이나 알림 내용이 있는 경우에도 다양하게 활용되는 문서로, 다수의 사람이 한 자리에 모일 수 없을 때 효율적이다. 신속하게 완료되어야 할 사항은 회람문서의 내용으로 적절하지 않다.

69 아래의 기사를 통해서 알 수 있는 내용으로 가장 거리가 먼 것은?

> 월스트리트저널(WSJ)은 경제협력개발기구(OECD) 자료를 인용해 주요 45개국의 경제가 올해 성장의 궤도에 올랐다고 보도했다. 이들 중 33개국은 지난해부터 성장세에 가속이 붙고 있다고 덧붙였다. 가장 눈에 띄는 곳은 유로존이다. 유로존 19개국의 성장률은 올 1분기 미국을 앞질렀다. 실업률도 8년 만에 가장 낮은 수준인 9.1%로 떨어졌다. 더욱 긍정적인 것은 성장세가 유로존 전역으로 고르게 퍼지는 것이다. 아랫목이었던 독일과 네덜란드뿐만 아니라 스페인과 포르투갈 등 그동안 냉골이었던 윗목까지 온기가 옮겨가는 모습이다. 심지어 유로존의 골칫거리였던 그리스도 회복의 신호를 보내고 있다. OECD는 올해 그리스의 경제성장률을 1.08%로 전망했다. 미미해 보이는 수치지만 10년 만의 최고치다. 지난달에는 2014년 이후 3년 만에 처음으로 국채 발행에 성공해 글로벌 채권시장에 성공적으로 복귀했다. 유로존의 약한 고리였던 국가들이 체력을 회복하는 것과 함께 유가 하락 등 원자재 가격 약세에 흔들렸던 브라질과 러시아 등도 기력을 찾아가고 있다. 유가 급락으로 최악의 침체를 겪었던 브라질은 올해 0.3% 성장할 것으로 예상된다. 원자재 가격이 회복된 데 따른 것이다. 국제통화기금(IMF)에 따르면 원자재 가격지수는 지난해 초 이후 27% 상승했다. 브라질의 주요 수출품인 철광석은 최근 저점보다 27%나 올랐다. 〈중략〉
> 세계 경제가 동반 성장이라는 단계에 이른 데는 세계금융위기 이후 각국 중앙은행과 정부가 통화 완화 정책과 각종 부양 책을 통해 돈 줄을 푼 덕분이다. 문제는 사상 유례 없는 저금리가 이어지며 주식과 부동산 시장이 과열 양상을 보이는 것이다. 블룸버그에 따르면 올 들어 24일까지 아르헨티나 (27.08%)와 홍콩(24.2%), 한국(25.6%) 등의 주식 시장은 20% 넘게 상승했다. 거품의 신호가 나타나기 시작한 것이다. WSJ은 "급등한 주식과 부동산 가격이 어느 순간 갑자기 경기 하락을 야기하는 위험 요인으로 돌변할 수 있다"고 지적했다.
>
> 〈중앙일보 2017. 8. 24일자 발췌〉

① OECD 45개 회원국의 경제가 올해 성장 궤도에 올랐다.
② 그리스는 경제가 회복되면서 국채발행에도 성공하였다.
③ 브라질이 원자재 가격 상승 덕분에 경제 성장될 것으로 예상되고 있다.
④ 우리나라 증시는 20% 넘는 상승으로 거품의 신호가 나타나고 있다.

69 ① OECD 45개 회원국의 경제가 아니라 주요 45개국의 경제가 올해 성장의 궤도에 올랐다.

70 SD카드(Secure Digital Card)에 대한 설명으로 가장 적절하지 않은 것은?

① 스마트폰, MP3에 주로 사용되는 손톱만한 크기의 SD카드와 디지털카메라에 주로 쓰이는 크기가 더 큰 마이크로SD카드가 있다.

② 디지털기기의 저장공간이 부족할 때 메모리슬롯에 SD카드를 장착하면 저장공간을 확장할 수 있다.

③ 마이크로SD카드를 SD카드 어댑터에 꽂으면 일반SD카드를 쓰는 기기에 사용할 수 있다.

④ 마이크로SD카드와 SD카드에서 클래스는 속도를 의미하며 클래스 숫자가 커질수록 속도가 빨라진다.

71 다음 중 전자문서에 관한 내용으로 가장 적절하지 않은 것은?

① 우리나라의 전자문서 국가표준과 전자문서 장기보존 국제표준은 동일하다.

② 전자 문서는 전자문서 정보 처리 시스템에 의해서 전자적 형태로 작성, 송신, 수신 또는 저장된 정보로 생성된 문서를 의미한다.

③ JPG, GIF, MP3 등과 같은 디지털 콘텐츠도 전자문서의 범주에 속한다.

④ 종이문서를 일반 스캐너로 이미지화한 문서는 전자문서로서의 법적 효력을 보장받을 수 없다.

72 다음 용어에 대한 설명이 올바르게 짝지어지지 않은 것은?

① 블루투스 : 휴대기기를 서로 연결해 정보를 교환하는 근거리 무선 통신 기술 표준

② IoT : Internet of Things의 약자로서 각종 사물에 센서와 통신기능을 내장하여 인터넷에 연결하는 기술

③ RFID : Radio Frequency Identification의 약자로서 IC칩과 무선을 통해서 다양한 개체의 정보를 관리할 수 있는 인식 기술

④ QR코드 : QR은 Quick Recognition의 약자로서 바코드보다 훨씬 많은 양을 담을 수 있는 격자무늬의 2차원 코드

---

73 다음에서 설명하는 데이터 모델에 해당하는 것은?

> 현재 가장 안정적이고 효율적인 데이터베이스로 알려져 있으며, MS-Access 외 여러 상용 DBMS의 기반이 되고 있다. 개체를 테이블로 사용하고 개체들 간의 공통속성을 이용해 서로 연결하는 독립된 형태의 데이터 모델이다.

① 하나의 조직이 여러 구성원으로 이루어지는 형태의 계층형 데이터베이스
② 도로망이나 통신망 같은 네트워크형 데이터베이스
③ 은행의 입출금처럼 데이터 양이 많지만 구조가 간단한 업무에 적합한 관계형 데이터베이스
④ 데이터와 프로그램을 독립적인 객체의 형태로 구성한 객체 지향형 데이터베이스

74 다음에 설명된 개념을 의미하는 용어가 순서대로 연결된 것은?

> ㉠ 다양한 형태의 문서와 자료를 그 작성부터 폐기에 이르기까지의 모든 과정을 일관성 있게 전자적으로 통합 관리하기 위한 시스템이다.
> ㉡ 기업과 직원간의 전자상거래를 뜻한다.
> ㉢ 기업 내 생산, 물류, 재무, 회계, 영업과 구매, 재고 등 경영 활동 프로세스들을 통합적으로 연계해 관리해 주며, 기업에서 발생하는 정보들을 서로 공유하고 새로운 정보의 생성과 빠른 의사결정을 도와주는 전사적자원관리시스템을 뜻한다.
> ㉣ 온라인 인맥 구축을 목적으로 개설된 커뮤니티형 웹사이트이다.

① ERP – C2B – EDI – INTRANET
② EDI – B2C – ERP – INTRANET
③ EDMS – B2C – EDI – SNS
④ EDMS – B2E – ERP – SNS

ANSWER 73.③ 74.④

73 관계형 데이터베이스 … 일련의 정형화된 테이블로 구성된 데이터 항목의 집합체로, 데이터베이스 테이블을 재구성하지 않더라도 다양한 방법으로 데이터를 접근하거나 조합할 수 있다. 관계형 데이터베이스는 이용하기가 비교적 쉽고 확장이 용이하다는 장점을 가지고 있다.

74 ㉠ EDMS(Electronic Document Management System) : 다양한 형태의 문서와 자료를 그 작성부터 폐기에 이르기까지의 모든 과정을 일관성 있게 전자적으로 통합 관리하기 위한 시스템이다.
㉡ B2E(Business to Employee) : 기업과 직원간의 전자상거래를 뜻한다.
㉢ ERP(Enterprise Resource Planning) : 기업 내 생산, 물류, 재무, 회계, 영업과 구매, 재고 등 경영활동 프로세스들을 통합적으로 연계해 관리해 주며, 기업에서 발생하는 정보들을 서로 공유하고 새로운 정보의 생성과 빠른 의사결정을 도와주는 전사적 자원관리시스템을 뜻한다.
㉣ SNS(Social Network Services/Sites) : 온라인 인맥 구축을 목적으로 개설된 커뮤니티형 웹사이트이다.

75 아래와 같은 형태의 그래프에 사용하기에 가장 적합한 차트 제목은?

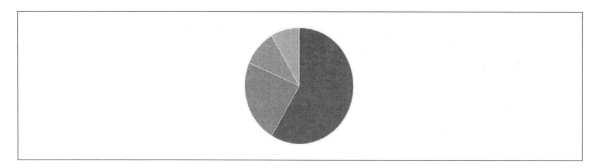

① 취업 아카데미 참석자 구성 비율
② 취업 아카데미 분기별 참석자 구성 비교
③ 취업 아카데미 연도별 만족도 비교
④ 취업 아카데미 참석자 수 비교와 주제별 비중 분석

76 정보에 대한 위협은 나날이 늘어가고 있으며 허락되지 않은 접근, 수정, 노출, 훼손, 파괴 등 여러 가지 위협으로부터 정보를 지켜나가야 한다. 정보보안의 특성으로 가장 적절하지 않은 것은?

① 허락되지 않은 사용자가 정보의 내용을 알 수 없도록 하는 기밀성 유지
② 허락되지 않은 사용자가 정보를 함부로 수정할 수 없도록 하는 무결성 유지
③ 허락된 사용자가 정보에 접근하려 하고자 할 때 이것이 방해받지 않도록 하는 가용성 유지
④ 허락된 사용자가 정보시스템의 성능을 최대화하기 위해 정보보안을 100%달성해야 하는 완벽성 유지

ANSWER 75.① 76.④

75 원그래프는 비율그래프의 한 종류로, 전체에 대한 각 항목의 비율을 한눈에 알 수 있다.

76 정보 보안의 주요 목표
  ㉠ 기밀성(Confidentiality) : 허락되지 않은 사용자 또는 객체가 정보의 내용을 알 수 없도록 하는 것
  ㉡ 무결성(Integrity) : 허락되지 않은 사용자 또는 객체가 정보를 함부로 수정할 수 없도록 하는 것
  ㉢ 가용성(Availability) : 허락된 사용자 또는 객체가 정보에 접근하려 할 때 이것을 방해 받지 않도록 하는 것

77 다음에 설명된 파워포인트 기능에 대한 개념이 가장 적절하게 연결된 것은?

㉠ 파워포인트 슬라이드를 완성한 뒤 그 결과를 보여주는 것으로 필요한 슬라이드만 골라서 실행할 수도 있다.

㉡ 파워포인트 디자이너들이 미리 디자인한 색상표, 글꼴, 특수 효과로 기본으로 제공된다.

㉢ 프레젠테이션 진행 중에 참고할 내용 등을 발표자가 입력할 수 있는 공간으로 실제 프레젠테이션을 진행하는 동안에는 표시되지 않는다.

㉣ 여러 슬라이드에 동일하게 삽입되는 슬라이드 배경, 제목, 텍스트, 본문 텍스트 등의 슬라이드 구성 요소들을 미리 설정해 놓은 서식 슬라이드를 의미한다.

---

① 디자인 테마 – 슬라이드 쇼 – 슬라이드 마스터 – 슬라이드 노트

② 슬라이드 쇼 – 슬라이드 노트 – 슬라이드 유인물 – 디자인 테마

③ 슬라이드 쇼 – 디자인 테마 – 슬라이드 유인물 – 슬라이드 마스터

④ 슬라이드 쇼 – 디자인 테마 – 슬라이드 노트 – 슬라이드 마스터

ANSWER 77 ④

77 ㉠ **슬라이드 쇼** : 파워포인트 슬라이드를 완성한 뒤 그 결과를 보여주는 것으로 필요한 슬라이드만 골라서 실행할 수도 있다.

㉡ **디자인 테마** : 파워포인트 디자이너들이 미리 디자인한 색상표, 글꼴, 특수 효과로 기본으로 제공된다.

㉢ **슬라이드 노트** : 프레젠테이션 진행 중에 참고할 내용 등을 발표자가 입력할 수 있는 공간으로 실제 프레젠테이션을 진행하는 동안에는 표시되지 않는다.

㉣ **슬라이드 마스터** : 여러 슬라이드에 동일하게 삽입되는 슬라이드 배경, 제목, 텍스트, 본문 텍스트 등의 슬라이드 구성 요소들을 미리 설정해 놓은 서식 슬라이드를 의미한다.

78 다음은 컴퓨터 범죄에 관한 기사이다. 다음의 기사의 (A), (B), (C)에 들어갈 용어가 순서대로 표시된 것은?

〈전략〉

E시큐리티에 따르면 최근 특정 가상화폐 거래소 이용자를 대상으로 (A) 메일이 다량 배포됐다. 공격자는 국내 유명 비트코인 거래소 중 한 곳을 사칭해 '출금완료 알림' 내용으로 조작한 (A) 메일을 유포했다. 메일 본문에 '새로운 기기에서의 로그인 알림' 내용을 띄웠다. 다른 IP주소에서 수신자 로그인이 발생한 것처럼 보안 안내를 한다. 최근 가상화폐 거래소 해킹이 심해 보안에 신경을 쓰고 있는 대상자 심리를 역으로 이용한 방법이다. 회원이 로그인한 것이 아니라고 의심되면 보안을 위해 계정을 동결하라고 하며 클릭을 강요한다. 해당 URL을 클릭하면 실제와 거의 유사한 가상화폐거래소 화면으로 이동한다. 해당 사이트는 co.kr로 끝나는 정상사이트와 달리 or.kr 도메인을 쓴다. (A)사이트에 연결하면 이메일과 비밀번호 등 계정 정보 입력을 유도한다. 가상화폐 거래소에 접속하는 ID와 비밀번호를 털린다.

(B)도 발생했다. Z거래소 로그인 알림을 위장했다. 문자로 다른 IP에서 로그인됐다며 가짜 거래소 링크를 보내고 ID와 비밀번호 유출을 시도한다.

가상화폐 거래소 직원을 표적한 (C)도 감지된다. 직원을 해킹하면 기업 내부를 장악할 수 있다. 공격자는 금융감독원, 금융 보안원, 국세청, 공정거래위원회 등으로 위장해 금융관련 규제와 위법 내용을 가상화폐 거래소나 블록체인, 핀테크 기업 직원에게 이메일을 보낸다. 해당 문서를 열면 악성코드가 감염되는 형태다. 개인 PC를 감염시킨 뒤 기업 네트워크로 침입해 고객 정보를 유출한다. 이를 이용해 다시 가상화폐 계좌를 해킹하는 것으로 알려졌다.

〈전자신문 http://www.etnews.com/ 2017.8.27.에서 발췌〉

---

① 파밍 – 스미싱 – 피싱
② 파밍 – 스피어피싱 – 스미싱
③ 피싱 – 스피어피싱 – 스미싱
④ 피싱 – 스미싱 – 스피어피싱

ANSWER 78.④

....

78 A. **피싱(Phishing)** : 개인정보(Private data)와 낚시(Fishing)의 합성어로 개인정보를 낚는다는 의미. 금융기관 또는 공공기관을 가장해 전화나 이메일로 인터넷 사이트에서 보안카드 일련번호와 코드번호 일부 또는 전체를 입력하도록 요구해 금융 정보를 몰래 빼가는 수법

   B. **스미싱(Smishing)** : 문자메시지(SMS)와 피싱(Phishing)의 합성어로 '무료쿠폰 제공', '돌잔치 초대장' 등을 내용으로 하는 문자메시지내 인터넷주소 클릭하면 악성코드가 설치되어 피해자가 모르는 사이에 소액결제 피해 발생 또는 개인·금융정보 탈취하는 수법

   C. **스피어피싱(Spear-Phishing)** : 불특정 다수의 개인정보를 빼내는 피싱(phishing)과 달리 특정인의 정보를 캐내기 위한 피싱을 말한다. 열대지방 어민이 하는 작살낚시(spearfishing)에 빗댄 표현이다.

79 다음과 같이 사무기기 이용 시 발생한 문제를 해결하기 위해 노력하고 있다. 다음 중 상황에 따른 가장 적절한 행동으로 보기 어려운 것은?

① 프린터가 컴퓨터에서 제대로 인식되지 않은 경우 관련 드라이버와 프로그램을 삭제한 후 재설치한다.

② 복사기에서 경고등이 울리면서 복사가 중단되면, 복사기 덮개를 열어서 복사하려던 원본 문서를 제거한다.

③ 네트워크 프린터가 작동하지 않은 경우, 메인PC 본체가 켜져 있는지 확인하고 네트워크 연결상태를 확인한다.

④ 문서세단기에서 파기가 시작되다가 멈추면 역방향으로 돌려 뭉쳐있는 종이를 빼낸다.

80 다음 중 성격이 같은 어플리케이션끼리 적절하게 묶인 것은?

① 조르테 – 구글캘린더 – 리멤버

② 구글 캘린더 – 어썸노트 – 캠카드

③ 어썸노트 – 조르테 –구글 캘린더

④ 리멤버 – 캠카드 – 조르테

ANSWER 79.② 80.③

79 ② 복사기에서 경고등이 울리면서 복사가 중단되면, 경고메시지를 확인하고 종이걸림, 토너부족 등 문제를 해결하고 복사를 완료한다.

80 어썸노트, 조르테, 구글 캘린더는 모두 스케줄러 성격의 어플리케이션이다. 리멤버, 캠카드는 명함관리 어플리케이션이다.

05 2018년 5월 13일 시행

1과목 비서실무

1 다음 중 비서의 업무에 대한 설명으로 적절하지 않은 것은?

① 비서는 상사의 다양한 경영적 잡무를 덜어주며, 사무실의 절차와 업무의 흐름이 능률적이 되도록 조정하고 유지하는 업무를 수행한다.

② 비서의 업무는 조직에서의 상사의 역할과 위치, 상사의 업무 수행방식, 비서에게 업무를 위임하는 정도, 조직의 특성 등에 따라 차이가 있다.

③ 상사의 지시를 받아서 주어진 시간 내에 수행해야 하는 비서업무로는 우편물 처리, 전화 및 내방객 응대, 사무기기 및 환경관리 업무 등이 있다.

④ 비서는 문서 서식개발, 정보검색 및 자료준비, 업무수행방법 및 절차개선과 같은 창의적 업무를 수행할 수 있다.

2 비서직무를 통한 자기개발에 대한 설명으로 적절하지 않은 것은?

① 직무 경험을 통한 학습은 자기개발에 매우 효과적이다.

② 직무를 통한 학습은 현재의 직무 수행 능력을 향상시킬 수 있을 뿐 아니라 미래에 더 많은 책임을 맡을 수 있는 능력을 개발하는 것을 의미한다.

③ 비서는 상사의 의사결정 방법과 업무처리방법을 보면서, 자신이라면 어떻게 처리할 것인가 또 그 결과는 어떻게 달라질 것인가에 대해 여러 각도로 분석하는 능력을 개발할 필요가 있다.

④ 비서는 상사에게 배달되는 우편물을 개봉하고, 개인적인 편지나 인사(人事)에 대한 기밀사항을 파악함으로써 업무에 대한 이해를 높이면서 자기개발도 가능하다.

ANSWER **1.③ 2.④**

1 ③ 우편물 처리, 전화 및 내방객 응대, 사무기기 및 환경관리 업무 등은 상사의 지시 없이도 일상적으로 수행해야 하는 비서의 일상 업무이다.

2 ④ 상사의 개인적인 편지나 인사에 대한 기밀사항을 자기개발에 활용하는 것은 적절하지 않다.

3 G사의 한국 지사장을 보좌하는 오성숙 비서는 상사와 뉴욕 본사 회장 그리고 런던 지사장과 3자 국제전화회의를 준비 중이다. 이를 위한 업무내용으로 가장 부적절한 것은?

① 회의 참석자들에게 전화회의 개최 시간을 알릴 때 한국 기준 시간임을 알려야 한다.

② 전화회의에 필요한 전화번호, 패스코드(pass code)를 미리 확인해 둔다.

③ 상사의 편의를 위하여 회의 시간을 우리 시간 오전 10시로 제안한다.

④ 회의에 필요한 자료가 있을 경우 사전에 회의 참석자들에게 메신저나 이메일 등을 이용하여 전달한다.

4 전화응대 업무에 대한 설명으로 가장 적절하지 않은 것은?

① 부재중 전화 메모에는 걸려온 시각을 반드시 기록한다.

② 상사 휴대폰 번호를 요청하는 상대방에게는 일단 상대방의 연락처를 받은 후 상사에게 연락을 드려 상사 전화번호를 알려줘도 되는지를 확인한다.

③ 상대방이 급한 용무로 외출 중인 상사와의 통화를 원할 경우는 상사의 휴대폰 번호를 알려 주고 직접 연락하실 수 있도록 조치한다.

④ 급한 용무로 회의 중인 상사와 통화를 원할 경우 상대방의 소속과 이름, 용건을 메모하여 회의 중인 상사에게 전달한다.

ANSWER 3.③ 4.③

3 ③ 국제전화회의 주최 시 회의 시간은 가능한 한 참가하는 모든 사람의 편의를 생각하는 것이 바람직하며, 그것이 어려울 경우 직위가 높은 참석자의 시간에 맞춰 제안하는 것이 적절하다.

4 ③ 상사의 휴대전화 번호를 상사의 허락 없이 알려주는 것은 좋지 않다. 상대방이 급한 용무로 외출 중인 상사와의 통화를 원할 경우, 상대방의 전화번호를 확인한 뒤 상사에게 연락하여 상사가 연락할 수 있도록 하는 것이 적절하다.

5 현재 상사는 해외 출장 중이다. 상사의 동창이라는 분이 방문하여 급한 일이므로 즉시 연락하고 싶다고 한다. 비서는 상사는 출장중이므로 명함을 두고 가시라고 말씀드렸으나 모바일 메신저로라도 연락하고 싶다고 한다. 비서의 가장 적절한 응대방법은?

① 핸드폰 번호를 몰라도 아이디만 알아도 연락이 되는 모바일 메신저가 있으므로 아이디를 알려드리고 연락드려보라고 한다.

② 모바일 메신저로 연락할 때 시차를 고려하라고 조언 드린다.

③ 핸드폰 번호는 규정상 알려드릴 수 없다고 말씀드리고 상사에게 방문객에 관해 보고하지 않아도 된다.

④ 상사는 출장 중이므로 용건과 명함을 두고 가시면 상사에게 가능한 빨리 연락드리겠다고 말씀드린다.

6 박해정 비서는 내방객 정보 관리 데이터 베이스를 구축하고자 한다. 이 데이터 베이스 항목으로 중요도가 가장 낮은 것을 고르시오.

① 내방객 최초 방문일자와 방문목적

② 상사와의 관계 및 동반 방문자

③ 내방객 기호 및 회사에서 드린 기념품

④ 내방객이 이용한 교통수단 및 내방객 복장

7 김 비서는 신입비서가 작성한 보고서에서 오류를 발견하였다. 김 비서의 대응 자세로 가장 적절한 것은?

① 김 비서가 수정하여 제출 후 추후 신입 비서의 오류 내용을 정리하여 신입비서 교육에 활용할 계획이다.

② 신입 비서를 질책하며 보고서의 문제점을 하나하나 언급한다.

③ 신입 비서에게 오류를 알려주고 수정하도록 지시한다.

④ 사소한 오류인 경우는 굳이 알리지 않고 김 비서가 직접 수정하여 전송한다.

ANSWER 5.④ 6.④ 7.③
----

5 ①② 상사의 휴대전화 번호나 모바일 메신저 아이디 등은 상사의 허락 없이 외부인에게 알려주는 것은 바람직하지 않다.
③ 상사에게 방문객에 관해 보고해야 한다.

6 내방객 정보 관리 데이터베이스에는 내방객의 방문일자와 방문목적, 상사와의 관계 및 동반자, 내방객 기호 및 회사에서 드린 기념품 등에 대한 정보가 포함되는 것이 좋다.
④ 내방객이 이용한 교통수단이나 내방객의 복장은 특별한 사유가 있는 경우를 제외하고는 필요한 정보로 보기 어렵다.

7 신입비서가 작성한 문서에서 오류를 발견하였을 경우, 자신이 직접 수정하고 넘어가거나 하나하나 언급하며 질책하기 보다는 해당 신입비서에게 오류에 대해 알려주고 수정하도록 지시하는 것이 바람직하다.

8 회사를 사직할 때의 자세로 가장 적절한 것은?

① 충분한 인수인계 기간을 갖기 위하여 최소 한 달의 여유를 두고 사직서를 제출한다.

② 문서정리는 내가 일하기 좋았던 방식으로 정리하고 나만의 업무 노하우를 전수한다.

③ 그동안 작성해 둔 거래처 전화번호나 상사 신상명세서 등은 파기하여 보안에 신경 쓴다.

④ 사직 후에도 회사에 자주 방문하여 후임의 업무 수행 방식이 잘못된 점을 지적해준다.

9 골프장 예약 시 가장 적절하지 않은 것은?

① 예약 전에 동반자 수를 확인한다.

② 티오프 타임(tee-off time)이 06:38a.m이어서 06:30a.m의 오타인 것으로 보여 상사에게 06:30a.m이라고 보고한다.

③ 상사가 처음 가는 골프장이라 가는 길을 검색하여 알려드린다.

④ 골프장 예약 취소 규정을 확인한다.

10 상사는 저녁 8시로 식당 예약을 지시하면서 와인을 가져갈 예정이라고 하였다. 관련 예약업무 후 비서가 상사에게 보고해야 할 필수 사항으로 짝지어진 것을 고르시오.

① last order 시간과 식당에서 제공하는 '오늘의 메뉴'

② corkage 가능여부 및 last order 시간

③ 테이블 갯수와 corkage 비용

④ 식당에서 제공하는 '오늘의 메뉴'와 개인이 지참할 수 있는 와인 수

ANSWER 8.① 9.② 10.②

8 ② 문서정리는 회사 규정에 따라 정리한다.
  ③ 거래처 전화번호나 상사 신상명세서 등은 임의로 파기하지 않는다.
  ④ 사직 후에는 회사의 업무 수행 방식에 대해 지적하지 않는 것이 적절하다.

9 ② 골프 용어 중 티업은 티 위에 공을 올리는 것을 말하고, 티오프는 티에 올려진 공을 치는 것을 말한다. 티오프 타임이 30분, 38분, 46분 등 분 단위로 끊어지는 이유는 4인 1조가 티업하여 1홀에서 빠져 나가는 시간 소요가 약 7~8분 정도가 되기 때문이다. 따라서 티오프 타임이 38분이라고 하여 임의로 오타로 판단하고 30분으로 보고해서는 안 된다.

10 저녁 8시 예약이므로 마지막 주문 시간을 확인해야 하며, 와인을 가져갈 예정이라고 하였으므로 corkage 가능여부를 확인해야 한다. corkage란 레스토랑이나 호텔에서 손님이 다른 곳에서 사 가져간 와인을 마실 때 술잔 등을 제공해주는 서비스로, 서비스에 대한 일정 비용이 청구되기도 한다.

11 다음 중 공식적으로 유로화가 통용되지 않는 나라는?

① 프랑스   ② 독일

③ 영국   ④ 벨기에

12 만찬 행사 시 의전 원칙으로 가장 적절하지 않은 것은?

① 만찬 초청장은 행사 2~3주 전에 발송하는 것이 바람직하다.

② 전화로 참석여부를 물어보고 참석하겠다고 답변한 경우는 일의 효율성을 위하여 굳이 정식 초청장을 보낼 필요는 없다.

③ 만찬 행사시 플레이스 카드(place card)는 참석자가 착석하면 치운다.

④ 복장은 'business casual'이어서 넥타이를 착용하지 않는다.

13 다음 중 표기가 잘못된 것을 고르시오.

① 수의계약(隨意契約) – 경쟁이나 입찰에 의하지 않고 상대편을 임의로 선택하여 체결하는 계약

② 갹출(醵出) – 같은 목적을 위하여 여러 사람이 돈을 나누어 냄

③ 계인(契印) – 두 장의 문서에 걸쳐서 찍어 서로 관련되어 있음을 증명하는 도장

④ 결제(決裁) – 결정할 권한이 있는 상관이 부하가 제출한 안건을 검토하여 허가하거나 승인함

14 비서의 사무실 환경 관리에 관한 내용이다. 가장 적절하지 않은 것은?

① 상사 접견실에 있는 난초 화분은 매일 아침 물을 준다.

② 탕비실에 구비된 다양한 차의 유통기한을 눈에 띄게 상자에 적어놓았다.

③ 상사 책상 위의 필기구는 확인하여 잘 나오지 않으면 바로 교체한다.

④ 기밀 문서 작업이 많은 비서의 컴퓨터 모니터는 화면보호기가 자주 작동하도록 설정해 둔다.

ANSWER   11.③   12.②   13.④   14.①

11   ③ 영국은 유럽연합 탈퇴로 공식적으로 유로화가 통용되지 않는 나라이다. 영국의 공식 화폐는 파운드화이다.

12   ② 전화로 참석 답변을 받은 경우에도 초청장을 보내는 것이 의전 원칙에 적합하다.

13   ④ 결제 → 결재

14   ① 난초는 품종에 따라 물을 주는 주기가 다르다. 보통 새싹이 자랄 때는 충분한 수분을 공급하고 새싹의 성장이 끝난 휴면기에는 수분을 적게 하는 것이 좋다.

15 사원 김미란 비서는 예성희 과장으로부터 다음과 같은 업무지시를 받았다. 제시된 문장 중 대화의 마지막에 들어갈 표현으로 가장 부적절한 것은?

> 예성희 : 미란씨, 내가 파일을 하나 보낼 테니 도표 몇 개 작성해 줄래요.
> 김미란 : 예, 확인해 보겠습니다. (확인 후) 3년간 누적 자료를 거래처별과 품목별로 정리하는 내용이네요.
> 예성희 : 맞아요. 혹시 누락된 내용이 있을지 모르니 월별수치도 확인해 주세요.
> 김미란 : (?   )

① 네, 알겠습니다. 언제까지 완료할까요?
② 네, 알겠습니다. 혹시 자료 보면서 궁금한 점 있으면 여쭤봐도 될까요?
③ 제가 지금 이성길 대리 업무를 지원하고 있는데 이 대리님 승인 없이는 수행할 수 없습니다.
④ 아마 전체 내용 검토하고 도표 작성하는데 2시간 정도 소요될 것 같습니다.

16 다음 중 외부인 출입 관리에 대한 비서의 태도로 가장 적절하지 않은 것은?

① 내방객은 허가된 지역에 한하여 출입하고 필요하다면 방문증을 대여, 패용할 수 있도록 안내한다.
② 방문객이 시설의 견학을 요청하여 상사의 동의하에 허용하였다.
③ 건물 입장 시 신체 및 휴대품의 보안검사가 있음을 상대방에게 미리 알린다.
④ 주요 인사가 우리 회사를 방문할 경우 주차관리실에 차량번호를 등록해둔다.

17 전자세금 계산서란 인터넷 등 전자적인 방법으로 세금 계산서를 작성 및 발급하여 그 내역을 국세청에 전송하는 것을 말한다. 전자세금 계산서에 대한 설명으로 가장 적절하지 않은 것은?

① 전자세금 계산서는 매출자, 매입자 모두 조회가 가능하다.
② 매출자가 ERP 시스템을 이용하여 세금계산서를 발급한 경우에 합계표 조회는 당일 바로 가능하다.
③ 전자세금 계산서에 있는 공급자의 사업자 등록번호가 정확한지 확인한다.
④ 전자세금 계산서를 발급하면 세금 계산서 합계표 명세 제출 및 세금 계산서 보관 의무가 면제되어 편리하다.

Aɴsᴡᴇʀ 15.③ 16.② 17.②

15 ③ 예성희 과장이 이성길 대리보다 직위가 높다. 따라서 예성희 과장의 업무지시를 이성길 대리의 승인 없이 수행할 수 없다는 것은 잘못된 표현이다.

16 ② 방문객이 시설 견학을 요청할 경우 정해진 시설 견학 요청 절차를 밟은 후 진행하는 것이 바람직하다.

17 ② 매출자가 ERP 시스템을 이용하여 세금계산서를 발급한 경우에 합계표 조회는 다음 날부터 가능하다.

18 비서의 경조사 업무 처리 방식 중 가장 적절하지 않은 것은?

① 매일 신문의 경조사란을 읽어보고 상사와 관련된 인사의 경조사가 있는지를 파악하여야 한다.

② 회사의 동아리 활동에 참여하여 얻게 되는 경조사 소식도 사실 확인 후 처리한다.

③ 경조사에 화환을 보낼 때도 원하는 품질로 배달되었는지 확인한다.

④ 정기적으로 상사의 지인들에게 문자나 전화를 통해 바쁜 상사를 대신하여 최근에 경조사가 있는지 확인한다.

19 의전 원칙 5R을 설명한 것으로 적절한 것을 모두 고른 것은?

> a. 의전은 상대에 대한 배려(respect)이다.
> b. 의전은 문화의 반영(reflecting culture)이다.
> c. 의전은 합리성(rationality)이 원칙이다.
> d. 의전에서 원칙적으로 상석은 오른쪽(right)이다.

① a, b, c, d   ② a, b, d

③ b, c, d   ④ a, b, c

18 ④ 상사의 지시 없이 정기적으로 상사의 지인들에게 문자나 전화를 하는 것은 적절한 경조사 업무 처리 방식이라고 볼 수 없다.

19 의전 원칙 5R
  ㉠ 의전은 상대에 대한 존중(Respect)과 배려(consideration)다.
  ㉡ 의전은 문화의 반영(Reflecting Culture)이다.
  ㉢ 의전은 상호주의(Reciprocity)를 원칙으로 한다.
  ㉣ 의전은 서열(Rank)이다.
  ㉤ 오른쪽(Right)이 상석이다.

20 김 비서는 주주총회와 이사회에 관한 업무교육을 받고 있다. 다음 중 보기에서 적절한 것을 모두 고른 것은?

> a. 정기 주주총회는 보통 매년 1회 열린다.
> b. 주주의 의결권은 주주평등의 원칙에 따라 1주 1의결권이 주어진다.
> c. 대표이사 선임은 이사회에서 결정하여야 하며 주주총회에서 결정하는 것은 절대 불가하다.
> d. 이사회는 투자전략이나 신사업 진출의 결정 등 회사의 운영에 관한 결정을 하는 곳이다.

① a, b, c, d

② b, c, d

③ a, c, d

④ a, b, d

20 c. 상법 제389조에 따르면 회사는 이사회의 결의로 회사를 대표할 이사를 선정하여야 한다. 그러나 정관으로 주주총회에서 이를 선정할 것을 정할 수 있다.

21 최근 기업윤리가 경쟁력의 원천으로 떠오르면서 윤리경영을 실천하는 기업이 증가하고 있다. 다음 중 기업이 지켜야 할 주요 윤리 원칙에 대한 설명으로 가장 바람직하지 않은 것은?

① 가격 결정, 허가, 판매권 등 모든 활동에 대해 협력업체와 정보를 공유하고 계약에 따라 적시에 대금을 지급한다.

② 주주 투자가의 요구, 제언, 공식적인 결정을 존중한다.

③ 지역문화의 보존을 존중하고 교육, 문화에 자선을 기부한다.

④ 종업원 삶의 환경 개선을 위해 최소한 종업원의 생계비를 감당할 수 있는 수준에서 평균임금수준을 결정한다.

22 (A)는 계약에 의한 해외시장진출방식에 대한 설명이다. 다음 보기 중 (A)에 대한 내용으로 가장 적절한 것은?

> (A)은/는 특정 국가에서 외국기업에게 특허권, 상표, 기술, 제조프로세스, 이미지 등을 사용하도록 허가하고 이에 대한 사용료나 로열티를 받는 방식을 말한다.

① 상대적으로 적은 비용으로 해외 진출이 가능하므로 해외 직접투자에 비해 대체로 수익성이 높은 편이다.

② 프랜차이징방식으로 마케팅프로그램에 대한 교육이나 경영 노하우 등을 기업에게 직접 제공해 줌으로써 표준화된 마케팅 활동을 수행할 수 있다.

③ 현지국에 고정자본을 투자함으로써 정치적 위험에 노출 될 수 있다는 단점이 있다.

④ 수입장벽을 우회하는 전략적 특징이 있어서 진출 예정국에 수출이나 직접투자에 대한 무역장벽이 존재할 경우에 유리하다.

ANSWER) 21.④ 22.④
....

21 ④ 최소한의 생계비를 감당할 수 있는 수준과 관련된 것은 최저임금이다.

22 (A)는 라이센싱(Licensing)이다. 라이센싱은 상표 등록된 재산권을 가지고 있는 자인 라이센서(Licensor)가 보유하고 있는 특허 · 기업비결 · 노하우 · 등록상표 · 지식 · 기술 공정 등 가치 있는 상업적 자산권의 일정한 영역을 라이센시(Licensee, 대여 받는 자)에게 계약기간 동안 양도하는 것으로, 사용권 계약이라고 할 수 있다. 라이센싱의 경우 수입장벽을 우회하는 전략적 특징이 있어서 진출예정국에 수출이나 직접투자에 대한 무역장벽이 존재할 경우에 유리하다.

23 다음은 경영환경요인에 대한 설명이다. 이 중 가장 적절하지 않은 설명은?

① 기업에 직접적인 영향을 미치느냐의 여부에 따라 직접환경 요인과 간접환경요인으로 분류할 수 있다.

② 내부환경요인은 주주, 종업원, 경영자, 경쟁자 등이 포함된다.

③ 소비자, 금융기관, 정부 등의 요인은 외부환경요인 중 직접 환경에 포함된다.

④ 기술, 정치, 법률, 사회문화요인은 외부환경요인이다.

24 다음은 어떤 기업형태를 설명한 것인지 가장 가까운 보기를 고르시오.

> 두 사람 이상의 당사자가 조합계약을 체결하고 각각 출자하여 공동으로 사업을 경영하며 그 손익을 분배하는 조직체를 말한다. 두 사람 이상이 경영주체가 되는 공동기업일지라도 외부에 대해 활동할 때는 단일의 회사나 조합으로서 행동하는 것이 아니고 별개의 조합원으로서 행동한다.

① 합명회사   ② 합자회사

③ 유한회사   ④ 조합기업

Aɴsᴡᴇʀ 23.②   24.④

23 ② 경쟁자는 외부환경요인이다.

24 제시된 내용은 조합기업에 대한 설명이다.
  ① 합명회사 : 합명회사는 2인 이상의 무한책임사원으로 구성된다. 무한책임사원은 회사에 대하여 출자의무를 가지고 회사채권자에 대하여 직접·연대하여 무한의 책임을 진다.
  ② 합자회사 : 합자회사는 1명 이상의 무한책임사원과 1명 이상의 유한책임사원으로 구성된다. 무한책임사원은 회사채권자에 대하여 직접·연대하여 무한의 책임을 지는 반면, 유한책임사원은 회사에 대해 일정 출자의무를 부담할 뿐 그 출자가액에서 이미 이행한 부분을 공제한 가액을 한도로 하여 책임을 진다.
  ③ 유한회사 : 유한회사는 1명 이상의 사원으로 구성된다. 유한회사의 사원은 주식회사와 마찬가지로 회사채권자에게 직접적인 책임을 부담하지 않고 자신이 출자한 금액의 한도에서 간접·유한의 책임을 진다.

25 다음은 기업의 인수합병을 설명한 것이다. 이 중 거리가 가장 먼 것은 무엇인가?

① 흡수합병이란 한 기업이 다른 기업을 완전히 흡수하는 것을 의미한다.

② 신설합병은 통합된 두 기업이 완전히 소멸되어 제3의 기업이 탄생하는 것이다.

③ 합병은 피인수 기업을 그대로 존속시키면서 경영권을 행사 하는 방법을 의미한다.

④ 두 회사를 통합하여 하나의 회사로 변신하는 것을 합병이 라고 한다.

26 다음은 주식회사에 대한 설명이다. 이 중 가장 적절하지 않은 것은 무엇인가?

① 현대사회에서 가장 대표적인 기업으로 모두 유한책임사원으로 구성되는 자본적 공동기업이다.

② 자본을 모두 증권화하고 있으며, 이러한 증권화제도를 의제자본이라고도 한다.

③ 주식회사는 소유와 경영이 분리될 수 있으며, 주주가 많아지고 주식분산이 고도화될수록 투자자들은 경영에 대한 관심보다 주로 자본이득에 관심을 갖게 된다.

④ 주식회사의 사원은 주로 출자자와 경영자로 분류되며, 자신의 투자액, 즉 주식매입가격 한도 내에서만 책임을 지는 엄격한 유한 책임제도를 갖는다.

27 다음 중 중소기업과 대기업의 비교에 대한 설명으로 가장 적절하지 않은 것은?

① 대기업은 경기변동에 있어서 중소기업보다 상대적으로 탄력적이고 신축적이다.

② 대기업은 소품종 대량생산에 의하여 시장수요에 대응하고 중소기업은 주문에 의한 다품종 소량생산에 의존하는 경향이 있다.

③ 대기업과 비교해서 중소기업은 저생산성과 저자본비율이 라는 특성을 가지고 있다.

④ 중소기업의 지역사회관계는 일반적으로 대기업보다 밀접하며 지역문화 형성에 큰 역할을 담당한다.

ANSWER 25.③ 26.④ 27.①

25 회사의 합병이란 두 개 이상의 회사가 「상법」의 규정에 따라 청산절차를 거치지 않고 하나의 회사가 되는 것을 말한다. 회사의 합병은 그 방법에 따라 합병 당사회사 가운데 하나의 회사가 나머지 회사를 청산하여 그 권리 의무와 사원을 수용하는 흡수합병과 합병 당사회사 모두가 소멸하고 이들에 의해 신설된 회사가 소멸회사의 권리의무와 사원을 수용하는 신설합병이 있다.
③ 합병은 피인수 기업이 존속되지 않는다.

26 ④ 주식회사는 1명 이상의 사원(주주)으로 구성된다. 주식회사의 주주는 회사채권자에게 아무런 직접적인 책임을 부담하지 않고 자신이 가진 주식의 인수가액 한도 내에서 간접·유한의 책임을 진다.

27 ① 중소기업은 경기변동에 따라 자금조달이나 수익성에 대기업보다 큰 영향을 받는다. 즉, 중소기업이 경기변동에 있어서 대기업보다 상대적으로 탄력적이고 신축적이다.

28 다음은 경쟁가치모형에 따른 조직문화의 유형을 나타낸 그림이다. 다음 중 A~D의 조직문화를 가장 맞게 표현한 것으로 짝지어진 것은?

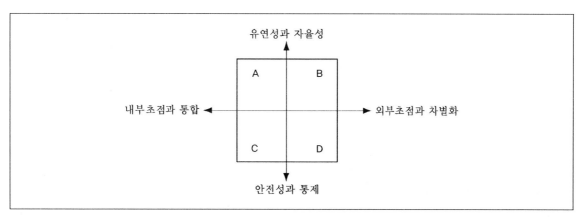

① 혁신문화(A) – 시장문화(B)
② 관계문화(A) – 혁신문화(B)
③ 시장문화(C) – 관계문화(D)
④ 위계문화(C) – 혁신문화(D)

28 경쟁가치모형

㉠ **인간관계 모형**: 인간을 중시하고 응집력과 사기를 통해 조직효과성을 높일 수 있다고 보고 인적자원 개발에 목표를 둔다. → 관계문화
㉡ **개방체계 모형**: 조직 자체를 중시하고 유연성과 신속성을 통해 조직효과성을 높일 수 있다고 보고 성장과 자원획득에 목표를 둔다. → 혁신문화
㉢ **내부과정 모형**: 인간을 중시하지만 정부 관리와 조정을 통해 조직효과성을 높일 수 있다고 보고 안정성과 균형 유지에 목표를 둔다. → 위계문화
㉣ **합리적 목표 모형**: 조직 자체를 중시하지만 생산성·효율성·이윤에 목표를 둔다. → 시장문화(합리문화)

29 다음의 대리인 문제에 대한 설명 중 가장 거리가 먼 것은?

① 대리인 문제는 주체와 대리인의 이해관계가 일치하지 않아 생기는 문제를 의미한다.

② 주주는 대리인이 주주들을 위해 일하고 있는지 감시해야 하는 데 이때 소요되는 비용을 확증비용 (bonding cost)이라고 한다.

③ 전문경영자가 기업을 위한 최적의 의사결정을 하지 않음으로써 발생하는 기업가치손실비용을 잔여손실 (residual loss)이라고 한다.

④ 전문경영자는 주주의 이익보다 개인의 이익을 우선할 때 도덕적해이(moral hazard)가 생길 수 있다.

30 다음 경영의 기능 중에서 조직화(organizing)와 관련된 내용으로 가장 적합한 것은?

① 조직이 달성해야 할 목표를 설정한다.

② 조직구성원을 동기부여한다.

③ 성과를 측정하고 피드백을 제공한다.

④ 수행할 업무를 분할하고 필요한 자원을 배분한다.

ANSWER 29.② 30.④

29 대리인 문제란 대리인 관계에 있어서 정보의 비대칭성으로 인하여 양질의 대리인이 시장에서 축출되는 역선택과 대리인 의 태만으로 인한 도덕적해이(moral hazard)로 인한 경제적 피해 등을 말한다.

   ② 대리인 비용에는 감시비용, 확증비용, 잔여 손실의 세 가지가 있다. 주주가 대리인이 주주들을 위해 일하고 있는지 감시하는 데 소요되는 비용은 감시비용이다. 확증비용은 대리인이 주주에게 해가 되는 행위를 하지 않고 있음을 확증 하기 위해 대리인이 부담하는 비용을 말한다.

30 경영의 기능

   ⊙ **계획(plannning)** : 조직과 구성원을 위해 목표를 세우고 이 목표를 달성하기 위해 활동이나 프로그램을 구성하는 것

   ⓛ **조직(organizing)** : 조직의 목표 달성과 조직 내 업무와 사람 간의 관계를 정의하기 위해 업무를 나누는 과정

   ⓒ **지도(leading)** : 계획 과정에서 수립된 목표에 도달하고 조직 과정에서 할당된 의무를 실행하기 위해 근로자들에게 동 기를 부여하거나 영향력을 행사하는 것

   ⓔ **평가(evaluating)** : 조직의 업무 수행 결과와 계획 단계에서 수립된 계획을 비교하는 것

31 다음의 의사소통에 관한 설명 중 가장 적절하지 않은 것은?

① 의사소통이란 정보와 구성원들의 태도가 서로 교환되는 과정이며, 이때 정보는 전달 뿐 아니라 완전히 이해되는 것을 의미한다.

② 의사소통의 목적은 통제, 지침, 동기부여, 문제해결, 정보전달 등이 포함된다.

③ 직무지시, 작업절차에 대한 정보제공, 부하의 업적에 대한 피드백 등은 하향식 의사소통에 포함된다.

④ 동일계층의 사람들 간의 의사전달, 부하들의 피드백, 새로운 아이디어 제안 등은 수평식 의사소통에 포함된다.

32 다음 중 변혁적 리더십에 관한 설명으로 가장 적절하지 않은 것은?

① 변혁적 리더는 부하 개개인의 감정과 관심, 그리고 욕구를 존중함으로써 동기유발 시킨다.

② 변혁적 리더는 부하들에게 비전을 제시하고 비전달성을 위해 함께 협력할 것을 호소한다.

③ 변혁적 리더십의 구성요인은 조건적 보상과 예외에 의한 관리이다.

④ 변혁적 리더는 부하들에게 자신의 이익을 초월하여 조직의 이익을 위해 관심을 가지고 공헌하도록 고무시킨다.

ANSWER 31.④ 32.③

31 수평식 의사소통은 횡적 의사소통이라고도 하며 조직원 간 또는 분과 간의 수평적인 관계에서 이루어지는 것을 말한다. 수직식 의사소통은 종적 의사소통이라고도 하며 조직의 계층구조에서 상하 간에 이루어지는 의사소통을 말한다. ④에서 부하들의 피드백, 새로운 아이디어 제안과 같은 보고제도, 제안제도는 종적 의사소통에 속한다.

32 조건적 보상과 예외에 의한 관리는 거래적 리더십의 대표적인 요소이다.
  ㉠ **거래적 리더십** : 타산적, 교환적 관계를 중시하는 전통적인 리더십으로 구성원의 결핍욕구를 자극하고 이를 충족시켜 주는 것을 반대급부로 조직에 필요한 임무를 수행하도록 동기화시키는 지도자의 특성을 의미한다.
  ㉡ **변혁적 리더십** : 카리스마, 비전, 개인적 배려, 지적 동기 유발의 4가지 차원에서 중요한 변화를 주도하고 관리하는 리더십 행위로서, 구성원의 성장욕구를 자극하고 동기화시킴으로써 구성원의 태도와 신념을 변화시켜 더 많은 노력과 헌신을 이끌어 내는 지도자의 특성을 의미한다.

33 다음의 마케팅에 관한 설명 중 가장 적절하지 않은 것은?

① 선행적 마케팅활동은 마케팅조사활동, 마케팅계획활동 등을 말한다.

② 관계 마케팅은 충성도를 증진시키기위해 멤버쉽카드 등을 활용하기도 한다.

③ 자사의 상품에 대한 구매를 의도적으로 줄이는 마케팅활동을 심비오틱마케팅이라고한다.

④ 동시화마케팅은 제품 및 서비스의 공급능력에 맞추어 수요발생시기를 조정 또는 변경한다.

34 다음의 사례에서 제품의 수명주기(product life cycle)중 (A)는 어떤 시기에 해당되는 것인지 보기에서 고르시오.

> 인스턴트커피가 도입되었을 때 사람들은 레귤러커피만큼 좋아하지 않았으나, 어느 정도 시간이 흐르고 어떤 시점 이후에서는 인스턴트커피가 빠르게 대중화되었고, 많은 브랜드들이 출시되었다(A). 그 이후 점차 시간이 지나면서 사람들은 한 브랜드를 선호하게 되고 매출은 안정상태가 되었다.

① 성숙기　　　　　　　　　　　　　② 성장기

③ 도입기　　　　　　　　　　　　　④ 쇠퇴기

ANSWER 33.③ 34.②

33 심비오틱 마케팅 … 서로 다른 조직들이 호혜적인 관계에서 공색·공영하는 것을 의미한다. 두 개 이상의 독립된 기업들이 연구개발, 시장개척, 판매경로 및 판매원 관리를 위해 같은 계획과 자원을 결합하여 보다 효율적인 마케팅을 수행하는 것이 목표이다.

34 인스턴트 커피가 도입 시에는 레귤러커피에 비해 선호도가 낮았으나 어떤 시점 이후에서는 대중화되고 많은 브랜드에서 출시되었고 매출이 안정되었다고 했으므로 (A)는 성장기이다.

　　㉠ **도입기** : 기업이 새로운 상품을 소비자에게 선보이는 단계이다. 소비자들은 이에 대한 정보가 매우 적은 상태이기 때문에 판매에 대한 이익은 매우 느리게 증가된다.

　　㉡ **성장기** : 다수의 소비자들이 시장에서 상품을 인지하고 이것이 구매로 연결되는 단계이다. 상품의 매출이 급속도로 증가하게 되고 판매량 증가에 따라 생산단가가 하락한다.

　　㉢ **성숙기** : 대다수의 소비자가 이미 상품을 구매한 상태로 신규 고객이 감소하는 단계이다. 성장률이 많이 하락된 상태이기 때문에 기업은 원가 절감이나 마케팅 비용을 낮추어 수익성을 유지한다.

　　㉣ **쇠퇴기** : 기술의 발전과 소비자들의 가치가 변화되는 등의 외부환경요인에 따라 판매량이 급격히 줄어 독자적 생존이 불가능한 시기이다. 기업은 시장에서 철수하거나 최소한의 판매 활동만 유지하게 된다.

35 다음의 직무관리내용에 대한 설명 중 가장 거리가 먼 것은?

① 직무분석은 직무를 수행함에 있어 요구되는 지식, 숙련도, 능력 및 책임과 같은 직무상 여러요건을 결정하는 과정이다.

② 직무분석을 실시하는 데는 직무분석의 방법, 직무분석의 담당자, 직무에 대한 사실 등의 연구가 필요하다.

③ 직무분석에 대한 결과는 직무기술서와 직무명세서에 서술된다.

④ 직무기술서는 직무분석결과에 따라 직무에 요구되는 개인적 요건에 중점을 두고 정리한 문서이다.

36 다음 중 전자상거래에 대한 설명으로 가장 적절하지 않은 것은?

① 전자상거래는 기업, 정부기관과 같은 독립된 조직 간 또는 개인 간에 다양한 전자적 매체를 이용하여 상품이나 용역을 교환하는 것이다.

② 전자상거래는 인터넷의 등장과 함께 발전하고 있는데, 그 이유중 하나는 인터넷 전자상거래가 기존의 상거래에 비해 비교적 많은 마케팅 이익 및 판매이익을 주고 있기 때문이다.

③ 전자상거래는 도매상과 소매상을 거치지 않고 인터넷 등을 통해 직접 소비자에게 전달되기 때문에 물류비의 절감을 통해 경쟁력을 높일 수 있다.

④ 전자상거래는 소비자의 의사와는 상관없이 기업의 일방적인 마케팅 활동을 통해 이루어진다.

Aₙₛwₑᵣ 35.④ 36.④

35 ④ 직무기술서란 어떠한 직무에 대해 직무분석을 하고 이를 통해 해당직무의 성격이나 직무개요, 요구되는 자질, 직무내용, 직무방법 및 절차, 작업조건 등을 알아낸 후, 분석한 직무에 대한 주요사항 등을 정리, 기록한 문서이다.

36 ④ 전자상거래는 판매자가 전자매체를 통해 소비자와 재화나 서비스를 교환하는 것으로 소비자의 의사와 상관없이 기업의 일방적인 마케팅 활동으로 이루어지는 것이 아니다.

37 다음의 투자안의 경제성 분석기법에 관한 설명으로 가장 옳지 않은 것은?

① 회수기간법은 회수기간이후의 현금흐름은 고려하지 않는다.

② 회계적이익률법은 화폐의 시간적 가치를 고려한다.

③ 순현재가치법은 내용연수동안의 모든 현금흐름을 고려한다.

④ 내부수익률법은 투자기간동안 자본비용이 변하는 경우에는 적용하기 어렵다.

38 아래의 보기에서 나타난 (A)에 해당하는 용어로 가장 적절한 것은?

글로벌 디스플레이시장에서 중국의 물량공세가 본격화되면서 LCD패널시장에서 (A)이/가 나타날 전망이다. (A)에 따른 경쟁은 지속적으로 가격을 인하하고 과감히 설비투자를 집행하면서 손해를 감수하더라도 점유율을 늘리는 방식으로 시장에서 상대방을 밀어내는 출혈경쟁을 하게 되는 것을 말한다. 결국 타 업체들이 항복함에 따라 마지막까지 버틴 기업이 최후의 승자가 될 수 있다.

① 치킨게임

② 죄수의딜레마

③ 제로섬게임

④ 세명의 총잡이게임

ANSWER 37.② 38.①

37 ② 회계적이익률법은 총 투자액 또는 평균투자액 대비 연평균 순이익 비율을 말한다. 회계적 이익률법의 장점은 회계장부상 자료를 그대로 이용하기 때문에 자료를 얻기 편리하고, 계산이 간편하며 이해가 쉽다는 것이다. 그러나 회계적 이익은 감가상각비와 같이 현금흐름이 없는 손익도 포함되어 있기 때문에 미래의 실제현금흐름과 차이가 있으며 화폐의 시간가치를 고려하지 않는다는 한계가 있다.

38 ① 보기의 내용에서 (A)는 상대를 밀어내기 위한 출혈경쟁을 하게 되는 것으로 마지막까지 버틴 기업이 최후의 승자가 되는 것이라 설명하는데 이는 치킨 게임에 대한 설명이다.
   ㉠ 치킨게임 : 두 명의 경기자들 중 어느 한쪽이 포기하면 다른 쪽이 이득을 보게 되며, 각자의 최적 선택이 다른 쪽 경기자의 행위에 의존하는 게임을 말한다. 각자의 출혈을 감수하고 게임에 임하며 상대가 포기할 때까지 버틴 쪽이 승리하게 된다.
   ㉡ 죄수의 딜레마 : 두 사람에게 협력적인 선택이 둘 모두에게 최선의 선택임에도 불구하고 자신의 이익만을 고려한 선택으로 인해 자신뿐만 아니라 상대방에게도 나쁜 결과를 야기하는 현상을 말한다.
   ㉢ 제로섬게임 : 게임에 참가하는 양측 중 승자가 되는 쪽이 얻는 이득과 패자가 되는 쪽이 잃는 손실의 총합이 0(zero)이 되는 게임을 가리킨다.
   ㉣ 세명의 총잡이게임 : 자신은 결투에서 한 발 물러서고 상대의 목표를 서로에게 돌리게 하면서 자신에 대한 관심도를 낮추는 것을 말한다.

39 최근 대두되고 있는 4차 산업혁명에 대한 설명 중 가장 거리가 먼 것은?

① 2015년 세계경제포럼에서 언급되었으며, 기계중심 기반의 새로운 산업시대를 대표하는 용어이다.
② 3차산업혁명(정보혁명)에서 한 단계 더 진화한 혁명으로 일컬어진다.
③ AI, 사물인터넷, 클라우드 컴퓨팅, 빅데이터 등 지능정보기술과 기존산업과의 결합이 가능하다.
④ 초연결, 초지능을 특징으로 하기에 기존산업혁명에 비해 더넓은 범위에 더 빠른 속도로 큰 영향을 미친다.

40 다음은 무엇을 설명하는 용어인지, 가장 가까운 보기를 고르시오.

> (   )은/는 제품과 서비스의 수입을 제한하는 정부의 규제로, 이를 지지하는 사람들은 자
> 국 생산자들의 성장에 기여하고 더 많은 일자리를 만들 것이라 주장한다. 주요 방법으로는 관세, 수
> 입쿼터, 금수조치가 있다.

① 자국우선주의   ② 역외아웃소싱
③ 보호무역주의   ④ 경제성장주의

ANSWER｜ 30.① 40.③

39 4차 산업혁명은 온라인 정보통신기술이 오프라인 산업 현장에 적용되면서 일어난 혁신을 일컫는 말로 2016년 세계경제포럼
은 미래의 화두로 4차 산업혁명을 던졌다.

40 보호무역주의 … 자국 산업이 국제경쟁력을 갖출 때까지 국가가 국내 산업을 보호, 육성하면서 무역에 대한 통제를 가하
는 정책을 말한다. 국가가 관세, 수입할당제, 그 밖의 수단으로 외국무역에 간섭하여 국내산업 또는 고용을 보호하려고
하는 주장이다.

41 Which of the followings is most appropriate for the blank?

> Guarantee and Cancellation Policy
>
> There is a credit card required for this reservation. If you wish to cancel, please do so 1 day prior to arrival to avoid cancellation _____.

① penalties
② fees
③ payment
④ fares

42 Choose one that does not correctly explain each other.

① Voice mail : a system where people leave recorded telephone messages
② Staple : a metal object pressed through papers to hold them together
③ Tape : a sticky material that keeps objects together
④ Atlas : a room or building where books are kept

ANSWER | 41.① 42.④

41 「보증 및 취소 정책
이 예약에 필요한 신용 카드가 있습니다. 취소를 원하시면 취소 위약금을 피하기 위해 도착 하루 전에 취소해주세요.」
① 위약금
② 수수료, 요금
③ 지불금, 납입
④ 요금

42 ① Voice mail : 기록된 전화 메시지를 남기는 시스템.
② Staple : 종이를 한데 묶기 위해 종이들을 통과해 압착하는 금속물.
③ Tape : 물체를 서로 붙게 하는 끈적한 물질
④ Atlas : 책을 보관하는 방이나 건물 → a book of maps : 지도책

43 Who is Ms. Chillingworth MOST likely to be?

Date : 14 February	Subject : Slembrouck BVBA
From : Manager	To : Ms. Chillingworth

I am very surprised that Slembrouck BVBA are not going to deliver the coffee and the rest of the tea until the end of the month. We have now found a new supplier, so please cancel our order with them.

You can also tell them that we are sorry, but we do not intend to do any more business with them.

① a purchasing & sales supervisor   ② HR manager

③ a PR manager   ④ a production manager

44 Choose the sentence which does not have a grammatical error.

① I will be out of town on a business trip July 5 through 12.

② This is to conform that Ms. Dalton's hotel booking has cancelled.

③ FYI, I have been forwarded the below email and attached.

④ If you'll have any queries regarding this new health benefit program, please call me at Ext. 1004.

ANSWER 43.①   44.①

43 「저는 Slembrouck BVBA가 이달 말까지 커피와 여분의 차를 배달하지 않을 예정이라는 것에 놀랐어요. 우리는 지금 새로운 공급자를 찾아야 하니 그들과 한 주문을 취소해 주세요.
그들에게 우리가 미안하다고 말할 수는 있지만 우리는 더 이상 그들과 거래할 생각은 없습니다」
① 구매 및 판매 담당자
② 인사 담당자
③ 홍보 담당자
④ 생산담당자
Ms. Chillingworth가 커피와 차를 구매하는 일을 담당하고 있음을 알 수 있다.

44 ① 범위나 기간을 나타낼 때는 '~까지'를 뜻하는 전치사 to를 사용한다.
→ I will be out of town on a business trip July 5 to 12.

45 Please put the sentences in order.

> (a) Even though I appreciate your invitation and would very much like to attend the Seminar, I will be out of town during the said period.
>
> (b) I have just received your kind invitation to the 11th Computer Graphics Seminar during April 16-18, 2018 this morning.
>
> (c) With your permission, I am planning to have one of our senior staff members attend the Seminar on my behalf.
>
> (d) Meanwhile, if there is anything our company can do for you in organizing the Seminar, please let me know.

① (b) − (a) − (c) − (d)   ② (c) − (a) − (b) − (d)

③ (c) − (b) − (a) − (d)   ④ (a) − (c) − (b) − (d)

46 Which English translation is grammatically INCORRECT?

① 참고가 되는 통계를 첨부합니다. Statistics are attached for reference.

② 이 공장 기계는 한국제입니다. This machine tool was made in Korea.

③ 저희 최신 공장은 공업 단지에 있습니다. Our most new plant is located on the industrious zone.

④ 재고는 계절에 따라 오락가락합니다. The inventory fluctuates up and down depending on the season.

※ Read the following message and answer the questions. 【47~48】

Dear Ms. Shin,

I am grateful for your very kind ⓐ_____ while I stayed in Seoul. I thoroughly enjoyed my tour of the city and the wonderful meals that you ⓑ_____ for me.

I ⓒ_____ you a lot. I'd like to return your kindness. Please visit Tokyo in the near future. Thanks again.

Kind regards,

Danaka Takuya

---

47 What kind of letter is this?

① Invitation Letter   ② Announcement Letter

③ Thank you Letter   ④ Inquiry Letter

48 Which of the following is the most appropriate expression for the blanks ⓐ, ⓑ, and ⓒ.

① ⓐ welcome   ⓑ prepared   ⓒ obtain

② ⓐ hospitality   ⓑ arranged   ⓒ owe

③ ⓐ entertain   ⓑ booked   ⓒ deserve

④ ⓐ reception   ⓑ provided   ⓒ receive

Aɴsᴡᴇʀ 47.③ 48.②

❋ 【47~48】
「친애하는 Ms. Shin
저는 제가 서울에 머무는 동안 당신의 친절한 환대에 감사합니다. 저는 당신이 저를 위해 마련한 멋진 식사와 도시 여행을 아주 잘 즐겼습니다.
큰 빚을 졌습니다. 당신의 친절에 보답하고 싶어요. 가까운 미래에 도쿄를 방문해 주세요. 다시 한 번 감사합니다.」

47 ③ 다나카가 서울에 머무는 동안 환대해준 신에게 감사를 전하는 편지다.

48 ⓐ hospitality : 환대, 접대
ⓑ arrange : 마련하다, 처리하다.
ⓒ I owe you a lot. : 큰 빚을 졌습니다.

49 Belows are sets of English sentence translated into Korean. Choose one which does not match correctly each other.

① You shouldn't hurry through a business report.
→ 사업 보고서를 대충대충 작성해서는 안 됩니다.

② We're about a month behind schedule.
→ 예정보다 한 달 정도 빨리 끝날 것 같습니다.

③ I think we need to wrap it up for today.
→ 오늘은 이만 해야겠네요.

④ Refer to the quarterly report for the last year.
→ 작년 분기별 보고서를 참조하세요.

50 Which of the following should you NOT do when transferring a call?

① Tell the caller to whom he is being transferred.

② Be polite and professional.

③ Disconnect the caller.

④ Ask the caller for permission before you make the transfer.

ANSWER 49.② 50.③

49 ②에서 behind schedule은 '예정보다 늦게'를 뜻한다.
→ 우리는 예정보다 한 달 정도 늦었다.

50 ③ 전화를 끊다.

51 According to the following, which is MOST proper?

January 22 (Monday) (Mr. Yoon)

10:30–11:30 Investor Relations Presentation, First Securities Corporation
                 25 Portman Square, London W1H7BH

12:00–14:00 Luncheon with Executives of the FSC
                 Strand Restaurant, Sofitel St. James London

15:00–16:30 Final Discussion with the Investment Banking Team

17:00–18:30 Dinner on your own

19:00   Arrive at Eurostar London Waterloo Station

19:30   Eurostar to Paris

21:45   Arrive at Eurostar Paris Gare du Nord Station

22:30   Check in at Hotel Astra Opera 30, rue Caumartin, 75010 Paris

---

① This is the Europe sightseeing trip itinerary for Mr. Yoon.

② Mr. Yoon will sleep in London on January 22.

③ Dinner is important for Mr. Yoon to discuss the current issues with others.

④ Mr. Yoon has dinner in London.

51 ① 이것은 Mr.윤을 위한 유럽관광 여행일정이다. → 그의 출장일정이다.
　　② Mr.윤은 1월 22일에 런던에서 잘 것이다. → 22일 21시 45분에 파리에 도착한다.
　　③ 저녁식사는 Mr.윤이 다른 사람들과 현재 이슈를 논하는 것이 중요하다. → 혼자 저녁을 먹는다.
　　④ Mr.윤은 런던에서 저녁을 먹는다.

52 According to the followings, which is true?

Hotel Information

At check in, the front desk will verify your check-out date. Rates quoted are based on check-in date and length of stay. Should you choose to depart early, price is subject to change.

Check-in : 3:00 p.m

Check-out : 12:00 p.m

Smoking : Non-Smoking

(THIS HOTEL IS 100% NON SMOKING.)

Parking :

Self parking : $21.00 (Self parking only, 10% tax will be added.)

Valet : Not Available

Pets :

Pets allowed : No

---

① If you check-out the hotel early in the morning, the room charge can be changed.

② Dogs & pets are allowed at the hotel.

③ Valet parking service is available for the hotel guests.

④ You can smoke at the hotel lobby.

52 「호텔 안내
입실 시, 프론트 데스크에서 당신의 퇴실 일자를 확인할 것입니다. 견적율은 입실 날짜와 체류 기간을 기준으로 합니다. 일찍 출발하는 것을 선택한다면, 가격은 변경될 수 있습니다.
입실 : 3:00p.m
퇴실 : 12:00p.m
흡연 : 금연 (이 호텔을 100% 금연 구역입니다.)
주차 : 셀프 주차 - $21.00 (셀프 주차만 가능합니다. 10% 부가세가 가산됩니다.)
　　　　발렛 - 불가능
애완동물 : 불허」
① 당신이 아침 일찍 체크 아웃한다면, 방 가격이 변동 될 수 있다.
② 강아지 및 반려동물은 호텔에 허용된다.
③ 호텔 손님을 위한 발렛 주차가 가능하다.
④ 호텔 로비에서 흡연이 가능하다.

53 According to the following dialogue, which is not true?

A : Good morning. May I help you?

B : Good morning. I'd like to see Mr. Taylor.

A : May I ask your name and the nature of your business?

B : I'm Mary Chung of P&G Consumer Products Company.

I just want to talk to him about our new products.

A : I see. Let me see if Mr. Taylor is available.

Could you please wait for a while.

B : Sure.

A : Thank you for waiting, Ms. Chung. I'm sorry but Mr. Taylor is going to attend a meeting soon.

Could you please make an appointment before you visit him?

B : I will. Here is my business card. Please give it to him.

① Ms. Chung belongs to P&G Consumer Products Company.

② Mr. Taylor can't meet Ms. Chung because of his schedule.

③ Ms. Chung didn't want to introduce herself to Mr. Taylor.

④ Ms. Chung visited Mr. Taylor's office without appointment.

ANSWER 53.③

53 「A : 좋은 아침이에요. 제가 도와드릴까요?

B : 좋은 아침이에요. 테일러 씨를 만나고 싶은데요.

A : 당신의 이름과 어떤 사업을 하시는지 알려주시겠어요?

B : 저는 P&G 소비재 회사의 메리 청입니다. 전 저희의 새로운 상품에 대해 이야기를 좀 나누고 싶습니다.

A : 알겠습니다. 테일러 씨가 가능하실 지 한 번 볼게요. 잠시만 기다려주시겠어요?

B . 네.

A : 기다려주셔서 감사합니다. 유감이지만 테일러 씨는 곧 회의에 참석 할 예정이에요. 그를 방문하기 전에 약속을 잡아주시겠어요?

B : 그럴게요. 여기 제 명함입니다. 그분께 전해주세요.」

① 청씨는 P&G 소비재 회사에 속해 있다.

② 테일러 씨는 그의 일정 때문에 청씨를 만날 수 없다.

③ 청씨는 테일러에게 자신을 소개하는 것을 원하지 않는다.

④ 청씨는 약속 없이 테일러 씨의 사무실에 방문했다.

54 Fill in the blanks of the phone call discourse with the best word(s).

Kelly : Kelly Clarkson speaking.

Yoonho : Hi Kelly, this is Yoonho Lee of Zenux.

You must have come back from your business trip. How was it?

Kelly : It was all right.

Yoonho : Aren't you suffering from (   )?

Kelly : Slightly, but I'm all right.

Yoonho : I'm calling to remind you (   ) on September 20th.

Kelly : Yes, of course I remember.

---

① phone calls － to our meeting

② the trip － by our meeting

③ jetlag － of our meeting

④ jet plane － for our meeting

ANSWER 54.③

54 「Kelly : 전화받았습니다.

Yoonho : 안녕하세요. Zenux의 이윤호입니다.

출장에서 돌아오신 게 틀림없군요. 어떠셨어요?

Kelly : 괜찮았어요.

Yoonho : 시차 때문에 고생하시는 거 아니에요?

Kelly : 약간요. 그렇지만 괜찮아요.

Yoonho : 9월 20일에 있을 회의를 상기시켜드리려고 전화했어요.

Kelly : 네 당연히 기억합니다.」

③ jetalg : 시차, remind 목적어 of ~

55 Which of the following is the most appropriate expression for the blank?

A : Good morning, Axa Electronics, Helen Watson speaking. How may I help you?

B : I'd like to speak to Mr. White, please. I don't have his extension though.

A : May I ask who is calling?

B : Oh, sorry. This is Jihyun Park from Korea International.

A : _____.

B : Sure.

A : I'm sorry, Mr. Kim. But he's not available at the moment.
   Would you like to leave a message?

B : That's okay. I will try to call him another time. Thank you.

A : Good day, sir.

---

① I'll put you through to Mr. White.

② His extension number is 1234.

③ Just a moment, please. I will see if he's in.

④ The lines are crossed. Please call me again.

ANSWER 55.③

55 「A : 좋은 아침입니다. Axa Electronics, 헬렌 왓슨 전화 받았습니다. 무엇을 도와드릴까요?
R : 하이트 씨와 통화하고 싶습니다. 제가 내선 번호를 몰라서요.
A : 누구라고 전해드릴까요?
B : 아, 죄송해요. 코리아 인터내셔널 박지현입니다.
A : 잠시만요, 그가 안에 있는 지 확인해볼게요.
B : 네.
A : 죄송합니다. 지금 그가 시간이 안 되요. 메시지는 남겨드릴까요?
B : 괜찮습니다. 다른 시간에 다시 전화 하도록 할게요. 감사합니다.
A : 네, 좋은 하루 되세요.」

56 Choose one which is not true to the given text.

TELEPHONE MEMO

To Mr. S. Y. Kim

Date 2017. 2. 2.   Time 2:20 p.m

WHILE YOU WERE OUT

Mr. Paul Robinson

of International Home Appliances

phone 555 - 2485   Ext 144

■ Telephoned   □ Please Call

□ Returned Your Cal   □ Will Call Again

□ Came to see You   □ Wants to see you

Message : Mr. Robinson'd like to cancel the meeting of February 4th, Monday at 2 o'clock.
He has to leave for New York tonight and will be back on February 12th.

taken by Michelle Lee.

① Mr. Paul Robinson left this message to Ms. Michelle Lee.

② Mr. Paul Robinson called Mr. Kim to cancel the meeting of February 4th.

③ Ms. Michelle Lee is working for International Home Appliances.

④ This message should be given to Mr. S. Y. Kim as soon as possible.

56 ③ Ms. Michelle Lee가 아니라 Mr. Paul Robinson이 International Home Appliances에서 일한다.

57 This is Mr. M. Lee's itinerary. Which one is true?

Monday, January 10 (Seoul to New York)

9:00 a.m   Leave Incheon Airport on OZ902 for JFK Airport.

9:25 a.m   Arrive at JFK Airport.

1:00 p.m   Meeting with Roger Harpers, President, ACF Corporation at Garden Grill.

7:00 p.m   Dinner Meeting with Joyce Pitt, Consultant, American Business System at Stewart's Restaurant.

Tuesday, January 11 (New York)

9:30 a.m   Presentation "The Office Environment – Networking" at the National Office Systems Conference, City Conference Center

12:00 p.m   Luncheon with Raymond Bernard, Vice President, Wilson Automation, Inc., at the Oakdale City Club.

---

① Mr. M. Lee is going to fly to USA on OZ902.

② Mr. M. Lee will make a presentation at the City Conference Center after lunch.

③ Mr. M. Lee will have a luncheon meeting at Garden Grill on January 11th.

④ Mr. M. Lee will arrive at JFK airport at 9:25 a.m. on January 11th Seoul time.

57 ② 1월 11일 오전 9시 30분에 발표회가 있다.

③ 오찬 회의는 Oakdale City Club에서 한다.

④ 뉴욕시간으로 1월 10일 오전 9시 25에 도착했다.

58 Read the below conversations. Which of the following DOES NOT fit the blank?

> A : I finally finished making the handouts for the meeting.
>
> B : We have _____(a)_____.
>
> A : Okay. make the document a Powerpoint document.
>
> B : OK, will.
>
> A : Print out a copy and then _____(b)_____.
>
> B : Do you want me to use waste paper?
>
> A : You know what our boss wants.
>
> B : Mmm, where did I put the used paper?
>
> A : What's keeping you so late?
>
> B : _____(c)_____ to finish the report.
>
>   I'm afraid my computer _____(d)_____.
>
> A : Oh, no! Not again!
>
> B : I know, I cannot access the Internet.
>
> A : Why don't you use a different computer then?
>
> B : All of the computers in the office are too old.
>
>   We need to purchase some newer models.
>
> A : Let's ask the manager to see when he comes back from the meeting.

① (a) only 20 minutes to go ② (b) make ten copies of it

③ (c) My computer is too slow ④ (d) infects a computer virus

---

58 「A : 마침내 회의에 필요한 유인물을 만든 것을 끝냈어요.
  B : 이제 20분 밖에 안 남았어. ((a) only 20 minutes to go)
  A : 그럼. 문서를 파워포인트 문서로 만들자.
  B : 그래 내가 할게.
  A : 한 부 출력하고 그걸로 10부 복사할게((b) make ten copies of it)
  B : 이면지를 사용할까?
  A : 너도 알잖아. 우리 사장님이 원하는 거.
  B : 음. 내가 사용한 종이 어디다 났지?
  A : 왜 이렇게 늦어?
  B : 내 컴퓨터가 보고서를 끝내기에 너무 느려. ((c) My computer is too slow) 내 컴퓨터가 바이러스를 감염시키는 거 같아((d) infected a computer virus)
  A : 안돼, 절대 안돼!
  B : 나도 알아. 인터넷에 접근할 수가 없어
  A : 왜 다른 컴퓨터를 사용하지 않았어?
  B : 사무실에 있는 다른 컴퓨터도 너무 오래 됐어. 우리 새로운 모델을 구매해야 돼.
  A : 회의에서 돌아오시면 부장님께 물어보자.」

59 According to the following conversation, which one is not true?

A : Ms. Lee, could you tell me my schedule for today?

B : Yes. Mr. Taylor, there'll be a meeting on TV advertising at 10:30. Mr. Y.G. Seo, Marketing Director would like you to join the meeting. At 12:00 you have a lunch appointment with Ms. Jill Sander at the cafeteria.

A : Cafeteria on the first floor?

B : Yes, it is. After lunch, at two o'clock Lawyer Kim will visit you to discuss the labor agreement.

A : All right. Tell me how you've planned my business trip to New York.

B : You're leaving Seoul at 9:30 on Tuesday morning on OZ780 and arriving at JFK Airport at 10 o'clock on the same day. Mr. John Park will meet you at the airport and take you to the headquarters.

A : Good.

B : You will be staying at the Royal Garden Hotel for 5 nights.

A : And on the way back?

B : The return flight will leave at 4 o'clock on Sunday afternoon and will arrive at the Incheon Airport at 9:00 p.m next Monday. Mr. Kim, the driver will meet you at the airport.

---

① Mr. Taylor is going to be on a business trip to New York.

② Mr. Taylor has a lunch appointment with Ms. Jill Sander at the cafeteria on the first floor today.

③ Mr. Taylor will fly to New York on OZ780 on Tuesday morning.

④ Mr. John Park will take you to the Royal Garden Hotel after you arrive at the JFK Airport.

ANSWER 59.④

59 「A : Ms. Lee, 오늘 내 일정을 말해주겠어요?
B : 네, 10시 30분에 TV광고에 관한 회의가 있습니다. 마케팅 책임자, Mr. Y. G. Seo께서 그 회의에 참석하시기로 했습니다. 12시에는 카페테리아에서 Ms. Jill과 점심 약속이 있습니다.
A : 1층에 있는 카페테리아요?
B : 네, 점심식사 후 2시에 김 변호사님이 노동 협약에 대한 논의를 위해 방문하실 겁니다.
A : 좋아요. 제 뉴욕 출장을 어떻게 계획했는지 말해줘요.
B : 화요일 아침 9시 30분에 OZ780을 타고 서울을 떠나고 JFK공항에 같은 날 10시 정각에 도착할 겁니다. Mr. Jhon Park은 10시에 당신을 만나 본사로 데려가 줄 것입니다.
A : 좋네요.
B : 5일 밤 동안 Royal Garden Hotel에서 묵게 되실 것입니다.
A : 돌아올 때는요?
B : 돌아오는 비행기는 일요일 오후 4시에 떠날 것입니다. 그리고 인천공항에 다음 주 월요일 오후 9시에 도착할 것입니다. 운전기사 Mr. Kim이 공항에 마중 나갈 것입니다.」
④ Mr. Jhon Park은 호텔이 아니라 본사로 데려가 줄 것이다.

60 According to the followings, which one is not true?

This is the overview of the Millennium Royal Hotel in New York City.

- 3 Diamond downtown hotel with indoor pool.
- The Millennium Royal 55 Church Street is a few minutes walking distance from One World Trade Center and Wall Street. Approximately a 15 minute walk to Battery Park and the Metro (Cortland) is located outside the front door of the hotel.
- We have Business Center, Fitness Center, Meeting Rooms, too.
- All guests get free standard Wi-Fi in-room and in the lobby.

---

① You can use Wi-Fi anywhere in the hotel free of charge.

② The hotel is located close to the Wall Street.

③ The hotel is located in the downtown of New York City.

④ There is a Metro station near the hotel.

61 다음 중 문서의 발신기관과 관련된 내용이 가장 잘못된 것은?

① 대외문서의 경우 기획부에서 작성한 문서라 할지라도 행정기관 또는 행정기관의 장의 명의로 발송한다.

② 발신기관 정보는 문서의 내용에 관하여 의문사항이 있을 때 질의하거나 당해 업무에 관하여 협의할 때 용이하게 활용할 수 있는 중요한 정보이므로 반드시 기록한다.

③ 발신기관 주소는 층수와 호수까지 기재한다.

④ 전자우편 주소는 최종결재권자의 행정기관 공식 전자우편 주소를 기재한다.

62 다음 중 기안문의 수신 표시가 가장 부적절한 것은?

① 수신자 청양군수(기획과장)

② 수신자 청양군

③ 수신자 수신자 참조

④ 수신자 가47(예산업무 담당과장)

ANSWER 61.④ 62.②

61 ④ 전자우편 주소는 담당자의 공시 전자우편 주소를 기재한다.

62 ㉠ 문서의 두문 중 수신란의 표시는 경유, 수신 및 참조로 구분한다. 수신란에는 수신기관의 장의 명칭을 쓴다.
㉡ 수신기관이 2개 기관 이상일 때는 두문의 수신란에 "수신처참조"라고 쓰고, 결문의 발신명의란 아래 전결, 대결 표시인을 날인 할 수 있도록 간격을 띄우고 왼쪽 기본선에 맞추어 "수신처"라고 쓰고, 수신처 기호 또는 수신기관명을 표시한다.
㉢ 수신처기호의 제정 문서처리의 능률화를 위하여 기호 또는 숫자로 표시하여 기재를 간소화하는 것이다.

63 사단법인의 팀 비서로 일하고 있는 전 비서가 문서의 수발신 업무를 아래와 같이 하고 있다. 다음 보기 중 올바르지 않은 것끼리 묶은 것을 고르시오.

> 가. 접수문서를 접수하여 문서 등록대장에 기재한 후 담당자에게 전달하였다.
> 나. 기밀문서를 발송할 때는 기밀유지를 위해서 발신부 기록을 생략하였다.
> 다. 상품 안내서와 광고문의 경우는 즉시 폐기해서 유통량을 줄였다.
> 라. 여러 부서원이 보아야할 문서는 원본으로 회람하였다.
> 마. 공문서 발송 직전 법인 이사장 관인을 날인 받아서 복사본을 보관해두었다.
> 바. 팀원에게 온 친전문서를 개봉하여 확인 후 전달하였다.
> 사. 팀장님의 지시로 경조금 10만 원을 통화등기로 결혼식장에 바로 발송하였다.

① 가, 나, 다, 사
② 나, 다, 라, 바
③ 나, 다, 마, 사
④ 나, 라, 마, 사

63 나. 문서 수·발신대장의 수신, 발신란을 정확하게 기입해야 문서에 관한 문제가 발생했을 때 빠르게 처리 가능하다.
　　다. 광고나 기타 일상적인 우편은 내용을 확인하여 폐기한다.
　　라. 여러 부서원이 보아야하는 문서는 사본으로 회람한다.
　　바. 친전문서는 개봉하지 않고 전달한다.

64 다음은 상공주식회사의 비용부문에 관한 위임전결규정의 일부표이다. 이 규정에 맞게 가장 효율적이고 적절하게 문서 결재가 처리된 것을 고르시오.

구분	내용	금액기준	결재서류	전결 / 결재권자		
				팀장	본부장	대표이사
접대비	거래처 식·주대, 조의금 축의금 등	20만 원 이하	1. 접대비지출품의서 (건별) 2. 지출결의서(월간)	●■		
		30만 원 이하			●■	●■
		30만 원 초과				
여비 교통비	국내 출장비	30만 원 이하	1. 출장계획서 2. 출장비신청서	●■		
		50만 원 이하		●	■	
		50만 원 초과		●		■
	해외출장비		1. 출장계획서 2. 출장비신청서	●		■

※ 전결 구분

● : 지출결의서, 세금계산서, 발행요청서, 각종 신청서

■ : 기안서, 출장계획서, 접대비지출품의서

① 20만 원의 국내 출장비가 필요한 출장계획서를 팀장이 부재중이여서 본부장이 대결하였다.

② 대표이사 비서실에서는 산학협력기관의 한국대 김명수 교수의 아들 결혼식 축의금 10만 원 처리를 위하여 대표이사에게 접대비 지출품의서를 결재받았다.

③ 본부장의 해외출장 계획서를 결재권자가 해외출장중이여서 팀장이 대결하였다.

④ 본부장의 제주 포럼 참가 출장비 100만 원 처리를 위한 출장비 신청서를 팀장이 전결하였다.

ANSWER 64.④

64 ④ 국내 출장비 100만 원처리를 위한 출장비 신청서를 팀장이 전결하였으므로 국내 출장비 - 50만 원 초과 - 출장비 신청서(각종 신청서 ●) - 팀장의 칸에서 확인할 수 있다.

65 한국상공(주)의 대표이사 비서인 이나영씨는 거래처 대표이사가 새로 취임하여 축하장 초안을 작성하고 있다. 다음 축하장에서 밑줄 친 부분의 맞춤법이 바르지 않은 것끼리 묶인 것은?

귀사의 무궁한 번영과 발전을 기원합니다.

이번에 대표이사로 새로 취임하심을 진심으로 기쁘게 생각하며 ⓐ<u>축하드립니다</u>. 이는 탁월한 식견과 그동안의 부단한 노력에 따른 결과라 생각합니다. 앞으로도 저희 한국상공(주)와 ⓑ<u>원활한</u> 협력 관계를 ⓒ<u>공고이</u> 해 나가게 되기를 기대하며, 우선 서면으로 축하 인사를 대신합니다. ⓓ<u>아무쪼록</u> 건강하시기 바랍니다.

---

① ⓐ, ⓑ

② ⓑ, ⓒ

③ ⓑ, ⓓ

④ ⓒ, ⓓ

66 교회비서로 근무하는 김 비서는 교회에서 생산, 거래되는 문서를 파일링하기 위해 다음과 같은 방법을 사용하였다. 먼저 문서는 1차로 '예배, 법적재산, 교구재정, 인사기록, 각종서신, 목회자료, 출판물'로 분류한다. 김 비서가 사용한 1차 문서분류 방법은 무엇인가?

① 주제별 파일링(subject filing)

② 번호순 파일링(numeric filing)

③ 수문자 파일링(alphanumeric filing)

④ 알파벳순 파일링(alphabetic filing)

ANSWER) 65.② 66.①

65 ⓑ 원활한 ⓒ 공고히

66 문서를 1차로 '예배, 법적재산, 교구재정, 인사기록, 각종서신 등...'으로 분류한다고 했으므로 주제별로 파일링 하고 있음을 알 수 있다.

67 다음 중 감사장을 적절하게 작성하지 않은 비서를 고르시오.

> 가. 강 비서는 상사가 출장 후 도움을 준 거래처 대표를 위한 감사장을 작성하면서 도움을 준 내용과 금액 등을 상세하게 언급하면서 감사장을 작성하였다.
>
> 나. 나 비서는 창립기념행사에 참석해서 강연해준 박 교수에게 감사 편지를 작성하면서 회의 주제를 구체적으로 언급하면서 감사의 내용을 기재하였다.
>
> 다. 배 비서는 상사 대표이사 취임축하에 대한 감사장을 작성하면서 감사인사와 함께 앞으로 포부와 결의도 작성하였다.
>
> 라. 성 비서는 상사의 빙모상의 문상에 대한 답례장을 작성하면서 메일머지를 이용하여 부의금액을 정확하게 기재하면서 감사의 내용을 기재하였다.
>
> 마. 양 비서는 문상 답례장을 작성하면서 계절인사와 미사여구는 생략하고 담백하게 문상에 대한 감사의 내용을 기재하였다.

① 나 비서, 성 비서   ② 배 비서, 양 비서

③ 강 비서, 나 비서   ④ 강 비서, 성 비서

68 아래 보기에 스마트폰 애플리케이션이 2개씩 짝지어져 있다. 2개의 사용목적이 서로 다른 것끼리 짝지어진 것은?

> ㉠ 월드카드모바일(WorldCard Mobile)   ㉡ 캠카드(CamCard)
>
> ㉢ 이지플래너   ㉣ 조르테(Jorte)
>
> ㉤ 리멤버

① ㉠, ㉡   ② ㉠, ㉣

③ ㉡, ㉤   ④ ㉢, ㉣

ANSWER 67.④ 68.②

67 감사장 작성 시 물품과 금액에 대한 언급은 자세히 하지 않는 것이 좋다.

68 ㉠㉡㉤ 명함관리 어플
㉢㉣ 일정관리 어플

69 다음 중 기업이 존재하는 한 영구 보존해야 하는 종류의 문서가 아닌 것은?

① 주주총회 회의록

② 정관

③ 특허 관련 서류

④ 재무제표

70 일정관리파일을 이용해 온라인으로 일정을 관리하는 방법이 가장 잘못된 비서는?

① 고 비서는 작성된 부서 일정을 인트라넷을 통해 공유했다.

② 김 비서는 지속적으로 일정 관리 파일을 업데이트 했다.

③ 최 비서는 한글 프로그램으로 만든 일정 파일의 파일명을 구체적인 일정과 날짜를 기입하여 관리한다.

④ 이 비서는 일정 관리 파일을 기간별로 정리하여 파일링하고 일 > 주간 > 월 > 연간 단위 순서로 하위 폴더를 생성한다.

71 엑세스를 활용한 명함 데이터베이스 관리의 특징으로 가장 잘못된 것은?

① 엑셀보다 다양한 데이터 형식인 OLE개체, 일련번호, 첨부파일 등을 지원한다.

② 엑셀에서 입력한 데이터파일을 엑세스로 불러와서 활용할 수 있다.

③ 엑셀로 데이터를 내보내서 안내장, 편지 라벨 작업 등을 할 수 있다.

④ 엑세스에서는 편지 병합 기능을 이용한 편지 작성, 라벨 작업 등을 사용할 수 없다.

Answer 69.④ 70.④ 71.④

69 영구보존문서	−효력이 영속하는 문서 −정관, 사사, 사규 −소송 및 등기에 관한 문서 −주주명부, 주주총회 회의록, 이사회 회의록 −관청의 주요 인허가서 및 중요 계약서 −기타 중요한 서류, 장부 및 도표

70 ④ 기간별로 정리한 파일은 연간 > 월 > 주간 > 일 단위 순서로 하위 폴더를 생성한다.

71 ④ 엑세스에서 편지 병합 기능을 이용해 편지작성, 라벨 작업등을 사용할 수 있다.

72 다음 기사를 읽고 유추하기에 가장 부적절한 것은?

농림축산식품부는 유엔식량농업기구(FAO)가 발표한 8월 세계 식량가격지수가 전월보다 1.9% 상승한 165.6포인트를 기록 했다고 11일 밝혔다. 이는 지난달 반년 만에 하락했던 지수가 한 달 만에 다시 반등한 것이다. 특히 8월 식량가격지수는 2015년 5월 이후 최고 수준이고, 작년 같은 달보다도 7% 높았다.

곡물을 제외한 모든 품목의 가격이 상승한 가운데 유제품의 상승 폭이 가장 컸다. 유제품은 전월보다 8.6% 상승한 154.6포인트를 기록했다. 유럽연합(EU)의 우유 생산량 감소 등으로 수출량이 예상치보다 적을 것으로 전망됐기 때문이다. 유지류의 경우 석 달 연속 떨어졌던 식물성 유지류의 가격이 전월보다 7.4% 상승한 169.1포인트를 기록했다. 주요 생산국인 말레이시아의 낮은 생산량과 부족한 세계 재고량, 수요 증대 등이 맞물리며 가격이 석 달 만에 상승세로 돌아선 것이다.

설탕은 세계 최대 설탕 생산국인 브라질 통화의 달러 대비강세로 가격지수가 2012년 10월 이후 최고 수준을 기록했고, 육류도 전월보다 0.3% 소폭 상승해 162.2포인트를 기록했다. 반면 곡물의 경우 밀이 수확 시기를 맞아 공급이 늘면서 가격이 내려갔고, 쌀도 수확 시기가 다가오고 구매수요는 줄면서 가격이 하락했다.

(연합뉴스, 2016. 9. 11일자)

① 2016년 8월 세계식량가격지수가 1년 3개월만에 역대 최고치를 갱신했다.

② 설탕은 브라질 통화의 강세로 인해서 2012년 11월보다 가격이 높아졌다.

③ 2016년 8월 기준으로 곡물 가격은 하락하였으나, 오히려 식량가격지수는 상승한 셈이다.

④ 유럽연합의 우유 수출량 감소 전망으로 인해 유제품 가격 상승폭이 커졌다.

72 ① 1년 3개월 만에 역대 최고치가 아닌 2015년 5월부터 2018년 8월까지 1년 3개월 중 최고수준이다.

73 다음 그래프에 대한 설명이 가장 올바른 것은?

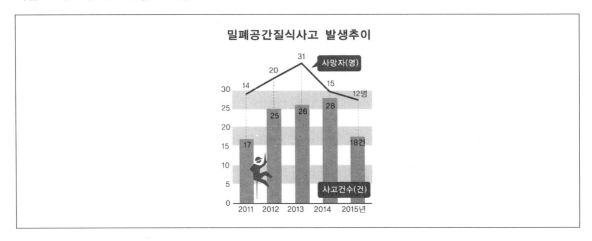

① 사고건수가 많으면 사망자수도 비례해서 많아진다.

② 이 그래프는 혼합형 그래프로서 이중축 중 한개축이 보이지 않게 설정되었다.

③ 2014년에는 밀폐공간 질식사고가 나면 전원 사망하였다.

④ 2013년에는 전년대비 사고건수는 감소했으나, 사망자수가 늘어났다.

74 광고대행사인 상공기획에 근무하는 정은숙 비서는 상사의 광고 수주를 위한 프리젠테이션 자료를 작성하고 있다. 이 중 가장 바람직하지 못한 것은?

① 우리회사의 광고 대행 연간실적 추이를 보여주기 위하여 꺾은선 그래프를 이용한 차트를 포함하였다.

② 우리회사에서 전에 제작한 광고 중 관련된 분야의 히트친 광고 동영상을 서두에 보여주면서 시선을 끌었다.

③ 시선을 지속적으로 끌기 위해서 매 슬라이드마다 화려한 화면전환효과와 현란한 애니메이션기능을 활용하였다.

④ 광고주가 요청한 사항을 어떻게 처리할 것인지를 명쾌하게 전달 할 수 있도록 도식화하였다.

75 다음 중 컴퓨터 바이러스 랜섬웨어에 대한 설명이 가장 적절하지 않은 것은?

① 랜섬웨어는 이메일, 웹사이트, P2P 서비스 등을 통해 주로 퍼진다.

② 랜섬웨어에 걸렸을 경우 컴퓨터 포맷은 가능하나 파일을 열거나 복구하기가 힘들다.

③ 랜섬웨어 예방법으로는 컴퓨터를 켜기 전에 랜선을 뽑아 두거나 와이파이를 꺼두는 방법이 효과적이다.

④ 랜섬웨어 예방을 위해서는 랜섬웨어가 생기기 전의 오래된 윈도우즈가 효과적이므로 오래된 운영체계로 변경하도록 한다.

76 다음 보기와 같은 비서의 행동 중에서 가장 적절하지 않은 것으로 묶인 것은?

> 가. 문서세단기가 없어서 문서내용을 확인할 수 없도록 가위로 작게 잘라 버렸다.
> 나. 컴퓨터의 OS와 웹브라우저를 최신버전으로 주기적으로 업데이트 하였다.
> 다. 상사의 근황을 묻는 방문객의 질문에 일체 답변하지 않았다.
> 라. 상사 부재시에 찾아온 내방객에게 상사의 예정 귀사 시간을 알렸다.
> 마. 컴퓨터 작업시에 스크린세이버 기능을 활성화시켜 두었다.
> 바. 대외비에 해당하는 문서는 사내에서는 자유롭게 열람하도록 공개하였다.
> 사. 상사의 집무실 비밀번호를 정기적으로 변경하였다.
> 아. 상사의 개인 정보를 외부에서 요청해 와서 상사에게 개인정보 동의서를 직접 날인 받아서 함께 전달하였다.
> 자. 상사의 내외부 고객의 명함을 분실대비와 관리상의 편리를 위해 데이터로 입력해서 관리 보관하였다.

① 다, 라   ② 다, 바

③ 다, 자   ④ 다, 라, 바, 자

75 ④ 랜섬웨어 예방법으로는 컴퓨터 부팅 전 랜선 연결을 제거하여 인터넷을 차단하거나 SMB포트를 차단한 후 프로토콜을 비활성화 한다. 윈도 보안 패치 및 백신 등을 가능한 최신 버전으로 업데이트 하는 것이 좋다.

76 다. 상사의 근황을 묻는 질문에는 일체 답변하지 않는 것 보다는 방문객에 따라 유연하게 답하는 것이 좋다.
바. 대외비는 특별 기밀 사항은 아니지만 일반에 공개되어서는 아니 되는 정도의 보안을 유지할 필요가 있는 수준의 정보 분류를 말한다.

77 다음 중 클라우드서비스에 대한 설명으로 가장 적절하지 않은 것은?

① 클라우드서비스의 종류는 Dropbox, OneDrive, 구글드라이브 등이 있다.

② 저장할 수 있는 공간은 종류에 따라 다르게 제공한다.

③ 동영상, 사진, 문서 등 파일의 형태를 가리지 않고 저장이 가능하다.

④ 언제 어디시든 인터넷이 가능하지 않아도 지정한 파일을 불러올 수 있다.

78 다음은 기업에서 발생한 컴퓨터 범죄의 예이다. 이 사례에 해당하는 컴퓨터 범죄는 무엇인가?

> 특정 기업의 기밀 정보를 탈취할 목적으로 공격자는 목표가 되는 기업임원에게 제품 문의를 가장한 악성 메일을 발송하였다. 공격자는 메일 발신자를 협력업체 직원의 메일주소로 위장하여 기업의 임원이 의심 없이 첨부된 악성코드를 실행하도록 유도하였다. 메일에 첨부된 문서파일 실행 시 취약점에 의해 내부에 저장된 악성코드 파일이 자동 생성 및 실행되며, 위장용으로 문서 파일을 보여주었으나 빈문서였다. 악성코드는 자동적으로 실행되어 임원컴퓨터에 있는 기업의 기밀 정보를 유출하게 되었다.

① 스파이 웨어

② 하이재킹

③ 스피어 피싱

④ 디도스 공격

79 김 비서는 신제품 런칭을 위한 상사의 프레젠테이션을 준비하고 있다. 다음 업무를 처리하기 위해 필요한 사무기기가 순서대로 나열된 것은?

> ㈎ 프레젠테이션 발표용 시각자료 준비
> ㈏ 발표 자료 제본
> ㈐ 프레젠테이션 보여주기 위한 준비
> ㈑ 신제품을 청중에게 선보이기

① ㈎ 파워포인트 – ㈏ 열제본기 – ㈐ OHP – ㈑ 팩시밀리
② ㈎ 노트 – ㈏ 인쇄기 – ㈐ 실물환등기 – ㈑ 프로젝터
③ ㈎ 프레지(Prezi) – ㈏ 문서재단기 – ㈐ 빔프로젝터 – ㈑ 실물화상기
④ ㈎ 프레지(Prezi) – ㈏ 링제본기 – ㈐ LCD프로젝터 – ㈑ 실물화상기

80 IT 관련 회사에 다니고 있는 황 비서는 아래의 해외 거래처와 주고받은 문서 정리를 위하여 알파벳순으로 파일링을 하고 있다. 이때 각 폴더의 순서가 가장 올바른 것은?

> 가. Hewlett-Packard   나. HP Supplies, Inc.
> 다. Microsoft Japan   라. Micro-soft Singapore
> 마. Hewlett Johnson Enterprise

① 마 – 가 – 나 – 라 – 다
② 나 – 마 – 가 – 라 – 다
③ 마 – 가 – 나 – 다 – 라
④ 가 – 나 – 마 – 다 – 라

ANSWER 79.④ 80.③

79 ㈎ 프레지(Prezi) : 웹 클라우드 기반의 프레젠테이션 도구
　 ㈏ 링제본기 : 문제를 재본할 때 사용
　 ㈐ LCD프로젝터 : 원색에 가까운 자연스러운 색감으로 프리젠테이션이나 사진과 같은 정지화면을 보여주는데 적합한 프로젝터
　 ㈑ 실물화상기 : 실물화상기를 통해 청중에게 제품을 실물을 확대해 출력

80 ③ 보기를 알파벳 순으로 정리하면, 마 : Hewlett Johnson Enterprisegh → 가 : Hewlett - Packard → 나 : HP Supplies, Inc → 다 : Microsoft Japan → 라 : Micro - soft Singapore

06 2018년 11월 13일 시행

1과목 비서실무

1 비서직에 대한 설명으로 가장 적절하지 않은 것은?

① 비서직은 산업혁명 이후 기업이 급격히 증가함에 따라 보편적인 직업이 되었다.

② 비서직은 사회 변화와 함께 지속적으로 변화해 왔으며 최근 기업 구조조정과 기술혁명, 전자사무시스템 등의 출현으로 팀을 보좌하는 역할에 대한 요구가 확대되고 있다.

③ 비서는 업무 수행 시 상사의 지시에 한정하여 정확하고 신속하게 업무를 처리해야 한다.

④ 비서는 지속적인 자기개발을 할 수 있도록 비서 재교육이 이루어질 필요가 있다.

2 IT 기업에 근무하는 박노을 비서는 어문학을 전공한 3년차 비서이다. 박 비서는 최근 구조조정으로 회사의 분위기가 예전 같지 않은 상황이라 이직을 고민하고 있다. 다음 중 박 비서의 경력개발 계획으로 가장 적절한 것은?

① 박 비서는 전문비서를 희망하므로 현재 재직 중인 회사에서 경력개발을 할 수 없다면 즉시 퇴사하고 구직활동을 다시 시작한다.

② 박 비서는 먼저 자신의 경력에 관한 장기적인 목표를 확실히 한 후, 이에 따라 현재 실천할 수 있는 단기적이고 구체적인 계획을 수립한다.

③ 박 비서는 IT회사에 재직한 경험을 바탕으로 유망한 4차 산업 기술 관련 대학원에 진학한다.

④ 박 비서는 회사가 불안정한 상황이므로 이직 준비를 위해 회사 근무시간 중에 여유시간을 이용하여 이력서와 자기소개서를 업데이트한다.

ANSWER 1.③ 2.②

1 ③ 비서는 상사의 지시에 한정되어 수동적으로 업무를 수행하기보다 상사의 계속적인 감독 없이도 자율적으로 일을 추진하며 최선의 결과를 위해 적극적으로 노력해야 한다.

2 ② 장기적인 목표와 이를 이루기 위한 단기적이고 세부적인 계획을 수립하는 것이 좋다.

3 다음의 전화 대화 중 적절하지 않은 항목으로 묶인 것은?

비 서 : ⓐ안녕하십니까? 가나전자 사장실입니다.

고 객 : 네, 삼신물산 김동훈 부장인데 사장님 통화 가능한가요?

비 서 : ⓑ죄송합니다만 사장님은 지금 통화 중이십니다. 잠시 기다려주십시오.

고 객 : 예.

비 서 : 예, 부장님. 그럼, 통화 끝나시는 대로 연결해 드리겠습니다.

ⓒ(비서는 통화 버튼을 눌러놓는다.)

(통화가 길어진다.)

비 서 : 부장님, 죄송합니다만 사장님께서 통화가 좀 길어지시는 것 같습니다.

　　　계속 기다리시겠습니까? 아니면 통화끝나는 대로 연결해 드릴까요?

고 객 : 그럼, 사장님 통화 끝나시는 대로 전화 부탁해요.

비 서 : 네, 알겠습니다. ⓓ김 부장님, 제가 전화번호를 확인할 수 있을까요?

고 객 : 515-7745입니다.

비 서 : 네, 515-7745번이요. 사장님께서 통화 끝나시는 대로 연락드리겠습니다. 안녕히 계십시오.

---

① ⓐ, ⓑ

② ⓐ, ⓒ

③ ⓑ, ⓒ

④ ⓒ, ⓓ

ANSWER 3.③

3 ⓑ 상사가 금방 전화를 받지 못할 경우 상황을 알리고 계속 기다릴지 여부를 묻는다.
　　ⓒ 상대에게 사내의 말이 들리지 않도록 한다.

4 다음 중 전화부가서비스 이용에 대한 설명으로 적절하지 않은 것은?

① 상사가 이번 포럼에 참가했던 100명이 넘는 참가자에게 동일 메시지를 보내야 해서 크로샷 서비스를 이용해서 문자메시지를 발송하였다.

② 해외 출장 중인 상사 휴대폰 로밍 시에 무제한 요금제는 비용이 많이 발생하므로, 이동 중에 공유해야 할 자료와 정보는 별도로 이메일로 전송하였다.

③ 해외 지사와 연락을 할 때 시차로 업무시간 중 통화가 힘들어 전화 사서함을 이용해서 메시지를 주고받았다.

④ 비서가 상사와 함께 외부에서 개최하는 회의에 종일 참석하게 되어 착신 통화 전환을 해서 외부에서 사무실 전화처리를 할 수 있도록 하였다.

5 김 비서가 근무하는 상공물산 사옥 준공식에 산업통상자원부 차관이 참석하게 되었다. 김 비서의 업무처리 중 가장 적절한 것은?

① 차관의 일정은 기밀이므로 차관이 몇 시에 행사에 도착하는지 몇 시에 행사장을 떠나야 하는지 등에 대해서는 그 누구에게도 확인해서는 안 되고 차관실에 전적으로 맡겨야 한다.

② 상공물산 주차관리실에 연락하여 차관의 차량번호를 등록해 놓는다.

③ 의전 원칙에 따라 준공식이 시작한 후 차관이 도착하도록 일정을 수립한다.

④ 바쁜 차관의 일정을 고려하여 일정 중간에 자리를 비울 수 있도록 차관의 자리는 출입문 옆쪽으로 정한다.

ANSWER 4.② 5.②

4 ② 로밍서비스를 사용하지 않을 경우 이동 중에 공유해야할 자료와 정보는 이동식 메모리나 출력 상태로 준비한다.
 • 크로샷 서비스 : KT에서 제공하는 서비스로 대량의 음성, 문자, 팩스 메시지를 동시에 신속하게 전송 할 수 있다. 여러 사람에게 동일 메시지를 보내야 할 때 유용하다.
 • 로밍서비스 : 국내 휴대전화 고객이 해외 출장이나 여행 시 본인의 휴대전화나 또는 임대전화를 이용하여 해외에서도 휴대전화 서비스를 제공받는 것을 말한다.
 • 전화사서함 : 언제 어디서든 전하고 싶은 내용을 상대방이 전화사서함에 남겨두면 상대방이 저장된 내용을 확인할 수 있는 서비스이다.
 • 착신 통화 전환 : 걸려 오는 전화를 다른 번호에서 받을 수 있도록 착신을 전환하는 기능이다.

5 ② 차관의 차량번호를 등록하여 주차를 편리하게 돕는다.
 ①③ 준공식의 흐름이 깨질 수도 있으므로 차관실에서 차관의 일정을 체크한 후 준비해야 한다.
 ④ 차관의 자리는 상석으로 준비하는 것이 좋다.

6 다음 중 비서의 자세로 가장 적절하지 않은 것은?

① 비서는 상사의 인간관계 관리자로서 상사의 인간관계에 차질이 생기지 않도록 최근에 만남이 소원했던 사람들이 누구인지 말씀드린다.

② 마감일이 임박해서야 일을 서두르는 상사에게 미리 미리 업무를 처리하는 것이 업무의 효율성을 높일 수 있음을 말씀드린다.

③ 비서는 상사의 장점은 대외적으로 높이고 약점은 비서가 보완할 수 있는 방안을 찾도록 노력한다.

④ 상사의 지시 사항 수행 중 발생된 문제는 업무 중간에 보고하고 상사의 의견을 듣는다.

7 최근 벤처회사 대표 비서로 이직한 A비서는 급증한 업무량으로 매일 야근을 하면서 스트레스를 받고 있다. 다음 중 A 비서의 업무 문제 해결 방법으로 가장 적절한 것은?

① 상사에게 솔직하게 어려움을 이야기한 후 비서 업무 분장을 조정해 줄 것을 상사에게 요청한다.

② 상사에게 업무의 우선순위를 검토해 줄 것을 요청한 후 우선순위가 높은 비서 업무에만 집중하는 것이 업무의 효율성을 높이는데 도움이 됨을 상사에게 말씀드린다.

③ 가급적이면 쉬운 일을 먼저 끝내 어려운 업무를 할 수 있는 시간을 확보한다.

④ A 비서의 업무 중 사무관리 시스템으로 처리가 가능한 업무를 선별하여 사무관리 시스템으로 처리될 수 있는 방안을 담당 부서와 논의해 본다.

ANSWER 6.② 7.④

6 ② 비서의 역할은 상사의 업무 습관을 지적하는 것보다 업무를 일정에 맞출 수 있도록 돕는 것이다.

7 ④ 문제 상황을 혼자 해결하기보다 관련 부서와 협력하여 불필요한 업무를 줄이고 효율적인 근무 환경을 구축해야 한다.

8 다음 중 비서의 일정관리 업무 수행 방식으로 가장 적절하지 않은 것은?

① 상사가 참석하는 행사에서 상사의 역할을 확인한 후 관련자료를 준비하는 등의 보좌 업무를 수행한다.

② 상사의 사정으로 일정을 변경해야 하는 경우 신속히 관련자에게 연락을 하여 새로운 일정을 수립한다. 새 일정 수립 시 상대방의 일정을 우선 고려한다.

③ 회의나 면담 직전에 자주 일정을 변경하는 상사의 스타일을 고려해 일정 변경이나 취소 시 즉각적으로 연락을 취할 수 있는 방안을 마련해 상사의 대내외 신뢰도를 유지할 수 있도록 한다.

④ 상사의 일정은 상사를 비롯하여 관련 부서나 담당자들, 수행비서나 운전기사에게 전달하여 공유해야 하는데, 일정을 공유할 때 최대한 구체적 내용을 공유해 상사의 일정이 원활하게 진행되도록 한다.

9 상사가 처음 만나는 중요한 손님과 오찬 일정이 잡혔다. 이 경우 비서의 업무 자세로 가장 적절하지 않은 것은?

① 손님의 약력과 소속 회사와 관련된 뉴스 등을 검색하여 정리한 후 상사에게 보고한다.

② 식사 장소까지 이동하는데 걸리는 시간을 door to door 시간으로 예측하여 일정을 수립하였다.

③ 처음 만나는 손님과 편안한 대화를 시작할 수 있도록 상대방의 주요 관심사가 무엇인지 알아본 후 상사에게 보고한다.

④ 항상 최근의 트렌드를 중요시하는 상사의 취향을 고려하여 최근 방송에 나온 인기 있는 음식점을 식사 장소로 예약했다.

ANSWER 8.④ 9.④

8 ④ 상사의 일정은 대외비이며 회사 내부에서도 공유가 가능한 구성원 외에는 공유하지 않아야 한다.

9 ④ 최근 방송에 나온 음식점은 붐빌 수 있으므로 피하는 것이 좋다. 또한 중요한 손님이라고 했으므로 상사와 손님의 음식 선호도, 만남의 목적 등을 고려해 식사 장소를 고른다.

10 다음 중 항공권에 표기된 제한사항에 대한 설명으로 잘못된 것은?

① NON – REF : 환불 불가

② NO MILE UPGRADE : 마일리지 없이 업그레이드 가능

③ NON – ENDS : 다른 항공사로 티켓 변경 불가

④ NON – RER : 다른 여정으로 변경 불가

11 상사 외부 행사 참석 시 비서의 의전업무 순서로 가장 알맞은 것은?

---

① 상사의 좌석배치를 확인한다.
② 상사의 동선을 파악한다.
③ 행사에서 상사의 역할을 확인한다.
④ 행사장 배치도를 확인한다.
⑤ 운전기사와 행사 정보를 공유한다.

---

① ① – ② – ③ – ④ – ⑤

② ③ – ④ – ① – ② – ⑤

③ ③ – ④ – ② – ① – ⑤

④ ④ – ③ – ② – ① – ⑤

Aɴsᴡᴇʀ 10.② 11.③
....

10 ② NO MILE UPGRADE : 마일리지로 업그레이드 불가능

11 ③ 행사에서 상사의 역할을 확인한다. →④ 행사장 배치도를 확인한다. →② 상사의 동선을 파악한다. →① 상사의 좌석배치를 확인한다. →⑤ 운전기사와 행사정보를 공유한다.

12 다음 달에 해외 출장을 계획하고 있는 상사를 보좌하는 비서의 업무 수행 방법으로 적절하지 않은 것은?

① 항공권 예약 시 경비 절감을 위해 항공료가 저렴한 항공일정변경이나 취소 시 위약금이 발생하는 항공권을 예약하였다.

② 항공권 예약 시 발권 마감일 전에 결재할 수 있도록 발권 마감일을 일정표에 기록해 두었다.

③ 항상 시간에 쫓기는 상사를 위해 공항에서 빠르게 수속을 마칠 수 있는 프리미엄 체크인 시스템을 확인해 두었다.

④ 출장지의 정치 경제적 상황에 관한 뉴스를 검색한 후 보고하였다.

13 회사 창립기념식 행사 시 최상위자인 회장과 회장 배우자가 참석한다. 이 때 회장 배우자의 좌석 위치는?

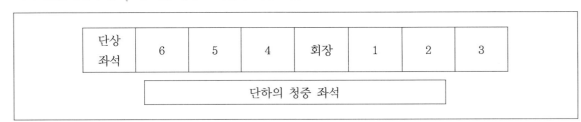

단상 좌석	6	5	4	회장	1	2	3
			단하의 청중 좌석				

① 1 　　　　　　　　　　　　② 4

③ 3 　　　　　　　　　　　　④ 6

12 ① 상사의 일정을 계획할 때는 항상 변동가능성을 염두에 두고 계획해야 한다. 항공권 예약 시에는 상사가 희망하는 좌석을 예약하고 희망하는 좌석이 없을 경우에는 일단 다른 항공편을 예약한 후 희망 항공편의 대기자 명단에 올려놓는다.

13 ① 부부를 나란히 앉을 수 있도록 하고 동쪽이 상석이므로 배우자를 회장의 서쪽에 앉도록 한다.

14 다음 중 매너에 맞는 행동은?

① 초청장에는 'smart casual'이라 되어 있어서 최신 유행에 맞게 캐쥬얼한 자유복장으로 청바지와 티셔츠로 갈아입고 참석하였다.

② 오늘 만찬 주최자인 ABC 회장이 연회장을 돌아다니면서 와인을 따라 주기에 잠시 자리를 비운 옆의 손님의 와인까지 회장에게 요청하여 받아두었다.

③ 식사 도중에 급한 전화가 걸려 와서 냅킨을 접어 테이블 위에 올려놓고 나가서 전화를 받았다.

④ 디저트 과일로 씨없는 포도가 나와서 손으로 먹었다.

15 다음은 상사의 친부상을 치루고 난 후 발송할 감사 인사장 내용의 일부들이다. 한자가 바르지 않은 것은?

① 보내주신 따뜻한 위로와 厚意에 감사드립니다.

② 후일 댁내에 愛敬史가 있을 때 언제든지 연락 주시기 바랍니다.

③ 일일이 찾아뵙지 못하고 인사 말씀 전하게 됨을 넓은 마음으로 惠諒하여 주십시오.

④ 김영철 拜上

16 다음 중 비서의 보고 자세로 가장 적절한 것은?

① 상사의 집무실에 들어가 보고할 때 비서의 보고 위치는 상사의 앞이다.

② 대면보고 시에는 결론부터 논리적으로 구두로 설명하는 것이 바람직하므로 문서 보고까지 병행하여 상사의 시간을 빼앗아서는 안 된다.

③ 보고 전에 상사가 가장 관심 있는 내용을 확인한 후 육하원칙을 기본으로 결론부터 보고한다.

④ 보고는 상사가 물어보기 전에 하고 보고할 때는 비서의 의견을 먼저 말씀드려 상사가 바른 의사결정을 할 수 있도록 해야 한다.

Aɴsᴡᴇʀ 14.④ 15.② 16.③

14 ① 스마트 캐주얼은 비공식적인 자리에서 적절하게 잘 차려입은 옷을 말하는데 캐주얼 복장보다는 격식을 차린 복장으로 넥타이가 없이 가벼운 셔츠 혹은 니트와 바지, 청바지와 구두, 부츠 등 깔끔한 복장을 말한다.
　② 주최자가 직접 대접하는 술은 당사자가 직접 받는 것이 예의이다.
　③ 잠시 자리를 비울 시에는 냅킨을 의자 위에 누어야 한다. 테이블에 냅킨을 올려누는 것은 식사가 모두 끝났다는 것을 의미한다.

15 ② 愛敬史 → 哀慶史(애경사) : 슬픈 일과 경사(慶事)스러운 일
　① 厚意(후의) : 두텁게 생각해 주는 마음, 또는 뜻
　③ 惠諒(혜량) : 살펴서 이해(理解)함의 뜻
　④ 拜上(배상) : 절하고 올림의 뜻

16 ③ 보고를 할 때는 내용의 중요도, 상사의 관심도에 따라 보고하고 서론이 길지 않게 결론을 먼저 보고하는 것이 효율적이다.

17 상사를 보좌하는 비서의 업무처리 방식에 대한 설명으로 가장 적절하지 않은 것은?

① 비서는 업무를 하는 동안 상사에 관한 다양한 정보를 취득하게 되는데 취득된 정보는 잘 기록해 필요 시 업무에 활용한다.

② 상사의 이력을 대내·외적인 필요에 의해 공개하거나 제출해야 할 경우 비서는 상사의 이력서 내용 전문을 제공하도록 한다.

③ 인물 데이터베이스를 제공하는 포털 사이트나 언론사 사이트에서 상사의 경력 사항이 잘못되거나 누락되었을 경우 정보 수정을 요청한다.

④ 상사 개인 신상에 관한 정보는 예전 기록이나 관련 서류 등을 통해 파악할 수 있다.

18 다음 중 업무처리가 가장 적절하지 않은 것은?

① A 비서는 상사 주재 컨퍼런스에서 외부강연 특강료가 통장에 늦지 않게 입금되도록 강연자에게 주민등록증과 통장 사본을 미리 제출해 달라고 부탁하였다.

② 비서실 예산 계획서는 경비 항목별로 예산액과 전년도 예산액을 비교하여 전년도 대비 증감액을 표시하였다. 경우에 따라서 증감액 상세 이유와 내역을 주석으로 작성하였다.

③ C 비서는 회의 저녁 식대로 일인당 50,000원짜리 정식을 명수만큼 예약한 후, 법인카드로 지출 후 세부내역이 나온 간이 영수증을 첨부하였다.

④ D 비서는 비서실에서 사용하는 소액현금(petty cash)을 필요시 사용하고, 소액현금 보고서는 매달 영수증을 첨부하여 경리과에 제출하였다.

19 거래처 사장의 빙부 부고 소식을 전화로 듣고 비서가 상사에게 보고 전에 반드시 확인해야 할 사항이 아닌 것은?

① 장지   ② 빈소
③ 발인일   ④ 호상 이름

Ａnswer 17.② 18.③ 19.④

17 ② 상사의 이력을 대내외적인 필요에 의해 공개해야 하거나 제출해야 할 경우 필요한 부분만 부분 공개한다.

18 ③ 법인카드에 내역이 남게 되므로 이중으로 간이 영수증을 첨부할 필요 없다.

19 ④ 상주의 이름을 확인해야 한다.

20 다음 중 비서의 내방객 응대 방식으로 가장 적절한 것은?

① 삼호물산 김희영 본부장이 처음 우리 회사를 방문하였다. 비서가 "사장님! 삼호물산 김희영 본부장님이십니다. 그리고 이 분은 저희 회사 김영철 사장님이십니다"라고 소개를 한 후 자리로 안내하였다.

② 상사가 급하게 외출하게 되어 선약된 손님과 약속을 못 지키게 되었다. 상사로부터 아무 지시도 못 받은 비서는 할 수 없이 관련 업무 담당자를 섭외하여 방문한 손님과 만나도록 주선하였다.

③ 상사로부터 지시받지 못한 부분에 대해 내방객이 질문을 하여 비서는 추후 확인한 후 말씀드리겠다고 하였다.

④ 대기실에서 여러 명의 내방객이 기다리게 되어 비서는 내방객들을 서로 소개 시킨 후 차를 대접하였다.

ANSWER 20.③
- -

20 ③ 상사와 합의되지 못하거나 준비되지 못한 사항은 즉흥적으로 대답하기보다 추후 확인 후 신중하게 대답하는 것이 좋다.

21 다음은 기업의 윤리적 기준을 기술하는 윤리적 행동에 대한 여러가지 접근법에 대한 설명이다. 다음 중 가장 옳지 않은 것은?

① 이기주의 접근법은 이윤극대화, 능률성, 경쟁 등 조직이익 우선의 개념을 정당화한다.

② 공리주의 접근법은 비용-효익 분석이라고도 하며 행위의 동기가 아닌 객관적 결과에 의해 판단하려는 것이다.

③ 도덕적 권리 접근법의 일환으로 나온 법안으로 공정거래법, 공해방지법 등이 있다.

④ 사회적 정의 접근법에서는 정당성, 공정성, 공평성을 중시한다.

22 기업의 입장에서 볼 때 그 대상을 파악할 수 있기 때문에 영향력 행사가 가능하며, 관리가능한 환경은 다음 중 무엇인가?

① 일반환경
② 문화환경
③ 과업환경
④ 경쟁환경

23 다음 중 기업의 경영환경에 대한 설명으로 가장 적절하지 않은 것은?

① 거시환경과 미시환경은 기업에 대해 서로 상호 연관된 형태로 영향을 미친다.

② 기업의 조직문화, 조직목표 등도 조직 경영에 영향을 미칠 수 있으므로 기업내부환경으로 본다.

③ 기업환경은 기업의 활동에 위협이 되기도 하므로 기업에게는 외부환경 변화에 대한 신축적 대응이 필요하다.

④ 오늘날 기업환경 변화의 특성은 오랫동안 계속되는 지속성을 가지고 있으므로 변화의 원인을 쉽게 예측할 수 있다.

ANSWER 21.① 22.③ 23.④

21 ① 이기주의 접근법은 이윤극대화, 능률성, 경쟁 등 조직이익 우선의 개념을 설명하는 것이지 정당화하는 것은 아니다.

22 ③ 과업환경은 경영활동에 직접적으로 영향을 미치는 환경으로 일반적으로 기업의 생존에 직결되는 시장구조, 경쟁업자, 정부 규제 등을 말한다.

23 ④ 오늘날 기업환경은 빠르게 변화하며 그 변화를 예측하기 어렵다.

24 다음은 대기업과 비교하여 상대적인 중소기업의 유리한 점에 대해 기술한 것이다. 보기 중 가장 거리가 먼 것은?

① 대기업에 비해 신제품 출시와 개발 속도가 빠르고 자금과 인력이 적게 든다.

② 개인별 맞춤서비스를 원하는 특수 분야 시장에는 중소기업이 유리하다.

③ 소수의 몇 사람이 출자하여 직접 경영에 참여하며 기업의 생명이 소유주 개인에 달려있다.

④ 대기업이 쉽게 진출하지 않는 수요량이 적은 틈새시장 공략에 유리하다.

25 다음 중 공기업의 특징에 대한 설명으로 가장 적절하지 않은 것은?

① 국가예산의 범위에 한정된 자금으로 운영되므로 자본조달의 어려움이 따르는 경우가 많다.

② 법령이나 예산에 구속되어 경영상의 자유재량이 결여되기 쉽다.

③ 조세감면의 특혜를 받아 세금이나 공과금이 면제되거나 낮은 경우가 많다.

④ 공기업은 이익추구와 함께 공익추구도 함께 고려하여야 하며, 투자의사결정은 공기업의 공공성을 달성할 수 있도록 수행되는 경우가 많다.

26 다음 중 벤처캐피털의 특징에 대한 설명으로 가장 옳지 않은 것은?

① 벤처캐피털은 위험은 크지만 고수익을 지향하는 모험자금이다.

② 벤처캐피털은 투자기업을 성장시킨 후 보유주식을 매각하여 자본이익을 얻고자 투자한다.

③ 벤처캐피털은 투자기업의 경영권 획득이 목적이 아니라 사업에 참여방식으로 투자하는 형식을 취한다.

④ 벤처캐피털은 투자심사에 있어서 기업의 안정성, 재무상태, 담보능력을 가장 중요시한다.

ANSWER 24.③ 25.① 26.④

24 ③ 기업의 생명이 개인에게 달려있다는 것은 중소기업의 단점이다.

25 ① 공기업은 국제경쟁사회에서 경쟁력을 높이고 산업의 특성상 거대 자본이 필요하거나 혹은 공익성이 강조되는 사업을 수행하기 위하여 등장하였다.

26 ④ 벤처캐피털은 고도의 기술력과 장래성은 있으나 경영기반이 약해 일반 금융기관으로부터 융자받기 어려운 벤처기업에 무담보 주식투자 형태로 투자하는 기업이나 그러한 기업의 자본을 말한다.

27 다음 중 여러 가지 조직구조에 대한 설명으로 가장 적절하지 않은 것은?

① 수평적 분화는 부문화와 직무의 전문화 등으로 나타난다.

② 조직의 공식화 수준이 높을수록 조직 구성원 개인의 직무수행에 대한 재량권이 증가한다.

③ 집권화가 큰 조직은 의사결정권한을 상위층의 경영자가 보유하게 된다.

④ 분권적 관리조직은 신속한 의사결정이 가능하지만 공동비용의 발생으로 비용증가의 가능성이 있다.

28 아래 내용의 ⓐ, ⓑ에 해당되는 용어를 짝지어 놓은 것으로 가장 적절한 것은?

> ⓐ는 동일지역 또는 인접지역에 있고 서로 관련성이 있는 여러 업종의 기업이 유기적으로 결합된 2개 이상의 기업결합체를 말한다.
>
> ⓑ는 몇 개의 기업이 법률적 독립성을 유지하면서 금융적, 자본적으로 결합된 기업결합형태를 말한다.

① ⓐ 콤비나트(kombinat) – ⓑ 콘체른(concern)

② ⓐ 컨글로메리트(congolmerate) – ⓑ 트러스트(trust)

③ ⓐ 컨글로메리트(congolmerate) – ⓑ 콘체른(concern)

④ ⓐ 콤비나트(kombinat) – ⓑ 트러스트(trust)

29 다음 중 조직문화의 기능에 대한 설명으로 가장 옳지 않은 것은?

① 조직 구성원간의 정서적 유대감을 높여준다.

② 조직 구성원간의 커뮤니케이션 효율성을 높인다.

③ 강한 조직문화를 가진 기업의 경우, 전념도가 높아져 조직의 결속이 높아진다.

④ 조직문화는 항상 조직의 의사결정 효율성을 저해하는 요인으로 작용한다.

ANSWER 27.② 28.① 29.④

27 ② 조직의 공식화 수준이 커질수록 규정에 의한 관리, 감독이 효과적이기 때문에 개인의 재량권은 낮아진다.

28 • 콤비나트 : 일정 수의 유사한 규모의 기업들이 원 자료와 신기술의 이용을 목적으로 사실상의 제휴를 하기 위하여 근접한 지역에서 대등한 관계로 결성하는 수평적 기업 집단(특정 공업단지 내의 기업 집단)을 말한다.
　　• 콘체른 : 일종의 기업집단으로 산업과 금융의 융합, 주식소유에 의한 지배(지주회사) 또는 융자, 중역파견에 의한 인적 결합지배로 독립성이 유지되며 산업과 금융의 융합을 말하는 것으로 우리나라의 재벌이 이에 속한다.
　　• 트러스트 : 일종의 기업협동으로 다른 기업의 주식보유를 통한 지배와 시장의 독점을 시도한다. 가맹기업의 독립성은 없고 동일 산업부문 또는 기술적으로 관련된 수직적인 산업부문만의 자본 지배를 말한다.

29 ④ 구성원들이 조직의 정체성을 공유하면서 잘못된 의사소통을 줄일 수 있어 효율적이다.

30 다음 중 민츠버그(Minzberg)가 주장한 조직의 경영자에 대한 설명으로 가장 옳은 것은?

① 경영자는 대인적, 정보적, 의사결정적 역할을 수행한다고 주장하였다.

② 종업원을 채용, 훈련, 동기유발시키는 등의 리더로서의 역할은 경영자의 의사결정적 역할을 보여주는 것이다.

③ 기업 내외의 여러 이해집단과 접촉하는 것은 경영자의 정보적 역할을 보여주는 것이다.

④ 분쟁 해결자, 협상가로서의 역할을 수행하는 것은 경영자의 대인적 역할을 보여주는 것이다.

31 다음 중 리더십 이론에 대한 설명으로 가장 적절하지 않은 것은?

① 피들러(Fiedler)의 상황이론에 따르면, 집단상황이 리더에게 매우 호의적인 상황에서 관계지향적 리더가 가장 효과적인 것으로 나타났다.

② 허시(Hersey)와 블랜차드(Blanchard)의 상황이론에 의하면, 부하의 성숙도가 매우 높은 경우에는 위임형 리더십 스타일이 적합하다.

③ 블레이크(Blake)와 머튼(Mouton)의 관리격자모형은 생산에 대한 관심과 인간에 대한 관심으로 리더의 행동을 유형화하였다.

④ 하우스(House)의 경로-목표이론에 의하면, 리더는 개인이나 집단 구성원이 추구하는 목표에 길잡이가 될 수 있을 때 효과적인 리더라고 할 수 있다.

ANSWER 30.① 31.①

30 ② 리더십을 발휘해 종업원을 채용, 교육훈련, 동기부여, 기강확립 등을 하는 것은 대인관계 역할이다.
③ 외부 집단과 조직 내의 네트워크를 유지하는 활동은 대인관계 역할이다
④ 분쟁 해결자, 협상가로서의 역할을 보여주는 것은 의사결정 역할이다.

31 ① 피들러는 집단상황의 호의도가 중간정도일 때는 관계지향적 리더십이 효과적인 반면 집단상황이 호의적이거나 비호의적일 때는 과업중심의 리더십이 효과적이라는 연구결과를 제시했다.
• **관계지향형 리더십** : 통솔 하에 있는 부하직원들과의 원만한 관계형성을 통해 과업의 성취를 이끌어 내려는 배려형 리더십 스타일을 의미한다.
• **과업지향형 리더십** : 행사의 초점을 과업자체의 진척과 성취에 맞추고 여기에 방해되는 일탈행위를 예방하거나 차단하는 데 주력하는 리더십 스타일이다.

32 다음의 임금피크제에 대한 설명으로 가장 옳은 것은?

① 근속연수에 따라 호봉과 임금이 한없이 증가하는 것이다.

② 고령의 사원을 낮은 임금에 고용 보장을 해주기 위해 마련한 제도이다.

③ 임금하한제로서 기업의 임금부담을 줄일 수 있는 방안이다.

④ 지임금 노동자를 보호하기 위해 마련된 제도이다.

33 다음은 각 동기부여 이론에서 주장하고 있는 특성을 설명한 것이다. 가장 옳지 않은 것은?

① 욕구단계이론 : 하위계층의 욕구로부터 단계적으로 나타난다.

② ERG이론 : 사람은 존재, 관계, 성장에 관한 세 단계의 욕구를 갖는다.

③ 동기 - 위생이론 : 동기요인은 만족요인, 위생요인은 불만족 요인으로 설명하고 있다.

④ 강화이론 : 사람은 행동과정에서 동기력 값이 가장 큰 대안을 선택하여 강화한다.

34 다음 중 경영정보시스템(MIS)에 대한 설명으로 가장 옳지 않은 것은?

① 경영정보시스템은 인사관리, 판매관리, 재고관리, 회계관리 등의 분야에 걸쳐 다양하게 적용된다.

② 기업의 외부자원과 내부자원을 통합하여 고객의 요구에 맞게 서비스함으로써 업무생산성을 향상시키고, 고객 외부사업 파트너, 내부 종업원을 통일된 인터페이스를 통해 하나로 묶을 수 있는 e-Business를 의미한다.

③ 경영정보시스템의 역할은 운영적 역할, 관리적 역할 뿐 아니라 기업전체의 전략적 우위확보를 지원하는 전략적 역할을 포함하고 있다.

④ 경영정보시스템의 기능구조로는 거래처리시스템, 정보처리 시스템, 프로그램화 의사결정시스템, 의사결정지원시스템, 의사소통 시스템 등이 있다.

35 다음의 제품수명주기(PLC)에 따른 특징과 마케팅 전략에 대한 설명으로 가장 옳지 않은 것은?

① 도입기 : 제품 홍보를 알리는 공격적 광고 홍보 전략

② 성장기 : 매출이 증가하는 단계로 기존고객 유지 전략

③ 성숙기 : 경쟁이 가속화되는 관계로 시장점유 방어 전략

④ 쇠퇴기 : 판매부진과 이익감소로 원가관리 강화 전략

36 다음은 경영분석에서 사용되는 주요 분석방법들 중 하나를 설명한 내용이다. 아래의 분석기법은 무엇을 설명한 것인가?

> – 기준 연도의 재무제표 각 항목 수치를 100%로 하고 비교 연도의 각 항목 수치를 이에 대한 백분율로 표시한다.
> – 매출액 증가율, 순이익 증가율 등 성장성을 파악하는 데 활용한다.

① 구성비율분석   ② 관계비율분석

③ 추세비율분석   ④ 유동비율분석

37 다음 중 손익계산서에서 나타내는 산식으로 가장 옳은 것은?

① 매출총이익 = 매출액 – 판매비

② 영업이익 = 매출총이익 – 판매비와 일반관리비

③ 법인세차감전 순이익 = 영업이익 + 영업 외 수익

④ 당기순이익 = 매출총이익 – 영업이익

ANSWER 35.② 36.③ 37.②

35 ② 성장기 : 판매가 증폭되는 시기로 'me too'제품을 가지고 새로운 경쟁자가 시장에 진입하게 되는 시기이다. 오랫동안 급속한 시장 성상이 지속되도록 하기 위해 체품의 품질을 개선하고 새로운 체품특성이나 모델을 추가한다. 새로운 세분 시장을 획보하고 가격빈응성이 높은 구매자 층을 시장에 끌어들이기 위해 가격인하의 적정시기를 결정힌다.

36 ③ 항목의 증감율을 통해 성장성을 파악하는 데에는 추세비율분석을 활용한다.

37 • 영업손익＝매출총손익－판매 · 관리비
 • 경상손익＝영업손익＋영업외수익－영업외비용
 • 법인세비용차감전 계속사업손익＝영업손익＋영업외손익－영업외비용
 • 당기순손익＝계속사업손익(법인세비용차감전 순손익)±중단사업손익(법인세비용)

38 설계·개발, 제조 및 유통·물류 등 생산과정에 디지털 자동화 솔루션이 결합된 정보통신기술(ICT)을 적용하여 생산성, 품질, 고객만족도를 향상시키는 지능형 생산공장을 일컫는 용어는 다음 중 무엇인가?

① 인더스트리 4.0
② 스마트 공장
③ 사물인터넷
④ 공장자동화

39 다음의 물가지수(price index)에 대한 설명으로 가장 옳지 않은 것은?

① 종합적인 물가수준을 일정한 기준에 따라 지수로 나타낸 것이다.
② 어느 해의 물가지수가 105라면 기준연도에 비해 평균 물가수준이 5% 감소하였다는 것을 나타낸다.
③ 물가지수는 상품별로 중요한 정도에 따라 가중치를 다르게 적용한다.
④ 물가지수라 하면 보통 생산자물가지수와 소비자물가지수를 말한다.

40 다음 중 아래의 내용과 관련된 용어로 가장 적절한 것은?

> 투자자들 사이에 어떤 회사의 주식가치, 더 나아가 전체주식 시장의 가치가 고평가되었는지 가늠할 수 있는 잣대로서 현재시장에서 매매되는 특정회사의 주식가격을 주당순이익으로 나눈 값을 말한다. 이것이 낮은 주식은 앞으로 주식 가격이 상승할 가능성이 크다.

① ROI
② PER
③ KPI
④ CVR

38 • 스마트공장 : 설계·개발, 제조 및 유통·물류 등 생산 과정에 디지털 자동화 솔루션이 결합된 통신기술(ICT)을 적용해 생산성, 품질, 고객만족도를 향상시키는 지능형 생산공장을 말한다.
• 인더스트리 4.0 : 제조업의 경쟁력 강화를 위해 독일 정부가 추진하고 있는 제조업 성장 전략이다.
• 사물인터넷 : 세상에 존재하는 유형 혹은 무형의 객체들이 다양한 방식으로 서로 연결되어 개별 객체들이 제공하지 못했던 새로운 서비스를 제공하는 것을 말한다.
• 공장자동화 : 컴퓨터와 각종 계측장비를 이용하여 공장의 생산 공정을 자동화한 시스템을 말한다.

39 ② 물가지수란 물가의 변동을 파악하기 위하여 작성되는 지수로 기준이 되는 해(기준시점)의 물가수준을 100으로 하고, 그 후의 물가를 종합지수의 형태로 나타낸다. 물가지수가 105라면 기준연도에 비해 평균물가 수준이 5% 증가하였다는 것을 나타낸다.

40 ② PER(주가수익비율)은 특정 주식의 주당시가를 주당이익으로 나눈 수치로, 주가가 1주당 수익의 몇 배가 되는가를 나타낸다.

41 Choose one that does not correctly explain each other.

① Folder : a thin, flat folded piece of paper

② Coat rack : a piece of furniture where you can hang your coat, hat, etc.

③ Encyclopedia : a book of facts about many different subjects

④ Shredder : a machine that you are able to buy things like candy, soda etc.

42 Read the following conversation and choose one which is not true.

> The Honorable Tony Knowles, Governor, the State of Alaska
> & Mrs. Susan Knowles
> request the pleasure of your company
> at a reception
> to honor the growing ties
> between the Republic of Korea and State of Alaska
> on Monday,
> the 23rd day of September, 2018,
> from 6 until 8 P.M.
>
> R.S.V.P. 02)739-8058~9 (Ms. Susan Park)
> The favor of a reply is requested by September 13.
>
> The Grand Ballroom Shilla Hotel(Seoul)

① The governor of Alaska and his wife are the hosts of the upcoming party.

② Recipient has to contact Ms. Park after September 13.

③ Both sides agreed to cooperate with each other closely.

④ The reception will be held in Seoul.

ANSWER 41.④ 42.②

41 ④ Shredder : a machine for shredding things such as documents or parts of bushes that have been cut off.
  • 파쇄기 : 문서나 덤불의 일부 등 잘라진 것을 파쇄하는 기계.

42 ② 수령인은 9월 13일 이후에 Ms. Park에게 연락을 해야 한다.
  본문에 따르면 Ms. Park의 연락처로 회답을 바란다고 적혀있으며, 회답은 9월 13일까지 요청하고 있다.

43 Which English sentence is grammatically LEAST correct?

① 10년 내에, 저는 이 회사 최고의 비서가 되고 싶어요. Within 10 years, I would like to become the very best secretary in this company.

② 문서를 팩스로 보내 주실 수 있나요? Could you fax the document to us, please?

③ 요청하신 자료입니다. This is the information you requested.

④ 첨부 파일을 보세요. Please look for the attaching file.

44 According to the below, which of the followings is not true?

> Secretary Wanted
>
> Royal Insurance has an opening for a motivated, independent, self-starter. Must be a team player with good organizational and communication skills. Knowledge of Word Perfect 9.0 for Windows, Excel, Powerpoint experience required. Responsible for clerical duties including expense reports and schedules. A minimum of 60 wpm typing. We offer an excellent benefits package.
>
> For immediate consideration, mail/fax resume to : Human Resource Manager, Royal Insurance, 2 Jericho Plaza, Jericho, NY 11733, Fax # 516-937.
>
> − Royal Insurance

① Royal Insurance는 조직력과 의사소통 기술을 갖춘 비서를 채용하고자 한다.

② Royal Insurance 비서직에 관심이 있는 사람은 이력서를 인사부장에게 우편이나 팩스를 통해 보내기 바란다.

③ 컴퓨터 활용 능력 뿐 아니라 비서 경력을 갖춘 사람이어야 한다.

④ 최소 1분에 60단어 이상의 타이핑 능력을 갖추어야 한다.

ANSWER 43.④ 44.③
....

43 첨부파일 : attached file

44 「비서 구함

Royal Insurance는 의욕적이고, 독립적이며, 자발적인 사람에게 열려있습니다. 조직력과 의사소통 기술이 뛰어난 팀원이어야 합니다. Windows, Excel, Powerpoint 경험을 위한 Word Perfect 9.0의 지식이 요구됩니다. 경비 보고서 및 일정관리 등 사무직 업무를 담당합니다. 최소 분당 60의 타이핑치기. 최상의 복리후생제도를 제공합니다.

즉시 고려할 수 있도록 다음 주소로 이력서를 보내세요.: 인사 담당자, Royal Insurance, 2 Jericho plaza, NY 11733, Fax # 516-937」

③ 비서 경력을 요구하고 있지는 않다.

45 Read the following conversation and choose one that is the most appropriate expression for the blank.

A : I still say we have to diversify our product line within this year.

B : Can we delay this issue and move on to another topic?

A : Yes, but it's something that _____.

B : I know but we are really getting bogged down at the moment.

A : Let's take a short break and come back after ten minutes.

B : OK. Would you like a cup of coffee?

---

① we should address as soon as possible.

② we've just covered all the topics.

③ we do not need to deal with this issue.

④ we highlight the gist of our discussion.

45 「A : 난 여전히 우리가 우리 상품을 올 해 안에 다양화해야 한다고 생각해요.

B : 우리 이 주제는 미루고 다른 주제를 가져오는 건 어때요?

A : 그래요. 그렇지만 이건 <u>우리가 가능한 한 빨리 다뤄야 할 문제에요.</u>

B : 저도 알지만 우린 너무 거기에만 갇혀있어요.

A : 짧게 휴식을 가지고 10분 뒤에 돌아오도록 하죠.

B : 좋아요. 커피 한 잔 하시겠어요?」

46 Which of the following is MOST appropriate?

May 5, 2018. ①

Supplies Limited
316 Wilson boulevard
Arlington, VA 22207
USA

Dear sir or madam, ②

This morning I received a carton of computer printout paper(stock number CP4-9). This paper is useless. The carton was damaged and wet, I'm returning it under separate cover.

We'd like a replacement as soon as possible.

Please call me if there are any questions? ③
Thank you for your cooperation.

Cordially yours, ④
Sophie Yang

① ① May 5, 2018.

② ② Dear sir or madam,

③ ③ Please call me if there are any questions?

④ ④ Cordially yours,

46 ① May 5th. 2018
② Dear Sir or Madam
③ Please call me if you have any question?

47 Choose one that is the most appropriate subject for the blank.

Subject : _____

From : kje@han.com

To : stevep@free.com

Dear Mr. Park,

We were given your name by Shcmidt Ltd. in Germany. My name is Jeongeun Kim, and I am in charge of my company's PR Department. I'm emailing you regarding a future relationship between my company and yours. We wish to provide you with some information on our latest equipment. Should you wish to receive further information regarding this matter, please do not hesitate to contact me at the e-mail address.

I look forward to hearing from you.

Sincerely yours,

Jeongeun Kim

PR Manager

---

① New Terms and Conditions

② Asking for Additional Information

③ A Future Relationship

④ Introducing a New Employer

47 「주제: 미래 관계
From : kje@han.com
To : stevep@free.com
친애하는 Mr.Park에게
우리는 독일에 있는 Shcmidt Ltd에서 당신의 이름을 받았습니다. 제 이름은 김정은입니다. 그리고 저는 제 회사의 홍보부 담당자입니다. 저는 저희 회사와 당신 회사의 미래 관계에 관해 메일을 보냅니다. 우리는 우리의 최신 장비에 대한 정보를 당신께 드리고 싶어요. 이 문제에 관해 추가 정보를 받고 싶으시면 거리낌 없이 제게 메일로 연락 주세요.
당신의 소식을 기다리고 있겠습니다.
당신의 진실한 벗
홍보 담당자 김정은」

48 Refer to the following envelope and choose one which is not true.

Asia Technology Co., Ltd.
43, Sambong-ro, Jongno-gu
Seoul, Korea 11042

STAMP

VIA AIRMAIL

Mr. John M. Baker
12/Floor, St. John's Building
33 Garden Road
Central, Hong Kong

PERSONAL

---

① Sender works in Asia Technology Company in Seoul.

② The lower right hand side deals with the recipient's information.

③ This letter will be sent by airplane.

④ Mr. Baker's executive assistant can open the letter without permission.

49 What is INCORRECT about the following?

> 1. From July 21, Monday, Accounting class will be held in the library. There will be two sessions : intermediate level (11 a.m.) and advanced level (2 p.m.). Please encourage your staff to attend one of the sessions.
>
> 2. Please send me the names of all interested staff by July 12. They will be given a test so that we can decide which of the classes is best for them.

① The type of this writing is Memorandum.

② There are two different levels in Accounting class.

③ The receiver of this is another company which has business with the company of the writer.

④ All the people who want to take the class should take a test.

50 What is the purpose of the following passage?

> As the project schedule is overdue, I need to stay more in Seoul.
>
> My room at InterContinental is up to this coming Monday, 20th January. I tried to extend my booking but the hotel told me there is no available room.
>
> Please select a hotel near the project place. I need a room to 2nd of February.

① to extend a hotel reservation

② to reserve a hotel room

③ to reschedule the project

④ to select a project room

ANSWER 49.③ 50.②

49 「1. 7월 21일 월요일. 회계수업은 도서관에서 열릴 것입니다. 두 회기가 있을 예정입니다. : 중급 수준(오전 11시) 고급 수준(오후 2시). 직원들에게 둘 중 하나에 참석하도록 권해주세요.
2. 제게 7월 12일까지 모든 직원의 이름을 보내주세요. 그들이 시험을 치르게 되면 우리가 어느 수업이 그들에게 최선일지 결정할 수 있을 겁니다.」
③ 이 회사의 수신자는 그 작가의 회사와 거래하는 또 다른 회사이다.

50 「프로젝트 일정이 지연되어 저는 서울에 더 머물러야합니다.
InterContinental의 제 방은 1월 20일 월요일까지입니다. 저는 제 계약을 연장해 보려 했지만 호텔은 가능한 방이 없다고 합니다. 부디 업무지와 가까운 호텔을 골라주세요. 저는 2월 2일까지 방이 필요합니다.」
② 호텔 방을 예약하기 위해

51 Ms. Kim, a secretary, should prepare a workshop based on the letter. Which is INCORRECT about the letter?

> Thank you for your kind invitation to be the guest speaker at your organization's May meeting. I am happy to do so.
>
> Per your request, I will give a lecture and slide show in the morning and present a workshop in the afternoon. The workshop is limited to twenty participants. We'll need long table (6 ft X 2ft) for the workshop, one per participant plus two additional ones for my use.
>
> I am enclosing a contract for your convenience. Please note that 25% of the lecture and workshop fees are payable upon signing. The remainder, including transportation costs, can be paid at the conclusion of the workshop. As soon as the contract is returned, I will have my travel agent book the trip to take advantage of the lowest possible airfare.

① This is the reply to the invitation as a guest speaker.

② At the conclusion of the workshop, the writer can get 75% of the whole fees.

③ The writer asks the receiver of the letter to reserve the trip ticket.

④ The writer wants to use two long tables for the workshop for himself.

51 「귀사의 5월 미팅에서 초청 연사로 초대해 주셔서 감사합니다. 저도 참여할 수 있어서 행복합니다.
당신의 요청에 따라, 저는 아침에 강의와 슬라이드쇼를 하고 오후에는 워크샵을 할 것입니다. 워크샵은 20명으로 참가자 수가 제한되어 있습니다. 우리는 워크샵에서 쓸 긴 테이블이 참가자 한 명당 하나에 추가적으로 제가 쓸 두 개가 필요합니다.
당신의 편의를 위해 계약서를 동봉합니다. 강연과 워크샵 비용의 25%를 서명할 때 제공해야함을 유념해주세요. 교통비를 포함한 나머지 비용은 워크샵이 끝난 후 지급할 수 있습니다. 계약서가 돌아오는 대로 여행사 직원에게 가능한 한 가장 낮은 항공료로 여행을 예약하도록 시킬 것입니다.」
③ 글쓴이는 편지 수신인에게 여행 티켓 예약에 대해 묻고 있다.

52 Belows are sets of phone conversation. Choose one that does not match correctly each other.

① A : Isn't that Seattle then?

　　B : No, you must have the wrong area code.

② A : Ms. Pearce asked me to call this morning.

　　B : May I speak to Ms. Pearce?

③ A : We can let you know what sizes are available.

　　B : Thanks. I can order what we need then.

④ A : When can I reach you?

　　B : I'll be in all evening.

53 Read the following conversation and choose one which is not true?

A : I'd like to reserve a round-trip ticket to Tokyo.

B : Business class or economy?

A : I want to travel executive class.

B : When do you want to travel?

A : On April 8th. And I'd like to get an open-ended return ticket, please.

B : Certainly. Shall I reserve it?

A : Yes, thanks.

B : I'll contact you when the ticket arrives.

① The airline needs to get in touch with customer regarding the ticket.

② The customer would like to book a business class.

③ The airline knows the customer's return date.

④ The customer is scheduled to leave for Tokyo on April 8th.

53 「A : 저는 도쿄 왕복 여행 티켓을 예약하고 싶습니다.
　　 B : 비즈니스 석인가요 이코노미 석인가요?
　　 A : 저는 비즈니스 석을 원합니다.
　　 B : 언제 가시나요?
　　 A : 4월 8일이에요. 그리고 돌아올 때는 조정이 가능한 티켓으로 부탁드립니다.
　　 B : 물론입니다. 예약해 드릴까요?
　　 A : 네, 감사합니다.
　　 B : 티켓이 도착하면 연락드리겠습니다.」
　　 ③ 항공사는 고객이 돌아오는 날을 안다.

54 Which of the following is the most appropriate expression for the blank?

A : Could you tell us about your company?

B : Sure. It was founded in 1971, and we have approximately a quarter of a million employees.

A : What about your gross profit?

B : We have a gross profit of over $150 million per annum.

A : _____. Where is the head office?

B : It's based in Incheon, which is on the outskirts of Seoul.

A : That's interesting. I would have thought the head office would be in Seoul.

B : It is located in that city for many reasons.

---

① I have one more question to ask you.

② You can ask me questions any time.

③ People here are working in three shifts.

④ Our company has a good reputation.

54 「A : 우리에게 당신의 회사에 대해 말해줄래요?
B : 그래요. 1971년에 창립되었고 거의 25만 명의 식원이 있습니다.
A : 총수익은 어떻습니까?
B : 우리는 연간 1억 5천만 달러 이상의 총 이익을 가지고 있습니다.
A : 질문이 하나 더 있습니다. 본사는 어디인가요?
B : 서울의 변두리에 있는 인천에 있습니다.
A : 흥미롭네요. 제 생각에는 본사가 서울에 있을 줄 알았는데요.
B : 많은 이유 때문에 그곳에 위치해있습니다.」

55 According to the following conversation, which one is true?

A : Good morning. May I help you?

B : Yes, please. I'm looking for the Marketing Department. I was told that it's on this floor.

A : I'm sorry, but the Marketing Department has moved to the 21st floor.

B : I see. Is there any stairs nearby?

A : Yes. just around the corner, sir. But you had better take the elevator on your left. You are on the fifth floor.

B : You're right. Thank you.

A : Marketing Department is on the right side of the elevator.

---

① Take the elevator to go to the Marketing Department.

② Marketing Department is on the fifth floor.

③ Marketing Department is by the stairs.

④ The stairs are down the end of the hall.

55 「A : 좋은 아침이에요. 무엇을 도와드릴까요?
　　B : 네. 저는 마케팅 부를 찾고 있는데요. 이 층에 있다고 들었습니다.
　　A : 죄송하지만 마케팅 부서는 21층으로 이전했습니다.
　　B : 알겠습니다. 여기 근처에 계단이 있나요?
　　A : 네. 모서리를 돌면 있습니다. 그렇지만 당신 왼편에 엘리베이터는 이용하시는 게 더 좋겠습니다. 현재 5층에 계시거든요.
　　B : 당신이 맞네요. 감사해요
　　A : 마케팅부서는 엘리베이터 오른편에 있습니다.」
　　① 마케팅부서로 엘리베이터를 타고 간다.

56 According to the following phone messages, which one is not true?

This is Juliet Kim. I'm sorry I'm not able to answer the phone at the moment as I'm on a business trip until next Tuesday. If you like to leave a message, please do after the beep. In ask of any urgency, please contact Mrs. J. S. Lee, extension 242. Thank you.

Hi, Juliet, this is James Park of CityCorp. It's 10:50 am Thursday, November 2nd. I was calling to let you know that we don't need your project report until next Friday. You don't need to return my call. Bye.

---

① Juliet Kim is not able to answer the phone until next Tuesday.

② James Park of CityCorp left the message on Juliet's answering machine.

③ James Park left a message on Juliet's answering machine to call him back.

④ Juliet asked Mrs. J. S. Lee to handle any urgency in her absence.

ANSWER) 56.③

56 「Juliet Kim입니다. 죄송합니다. 저는 지금 출장 중인 관계로 다음 주 화요일까지 전화를 받을 수 없습니다. 메시지를 남기고 싶다면 삐-소리 이후에 남겨주세요. 급한 일은 242로 연결해서 Mrs. J. S. Lee에게 연락해주세요. 감사합니다.
안녕하세요. Juliet CityCorp의 James Park입니다. 11월 2일 목요일 10시 50분. 저는 다음 주 금요일까지 당신의 프로젝트 보고서가 필요하지 않음을 알려드리려 전화했습니다. 다시 전화주지 않으셔도 됩니다. 안녕히 계세요.」
③ James Park은 Juliet에게 다시 연락을 받기 위해 자동 응답기에 메시지를 남겼다.

57 Read the following conversation and choose one which is not true?

Mr. Louis : I'm here for the convention, as a visitor.

Ms. Jenkins : Okay. Can I have your ID, please? Every visitor has to be registered.

Mr. Louis : Certainly. Here you are.

Ms. Jenkins : Okay... Here's your ID back. We have our welcoming pack in thIn the welcoming pack, there should be a map of the hall so you can find your way.

There is also a list of the participanting companies and information about them.

Mr. Louis : Thank you. Would it be possible to get some extra I want to share them with my colleagues.

Ms. Jenkins : Sure, here you are, sir. If you need any help, please let me know.

---

① All visitors have to present their identification.

② Mr. Louis wants to give brochures to his colleagues.

③ Ms. Jenkins didn't prepare anything for the participants.

④ Mr. Louis can get information about participating companies.

ANSWER 57.③

57 「Mr. Louis : 저는 방문자로 대회 때문에 왔습니다.

Ms. Jenkins : 네, 신분증을 보여주시겠어요?

Mr. Louis : 물론이죠. 여기 있습니다.

Ms. Jenkins : 네... 여기 신분증 돌려드리겠습니다. 이 가방에 저희의 환영 선물이 있습니다. 환영 선물 안에 홀의 지도가 있어서 당신이 가시려는 길을 찾을 수 있을 겁니다.

Mr. Louis : 감사합니다. 가능하면 여분의 소책자를 받을 수 있을까요? 제 동료들과 공유하고 싶습니다.

Ms. Jenkins : 물론이죠. 여기 있습니다. 무엇이든 도움이 필요하시면 제게 말해주세요.」

③ Ms. Jenkins는 참가자를 위해 아무것도 준비하지 않았다.

58 Which is NOT the work that David has to do as a junior clerk?

Manager : As a junior clerk, you will have to do a lot of different jobs.

David : I understand that and I am prepared.

Manager : Well, that sounds very promising. Now, you will have to sort out the mail every morning and take it round to put on the office desks.

David : Yes, sir.

Manager : Next, you have to check all the newspapers to see if our advertisements have been printed correctly. That's very important. Are you careful at checking details?

David : I think so. I used to help my father check the books for his business. I am sometimes a bit slow, I am afraid.

① He has to arrange the mail everyday.

② He has to check the company's advertisements in the newspapers.

③ He has to check the books for business.

④ He has to check whether the advertisements are printed correctly or not.

58 Manager : 하급 직원으로서 여러 가지 다른 일늘늘 해야 할 것입니다.

David : 이해했습니다. 그리고 준비됐습니다.

Manager : 음, 참 조짐이 좋게 들리네요. 이제, 매일 아짐 우편늘늘 분류하고 그것늘 가져가서 사무실 책상 뒤에 올려놓아야 합니나.

David : 네, 알겠습니다.

Manager : 그 다음, 모든 신문에 우리 광고가 바르게 인쇄되었는지 확인해야 합니다. 이 일은 아주 중요합니다. 세부 사항들을 확인하는데 주의하는 편입니까?

David : 그런 것 같습니다. 저는 아버지가 당신의 일로 책을 점검하는 것을 돕곤 했습니다. 제가 가끔 좀 느려서 두렵네요.

③ 그는 일 때문에 책을 점검했다.

59 Which is INCORRECT about the schedule?

Mr. Chun : Tell me how you've planned my next trip to New York.

Secretary : You're leaving Seoul at 9:25 on Tuesday morning on KE840 and arriving in New York at 10 o'clock on the same day. Mr. John Smith will meet you at the John F. Kennedy airport and take you to the headquarters.

Mr. Chun : Good.

Secretary : You'll be staying at the New York Millennium Hilton.

Mr. Chun : And on the way back?

Secretary : The return flight leaves at 4 o'clock on Saturday afternoon and arrives in Seoul at 9:00 p.m. on Sunday. Mr. Kim will meet you at the baggage claim.

---

① At 6 p.m. on Saturday, Mr. Chun is in the plane coming to Seoul.

② Mr. Chun arrives in New York on Tuesday.

③ Mr. Chun will stay at Hilton for 5 nights.

④ The first schedule in New York starts in the headquarters.

60 Which of the following is the most appropriate expression for the blank?

A : Ms. Kidman, how are you this morning?

B : Couldn't be better, thank you. And you?

A : Fine, thanks. Did you read over the brochure about plants?

B : Yes, I'm looking forward to visiting the plants.

A : There's nothing like seeing for oneself.

B : _____.

A : You'll have a rewarding visit even though you have a tight schedule.

B : I'm quite used to having a tight schedule.

---

① I don't agree with your opinion.

② The schedule is subject to change.

③ I'll take you to the plant.

④ You can say that again.

ANSWER 60.④

60 「A : Kidman씨, 오늘 아침은 어떠신가요?

B : 아주 좋아요. 고마워요. 당신은요?

A : 좋아요. 감사합니다.
　　공장에 관한 책자를 읽어보셨나요?

B : 네, 저는 공장에 방문할 것을 기대하고 있어요.

A : 직접 보는 것만큼 좋은 것은 없죠.

B : 당신 말이 옳아요.

A : 빠듯한 일정일지라도 보람찬 방문이 될 거에요.

B : 전 일정이 빠듯한 것이 익숙해요.」

61 다음 중 외래어 표기법에 따라 올바르게 표기된 것으로 묶인 것은?

① 팜플렛, 리더십, 까페

② 리더쉽, 악세서리, 타블렛

③ 악세사리, 리플렛, 팸플릿

④ 카페, 리더십, 리플릿

62 공기업 홍보팀에서 팀비서를 하고 있는 홍지영 비서가 다음과 같은 직무위임표에 의거해서 결재관련 업무를 진행한 것중에서 가장 올바르지 않게 진행된 것은?

업무내용	사장	전결권자		
		부사장	본부장	팀장
홍보기본 계획 수립	○			
홍보성 행사 주관			○	
공고 및 홍보물 제작				○
광고비 결재(3억 원 이상)		○		
광고비 결재(3억 원 미만)			○	
공보업무 – 보도자료 관리 등				○

① 홍보팀장 책임하에 작성한 2019년도 홍보기본 계획을 본부장, 부사장 검토를 거쳐서 사장님에게 최종 결재를 받았다.

② 홍보팀원으로서 홍보행사 기획안을 작성하여 본부장에게 결재를 받으러 했으나 휴가중이어서 부사장에게 대결을 받았다.

③ 3억 원의 광고비 결재를 위해서 부사장의 전결을 받았다.

④ 신제품 출시에 관한 보도자료를 작성하여 홍보팀장의 전결을 받아서 언론기관에 배부하였다.

63 공문서를 올바르게 작성하기 위해서는 올바른 문장부호 및 띄어쓰기, 순화어 등을 사용하여야 한다. 이 원칙에 따라 공문서에 작성된 사항 중 올바른 것을 모두 고르시오.

> 가. 2018. 9. 18(화)
> 나. 원장 : 김진수
> 다. 4. 23. ~ 5. 23.
> 라. 296억 달러
> 마. 총 300여 명의

① 모두　　　　　　　　　　　　　　　② 없음
③ 가, 다, 라, 마　　　　　　　　　　　④ 다, 라, 마

64 행정기관에서 일하고 있는 김 비서는 2017년 11월 1일자로 변경된 공문서 작성방법에 따라서 기안문을 작성하고 있다. 다음 중 가장 적절하지 않은 것은?

① 공문서를 작성할 때 숫자를 아라비아 숫자로 표기하였다.
② 음성정보나 영상정보와 연계된 바코드를 표기하였다.
③ 상위 항목부터 하위 항목은 1., 가., 1), 가), (1), (가) 순으로 하였다.
④ 본문의 첫째 항목(1., 2., 3.)은 왼쪽에서 6타를 띄어서 제목 밑에서 시작하도록 하였다.

63 가. 2018. 9. 18. (화)
　　나. 원장: 김진수(쌍점은 앞은 붙여 쓰고 뒤는 띄어 쓴다.)
64 ④ 본문의 첫째 항목(1., 2., 3.)은 왼쪽 처음부터 띄어쓰기 없이 바로 시작한다.

65 무역회사에 다니는 정 비서는 영문 명함을 정리하고 있다. 아래 명함을 알파벳순으로 정리하시오.

> 가. Allyson Berberich
> 나. Eric Burgess, Jr.
> 다. Dr. Veronica Cochran
> 라. Kim, Creig
> 마. Burgess, Lynn
> 바. Amy-Lynn Gochnauer, CMP

① 가 - 바 - 다 - 나 - 라 - 마   ② 가 - 나 - 다 - 라 - 바 - 마

③ 가 - 나 - 마 - 다 - 바 - 라   ④ 가 - 나 - 마 - 다 - 라 - 바

66 아래와 같은 이메일 머리글의 일부분을 보고 알 수 있는 사항으로 가장 적절하지 않은 것은?

> From : Ashley Taylor 〈ashley@abc.com〉
> To : Yuna Lee 〈yuna2016@bcd.com〉
> CC : 〈tiffany@bcd.com〉; 〈irene@abc.com〉; 〈sjones@bcd.com〉
> Bcc : 〈secretaryjean@abc.com〉
> Date : Fri 10 Aug 2018 08:27:18 AM
> Subject : Monthly Report (July 2018)

① 이 이메일을 받아서 다른 사람에게 포워드 할 수 있는 사람은 모두 5명이다.

② Yuna Lee가 이메일을 받은 일시는 2018년 8월 10일 오전 8시 27분 18초이다.

③ secretaryjean@abc.com이 받은 메일에는 자신의 메일주소가 기재되어 있지 않다.

④ tiffany@bcd.com은 secretaryjean@abc.com이 해당 메일을 받았다는 사실을 모른다.

ANSWER 65.③ 66.②

65 영문이름의 경우 Last name(성) → First name(이름) → Middle name(미들네임) 순으로 알파벳 표기순서대로 정리한다.

66 ② Date는 이메일 전송될 때의 시간이다.

67 다음에서 열거된 전자문서에 관한 설명으로 가장 적절하지 않은 것은?

① 전자문서는 특별히 규정되지 않는 한 종이 문서와 동일하게 효력을 갖는다.

② 전자문서는 종이문서에 비해 작성, 유통, 보관, 검색이 용이 하지만, 종이문서에 비해 유실과 같은 사고에는 취약하다.

③ 전자문서 사용은 문서 보관에 필요한 공간이나 공간 유지 비용을 절감시켜 준다.

④ 전자문서 작성자가 수신확인을 조건으로 전자문서를 송신한 경우 작성자가 수신확인통지를 받기 전까지는 그 전자문서는 송신되지 않은 것으로 간주된다.

68 건설회사에 근무하는 고 비서는 정보 보안에 신경 쓰라는 상사의 지시에 따라 대외비 전자 문서에 보안을 설정하고 있다. 다음 중 전자 문서에 보안 및 암호 설정에 관한 내용이 가장 적절하지 않은 것은?

① 한글 2010 파일은 [보안]탭에서 [암호설정]을 선택 후 설정한다.

② PDF 파일은 Acrobat Pro 소프트웨어를 이용해서 암호를 설정한다.

③ 엑셀 2010 파일은 암호를 1자 이상으로 설정 가능하다.

④ 한글 2010 파일은 인쇄를 제한하는 배포용 문서로 저장하는 것은 불가능하다.

69 다음과 같이 어플리케이션을 이용하여 업무처리를 하고 있다. 이중 가장 적합하지 않은 경우는?

① 상사가 스마트폰에서도 팩스를 수신하실 수 있도록 모바일 팩스 앱을 설치해 드렸다.

② 상사가 스마트폰으로 항공기 탑승 체크인을 하기를 원해서 항공권을 구입한 여행사 앱을 설치해 드렸다.

③ 상사가 스마트폰을 이용하여 발표자료 편집을 원해서 Keynotes 앱을 설치해 드렸다.

④ 종이 문서를 스마트폰으로 간단히 스캔하기 위해서 Office Lens 앱을 사용하였다.

ANSWER 67.② 68.④ 69.②

67 ② 유실과 같은 사고에 취약한 점은 종이 문서의 단점이다.

68 ④ 한글 2010 파일은 배포용 문서로 저장 가능하다.

69 ② 항공기 탑승 체크인을 앱으로 하기 위해서는 항공사의 앱을 설치하는 것이 옳다.

70 다음 중 신문기사에 대한 내용으로 가장 연관이 적은 것은?

> 우정사업본부는 9월 3일 우체국 펀드 판매 사업을 개시한다고 밝혔다.
> 우체국은 펀드판매 사업 논의 10년 만인 지난 6월27일 금융 위원회로부터 인가를 받고, 그동안 내부
> 직원 대상 시범기간을 운영하는 등의 준비를 거쳐 전국 222개 총괄우체국에서 전 국민을 대상으로
> 펀드 판매를 시작한다. 판매 상품은 공모펀드 중 원금손실 위험도가 낮은 머니마켓펀드, 채권형 펀드
> 와 주식 비중이 30% 이하인 채권혼합형펀드 상품 중 안정적이고 보수가 낮은 13개 상품이다.
> 우정사업본부는 백령도 등 도서지역뿐만 아니라 해남 땅끝 마을까지 전국 농어촌 등 금융 소외 지역
> 까지 넓은 투자 접점을 제공한다. 또 누구나 편리하게 펀드 거래를 하게 해 서민자산형성을 지원한다
> 는 방침이다. 이와 함께 펀드 수수료 인하 등 펀드 판매 시장의 혁신을 선도하는 메기 역할을 수행하
> 겠다고 다짐했다.
> 또 윤리 의식과 가입자 중심의 금융 사업 영위를 위해 6단계 표준판매 절차를 적용하고, 불완전판매
> 자가점검, 해피콜, 자체 미스터리 쇼핑 검사 등을 실시한다. 이와 함께 펀드 투자 광고도 준법감시인
> 사전 승인과 금융투자협회 심사를 거칠 예정이다. 전국 총괄우체국과 지방우정청에 내부통제담당자를
> 지정하는 등 내부통제 체계를 확립하고, 펀드 준법지원시스템 신설과 사고예방 시스템을 개선해 금융
> 사고도 예방할 계획이다.
> 우정사업본부는 펀드 판매 개시에 맞춰 신규 가입자 대상 추첨을 통해 우체국쇼핑 상품 등 경품 지급
> 행사도 진행한다. 강OO 본부장은 "우체국이 국영금융으로서 서민 금융 실현과 착한 금융의 역할을 지속적으
> 로 확대해 나갈 것"이라며 "모든 국민이 편리하게 우체국에서 펀드에 가입하고, 민간 수준 이상의 이용자 보
> 호 의무를 보장받을 수 있도록 내부 통제 확립과 불완전판매를 원천 차단하겠다."고 밝혔다.

① 9월 3일부터는 모든 우체국에서 우체국 펀드에 가입할 수 있다.
② 펀드에 투자할 경우 원금손실 가능성이 있다.
③ 비교적 원금손실 위험도가 낮은 상품을 판매할 계획이고, 불완전판매 차단을 위해 노력할 계획이다.
④ 다양한 방법을 통해 펀드 이용자를 보호할 계획을 세우고 있다.

ANSWER 70.①

70 ① 9월 3일은 우체국 판매 사업을 개시한 날이지만 모든 우체국에서 우체국 펀드를 가입할 수 있도록 시행된다는 뜻으
로 해석 할 수 없다.

71 의료기관에서 근무하는 최 비서는 지원금 신청을 위해 고용보험 홈페이지에 접속하였다. 고용보험 홈페이지는 업무 처리를 위해 공인인증서가 필요하여 인증서를 발급받으려고 한다. 공인인증서와 관련된 내용이 가장 적절하지 않은 것은?

① 공인인증서는 유효기간이 있으므로 발급 기관으로부터 갱신해서 사용해야 한다.
② 공인인증서 안에는 발행기관 식별정보, 가입자의 성명 및 식별정보, 전자서명 검증키, 인증서 일련번호, 유효기간 등이 포함되어 있다.
③ 공인인증서의 종류는 범용 공인인증서와 용도제한용 공인 인증서로 나뉜다.
④ 공인인증서 발급 비용은 종류에 관계없이 모두 무료이다.

72 데이터베이스를 사용할 때 데이터베이스에 접근하여 데이터의 속성을 정의하고 데이터를 검색, 삽입, 갱신, 삭제하는 데 사용 되는 데이터베이스의 하부언어는?

① HTML
② VBA
③ SQL
④ C언어

---

71 ④ 공인인증서는 종류에 따라 무료인 것도 유료인 것도 있다.

72 ① HTML : 웹 문서를 만들기 위하여 사용하는 기본적인 웹 언어의 한 종류로 하이퍼텍스트를 작성하기 위해 개발되었다.
② VBA : Visual Basic for application의 약어로 마이크로소프트 사의 윈도 오피스 응용 프로그램용 매크로 언어. 동사의 제품인 비주얼 베이식을 기반으로 하여 매크로 언어를 범용화, 공통화한 것이다.
④ C언어 : 운영 체제나 언어 처리계 등의 시스템 기술에 적합한 프로그래밍 언어이다.

73 다음은 K은행에서 고시한 오늘 자 외환시세표이다. 이에 관한 사항 중에서 가장 적절하지 않은 내용은?

통화명	현찰		송금		매매 기준율	미화 환산율
	사실때	파실때	보내실때	받으실때		
미국USD	1,142.80	1,103.50	1,134.12	1,112.17	1,123.15	1.0000
일본JPY100	1,025.87	990.59	1,018.11	998.36	1,008.23	0.8977
유로EUR	1,322.84	1,271.22	1,310.00	1,310.00	1,297.03	1.1548
중국CNY	171.13	155.03	164.58	164.82	162.78	0.1455

① 일본 10,000엔을 현금으로 살 때 필요한 돈은 102,587원이다.

② 200유로를 팔아서 받은 현금으로 20,000엔을 살 수 있다.

③ 일본엔화와 중국위안화는 미화보다 가치가 높고, 유로화는 미화보다 가치가 낮다.

④ 4개국 통화모두 동일금액의 외화를 현금으로 사는 것보다 송금을 보낼 때 돈이 덜 든다.

74 다음 그래프에 관한 설명 중 가장 적절하지 않은 것은?

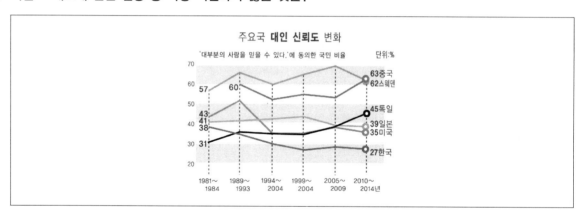

① 1990년 이후 우리나라 국민은 위 5개국 국민들보다 다른 사람을 못 믿는 편이다.

② 2005~2009년의 대인신뢰도는 독일, 일본, 미국이 거의 비슷하다.

③ 중국은 1981~1984년의 대인신뢰도 조사결과 자료가 없다.

④ 이 그래프는 누적 꺾은선 그래프로서 시간흐름에 따른 변화를 보기에 편하다.

ANSWER 73.③ 74.④
....

73 ③ 일본엔화와 중국위안화는 미화보다 가치가 낮고 유로화는 미화보다 가치가 높다.

74 ④ 위 그래프는 꺾은선 그래프로서 시간의 흐름에 따른 변화를 보기에 편하다.

75 상공상사(주) 김미소 비서는 상사 집무실의 프린터를 스마트폰에서 바로 인쇄를 할 수 있는 기종으로 바꾸기 위하여 적당한 프린터를 3개 정도 조사하여 상사에게 보고하려고 한다. 이때 프린터에 필요한 기능끼리 묶인 것은?

① 와이브로 기능, 와이파이 기능
② 블루투스 기능, 와이파이 기능
③ 와이파이 기능, MHL 기능
④ 블루투스 기능, MHL 기능

76 다음의 신문기사 내용에 해당하며 ★에 들어가야 할 컴퓨터범죄는?

중요한 보안 경고'란 제목으로 포털사에서 전송한 것처럼 위장한 ★메일이 발견됐다. 안전하게 계정을 보호하고 싶은 이용자의 심리를 이용한 사회공학적 기법의 공격으로 이용자 들의 세심한 주의가 필요하다. 지난 21일 전송된 ★메일은 포털사이트 D사에서 보낸 것처럼 위장하고 있다. '중요한 보안 경고' 제목과 함께 "다른 IP 위치에서 귀하의 메일 계정에 불법적인 시도를 발견했다"며 "안전을 위해 계정을 계속 사용하려면 '지금 여기를 누르십시오' 버튼을 클릭 할 것"을 권고하고 있다. 특히, 보낸사람은 D사로 되어 있지만, 이메일 주소를 살펴보면 발전기 관련 업체 메일이 기재돼있다. 이는 공격자가 특정 기업을 해킹해 해당 기업이 악용된 것으로 추정할 수 있는 대목이다. 〈후략〉

〈보안뉴스, 2018.8.23.발췌〉 www.boannews.com

① 파밍   ② 피싱
③ 스미싱   ④ 디도스

ANSWER 75.② 76.②

75 ① 와이브로 : 이동 중에도 초고속인터넷을 이용할 수 있는 무선휴대인터넷을 말한다.
③④ MHL 기능 : 스마트폰에 저장된 동영상을 TV와 같은 큰 화면으로 볼 수 있는 기능을 말한다.

76 ② 피싱 : 금융기관 등의 웹사이트나 거기서 보내온 메일로 위장하여 개인의 인증번호나 신용카드번호, 계좌 정보 등을 빼내 이를 불법적으로 이용하는 사기수법이다.

77 비서가 상사의 개인정보 및 인맥관리를 위한 주소록 관리를 담당하고 있다. 다음 중 개인정보 처리와 관련한 업무처리가 가장 올바른 것은?

① 상사의 주민등록번호 및 각종 아이디 및 패스워드가 기재된 개인 정보 파일은 매우 빈번하게 사용하므로, 업무 중에는 암호화를 풀고, 퇴근 시에 암호를 걸어 보관하였다.
② 상사의 어귄번호를 포함한 개인정보파일 및 외부인 연락처 파일이 저장된 컴퓨터 전체를 비밀번호로 로그인하도록 암호화하였으므로 개별파일은 암호화하지 않았다.
③ 상사에게 비서가 개인정보를 제공하고 활용하는데 동의한다고 하는 개인정보제공 및 활용동의서를 미리 받아두었다.
④ 상사의 개인정보 신상카드에 비어 있는 난이 있는 경우, 상사에게 여쭈어서 모든 난을 채워 놓는다.

78 다음 중 감사장을 적절하게 작성하지 않은 비서를 묶인 것은?

> 가. 김 비서는 상사가 출장 후 도움을 준 거래처 대표를 위한 감사장을 작성하면서 도움을 준 내용을 상세하게 언급하면서 감사장을 작성하였다.
> 나. 이 비서는 창립기념행사에 참석해서 강연해준 박 교수에게 감사편지를 작성하면서 강연 주제를 구체적으로 언급하면서 감사의 내용을 기재하였다.
> 다. 최 비서는 상사 대표이사 취임축하에 대한 감사장을 작성하면서 포부와 결의를 언급하면서 보내준 선물품목을 상세히 언급하면서 감사의 글을 작성하였다.
> 라. 나 비서는 상사의 부친상의 문상에 대한 답례장을 작성하면서 메일머지를 이용하여 부의금액을 정확하게 기재하면서 감사의 내용을 기재하였다.
> 마. 서 비서는 문상 답례장을 작성하면서 계절인사를 간략하게 언급하고 담백하게 문상에 대한 감사의 내용을 기재하였다.

① 김 비서, 이 비서
② 김 비서, 서 비서
③ 최 비서, 이 비서
④ 최 비서, 나 비서

ANSWER) 77.③ 78.④

77 ① 상사의 주민등록번호 및 각종 아이디 및 패스워드가 기재된 개인정보 파일은 매우 빈번하게 사용하더라도 항상 암호화하여 사용한다.
② 상사의 개인정보파일 및 외부인 연락처 파일이 저장된 파일은 개별 암호화한다.
④ 비서는 업무를 하는 동안 상사에 관한 수많은 정보를 취득하게 되는데 같은 내용의 정보에 대해서는 다시 상사에게 묻지 않도록 기록해 가며 업무에 활용하며 이 기록이 타인에게 노출되지 않도록 한다.

78 감사장 작성 시 성의나 마음에 대한 감사를 전하고 물질적인 품목이나, 금액 등을 상세히 작성하지 않는다.

79 다음의 컴퓨터 용어 중 설명이 틀린 것은?

① 게이트웨이(Gateway) : 서로 다른 프로토콜 사이를 변환하는 하드웨어 또는 소프트웨 또는 다른 시스템에 대한 액세스를 제공하는 모든 매카니즘을 말한다.
② 도메인 이름 서버(DNS Server) : 도메인 이름을 IP 주소로 변환하기 위해 DNS를 사용하는 서버이다.
③ 디버깅(Debugging) : 컴퓨터 프로그램이나 하드웨어 장치에서 잘못된 부분(버그)을 찾아서 수정하는 것
④ 라우터(Router) : PC나 노트북, 휴대폰 등 각종 저장매체 등에 남아 있는 디지털 정보를 분석하는 기술 또는 작업

80 다음과 같이 문서 및 우편물을 발송하는 업무를 진행하고 있다. 이때 가장 적절하지 않은 업무처리끼리 묶인 것은?

> 가. 문서를 발송하기 전에 상사의 서명 날인을 받은 후 스캔본을 보관해두었다.
> 나. 월임대료를 석 달째 미납하고 있는 임차업체에 최고장을 작성하여 내용증명으로 발송하였다.
> 다. 창립기념식 초청장 발송용 우편물 레이블을 파워포인트를 이용하여 메일머지해서 작성하였다.
> 라. 고객사은품으로 상품권을 현금등기로 발송하였다.
> 마. 주주총회 안내문을 우편으로 발송하면서 요금후납제도를 이용하였다.

① 가, 나, 다, 라, 마
② 나, 다, 라, 마
③ 다, 라, 마
④ 다, 라

Aɴꜱᴡᴇʀ 79.④ 80.④

79 ④ 라우터 : 보내지는 송신정보에서 수신처 주소를 읽어 가장 적절한 통신통로를 지정하고, 다른 통신망으로 전송하는 중계 장치를 말한다.

80 다. 메일머지 기능은 한글이나 엑셀을 사용한다.
라. 통화등기는 10원~100만 원까지 가능하며 우체국에 의해 분실된 현금배달(통화등기)은 전액 변상해 주는 서비스이다.

1과목 **비서실무**

1 상사가 외부 행사에 참석할 예정이다. 그런데 지금 행사장 앞에서 행사를 반대하는 시위가 있다. 이 때 전문비서로서의 역할로 가장 적절하지 않은 것은?

① 상사에게 상황을 보고하고 행사 참석 여부를 결정해 줄 것을 상사에게 부탁한다.

② 상사가 행사에 참석하는 것이 좋을지 아니면 다른 사람이 대신 참석하는 것이 좋을지 상사가 결정할 수 있도록 시위 관련 정보를 신속히 보고한다.

③ 상사가 참석하지 못할 경우 행사에 어떤 불이익이 있을지에 대해 행사 담당자와 논의한다.

④ 상사가 참석하지 못할 경우 상사 대신 누가 참석하는 것이 좋을지에 대해 상사와 논의한다.

2 의사소통자로서 비서의 자기개발로 가장 적절하지 않은 것은?

① 상사의 관심분야에 대한 정보를 가능한 많이 수집한다.

② 상사에게 전달되는 정보의 정확성을 분석한다.

③ 상사에게 직접 보고하는 회사 임원진들과 원활한 의사소통을 할 수 있도록 임원진의 소속 부서의 상황을 면밀히 파악하려고 노력한다.

④ IT나 Mobile 기기를 능숙하게 사용할 수 있는 능력을 함양한다.

ANSWER 1.① 2.③

1 ① 대안이나 해결책을 담은 정보를 상사에게 보고해야 한다. 결론, 사유, 경과, 소견 순으로 보고하면 좋다.

2 비서는 적극적이고 긍정적인 사고를 하며 본인보다는 타인 중심적으로 그리고 개인보다는 조직 중심적인 행동으로 조직에 기여하여야 한다. 직업의식과 윤리 의식을 갖춘 전문 비서로서 발전하기 위해서는 업무 처리 태도를 가지고 끊임없는 학습을 통하여 자기개발을 함으로써 자기 관리에 힘쓰는 전문가적 자세가 중요하다.
③은 자기개발과 관련이 없다.

3 비서를 통하지 않고 주요 인사가 직접 전화를 하여 상사와 통화를 원한다. 상사는 현재 통화 중이라고 말씀드리자 기다리겠다고 한다. 이 때 비서의 업무 수행으로 가장 적절한 것은?

① 주요 인사가 기다리는 것은 예의에 어긋나므로 상사가 통화를 마치는대로 바로 전화를 드리겠다고 말씀드리고 전화번호를 받아 둔다.

② 상대방이 기다리는 동안 상대방과 관련된 최근 소식, 예를 들어 최근 신문 인터뷰 기사 잘 보았다 등을 언급하며 상대방에 대한 관심을 표현해도 좋다.

③ 상사의 통화가 길어져서 상대방이 계속 기다려야 할 경우 전화를 건 상대방에게 상황을 말씀드리고 계속 대기할지 여부를 다시 확인한다.

④ 통화 중인 상사의 집무실로 즉시 들어가서 말씀드리고 통화하실 수 있도록 한다.

4 우리 회사는 미국에 본사를 두고 있는 다국적 기업이라 본사에서 오는 손님이 많은 편이다. 이번에 미국에서 2명의 남자 임원과 1명의 여성 임원이 우리 회사를 방문하였다. 외국인 내방객 응대 시 비서의 업무자세로 가장 적절한 것은?

① 본사 현관 입구에 환영 문구를 적을 때 이름 알파벳 순서로 배치하였다.

② 차 대접을 할 때는 선호하는 차의 종류를 각 손님에게 여쭈어 본 후 내·외부인사의 직급 순으로 대접하였다.

③ 처음 인사를 할 때는 Mr. Ms. 존칭 뒤에 full name을 넣어 불렀다.

④ 처음 인사를 나눈 후에는 친근감의 표시로 first name을 불렀다.

ANSWER 3.③ 4.②

3 ③ "지금 통화중이니 잠깐 기다려 주십시오" 등의 이야기로 찾는 사람이 전화를 받을 형편이 아님을 밝힌다. 또는 "통화가 길어질 것 같으니 통화가 끝나는 대로 전화를 다시 걸어 드리면 어떨까요?"하고 예의 바르게 양해를 구하고, 급한 용건일 경우 메모를 써 보내어 통화중인 전화를 일시 보류하고 긴급 전화를 받도록 해야 한다.

4 ① 여성임원을 남성인원에 우선해서 배치해야 한다.
③ 구두로 다른 사람을 부를 경우 존칭 뒤에는 반드시 성만 넣어 불러야 한다.
④ First name만 호칭하는 것은 상대방이 요청하거나 동의했을 경우만 사용한다.

5 국제상사 영업부에 근무하는 나애리는 홍길동 전무의 비서이다. 아래의 상황을 읽고 비서의 업무 처리로 가장 적절한 것은?

> 2월 1일 홍 전무는 상공회의소에서 개최하는 세미나에 참석하고 있다. 오후 1시가 조금 지났을 때 상사의 대학 동기라고 하면서 신라증권 이순신 본부장이라는 사람으로부터 전화가 걸려 왔다. 이순신 씨는 서울로 출장을 왔는데 휴대폰을 두고 와서 상사의 회사 이름을 어렵게 기억하여 전화를 했으며, 내일 아침 대구로 돌아가기 때문에 가능하다면 오랜만에 저녁 식사나 함께 하고 싶다고 오후 6시경 콘래드 호텔 2401호로 연락 달라고 부탁을 하였다.

① 상사는 12월 1일 하루 종일 세미나에 참석한 후 저녁 식사까지 있어서 이순신 본부장을 만날 수 없다고 판단되어 이순신 본부장에게 저녁식사가 어려울 것 같다고 말한다.

② 이순신 본부장이 휴대폰이 없는 상황이므로 상사의 핸드폰 번호를 알려주고 세미나 끝나는 시간에 연락할 수 있도록 한다.

③ 세미나중인 상사에게 문자 메시지를 보내어 이순신 본부장으로부터의 메시지와 호텔번호를 알려준다.

④ 상사가 세미나 중이므로 상공회의소 세미나 담당자에게 연락해둔다.

6 나이가 어느 정도 드신 손님이 찾아와 상사가 지금 있는지를 비서에게 물어봐서 부재중이라고 했더니 그냥 가려고 하였다. 비서가 이름과 용건을 남겨달라고 했더니, 괜찮다고 다음에 다시 오겠다고 하였다. 이 경우 가장 적절한 응대법은?

① 다음에 오실 때는 사전 예약을 하고 오시라고 말씀드리고 친절하게 배웅을 했다.

② 메모지와 봉투를 손님에게 주면서 이 안에 성함이라도 적어 봉투에 넣어 밀봉해 주시면 전달해 드리겠다고 하였다.

③ 손님이 굳이 알리고 싶어하지 않으므로 그냥 가시게 하였다.

④ 상사에게 지금 전화 연결을 해 드린다고 적극적인 자세를 취하였다.

ANSWER 5.③ 6.②

5 ① 상사의 신뢰를 받는 전문비서의 경우 상사의 일정업무를 대부분 위임 받아 일정 수립부터 사후 관리까지 담당한다. 그러나 초보 비서인 경우는 일정 확인 및 조정, 일정표 작성 등의 보조적 역할을 수행하는 경우가 많다.
　　② 상사의 연락처를 알려주어서는 안 된다.
　　④ 상사에게 직접 연락해둔다.

6 ①③ 손님의 성함을 묻지 않고 돌려보내는 것은 바람직하지 않다.

7 상사는 다음 주에 주요 인사들이 참석하는 저녁 식사에 초대를 받았다. 이 모임을 준비하는 비서의 자세로 가장 적절하지 않은 것은?

① 모임의 성격, 참석자들의 특성 등을 확인하여 상사에게 사전에 보고한다.
② 모임 주최자에게 우리 회사 및 상사와 관련된 최근 인터뷰 기사를 보내 상사가 모임에서 빛날 수 있도록 한다.
③ 모임에서 내 상사의 역할이 무엇인지 확인한 후 필요한 자료 등을 준비한다.
④ 상사와 같은 테이블에 앉는 사람들이 누구인지 사전에 확인한다.

8 상사의 출장 후 업무처리에 관한 내용이다. 가장 부적절한 것은?

① 출장보고서 제출 마감일과 보고 대상을 확인한다.
② 출장보고서에는 출장 기간, 출장 지역, 출장 목적, 출장 업무내용 등을 포함시킨다.
③ 출장경비 정산서를 기한 내에 관련 부서에 제출한다.
④ 출장보고서를 업무 관련자들에게 참고용으로 배포한다.

9 다음의 회의용어에 대한 설명 중 바르지 않은 것은?

① 동의 : 의결을 얻기 위해 의견을 내는 일, 또는 예정된 안건 이외의 내용을 전체 회의에서 심의하도록 안을 내는 것
② 의안 : 회의에서 심의하기 위해 제출되는 안건
③ 정족수 : 회의를 개최하는 데 필요한 최소한의 출석 인원수
④ 의결 : 몇 개의 제안 가운데서 합의로 뽑는 것

ANSWER 7.② 8.④ 9.④

7 ② 주최자가 모임에서 빛날 수 있도록 한다.

8 ④ 기밀사항이 포함되어 있을 수 있으므로 내용이 유출되지 않도록 유의해야 한다.

9 ④ 의결 : 의논하여 결정함. 또는 그런 결정

10 상사가 출장 중일 때 주요한 거래처의 결혼식이 있다. 이 때 비서의 가장 올바른 업무처리는?

① 출장 후 상사가 직접 연락하도록 결혼식 알림 내용을 보관해 둔다.

② 결혼식 일자가 상사 출장 일정과 겹친 경우이므로 그냥 지나가도 무방하다.

③ 대리 참석할 사람을 미리 알아보아 상사에게 보고한다.

④ 상사에게 축의금, 화환 등을 보낼지, 대리인을 보낼지 등을 문의한 후 처리한다.

11 일정을 자주 변경하는 상사를 보좌하는 비서의 자세로 가장 적절하지 않은 것은?

① 막판에 일정을 변경 및 취소해야 할 경우를 대비해 즉각 연락해야 할 사람과 전화번호를 정리해 둔다.

② 일정을 수없이 바꾸더라도 비서는 상사를 보좌하는 데에 전념해서 상사가 일정 변경으로 어려움을 겪지 않도록 보좌한다.

③ 일정의 변경으로 상사의 대내외 신뢰도가 낮아지고 있음을 상사에게 말씀드려 상사가 일정을 변경하지 않도록 보좌한다.

④ 상사는 업무가 바빠 일정을 모두 잘 기억하기 어려우므로 일정을 자주 상기시킨다.

12 예약 업무를 수행하는 비서의 자세로 적절하지 않은 것은?

① 모임의 성격에 맞는 장소를 추천할 수 있도록 다양한 장소에 대해 정보를 수집한다.

② 좋은 음식점을 많이 알아두는 것이 비서업무에 도움이 되므로 음식점 블로그 등에 나와 있는 음식점들의 특징이나 장단점을 정리해 둔다.

③ 골프 모임이 잦은 상사를 위해 골프장 예약 담당자들에게 연말에 회사 홍보용 선물을 보낸다.

④ 예약을 변경하거나 취소할 경우 위약금이나 벌점 등 불이익이 있는지 미리 확인한다.

ANSWER 10.④ 11.③ 12.③

10 ④ 상사와 친분이 있는 사람들의 경사 소식을 듣게 되면 상사에게 보고를 한 후 지시를 받는다.

11 상사는 수행해야 할 업무 뿐 아니라 면담과 약속, 회의, 출장 등의 업무가 기하급수적으로 늘어나므로 상사의 일정관리는 비서의 핵심 업무가 된다. 상사가 중요한 업무에 집중할 수 있도록 시간을 배분하고, 회의와 면담을 효율적으로 수행할 수 있도록 일정을 알맞게 배분해 운영해야 한다.

12 ③ 자주 예약을 주고받는 예약 담당자와의 관계를 잘 형성해 두는 것이 중요하다. 실제로 예약을 하다 보면 예약 담당자의 재량에 따라 예약 여부가 정해지는 경우도 있다. 따라서 예약 담당자의 이름을 기억하고, 친절하게 인사를 건네며 사소한 도움에도 감사를 전하는 등 담당자와 좋은 관계를 유지하는 것이 예약 업무를 수행하는 데 큰 도움이 될 수 있다.

13 회사 20주년을 축하하는 기념식 행사를 준비하는 비서가 의전계획을 수립할 때 다음 중 가장 적절하지 않은 것은?

① 만찬 음식 선정 시 특정 음식을 꺼리는 손님에 대해서는 별도메뉴를 준비한다.
② 비서는 행사에서 상사의 역할을 미리 확인한 후 필요한 업무를 준비한다.
③ 행사 당일에는 내외빈의 동선 및 좌석을 확인하여 안내에 실수가 없도록 한다.
④ 주요 참석자의 프로필을 미리 작성해 둔다.

14 다음 한자에 대한 설명이 잘못된 것은?

① 決濟 : 일을 처리하여 끝냄
② 決裁 : 상사가 부하가 제출한 안건을 검토하여 허가하거나 승인함
③ 榮轉 : 좋은 장소로 이전함
④ 華婚 : 다른 사람의 혼인을 아름답게 부르는 말

15 다음은 공식 행사에 참석하는 상사를 보좌하는 비서의 업무 내용이다. 가장 적절하지 못한 것은?

① 공식 행사에 초대받은 상사를 위해 드레스코드(dress code)에 맞는 의상이 무엇인지 인터넷으로 검색한 사진을 인쇄해드렸다.
② 공식 만찬에 초대받은 상사를 위해 주최 측에 연락하여 상사의 좌석이 어디인지 확인한 후 보고한다.
③ 신원 확인 후 출입이 가능하다고 연락을 받은 경우, 늦어도 공식 행사 시작 시간 1시간 전에는 도착하도록 일정을 잡는다.
④ 식사 중간에 이동이 가능하지 않으므로 만찬 종료 이전에 다른 일정은 잡지 않았다.

ANSWER 13.③ 14.③ 15.③

13 ③ 사전에 행사에서 상사의 역할을 확인한 뒤 행사장 배치도를 보고 상사의 동선을 파악해둔다. 여기서 상사의 좌석배치를 확인하는 것은 매우 중요하다.

14 ③ 榮轉(영전) : 전보다 더 좋은 자리나 직위로 옮김

15 ③ 초청객은 초청장에 표시된 시간 5분 전에 도착하는 것이 가장 이상적이며 너무 이전이나 표기 시간보다 20분 이상 늦게 도착하는 것은 결례가 된다.

16 다음의 의전 설명 중 가장 바르게 제시된 것을 고르시오.

① 2개국 간 국제회의시 좌석배치

높은 서열순 1~5, a~e

●수석대표자

② 다수국간 국제회의시 좌석배치

높은 서열순 A→Z

높은 서열에서 낮은 서열 순

③ 비행기에서 상석은 비행기 종류에 따라 다르지만 최상석은 비행기 내부에서 보았을 때 앞쪽으로부터 왼쪽열 첫 번째 창가좌석으로 보는 경우가 많다.

④ 승강기에서 상석은 들어가서 오른쪽의 안쪽, 즉 내부에서 보면 왼쪽 안쪽이며, 상급자가 먼저 타고 먼저 내리는 것이 원칙이다.

17 신문 기사 작성법으로 적절하지 않은 것은?

① 두괄식 또는 역피라미드 방식으로 중요한 것부터 차례로 작성한다.

② 주 제목은 핵심 내용으로, 부제목에는 사람들의 관심을 끌 수 있는 제목을 뽑아야 한다.

③ 표, 그래프, 사진 등 필요한 자료를 준비한다.

④ 기사 끝에는 반드시 자료 작성자나 문의처를 적는다.

ANSWER 16.① 17.②

16 ② 높은 서열순 Z→A

③ 비행기를 탈 때는 상급자가 늦게 타고 일찍 내리는 게 순서이다. 좌석은 창가 쪽 좌석이 상석이고, 통로 쪽 두 번째 자리가 차석이다. 상석과 차석 사이, 중간에 낀 좌석이 하석으로 인식되고 있다.

④ 승강기는 출입문에서 먼 곳이 상석이며, 버튼이 있는 출입문 옆이 말석이다. 상사와 함께 엘리베이터를 탈 때는 먼저 탑승해 문이 닫히지 않도록 '열림' 버튼을 누른 뒤 상사의 탑승을 기다린다. 내릴 때는 탈 때와 반대로 상사가 먼저 하차하고 완전히 하차할 때까지 '열림' 버튼을 누른다.

17 ② 주 제목은 사람들의 관심을 끌 수 있는 제목으로, 부제목에는 핵심 내용을 뽑아야 한다.

18 업무추진비 등 비서실의 예산관리 업무 수행 방법으로 적절하지 않은 것은?

① 상사의 업무추진비 정산 시 비서는 업무추진 결과도 보고해야 한다.

② 업무추진비는 집행 목적, 일시, 장소, 집행 대상 등을 증빙서류에 기재해야 한다.

③ 비서실에서 사용되는 경비 등 예산 지출에 대해서는 사소한 것이라도 예산 수립 목적에 맞게 사용될 수 있도록 꼼꼼히 관리해야 한다.

④ 업무추진비는 기관의 장 등이 기관을 운영하고 정책을 추진하는 등 업무를 처리하는 데 사용되어야 한다.

19 다음은 경조사와 관련하여 비서가 알아야 할 용어들이다. 용어에 대한 설명이 바르지 않은 것은?

① 발인(發靷) : 장례에서 사자가 빈소를 떠나 묘지로 향하는 절차

② 단자(單子) : 부조나 선물 등의 내용을 적은 종이. 돈의 액수나 선물의 품목, 수량, 보내는 사람의 이름 등을 써서 물건과 함께 보낸다.

③ 부의(賻儀) : 부조금 봉투, 선물 포장지나 리본, 축전 등에 기록하는 문구

④ 호상(護喪) : 상례를 거행할 때 처음부터 끝까지 모든 절차를 제대로 갖추어 잘 치를 수 있도록 상가 안팎의 일을 지휘하고 관장하는 책임을 맡은 사람

20 회의 진행시 새로운 안건을 위한 의사 진행순서로 바르게 나열된 것을 고르시오.

㉠ 동의 채택을 선언한다.	㉡ 발언권을 얻는다.
㉢ 동의를 지지한다.	㉣ 동의를 제안한다.
㉤ 제안 이유를 설명한다.	

① ㉡ - ㉤ - ㉢ - ㉣ - ㉠

② ㉤ - ㉣ - ㉡ - ㉢ - ㉠

③ ㉡ - ㉣ - ㉢ - ㉠ - ㉤

④ ㉠ - ㉡ - ㉤ - ㉢ - ㉣

ANSWER 18.① 19.③ 20.③
....

18 ① 비서는 비서실에서 사용되는 경비 등 예산 지출에 대해서만 관리한다.

19 ③ 부의(賻儀) : 상가(喪家)에 부조로 보내는 돈이나 물품. 또는 그런 일.

20 동의가 표결까지 진행되는 순서
㉠ 발언권을 얻는다.
㉡ 동의(의견)를 제출한다.
㉢ 동의를 재청한다.
㉣ 의장이 그 동의를 선포한다.
㉤ 토론한다.[제안설명, 질문, 토론, 수정(개의), 재수정안(재개의), 토론종결]
㉥ 표결에 부친다.
㉦ 의장이 표결의 결과를 발표한다.

21 김OO 비서는 입사 후 비서로서 경영현황 지식을 갖추기 위해 다음과 같은 활동을 하였다. 가장 거리가 먼 행동은?

① 조직의 재무제표를 수집하여 분석하였다.

② 기업의 경영관련 모든 루머를 수집해서 바로 상사에게 보고하였다.

③ 기업에서 생산되는 제품과 서비스에 대한 정보를 수집하여 공부하였다.

④ 기업의 경영이념을 숙지하여 업무에 적용하였다.

22 다음 중 특성 산업 내의 경쟁 강도에 대한 설명으로 가장 적절 하지 않은 것은?

① 진입장벽이 낮은 산업일수록 경쟁이 치열하다.

② 산업성장률이 높은 경우는 성장률이 낮은 경우보다 경쟁이 치열하다.

③ 시장점유율이 비슷한 경우 경쟁이 치열하다.

④ 대체재의 수가 많은 경우 경쟁이 치열하다.

ANSWER 21.② 22.②

21 기업에 관한 가장 기본적인 사항은 회사의 연감이나 영업 보고서, 감사 보고서 등을 통해서 알 수 있고, 대외 홍보용으로 발간한 책자나 사보 등도 도움이 된다. 비서로서 기본적으로 알아두어야 할 사항은 다음과 같다.

㉠ 기업의 형태, 사명과 설립 목적

㉡ 회사의 정관 및 역사

㉢ 이사회의 구성과 배경

㉣ 주주의 분포 상태

㉤ 관계 회사의 내역

㉥ 취급 제품 및 진출 시장, 지역

㉦ 공장에 관한 사항

㉧ 최근 수년간의 매출액 성장 추이 및 시장 점유율 추세

㉨ 조직도에 관한 사항(권한과 책임의 분담)

㉩ 상장 주식 수 및 주가

㉪ 대정부 관계

22 ② 산업의 성장률이 낮고, 고정비의 비중이 높고, 철수 장벽이 높을 때 그 산업의 경쟁은 치열해진다.

23 다음 중 정관에 특별한 계약이 없는 한 전원이 공동출자하여 무한책임을 지므로 신뢰관계가 두터운 가족이나 친지 간에 이용되는 기업형태는 무엇인가?

① 합자회사
② 합명회사
③ 익명조합
④ 주식회사

24 기업들은 글로벌시장에서 경쟁하기 위해 다양한 전략을 구사한다. 다음의 내용을 읽고 어떤 전략을 설명한 것인지 가장 가까운 것을 고르시오.

> 외국의 기업이 생산한 개별제품에 자신의 브랜드와 상표를 부착하는 개념으로, 예를 들어 델은 대만의 노트북제조회사인 퀀타 컴퓨터와 계약을 맺고 제조되는 노트북에 델의 브랜드를 부착하도록 하는 방법이다. 이러한 방법은 공장설립과 같은 과중한 진입비용에 따른 부담을 주지 않고 새로운 시장을 경험할 기회를 제공한다.

① 라이선싱(licensing)
② 프랜차이징(franchising)
③ 위탁제조(contract manufacturing)
④ 해외자회사(foreign subsidiaries)

ANSWER 23.① 24.①

23 ① 무한책임사원과 유한책임사원으로 조직된 회사
③ 당사자의 일방인 익명조합원이 상대방인 영업자를 위하여 출자하고 상대방은 그 영업에서 생기는 이익을 분배할 것을 약정하는 계약
④ 주식으로 세분화된 일정한 자본을 가진 전형적인 물적회사로서, 사원인 주주는 주식의 인수가액을 한도로 하여 출자의무를 부담할 뿐이고 회사채권자에 대하여는 아무런 책임을 지지 않는 회사

24 ① 라이센스 공여자가 라이센스 도입자에게 재산적 가치가 있는 상업적이고 공업적인 기술 등의 자산을 일정한 대가를 받고 제공하는 계약을 체결하여 해외시장에 진출하는 방식이다.
② 프랜차이즈 공여자가 프랜차이즈 도입자에게 사표 등에 대한 사용권을 허가해주고 기업의 운영도 계속적으로 지원해주는 계약을 체결하여 해외시장에 진출하는 방식이다.
④ 해외직접투자를 통해 외국의 법령에 의하여 해외에 설립된 법인

25 다음 중 기업의 인수 · 합병(M&A)에 관한 설명으로 가장 적절하지 않은 것은?

① 투자자본과 운전자본 소요액이 증가하여 기업의 재무구조가 악화될 우려가 있다.

② 원가가 절감되는 규모의 경제성을 기대할 수 있으며 특히, 수직적 M&A의 경우 영업효율성이 증대될 수 있다.

③ 상이한 성격의 기업끼리 M&A를 하면 분산투자에 의한 위험 분산의 이점이 있다.

④ 수평적 M&A의 경우 시장점유율 확대로 지배적 위치를 확보 할 수도 있다.

26 다음 중 대기업의 특성에 대한 설명으로 가장 옳은 것은?

① 대기업은 수평적 조직으로 조직이동 등의 유연한 관리가 가능한 유기적 조직이다.

② 대기업은 경기 침체기에 가장 먼저 위상이 흔들리고 경기성장기에 쉽게 살아난다.

③ 아웃소싱을 다양화함으로써 기업전체의 비용절감과 사업다각화가 가능하다.

④ 대기업은 수요량이 적은 틈새시장 공략에 유리하다.

27 다음은 주식회사에 대한 설명이다. 옳지 않은 것은?

① 주식회사는 투자자와 별개의 법적 지위를 갖는 법인이다.

② 주식회사의 투자자는 회사가 파산하거나 손해를 보아도 자신이 출자한 지분에 대해서만 책임을 진다.

③ 주식회사의 설립과 청산은 상대적으로 복잡하나 법적 규제는 약한 편이다.

④ 주식회사는 많은 사람들로부터 출자를 유도할 수 있어 거대자본으로 회사운영이 가능하다.

ANSWER 25.① 26.③ 27.③

25 ① M&A를 통해 기업 규모가 커지고 위험 분산 효과에 의한 파산 위험이 줄어들 경우, 또는 부채비율이 낮은 피인수 기업을 인수하는 경우 매수 기업의 자금 조달을 확대할 수 있다.

26 ① 대기업은 수직적 조직에 가까우며, 많은 규칙과 규제 그리고 엄격한 위계질서가 존재하는 기계적 조직이다.
② 중소기업에 관한 설명이다.
④ 틈새시장은 규모가 작고 수익성이 떨어지며 불확실성이 높아서 대기업의 기존시장과 비교할 때 투자 매력도가 떨어진다.

27 ③ 주식회사의 설립과 청산뿐 아니라 법적 규제도 강한 편이다. 주식회사는 법률상 반드시 의사결정기관인 주주총회, 업무집행과 대표기관인 이사회 · 대표이사와 감독기관인 감사의 세 기관을 가져야 한다.

28 다음 중 경영의 기본 관리기능에 대한 설명으로 가장 적절하지않은 것은?

① 계획화는 조직의 목표를 세우고 이를 달성하기 위한 방법을 찾는 일종의 분석과 선택의 과정을 말한다.

② 조직화는 조직목표를 달성하기 위해 요구되는 업무를 수행 하도록 종업원들을 독려하고 감독하는 행위를 말한다.

③ 통제화는 경영활동이 계획과 부합되도록 구성원의 활동을 측정하고 수정하는 기능이다.

④ 조정화는 이해와 견해가 대립된 제 활동과 노력을 결합하고 동일화해서 조화를 기하는 기능이다.

29 의사결정 유형은 수준과 범위에 따라 전략적 – 관리적 – 업무적 의사결정으로 분류한다. 다음 중 의사결정 유형에 대한 설명으로 가장 적절하지 않은 것은?

① 전략적 의사결정은 주로 기업내부에 관한 의사결정으로, 의사결정에 필요한 능력으로는 기업 내부의 부문 간 조율을 위해 대인관계능력이 강조된다.

② 관리적 의사결정은 주로 중간경영층에서 이루어지고 최적의 업적능력을 내도록 기업의 자원을 조직화하는 것과 관련이 있다.

③ 업무적 의사결정은 주로 하위경영층에 의해 이루어지고 생산, 마케팅, 인사 등과 관련한 일상적으로 이루어지는 의사결정을 포함한다.

④ 업무적 의사결정을 하는 데 필요한 능력으로 업무의 문제를 발견하고 해결하는 기술적 능력이 있다.

A NSWER 28.② 29.①

28 ※ 경영관리의 기능

ⓐ 계획화(planning)
- 앞으로 시행할 행동의 분석 및 선택 과정(장/단기)
- 기본가정과 미래의 환경상황 및 조직내부의 자원조건 등을 근거로 각종 대안들의 비용과 이득관계를 비교·평가한 후에 선택

ⓑ 조직화(organizing)
- 조직목표 달성을 위한 각종 직무를 조직의 내부구조에 설정
- 직무·구성원·권한 및 책임 간 적당한 분업과 협력관계 발생토록
- 각종 업무와 관리행위 간 효과적 진행될 수 있도록 하는 과정

ⓒ 지휘화(leading)
- 경영관리과정 중 일종이 영향력 발휘/응용하는 기능
- 조직구성원들의 노력의도 유도/노력 올바른 방향 인도
- 생산성과 조직에 대한 기여도 증대

ⓓ 통제화(controlling)
- 측정/비교/수정하는 일련의 과정
- Feedback system을 통한 기준치와 실제치 간 오차 원인규명

29 ① 전략적 의사결정은 시간, 자금, 인력 등 희소한 경영자원을 배분해야 하는 의사결정으로 기업의 경쟁우위를 창출하고 유지시킬 수 있는 의사결정을 의미한다.

30 다음의 괄호에 들어가는 말을 순서대로 열거한 것을 고르시오.

> (   ) 은 특정제품에 관련되는 경영활동은 해당 사업부문의 책임자가 맡는다.
>
> (   ) 은 특정한 목표를 달성하기 위해 팀을 구성하며, 목표달성 후 해체되는 형태로서, 전체 조직의 구조와 업무에 영향을 미치지 않는다.
>
> (   ) 은 전통적인 기능부분조직과 프로젝트 조직의 결합 형태로 구성원은 2중으로 소속되어있다.

① 사업부제조직 – 프로젝트조직 – 매트릭스조직
② 사업부제조직 – 매트릭스조직 – 결합조직
③ 라인스탭조직 – 프로젝트조직 – 매트릭스조직
④ 라인스탭조직 – 매트릭스조직 – 결합조직

31 다음 중 동기부여이론에 대한 설명으로 가장 옳지 않은 것은?

① 알더퍼(Alderfer)의 ERG이론은 인간의 욕구는 존재욕구 – 관계욕구 – 성장욕구로 분류한다.
② 허쯔버그(Herzberg)의 이요인이론(two factor theory)에 의하면, 임금 인상이나 작업환경 개선으로는 종업원의 만족도를 높일 수 없다.
③ 아담스(Adams)의 공정성 이론(equity theory)은 욕구를 5단계로 분류하여 하위에서 상위욕구까지를 설명한 과정이론이다.
④ 브룸(Vroom)의 기대이론은 직무수행을 위한 구성원의 노력에서 보상까지의 과정에 있어 동기유발을 이해하기 위한 접근방법이다.

30 ㉠ **사업부제조직** : 제1차 조직구분에 제품별, 지역별, 고객별과 같은 독자적인 생산과정과 시장을 갖는 자기완결성이 높은 기준을 사용해 부문화를 이루고, 이익책임을 갖는 경영단위를 말한다. 대체적으로 제품 혹은 지역에 따른 사업부제조직을 채택한다.

　㉡ **프로젝트조직** : 기업의 성장목적에 관련된 혁신적인 프로젝트의 실현을 모색하기 위한 조직이다. 혁신적인 과제 해결을 모색하기 위한 일반적인 조직이며, 직능적(다기능) 전문가로 구성된 팀(cross-functional)조직이다. 기존조직과 대립하면서 기능적인 협력관계를 가진 조직이어서 기존 조직과의 관계는 매트릭스적 관계를 갖고 있다.

　㉢ **매트릭스조직** : 경영활동을 직능부문으로 전문화시키면서, 전문화된 부문들을 프로젝트로 통합시킬 단위를 갖기 위한 조직적 요구에 부응하고자 고안된 조직이다. 매트릭스조직은 전통적인 직능부제조직과 자율적인 프로젝트조직을 통합한 형태로 프로젝트조직의 상위에 첨가되어 있을 때의 형태를 말한다.

31 ③ 욕구를 5단계로 분류한 것은 매슬로우의 욕구위계이론이다. 아담스는 조직 내 구성원들이 서로를 비교하는 습성이 있다는 데 주목하여 조직구성원 간 처우의 공정성(형평성)에 대한 인식이 동기부여에 영향을 미친다는 공정성이론을 제시하였다. 즉, 개인의 투입-산출비용이 타인의 것과 비교했을 때 불공정하다고 인식되면 개인은 불공정성을 감소시켜 공정성을 유지하기 위하여 동기가 유발된다는 것이다. 형평성이론, 공평성이론, 균형이론, 사회적 교환이론이라고도 한다.

32 다음 중 리더십이론의 설명으로 가장 옳지 않은 것은?

① 특성이론은 가장 오래된 이론으로 성공적인 리더들은 타인과 다른 개인적 특성을 가지고 있으며, 이는 선천적으로 태어난다는 이론이다.

② 행동이론은 리더의 행동양식에 초점을 맞춘 것으로 리더의 행동이 구성원에게 만족도와 생산성에 영향을 준다는 이론이다.

③ 상황이론은 상황에 따라 바람직한 유형의 리더가 달라진다는 이론이다.

④ 변혁적 리더십은 오직 상사의 막강한 권력만이 부하를 변혁시킨다는 이론이다.

33 다음 중 가격관리에 대한 설명으로 가장 적절하지 않은 것은?

① 초기고가격전략은 신제품의 도입 초기에 높은 소득층의 구매력을 흡수하기 위해 높은 가격을 설정하는 전략을 말한다.

② 가격결정에서 제품의 원가는 가격 결정의 하한선이 된다.

③ 수요중심 가격결정은 제품단위당 원가와 경쟁사의 제품가격을 기준으로 가격을 결정하는 방법이다.

④ 고객의 제품에 대한 가치 지각은 가격 결정의 상한선이 된다.

34 기업회계 기준에 의한 손익계산서를 작성할 때 배열 순서로 가장 올바른 것은?

① 매출총수익 - 당기손순익 - 영업손익 - 특별손익

② 매출총수익 - 특별손익 - 당기손순익 - 법인세차감후손순익

③ 매출총수익 - 영업손익 - 법인세차감전손순익 - 당기순손익

④ 매출총수익 - 특별손익 - 영업손익 - 당기순손익

ANSWER 32.④ 33.③ 34.③

32 ④ 변혁적 리더십은 구성원을 리더로 개발하며 구성원들은 자신의 행동을 조절할 수 있는 더 큰 자유를 얻는다. 변혁적 리더십은 사람들을 미션 주위로 모이게 하고 구성원이 조직의 목표를 이루기 위해 관계적인 자유 속에 일을 실행할 수 있는 경계를 정의한다. 변혁적 리더는 구성원이 갖고 있는 문제들과 이슈들에 대한 자각을 하고 새로운 방법으로 생산 방법을 변화시킬 수 있도록 사람들을 돕는다.

33 ③ 수요중심 가격결정은 수요의 탄력성이나 소비자의 인식을 기초로 하여 가격을 결정하는 방법이다.

34 ③ 손익계산의 5구분 : 매출총손익, 영업손익, 경상손익, 법인세비영차감전순손익, 당기순손익

35 다음 중 기업이 보상수준을 결정할 때 중요하게 고려해야 할 요인에 대한 설명으로 가장 적절하지 않은 것은?

① 보상수준은 기본적으로 종업원의 생계를 보장할 수 있는 수준이 되어야 한다.

② 보상수준은 기업의 지불능력 한도 내에서 결정되어야 하며 지불능력에 따라 임금수준의 하한선이 결정된다.

③ 정부의 최저임금제도나 노동력의 수급상황 등과 같은 환경적 요인노 보상수준을 결정하는 데 영향을 미친다.

④ 임금관리의 공정성을 확보하기 위하여 동종업계의 임금 수준을 조사할 필요가 있다.

36 기업의 신용등급 및 평가와 관련된 설명으로 옳지 않은 것은?

① 신용평가는 기업의 사업전망, 재무분석 등을 실시하여 평가한다.

② 신용등급은 돈을 빌려 쓰고 약속한대로 갚을 수 있는 능력을 평가하여 상환 능력의 정도를 기호로 표시한 것이다.

③ 기업이 금융기관에서 돈을 빌리고자 할 때 신용등급이 크게 영향을 주지는 않는다.

④ 신용도를 조사·분석하여 평가하는 것을 전문으로 하는 신용평가회사가 있다.

37 브릭스(BRICS)는 2000년대를 전후해 경제성장 가능성이 높은 신흥경제국 5개국을 하나의 경제권으로 묶어 지칭하는 용어이다. 매년 정상회담을 개최하여 브릭스 회원국간의 상호 경제협력을 강화하는 움직임을 이어가고 있다. 다음의 국가 중 브릭스(BRICS)의 회원국이 아닌 국가는?

① 러시아   ② 중국
③ 남아프리카공화국   ④ 멕시코

ANSWER 35.② 36.③ 37.④

35 ② 보상수준은 기업의 지불능력을 상한으로 하고, 근로자의 생계비를 하한으로 하는 범위에서 결정된다.

36 ③ 기업이 금융기관에서 돈을 빌리고자 할 때 신용등급은 크게 영향을 미친다.

37 브릭스(BRICS)의 회원국 : 브라질, 러시아, 인도, 중국, 남아프리카공화국

38 다음 중 인적자원관리 기능프로세스 중 가장 거리가 먼 것은?

① 확보관리　　　　　　　　　　② 스카웃관리

③ 평가관리　　　　　　　　　　④ 개발관리

39 〈A〉는 저소득층의 소득증가가 결과적으로 국가전체의 경기부양으로 이어진다는 경제용어이다. 이는 저소득층의 소득수준이 올라가면 총 소비가 늘어나고, 기업측면에서는 생산 투자할 여력이 많아지기 때문에 경기가 활성화돼 부유층의 소득도 높아진다는 것이다. 이는 부유층으로부터 세금을 더 걷어 저소득층의 복지정책을 늘리자는 정책과 상통한다. 여기서 〈A〉를 뜻하는 용어는 무엇인가?

① 낙수효과　　　　　　　　　　② 낙타효과

③ 분수효과　　　　　　　　　　④ 풍선효과

40 다음 중 전사적자원관리(Enterprise Resource Planning: ERP)에 대한 설명으로 가장 적절하지 않은 것은?

① 기업의 경쟁력강화를 위해 부서별로 분산되어 있고 유기적으로 연결되어 있지 못한 자원을 서로 연결하는 시스템이다.

② ERP의 목적은 기업의 모든 자원을 공유함으로써 자원의 효율화를 추구한다.

③ 최근 ERP솔루션은 클라우딩 컴퓨팅 기반으로 빠르게 전환하고 있는 추세이다.

④ ERP는 반드시 기업 스스로가 독자적으로 개발해야만 하기 때문에 비용과 기술로 인하여 대기업에서만 개발하여 사용할 수 있는 시스템이다.

ANSWER　38.②　39.③　40.④

38 인적자원관리 기능프로세스
- ㉠ 인적자원의 확보 : 제일 먼저 수행되는 기능이며, 적절한 인력의 내용과 수를 예측하고 확보하는 과정이다.
- ㉡ 인적자원의 개발 : 확보된 인력이 최대한 능력을 발휘하게 함으로써 조직의 유효성을 높이는 과정이다.
- ㉢ 인적자원의 활용 : 조직의 유효성에 중대한 의미를 갖는다.
- ㉣ 인적자원의 보상 : 그들의 공헌도에 따라 공정하게 화폐적 보상을 제공하는 과정이다.
- ㉤ 인적자원의 유지 : 조직에서 사람들이 직무를 수행하는 과정에서 나타나는 어려운 문제를 극복하여 최대한의 능력을 발휘하도록 인적자원을 유지하는 과정이다.

39 ① 고소득층의 소득 증대가 소비 및 투자 확대로 이어져 궁극적으로 저소득층의 소득도 증가하게 되는 효과
　　④ 사회적으로 문제가 되는 특정 사안을 규제 등의 조치를 통해 억압하거나 금지하면 규제조치가 통하지 않는 또 다른 경로로 우회하여 유사한 문제를 일으키는 사회적 현상

40 ④ 기업 내 생산, 물류, 재무, 회계, 영업과 구매, 재고 등 경영 활동 프로세스들을 통합적으로 연계해 관리해 주며, 기업에서 발생하는 정보들을 서로 공유하고 새로운 정보의 생성과 빠른 의사결정을 도와주는 전사적 자원관리시스템 또는 전사적 통합시스템을 말한다. 대기업뿐만 아니라 중소기업에서도 이용할 수 있도록 시스템을 구축할 수 있다.

41 Choose one that does NOT match each other.

① IOW : In other words

② ROI : Return on Interest

③ NRN : No reply necessary

④ YOLO :You only live once

42 Ms. Han's company needs to import some fibers from a foreign company. After examining the advertisements in the magazine, Ms. Han wants to get more information. Whom does she have to contact?

① credit manager

② sales manager

③ HR manager

④ public relations manager

41 ② ROI : Return on investment

42 「한 씨의 회사는 외국 회사에서 일부 섬유를 수입해야 합니다. 한 씨는 잡지에 실린 광고를 살펴본 후 더 많은 정보를 얻고 자합니다. 누구에게 연락해야 합니까?」
① 신용 관리자 ② 영업 관리자 ③ HR 관리자 ④ 홍보 관리자

43 Belows are sets of English sentence translated into Korean. Choose one which does NOT match correctly.

① Thank you for your hard work.

  → 당신의 노고에 감사드립니다.

② On behalf of my boss, I am here to sign the contract.

  → 사장님을 대신해서 제가 계약서 사인을 하러 왔습니다.

③ I forgot to attach the file in my email.

  → 제 이메일에 파일을 첨부했던 것을 깜박했습니다.

④ We are running out of time.

  → 우리는 시간이 얼마 없습니다.

44 Which of the following is the MOST appropriate expression for the blank?

> A : Let's look at the agenda for this meeting.
> B : Yes. I'm hoping for a productive outcome in the end.
> A : How long do you think our meeting will last?
> B : This meeting will be two hours with a short break in the middle.
> A : OK, I may need to step out early. I have to (   ) 3 o'clock.
> B : No problem. I understand.

① leave a phone call by

② call an important phone of

③ take an important phone call on

④ make an important phone call at

ANSWER 43 ③ 44 ④

43 ③ I forgot to attach the file in my email.→ 제 이메일에 파일을 첨부하는 것을 잊었습니다.

44 「A : 이 회의의 의제를 살펴보겠습니다.
   B : 네, 결국 생산적인 결과를 기대하고 있습니다.
   A : 회의가 얼마나 오래 지속 될 거라고 생각하십니까?
   B : 이 회의는 중간에 잠시 쉬는 시간과 함께 2시간이 소요됩니다.
   A : 좋습니다. 저는 조금 일찍 나가야 할 수도 있습니다. 3시에 중요한 전화를 해야 해서요.
   B : 괜찮습니다. 이해합니다.」

45 Which is INCORRECT about the following letter?

Dear Mr. Smith,

Within the next four months, I will be moving to Chicago where I would like the opportunity to put my ten years of accounting experience to work for your company. I am currently working as a financial controller for the Morano Supermarket Group in Seattle. I am responsible for the group's financial direction and control. I have not yet informed my employer of my intention to leave the company. Therefore, I would appreciate your confidentiality in this regard.

Sincerely,

Mary Tailor

---

① Mary wants to move into another company.

② Mr. Smith is a HR manager.

③ Mary wants to move to Chicago.

④ Mary quit her job temporarily to apply for another company.

46 What is MOST proper as a closing of the letter?

① I'm writing to apologize for the wrong order we sent.

② Thank you for your quick reply.

③ I'm looking forward to hearing from you soon.

④ I have received your letter of May 1st.

47 Which of the following is the Most appropriate expression for the blank?

A : Hello. Export and Import Department.

B : Can I speak to Mr. Taylor, please?

A : Sorry, but (   ).

B : Gee. It's only 2 o'clock.

A : Yes, but he was coming down with flu. So he left early. Will you leave a message?

B : No, just tell him John called.

---

① he comes back.

② he went home already.

③ he didn't come today.

④ his line is busy.

46 편지를 마칠 때 가장 적절한 말은 ③이다.
　　③ 답장을 기다리고 있겠습니다.
　　① 저희가 보낸 잘못된 주문에 대해 사과하기 위해 쓰고 있습니다.
　　② 빠른 답변 감사합니다.
　　④ 5월 1일에 당신의 편지를 받았습니다.

47 ① 그는 돌아옵니다.
　　③ 그는 오늘 오지 않았습니다.
　　④ 그는 통화중입니다.
　　「A : 여보세요. 수출입부서입니다.
　　B : 테일러 씨와 통화할 수 있을까요?
　　A : 죄송합니다. 그는 일찍 집에 가셨습니다.
　　B : 이런. 2시밖에 안 됐는데요.
　　A : 네, 하지만 그는 독감에 걸렸습니다. 그래서 그는 일찍 떠났습니다. 메시지를 남겨드릴까요?
　　B : 아뇨. 존한테 전화가 왔었다고만 말씀해주세요.」

48 Which is INCORRECT about the letter?

Dear Mr. Trump,

In Ms. Silverman's absence, I am answering your request for information about our Model XX3 Laserprinter. I enclose a brochure describing its many new features.

I hope this information will be of some help to you until Ms. Silverman returns to the office early next week. She will be in touch with you then to answer any further questions you may have about this new model which we have in stock.

Sincerely yours,

Kate Brown

---

① Mr. Trump asked for the information about Model XX3 Laserprinter before.

② Next week, Ms. Silverman will answer to Mr. Trump directly.

③ Kate Brown is a buyer of the Laserprinter.

④ This is a reply to the inquiry.

48 ③ Kate Brown은 Silverman 씨가 부재한 경우 대신 응답해주는 사람이다.

「Silverman 씨가 부재중이셔서 Model XX3 Laserprinter에 대한 정보 요청에 응답하고 있습니다. 많은 새로운 기능을 설명하는 브로슈어를 동봉했습니다.
Silverman 씨가 다음 주 초 사무실로 돌아오기 전까지 이 정보가 도움이 되길 바랍니다. 그녀가 당신과 연락해서 우리가 가지고 있는 이 새로운 모델에 대해 더 궁금한 점에 대해 대답할 것입니다.」
① Trump 씨는 전에 Model XX3 Laserprinter에 대한 정보를 요청했다.
② 다음 주에 Silverman 씨는 Trump 씨에게 직접 대답할 것이다.
③ Kate Brown은 Laserprinter의 구매자이다.
④ 문의에 대한 답변이다.

49 According to the following invitation, which is NOT true?

New Media Showcase

- Date & Time :   09:30 ~ 11:00 a.m. on Tuesday, February 17, 2019
- Venue :   Cheil Mills Factory next to the Time Square in Kangnam
- Presenter :   James Lee, Stuart Morris, Susan Sullivan
- Participants :   200 nation-wide media and social influencers and 50 corporate guests
- Program :   Refer to details in the timetable below
- Dress Code :   Business suit(dark color) w/ tie

Please check your calendar and RSVP by return email
to Meesook Lee(mslee@gmail.com) by February 10.

If you have any questions, please let me know.

---

① 이 New Media Showcase 행사에는 250명의 주요 인사들이 참석한다.

② 행사 참석 복장은 넥타이를 착용한 짙은 색의 정장 차림이다.

③ 행사 참석 여부는 행사일 1주일 전까지 담당자에게 이메일로 알려야 한다.

④ 행사 프로그램은 행사 당일 제시된다.

49 ④ 행사 프로그램은 '아래 시간표에서 자세한 내용을 참조하십시오'라고 제시되어 있다.

뉴미디어 쇼케이스
날짜 & 시간 : 2019년 2월 17일 화요일 오전 0:30~11:00
장소 : 강남 타임 스퀘어 옆 제일제면소
진행자 : James Lee, Stuart Morris, Susan Sullivan
참가자 : 200개국 – 전국 미디어 및 소셜 인플루언서 및 50명의 기업 손님
프로그램 : 아래 시간표에서 자세한 내용을 참조하십시오.
드레스코드 : 비즈니스 정장(어두운 색), 넥타이
당신의 달력을 확인하시어 2월 10일까지 Meesook Lee(mslee@gmail.com)에게 회신주세요.
궁금한 점이 있으면 알려주세요.

50 According to the followings, which is NOT true?

Hotel Information

At check in, the front desk will verify your check-out date. Rates quoted are based on check-in date and length of stay. Should you choose to depart early, price is subject to change.

Check-in :   3:00 pm
Check-out : 12:00 pm

Smoking : Non-Smoking (THIS HOTEL IS 100% NON-SMOKING)
Parking : Self parking : $21.00 ($21.00 plus tax)
　　　　 Valet : $55.00, +$10.00 SUV
Pets : Pets not allowed
Wi-Fi : In-Room and Lobby Wi-Fi : Free for Hilton Honors members who book direct ; $14.95 for all other guests.

---

① If you check-out the hotel early in the morning, the room rate can be changed.

② Dogs & pets are not allowed at the hotel.

③ Self parking charge is cheaper than Valet parking charge.

④ Every hotel guest can use free Wi-Fi at the lobby.

ANSWER 50.④
....

50 ④ 직접 예약하는 Hilton Honors 회원만 무료로 Wi-Fi를 사용할 수 있다.

「호텔정보
체크인시 프런트 데스크에서 체크아웃 날짜를 확인합니다. 인용 요금은 체크인 날짜와 체류 기간을 기준으로 합니다. 일찍 출발하면 가격이 변경 될 수 있습니다.
체크인 : 오후 3시
체크아웃 : 오후 12시
흡연 : 비흡연(이 호텔은 100% 비흡연입니다)
주차 : 자가주차 : $21.00 ($21.00 세금 더해서)
　　　　 발렛 : $55.00, +$10.00 SUV
애완동물 : 애완동물은 허용되지 않습니다.
Wi-Fi : 객실 및 로비 Wi-Fi : 직접 예약하는 Hilton Honors 회원에게는 무료입니다. 다른 모든 손님에게 $14.95.」

51 Which of the following is the MOST appropriate expression for the blanks ⓐ, ⓑ and ⓒ?

A : Do you have any plans after this?

B : Nothing in particular. I will go back to the hotel and get some rest.

A : Then, now that you have tried Korean food, ⓐ_____ go to a Korean tourist attraction near here?

B : Great. Do you know anywhere you'd like to ⓑ_____?

A : There is Insadong in Jongno, a very popular place among foreign visitors. You can experience traditional Korean culture in Insadong. This includes Korean paintings, handicrafts and traditional clothing.

B : That sounds interesting. Maybe I could shop for some ⓒ_____ there as well.

A : Good!

---

① ⓐ how do you   ⓑ suggest   ⓒ gift wrap

② ⓐ why do you   ⓑ propose   ⓒ valuable

③ ⓐ why don't we   ⓑ recommend   ⓒ souvenirs

④ ⓐ when do you   ⓑ notify   ⓒ product

ANSWER 51 ③

51 「A : 이후 계획이 있습니까?
B : 특별한 것은 없습니다. 호텔로 돌아가 휴식을 취할 것입니다.
A : 그럼 이제 한국음식은 먹어봤으니, 이 근처에 한국 관광 명소에 가보는 게 어떨까요?
B : 좋아요. 당신이 추천하는 곳이 있습니까?
A : 종로에 인사동이 있는데 외국인들에게 매우 인기 있는 곳입니다. 인사동에서 한국 전통 문화를 체험할 수 있습니다. 여기에는 한국화, 수공예품 및 전통 의상이 포함됩니다.
B : 재밌겠네요. 어쩌면 저는 거기에서 기념품을 살 수도 있겠군요.
A : 좋죠!」

52 According to the following dialogue, which is NOT true?

> A : Good morning. May I help you?
>
> B : Good morning. I'd like to see Mr. Taylor.
>
> A : May I ask your name and the nature of your business?
>
> B : I'm Mary Chung of P&G Consumer Products Company. I just want to talk to him about our new products.
>
> A : I see. Let me see if Mr. Taylor is available. Could you please wait for a while?
>
> B : Sure.
>
> A : Thank you for waiting, Ms. Chung. I'm sorry but Mr. Taylor is going to attend a meeting soon. Could you please make an appointment before you visit him?
>
> B : I will. Here is my business card. Please give it to him.

① Ms. Chung belongs to P&G Consumer Products Company.

② Mr. Taylor can't meet Ms. Chung because of his schedule.

③ Ms. Chung didn't want to introduce herself to Mr. Taylor.

④ Ms. Chung visited Mr. Taylor's office without appointment.

ANSWER 52.③

52 「A : 좋은 아침이에요. 제가 도와드릴까요?
B : 좋은 아침이에요. 테일러 씨를 만나고 싶은데요.
A : 당신의 이름과 어떤 사업을 하시는지 알려주시겠어요?
B : 저는 P&G 소비재 회사의 메리 청입니다. 전 저희의 새로운 상품에 대해 이야기를 좀 나누고 싶습니다.
A : 알겠습니다. 테일러 씨가 가능하실 지 한 번 볼게요.
B : 네.
A : 기다려주셔서 감사합니다. 유감이지만 테일러 씨는 곧 회의에 참석 할 예정이에요. 그를 방문하기 전에 약속을 잡아주시겠어요?
B : 그럴게요. 여기 제 명함입니다. 그분께 전해주세요.」
① 청 씨는 P&G 소비재 회사에 속해 있다.
② 테일러 씨는 그의 일정 때문에 정씨는 만날 수 없다.
③ 청 씨는 테일러에게 자신을 소개하는 것을 원하지 않는다.
④ 청 씨는 약속 없이 테일러 씨의 사무실에 방문했다.

53 Belows are sets of English sentence translated into Korean. Choose one which does NOT match correctly.

① We've run into some problems with the project.

　→프로젝트가 몇가지 문제에 봉착했습니다.

② I think you're asking a little too much.

　→좀 무리한 주문이라는 생각이 듭니다.

③ I'm afraid that I might get laid off.

　→이 물건들을 처분해야 할 것 같아요.

④ We'll ship the overdue goods immediately.

　→선적이 지연된 물품들을 조속히 발송할 예정입니다.

54 According to the followings, which one is NOT true?

Visitor	Food	Coffee/Tea	Drinks	Meal preference	Dessert
Dan Ammann	None	Black Coffee	Sparkling Water	Steak	Chocolate
Chuck Stevens	No Tomato	Hot Americano	Diet Pepsi	Salmon	Chocolate Cookies
Jim DuLuca	No Peanuts	Black Coffee with Milk	Sparkling Water		Candy
Stefan Jacobi	None	Milk Tea			
Gerard Connell	No Pork				Ice Cream

① Dan Ammann has no food restriction.

② Chuck Stevens doesn't want to have meal with tomato.

③ Jim DuLuca may have peanut allergy.

④ You can buy Gerard Connell pork steak.

53 ③ I'm afraid that I might get laid off. →나는 내가 해고당할 것 같아 걱정이다.

54 ④ Gerard Connell은 돼지고기를 먹지 않기 때문에 돼지고기 스테이크를 살 수 없다.

55 Choose one which is NOT true to the given text.

TELEPHONE MEMO

To <u>Mr. S. Y. Kim</u> of <u>Min Company</u>

Date <u>2019. 2. 2.</u> Time <u>2:20 pm</u>

WHILE YOU WERE OUT

<u>Mr. Paul Robinson</u>

of <u>International Home Appliances</u>

phone <u>555 – 2485</u> Ext <u>144</u>

■ Telephoned　　　　　　　　　□ Please Call

□ Returned Your Call　　　　　□ Will Call Again

□ Came to see You　　　　　　 □ Wants to see you

Message : <u>Mr. Robinson'd like to cancel the meeting of February 5th, Monday at 2 o'clock.</u>
<u>He has to leave for New York tonight and will be back on February 12th.</u>

taken by <u>Michelle Lee</u>

---

① Mr. Robinson left this message to Ms. Michelle Lee.

② Mr. Robinson called Mr. Kim to cancel the meeting of February 5th.

③ Ms. Michelle Lee is working for International Home Appliances.

④ This message should be given to Mr. S. Y. Kim as soon as possible.

56 What is the MOST proper expression for the underlined part?

A : Can I speak to Mr. Chung?

Secretary : He is not in the office at the moment.

A : Oh really? Then, <u>미스터 정씨가 돌아오는 즉시 저에게 전화해 주도록 해 주시겠습니까?</u>

① Could you let him to call me back as soon as he gets in?

② Could you have him call me back as soon as he will get in?

③ Could you have him call me back as soon as he gets in?

④ Could you let him calling me back as soon as he will get in?

57 Which of the following is the MOST appropriate expression for the blank?

A : I've called today's meeting to ask about the current status of the project.

　　(　　　　　　　　　　　　　　　　　　)

B : Let me brief you on the latest developments. We are almost done developing the smart energy-saving air conditioner and this function will be shown for the first time in Korea.

A : Then, we've got to move up the release date.

B : I think that would be nice.

① Could you tell me where you got that information?

② How is the project going?

③ Could you make two copies of this document?

④ Let's call it a day.

56 '~하게 만들다'의 사역동사로 쓰일 때는 to가 들어가지 않는다. 'as soon as' 다음에는 'S+V' 형태로 쓴다.

「A : 미스터 정과 통화할 수 있을까요?

비서 : 그는 잠시 회사에 있지 않습니다.」

57 ① 그 정보를 어디서 얻었는지 말해 주실 수 있습니까?

③ 이 문서를 두 장만 만들어 주실 수 있습니까?

④ 오늘은 여기까지 하죠.

「A : 오늘 회의에 전화해서 프로젝트의 현재 작업량에 대해 물어봤습니다. 프로젝트는 어떻게 진행되고 있습니까?

B : 최신 개발에 대해 간략히 설명하겠습니다. 우리는 스마트 에너지 절약형 에어컨 개발을 거의 마쳤으며 이 기능은 국내 최초로 선보일 예정입니다.

A : 그럼 출시일을 당겨야 합니다.

B : 저도 그게 가장 좋다고 생각합니다.」

58 Which is most INCORRECT about the schedule?

> Secretary : Mr. Smith, Mr. Kim would like to see you this week.
>
> Mr. Smith : Let me see. Well, Tuesday's not possible. I'm at a seminar until Wednesday lunchtime.
>
> Secretary : Are you coming back to the office Wednesday afternoon?
>
> Mr. Smith : No, the seminar is in Pusan and I'm driving back to our factory in Chongju.
>
> Secretary : How about Thursday then?
>
> Mr. Smith : Yes, that's fine but I prefer the morning.
>
> Secretary : O.K. Would 10 o'clock be fine with you?
>
> Mr. Smith : Actually it's a bit early. Can we adjust it?

① On Wednesday morning, Mr. Smith is in Pusan.

② Mr. Smith visits Chongju in the afternoon of Wednesday.

③ Mr. Smith wants to have an appointment before 10 o'clock.

④ Mr. Smith and Mr. Kim will meet on Thursday.

ANSWER 58.③

58 스미스 씨는 10시 이후에 약속을 잡기를 원하므로 ③은 옳지 않다.
  ① 수요일 아침 스미스 씨는 부산에 있습니다.
  ② 스미스 씨는 수요일 오후에 청주에 방문한다.
  ④ 스미스 씨와 Mr. Kim은 목요일에 만날 것이다.

「비서 : Mr. Smith, Mr. Kim과 이번 주에 보시기로 했습니다.
Mr. Smith : 알겠어요. 화요일은 안 돼요. 수요일 점심까지 세미나가 있습니다.
비서 : 수요일 오후에 사무실에 돌아오십니까?
Mr. Smith : 아니오, 세미나는 부산에서 있으며, 충주에 있는 공장까지 운전해서 돌아와야 합니다.
비서 : 그럼 목요일은 어떠세요?
Mr. Smith : 네, 그러나 아침을 더 선호합니다.
비서 : 좋습니다. 10시 좋으실까요?
Mr. Smith : 사실 좀 이르네요. 조정할 수 있습니까?」

59 According to the followings, which one is NOT true?

This is the overview of the Millennium Royal Hotel in New York City.

3 Diamond downtown hotel with indoor pool.
The Millennium Royal 55 Church Street is a few minutes walking distance from One World Trade Center and Wall Street. Approximately a 15 minute walk to Battery Park and the Metro (Cortland) is located outside the front door of the hotel.
We have Business Center, Fitness Center, Meeting Rooms, too.
All guests get free standard Wi-Fi in-room and in the lobby.
Free cancellation is available up to 5 days before arrival.

① You can cancel your reservation up to 5 days before your arrival without charge.
② The hotel is located close to the Wall Street.
③ The hotel is located in the downtown of New York City.
④ There is not a Metro station near the hotel.

60 Belows are in the envelope. Which of the followings is INCORRECT?

① 항공 우편 – Via Air Mail
② 속달 우편 – Express Delivery
③ 반송 주소 – Inside Address
④ 긴급 – Urgent

ANSWER 59.④ 60.③

59 지하철은 호텔 정문 외부에 있다고 했으므로 ④는 옳지 않다.
① 도착 5일 전까지 무료로 예약을 취소 할 수 있습니다.
② 호텔은 Wall Street와 가깝습니다.
③ 호텔은 뉴욕시 시내에 있습니다.
④ 호텔 근처에 지하철역이 없습니다.
「뉴욕시의 밀레니엄 로열 호텔에 대한 개요입니다.
실내 수영장을 갖춘 3개의 다이아몬드 다운타운 호텔. Millennium Royal 55 Church Street는 One World Trade Center 및 Wall Street에서 도보로 몇 분 거리에 있습니다. Battery 파크까지 도보로 약 15분 거리에 있으며 지하철(Cortland)은 호텔 정문 외부에 있습니다.
우리 호텔은 비즈니스 센터, 피트니스 센터, 회의실도 있습니다.
모든 투숙객은 객실과 로비에서 Wi-Fi를 무료로 이용할 수 있습니다.
도착 5일 전까지 무료 취소가 가능합니다.」

60 ③ 반송 주소는 'Return address'이다. 'Inside Address'는 편지 속의 주소다.

61 다음 중 띄어쓰기가 잘못된 것을 모두 고르시오.

> 상사 : ㉠김철수 이사는 ㉡대한 고등학교를 나왔나?
> 비서 : 아닙니다. ㉢서울 대학교 사범 대학 부속 고등학교를 나오셨습니다.
> 　　　 부장님, 이번에 ㉣얼마 짜리로 이사님 감사패를 제작할까요?
> 상사 : 저번 달에 제작한 ㉤감사패 만큼 예산을 책정 해보지.

① ㉡, ㉢
② ㉡, ㉢, ㉤
③ ㉣, ㉤
④ ㉠, ㉢, ㉣

62 다음 우편서비스 중에서 기본적으로 등기 취급되는 것에 해당하지 않은 것은?

① 국내특급우편
② 민원우편
③ e-그린우편
④ 배달증명

63 ㈜한국기업에서 아래와 같이 결재가 처리되었다. 다음 중 아래의 결재 처리에 대한 설명이 가장 적절한 것은?

대리	부장	전무	부사장	사장
김철수	임승석(11/10)	대결	전결	박주민(11/12)

① 이 문서의 기안자는 임승석 부장이다.

② 이 문서는 박주민 사장이 결재한 문서이다.

③ 이 문서는 대리－부장－전무 순서로 결재된 문서이다.

④ 이 문서는 부사장이 사장 대신에 결재한 문서이다.

64 다음은 각종 인사장 및 감사장에 대한 설명이다. 내용이 잘못 기술된 것은?

① 협조에 대한 감사장 작성 시에는 앞으로 성원을 부탁하는 내용과 함께 상대의 발전을 기원하며 축원하는 내용을 덧붙여 기재하는 것이 좋다.

② 신년 인사장은 작성 목적에 따라 자유롭게 내용을 구성할 수 있으며, 새해를 상징하는 이미지 등을 삽입하여 개성 있게 작성할 수 있다.

③ 취임 인사장은 새로운 취임자가 취임에 대한 감사의 인사와 포부를 전하기 위한 것으로 전임 직무자들이 이룩한 성과에 대한 언급과 함께 앞으로의 포부와 계획 등을 밝힌다.

④ 축하에 대한 감사장 작성시에는 내용을 일반화하고 정형화하여 감사를 표하고자 하는 사람의 상황과 성격, 감정 등과 무관하게 격식을 차려 정중하게 작성하여야 한다.

ANSWER 63.③ 64.④

63 ① 기안자는 알 수 없다
② 이 문서는 부사장이 결재한 문서이다.
④ 이 문서는 전무가 사장 대신에 결재한 문서이다.

64 ④ 감사장은 축하나 위문 등을 받았을 때나 업무상의 협조나 편의를 제공받았을 때에 상대방의 호의와 도움에 감사하는 마음을 전하기 위해서 작성하는 문서로 겸손하고 정중하게 서식에 맞추어 작성하여야 하며, 상대방의 성의와 관심, 열정에 감사드리는 내용을 작성하여야 한다. 물품 등에 대한 언급은 자세하게 하지 않은 것이 좋다. 감사장은 대부분 기업에 보내는 것이 아니라 개인에게 직접 감사하는 형식으로 너무 형식에 치우치지 않고, 읽는 사람이 정성과 믿음을 느낄 수 있도록 작성하는 것이 좋다.

65 다음 중 문서 정리의 기본 원칙으로 볼 수 없는 것은?

① 문서 정리 방법에 대한 회사 내부의 규정을 제정하여 표준화한다.

② 시간이 지나서 쓸모없게 된 문서는 정해진 규칙에 의하여 폐기하는 것을 제도화한다.

③ 자료는 필요한 사람에게만 배포하고 원본이 명확하게 정리되어 있다면 불필요한 복사본은 가지고 있지 않도록 한다.

④ 문서 보관 서류함이나 서랍의 위치는 보안을 위하여 소재를 명시하지 않도록 한다.

66 다음 중 전자문서에 대한 설명이 적절하지 못한 것을 모두 고르시오.

가. 전자 문서의 보존 기한은 종이 문서의 보존기한과 동일하게 적용한다.

나. 컴퓨터 파일상의 전자문서를 출력하거나 복사할 경우라도 전자문서 출력대장 또는 복사대장에 기록을 남긴다.

다. 전자 문서의 보존기간이 10년 이상의 장기보존일 경우 스캔하여 이미지 파일로 변환하여 보존한다.

라. 전자 문서의 폐기는 재포맷 하거나 덮어쓰기를 통해 파괴한다.

---

① 가, 라

② 나, 다, 라

③ 다

④ 가, 나, 다, 라

65 ④ 문서 보관 서류함이나 서랍의 위치 소재를 알아보기 쉽도록 명시하여 보관하고, 보안에 주의해야 할 것은 따로 보관한다.

66 ③ 전자 문서의 보존기간이 10년 이상인 전자기록물에 대해서는 문서보존포맷 및 장기보존포맷으로 변환하여 관리하여야 한다.

67 다음 중 유통대상에 의해 분류한 경우 문서의 성격이 다른 하나는?

① 보고서

② 사내 장표

③ 견적서

④ 회의록

68 다음은 김미소 비서가 상사의 지시로 마케팅 팀장들에게 보내는 이메일이다. 다음 중 수정이 가장 적절하지 않은 것은?

TO : ㉠ pupu@abc.com

제목 : ㉡ 안녕하십니까? 비서실 김미소 대리입니다.

[본문]

마케팅 팀장님들께, ㉢ 안녕하십니까?

－－－－－－ 중략 －－－－－－

첨부된 회의자료를 미리 검토하여 주시기 바랍니다.

그러면 본사 마케팅 회의날 뵙겠습니다. 감사합니다.

[결문]

㉣ 비서실 김미소 대리 귀하

서울시 양천구 오목로 298

직통번호 : 02)123-1234

이메일주소 : aaa@abc.com

---

① ㉠ : 박철수 팀장님〈pupu@abc.com〉

② ㉡ : 마케팅 팀장 회의 자료 전달

③ ㉢ : 이메일에는 인사말을 생략한다.

④ ㉣ : 비서실 김미소 대리 배상

ANSWER 67.③ 68.③

67 문서 유통 대상에 의한 구분

㉠ 유통되지 않는 문서(내부 견제 문서) : 기관이 내부적으로 계획 수립, 이사 결정, 업무 보고, 방침 결정 등을 하기 위하여 작성하는 문서이다. 내부적으로 결재를 받기 위해 작성하는 문서로 타 부서나 타 기관에 발신하지 않는다.

㉡ 유통 대상 문서(대내 문서) : 기관 내부에서 지시·명령·보고·통지를 하거나, 업무적으로 관계 부서나 지원 부서상호 간 업무 협조를 위하여, 수신·발신하는 문서를 말한다. 대내 문서에는 일반적으로 협조문서, 회의록, 보고서, 통지문서, 특정 부분에 작성되는 기관 장표, 규정, 그 밖의 경영 자료 등의 문서가 있다.

㉢ 유통 대상 문서(대외 문서) : 평생교육기관이 외부의 기관(행정 기관이나 관련 평생교육기관, 단체 및 타인)에 수신·발신하는 문서로 내부 규정에 따라 일정한 형식과 공식적인 처리 절차를 거쳐서 이루어지는 문서이다.

68 ③ 이메일에서도 인사말과 맺음말이 중요하다.

69 다음 중 문서 관리에 관한 설명으로 가장 적절하지 않은 것은?

① 분산식 보관방식을 채택하고 있어서 작년도 부서에서 작업 했던 문서를 부서내 보관소에 보관했다.

② 전자결재시스템을 이용하고 있어서 기안문을 따로 보관하지 않아도 서버에 보관되어 있다.

③ 보관 문서철 명칭을 정할 때 ○○관계철과 같은 포괄적인 표현이 바람직하다.

④ 보관문서를 보존서고로 옮기는 절차 및 행위를 이관이라고 한다.

70 다음 중 전자문서 관리를 가장 부적절하고 비효율적으로 처리한 비서는?

① 박 비서는 '마케팅촉진전략회의_발표자료_20180920'로 저장한 전자문서 파일명을 '발표자료'로 변경했다.

② 김 비서는 전자 문서를 분류해서 보관할 때 폴더 안에 하위 폴더를 생성해 구분을 명확히 해서 저장했다.

③ 최 비서는 업무가 진행 중인 전자 문서의 경우 문서의 진행처리 단계에 따라서 문서의 파일명을 변경하거나 변경된 폴더로 이동시켜서 정리, 보관하였다.

④ 고 비서는 장기 보존할 전자문서를 PDF/A 형식으로 저장하였다.

71 우리나라의 국가 인터넷 주소 관리기관인 한국 인터넷 진흥원이 제공하는 인터넷 주소의 등록 및 할당 정보를 확인하는 서비스로서, IP주소로 도메인 네임이나 해당 주소 소유자를 확인하거나, 도메인 네임으로 해당 도메인 소유자를 찾을 수 있는 서비스는 무엇인가?

① DOMAIN FINDER

② IP TRACER

③ WHOIS

④ ADDRESS BOOK

ANSWER) **69.③ 70.① 71.③**

69 ③ 문서철의 제목은 편철된 문서를 대표하는 기능의 명칭을 기재하되 필요한 때에는 부제목을 기재한다.

70 ① 파일 내용을 파악하기 쉽게 이름을 정하고 비슷한 내용 혹은 업데이트가 되는 경우에는 같은 이름에 v1, v2 등으로 표기한다.

71 ③ 후이즈(WHOIS)는 도메인 이름, IP 주소, 자율 시스템 등 인터넷 자원의 소유자와 범위를 검색하기 위한 통신 프로토콜이다.

72 다음 중 아래 신문기사에 대한 내용으로 가장 연관이 적은 것은?

KISA(한국인터넷진흥원)가 보안 인프라가 부실한 지방에 '지역 사이버 안전망'을 구축한다. 이를 통해 보안 사각지대를 없애고 지역 정보보호 산업 육성에 나선다는 방침이다.

KISA 지역정보보호총괄센터장은 지난달 31일 "사이버 침해 사고의 98%가 중소기업에서 일어나지만 직원 수나 매출 규모가 작은 중소기업들은 정보보호에 100만원을 투자하는 것조차 어려워하는 게 현실"이라며 "지역 사이버 안전망을 구축해 국내 기업들의 정보보안을 한 단계 끌어올릴 계획"이라고 말했다.

대부분의 정보보호 기업들은 수도권에 집중돼있다. 지방에 50여개 정도의 기업이 존재하지만 장비 판매나 유지보수의 기업이 대다수다. 정보보호 컨설팅을 받고 싶어도 받기 힘들다. 이처럼 열악한 보안 인프라에 지역 기반 중소기업들은 보안에 취약할 수밖에 없다는 게 KISA의 판단이다.

지역 사이버 안전망은 지역의 정보보호 생태계 조성에도 긍정적 역할을 할 것이라고 KISA는 기대하고 있다. 지방 대학을 통해 배출되는 정보보안 인재들이 갈 곳이 없어 서울로 올라오게 되는데 이 같은 인력을 지역 사이버 안전망이 흡수할 수 있을 것이란 설명이다.

KISA는 2014년부터 과학기술정보통신부의 지원을 받아 지역 정보보호 지원센터를 운영해왔다. 현재 총 7곳이 운영 중이며 올해는 울산 센터가 새롭게 운영을 시작했다. 이를 앞으로 확대, 수도권과 지역의 보안 불균형을 맞춘다는 계획이다.

먼저 지역 정보보호 지원센터를 내년 중 1개소를 늘리고 2020년까지 10개로 늘린다. 또 지역 정보보호 기업 육성센터를 구축하고 지역 거점 침해사고 대응체계 구축에도 나선다. 또 정보보호 바우처를 제공, 이를 활용해 정보보호 컨설팅 등을 받을 수 있도록 할 계획이다. 바우처는 1000만원으로 컨설팅에 700만원, 솔루션에 300만원을 사용할 수 있다. 5월부터 바우처 시스템을 도입, 현재 100군데가 바우처를 활용하고 있다.

KISA 센터장은 "영세 중소기업을 위한 SECaaS(Security as a Service)를 도입하는 등의 방안도 검토 중"이라며 "향후예산이 더 확보된다면 영세기업들을 위한 정보보안 프로그램을 확대할 계획"이라고 말했다.

---

① 지방 중소 기업들은 금전적인 문제와 정보보호 기업들의 수도권 집중화로 인해 보안 사각지대에 놓여있다.

② 현재 지방에는 총 10개의 정보보호 지원센터가 운영 중에 있다.

③ 영세 중소기업을 위한 '서비스로서의 보안' 도입 방안을 계획 중에 있다.

④ 지방에 있는 중소기업 보안을 위해서는 보다 저렴하고 손쉽게 보안 서비스를 이용할 수 있는 방안이 도입되어야 한다.

ANSWER 72.②

72 ② 대부분의 정보보호 기업들은 수도권에 집중되어 있으며, 지방에 50여개 정도의 기업이 존재한다.

73 투자회사에 근무하는 이 비서는 상사인 김 부사장으로부터 몇몇 상장기업에 관해 아래 표와 같은 정보를 정리해 보고하라는 지시를 받았다. 이 경우 가장 최신의 공신력있는 정보를 일괄적으로 수집할 수 있는 곳은?

	영문 회사명	대표자명	법인 구분	법인 등록번호	사업자 등록번호	최근 공시정보
A회사						
B회사						
...						

① 각 회사의 홈페이지   ② 국가통계포털 KOSIS

③ 연합뉴스 기업 정보   ④ 금융감독원 DART

74 다음은 2017년 8월 신문에 기재된 기사에 포함된 경상수지 추이 그래프이다. 이 그래프를 통해 유추할 수 있는 기사 내용으로 가장 적절한 것은?

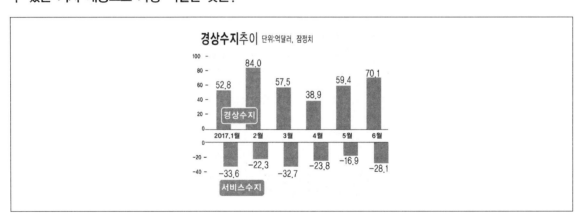

① 2017년 1월 서비스수지 적자폭은 전년 동월 대비 증가하였다.

② 2017년 상반기 중 전년 동월대비 감소율이 가장 낮은 달은 5월이다.

③ 2017년 상반기 경상수지가 흑자이기 때문에 서비스 수지가 적자를 면치 못하였다.

④ 2017년 상반기의 서비스수지의 적자로 인해서 경상수지 흑자폭이 축소되었다.

ANSWER 73.④ 74.④

73 ④ 전자공시시스템(DART : Data Analysis, Retrieval and Transfer System)은 상장법인 등이 공시서류를 인터넷으로 제출하고, 투자자 등 이용자는 제출 즉시 인터넷을 통해 조회할 수 있도록 하는 종합적 기업공시 시스템이다.

74 ①②③ 주어진 그래프만으로는 알 수 없다.

75 정보 수집 및 문서에 자료인용시 유의해야 할 내용으로 가장 적절하지 않은 것은?

① 자료 수집의 단계에서부터 인용을 대비해 서지 사항을 정확히 기재한다.

② 인터넷 자료의 경우 웹 페이지의 주소(URL)만 정확히 기록해 두면 된다.

③ 인용을 할 때 각주를 활용하여 참고문헌에서 인용의 정도와 인용처리 방식을 분명히 해 주는 것이 좋다.

④ 직접 인용할 만큼의 가치를 갖는 내용은 원문의 표현을 그대로 옮겨두고 쪽수까지 정확히 기록해 두는 습관이 필요하다.

76 인터넷 및 정보 관리와 관련된 다음의 용어 중 설명이 잘못된 것은?

① 사이버불링(Cyber Bullying) : 이메일, 휴대전화, SNS 등 디지털 서비스를 활용하여 악성댓글이나 굴욕스러운 사진을 올림으로써 이루어지는 개인에 대한 괴롭힘 현상

② 빅데이터(Big Data) : 기존 데이터보다 너무 방대하여 기존의 방법으로 도구나 수집/저장/분석이 어려운 정형 및 비정형 데이터

③ 큐레이션 서비스(Curation Service) : 정보과잉시대에 의미있는 정보를 찾아내 더욱 가치 있게 제시해 주는 것으로서 개인의 취향에 맞는 정보를 취합하고, 선별하여 콘텐츠를 제공해주는 서비스

④ 핑크메일(Pink Mail) : 사내 활성화된 온라인 의사소통을 통하여 동료들에게 동기부여를 고취하는 일련의 메시지

Aɴsᴡᴇʀ 75.② 76.④

75 ② 인터넷을 통해 얻은 자료는 저널논문, 책, 연구 보고서 등의 양식을 따른 후 맨 끝에 인터넷 사이트를 괄호 안에 제시한다. 단, 인용한 날짜를 밝히며, 출판된 자료가 아닌 경우는 자료의 제목을 이탤릭체로 한다.

76 ④ 핑크메일(Pink Mail)은 그 동안 맺었던 관계를 끝낼 때, 협력사와의 관계를 단절할 때, 아는 사람과의 절교를 통보할 때 보내는 메일이다.

77 자동차 부품회사에 근무하는 김 비서는 상사에게 정보 보안에 대해 더 철저하게 신경쓰라는 지시를 받았다. 김 비서의 정보 보안업무 중 가장 적절하지 못했던 것은?

① 상사의 일정과 관련하여 공개 및 공유할 수 있는 범위를 상사와 명확히 의논하여 업무에 반영하였다.

② 상사의 중요 서류나 문서를 팩스로 송신할 경우, 문서를 받을 상대방에게 먼저 전화를 걸어 팩스를 보낼 것이라고 알려주었다.

③ 상사와 친분이 있는 고객이 상사의 정보를 요청할 경우라도 반드시 원칙대로 상사와 의논 후 지시에 따라 행동하였다.

④ 처리가 완료되지 못한 문서 작업을 집으로 가져가 작업하기 위해 대외비문서반출 목록에 기입한 후 반출하였다.

78 사무정보기기 및 사무용 SW를 다음과 같이 사용하고 있다. 이중 가장 적절하게 활용을 하고 있는 비서는?

① 김 비서는 상사가 180도 펼쳐지는 상태의 제본을 선호하기 때문에 열제본기를 주로 사용한다.

② 백 비서는 상사의 컬러로 된 PPT 자료가 잘 구현되도록 실물화상기를 셋팅했다.

③ 황 비서는 각종 자료를 한곳에서 정리하고 관리하며, 공유도 하기 위해서 에버노트 앱을 이용하였다.

④ 윤 비서는 상사의 업무일정 관리를 원활하게 하기 위해서 리멤버 앱을 사용하였다.

79 다음은 사무정보기기의 구분에 따른 종류를 나열한 것이다. 구분에 부적합한 사무기기가 포함된 것은?

① 정보 처리 기기 : PC, 노트북, 스마트폰

② 정보 전송 기기 : 전화기, 스캐너, 팩스, 화상 회의 시스템

③ 정보 저장 기기 : 외장하드, USB, CD-ROM

④ 통신 서비스 : LAN, VAN, 인터넷, 인트라넷

ANSWER 77.④ 78.③ 79.②

77 ④ 사내문서를 외부로 가져가면 도난, 분실 등의 위험이 있다.

78 ① 열제본기를 사용하면 일반 제본 형태가 된다.
② 실물화상기보다는 빔프로젝터를 사용하는 것이 효과적이다.
④ 리멤버 앱은 명함 관리 앱이다.

79 ② 스캐너는 정보 처리 기기에 해당한다.

80 다음의 상황을 대비하기 위하여 김 비서가 이행할 수 있는 방법으로 가장 부적절한 것은?

> 컨퍼런스에서 발표를 맡게 된 김 비서는 발표자료를 조금 수정도 할 겸 리허설 시간보다 일찍 행사장에 도착했다. 이 행사장은 발표 자료를 발표자 포디엄에 직접 USB를 꽂아 연결할 수 있도록 되어 있어 그 자리에서 수월하게 자료 수정도 마칠 수 있었다. 무사히 발표를 마치고 사무실로 복귀한 김 비서는 업무용 노트북에 USB에 저장해온 발표자료 최종본을 옮겨 놓았다. 그런데 며칠 뒤 사내 보안팀에서 연락이 왔다. 김 비서의 컴퓨터를 통해 사내에 악성코드가 확산했다는 것이다.

① 외부 컴퓨터에서 사용했던 이동식 저장매체를 사무실에서 사용할 경우 바이러스 검사를 실시한다.
② 이동식 저장매체의 자동 실행 기능을 비활성화하여 자동으로 USB가 시스템에 연결되는 것을 예방한다.
③ 편리한 USB 사용을 위하여 USB 자동실행 기능을 평상시에 켜 둔다.
④ 노트북의 USB 드라이브 자동 검사 기능을 활성화해 둔다.

---

80 ③ 보안에 취약한 행동이다. 비서는 자신이 다루는 정보가 외부에 누출되지 않도록 각별히 보안에 신경 써야 한다.

1과목 **비서실무**

1 다음 중 비서직에 대한 설명으로 가장 올바른 것은?

① 비서 업무의 범위는 상사의 지위와 업무 위임 정도에 따라 달라진다.

② 모든 조직은 표준화된 비서 직무 기술서(job description)에 따라 비서의 자격, 업무, 권한 등이 명시되어 있다.

③ 비서는 경력과 상사의 신임도에 따라 상사의 위임 없이도 업무 의사결정을 할 수 있다.

④ 비서는 조직의 업무 절차 및 문서 서식 등을 상사에 맞추어 개선 및 개발하는 등의 창의적 업무 수행이 가능하다.

2 다음은 비서들의 자기계발 사례이다. 다음의 사례 중 비서의 자기계발 태도로 가장 적절하지 않은 것은?

① 강진물산의 허 비서는 요즘 SNS 영상 업로드에 관심이 많아 퇴근 후 영상편집을 배우러 다니고 있다.

② 한국유통의 이 비서는 평생교육원에서 야간에 개설하는 경제 수업을 수강하고 있다.

③ 두리제과의 금 비서는 대학시절 인연으로 멘토가 된 A기업 부장에게 상사에 대한 고민도 얘기하고 상사가 지시한 업무 관련 조언도 구한다.

④ 제이상사의 오 비서는 상사가 진행하고 있는 업무의 파악을 위해 상사에게 보고되는 문서들의 내용을 살펴본다.

Aɴswer 1.① 2.③

1 ② 직무기술서는 맡은 일과 그에 따른 책임의 내용을 구체적으로 기술한 문서로 직무분석의 기초자료가 된다. 표준화된 비서 직무 기술서는 없다.

③ 비서는 상사의 위임이 있어야만 업무 의사결정을 할 수 있다.

④ 창의력이 필요한 업무는 상사를 보좌할 때 솔선해서 창의력을 발휘할 수 있는 업무를 말한다. 그러나 창의력이 수반되는 업무를 할 수 있는 시간적 여유는 일상적인 업무와 지시를 받아서 하는 업무를 완수한 후에야 가능하다.

2 ③ 비서는 업무에 관련하여 얻게 되는 상사나 조직 또는 고객에 대한 정보의 기밀을 보장해야 한다.

3 다산제강 대표이사의 비서인 이빛나가 회사에 방문한 손님을 응대하는 태도로 가장 적절한 것은?

① 상사와 선약되지 않은 손님이 방문 시 "잠시 자리에 앉아 계시면 사장님께 안내해 드리겠습니다."라고 말하며 손님이 상사를 만날 수 있도록 친절히 도왔다.

② 상사와 개인적으로 약속한 손님이 방문한 경우 이를 사전에 알지 못했을 때 손님에게 "죄송합니다. 사장님께서 제게 알려주지 않으셔서 오늘 방문하시는 것을 미처 몰랐습니다."라고 솔직히 말한다.

③ 상사의 대리로 내방객을 응대할 때 상사로부터 지시 받지 못한 부분에 대해 질문을 받자 자신이 알고 있는 모든 지식과 추측을 더하여 손님의 질문에 답하였다.

④ 선약된 손님이 방문하였을 때 상사가 먼저 방문한 손님과 면담이 길어지자 약속이 지연될까 염려되어 손님이 기다리고 있다는 내용을 상사에게 메모로 전달하였다.

4 다음 중 신입 비서의 행동으로 가장 적절하지 않은 것은?

① 비서실뿐 아니라 일반부서의 직원들과도 좋은 인간관계를 형성하기 위해 노력하였다.

② 상사 두 분이 동시에 업무를 지시할 때는 직급이 높은 상사의 일을 항상 먼저 처리하였다.

③ 예약하지 않은 방문객이 회사에 찾아와도 하던 일을 멈추고 친절하게 인사하였다.

④ 선배비서가 알려준 업무처리 방식이 학교에서 배운 것과 조금 달랐지만 아직은 회사의 처리방법과 규정을 모르므로 우선은 선배가 알려주는 방법에 따라 일을 처리하였다.

Answer 3.④ 4.②

3 ① 내방객의 성명, 소속, 용건 등을 확인한 후 상사에게 보고하며, 상사가 사전 약속 내방객을 만나지 못한 경우에 대비하여 손님에게 상사를 만날 수 있다는 확신은 주지 않도록 한다. 내방객이 이름이나 방문 목적을 말하지 않고 상사를 직접 만나서 말씀드리겠다고 하는 경우, 선약이 없으면 상사를 만날 수 없다고 분명히 말하도록 한다.

　② 손님에게 상사와 선약된 사실을 확인하지 못한 점에 대해 사과하며 상사가 알려주지 않아서 몰랐음은 내방객에게 밝히지 않는다.

　③ 상사로부터 지시 받지 못한 부분에 대해 질문을 받았을 때는 추측으로 답하지 말고 그 부분에 대해서는 상사의 지시를 받은 후 연락하겠다고 한다.

4 ② 긴급도와 중요도에 따라서 우선순위를 정하여 지시 내용을 이행해야 한다.

5 다음 상황을 읽고 비서의 응대가 적절하지 않은 것을 모두 고르시오.

(전화벨이 울림)

비 서 : 안녕하십니까? 사장실입니다. (a)
상대방 : 사장님 계신가요?
비 서 : 사장님은 지금 안 계십니다. 누구신가요? (b)
상대방 : 잘 아는 사람인데 언제 통화 가능할까요?
비 서 : 지금 유럽 출장 중이셔서 다음 주나 돼야 돌아오십니다. (c)
상대방 : 알겠습니다.
비 서 : 그럼 다음 주 전화해 주시면 사장님과 통화되실 겁니다. (d)

(전화 통화를 마침)

---

① (a), (b)
② (b), (c)
③ (b), (c), (d)
④ (a), (b), (c), (d)

5 (a) 전화를 받으면 "안녕하세요 ○○부처 ○○실 ○○○입니다."라고 자신을 밝혀야 한다.
(b) 상사 부재 시 상사를 찾는 전화를 받을 경우, 자신의 소속과 이름을 분명히 밝히고 전화를 건 상대방의 소속과 이름, 용건, 전화 받은 날짜와 시간, 회신의 필요성 여부, 상대방의 전화번호 등을 메모한다.
(c) 상사의 부재 이유를 지나치게 자세히 설명하여 정보를 흘리지 않도록 주의한다.
(d) 통화가 끝났을 때 "감사합니다. 안녕히 계십시오."라는 인사말을 잊지 말고, 수화기는 조용히 내려놓는다.

6 다음은 비서의 전화응대 사례이다. 다음의 사례 중 비서의 응대로 가장 적절한 것은?

① 사장 비서인 엄 비서는 상사가 자녀의 졸업식에 참석 후 출근하는 상황에서 가나유통 한 전무가 전화하여 상사를 찾자 "사장님은 오늘 외부일정으로 오후 1시쯤 사무실에 도착하실 예정입니다."라고 하였다.

② 사장 비서인 박 비서는 회장이 전화하여 상사와 통화를 원하자 통화 연결 전 "회장님, 어떤 용건으로 전화 하셨다고 전해 드릴까요?"라고 공손하게 여쭈어보았다.

③ 사장 비서인 고 비서는 전화를 받고 자신이 잘 모르는 이름이었지만 상대방이 상사와 친한 사이라고 이야기하자 미처 몰랐다고 사죄드린 후 바로 상사에게 연결해 드렸다.

④ 사장 비서인 최 비서는 총무팀으로 연결될 전화가 비서실로 잘못 연결되자 "연결에 착오가 있었나봅니다. 제가 연결해 드리겠습니다."라고 한 후 전화를 연결했다.

7 손 비서는 오늘 오전 10시에 업무체결 가능성을 타진하기 위해 회사를 방문할 호주의 ABC Corp.의 Mr. Richard Miller 본부장을 맞이할 준비를 하고 있다. 상사로부터 중요한 방문객이므로 준비를 철저히 하라는 지시를 받은 손비서의 응대준비로 가장 적절한 것은?

① 경비실과 안내실에 미리 전화하여 방문객의 정보를 알려주고 도착 즉시 연락을 부탁하였다.

② 상사와 처음 만나는 분이므로 방문객에 대해 사전 정보를 얻고자 궁금한 점을 정리하여 일주일 전에 여유를 두고 호주 본부장 비서에게 이메일을 보냈다.

③ 상사와 함께 회의에 참석할 사내 임원진들에게 10시까지 회의실에 모이도록 사전에 연락해 두었다.

④ 회사 소개 및 협력방안 프레젠테이션 자료를 사전에 ABC회사에 보내 주어 검토를 부탁하였다.

ANSWER 6.① 7.①

6 ② 상사의 윗사람이 전화하여 상사를 바꾸라고 할 경우 용건을 묻지 않고 바로 상사에게 전화를 연결한다.
③ 상사에게 걸려온 전화를 받을 때는 우선, 전화를 건 상대방의 소속과 이름, 용건을 먼저 파악해야 한다.
④ 전화가 잘못 걸려왔을 때는 그냥 끊지 말고 우리쪽의 전화번호와 조직명을 알려준다. 기관 내 다른 부서를 찾는 경우 해당 부서의 담당자와 전화번호를 알려준다

7 ② 내방객 관련 정보는 방문 목적, 내방객 신상 및 이력 사항, 연락처, 차 기호, 상사와의 관계, 차량 정보, 이전 방문 기록 등을 포함한다. 내방객의 신상 및 이력 사항을 파악하기 위하여 포털에서 인물 검색을 하여 상사에게 보고한다. 무료 서비스의 경우에는 정보가 제한적이므로 상사가 외부 고객을 만나야 하는 경우가 많다면 유료의 인물 검색 서비스에 가입하는 것도 고려할 만하다.
③ 상사와 함께 회의에 참석할 사내 임원진들에게 회의 시작 전에 여유 있게 모이도록 사전에 연락해둔다.
④ 유인물을 미리 받게 되면 발표자가 전달할 내용들을 먼저 읽게 되므로 발표에 대한 집중도를 떨어뜨리고 발표자가 효과적으로 프레젠테이션 하는 것을 방해한다.

8 비서 A는 회장 비서로 3년차이고 비서 B는 사장 비서로 6개월 전에 입사하였다. 둘은 같은 층에서 근무하고 있다. 다음 예시 중 원만한 인간관계를 위한 비서의 행동으로 가장 적절한 것은?

① 비서 A는 비서 B에게 비서라는 직업은 상사와 회사에 관한 보안업무가 많으므로 직장 내 동호회에 가입하지 말라고 조언하였다.

② 비서 B는 A가 입사 선배이고 상사 직위도 높으므로 A의 지시를 따르기로 하였다.

③ 비서 업무평가표가 합리적이지 않다고 판단하여 A와 B는 의논하여 시정 건의서를 작성하여 각자의 상사에게 제출 하였다.

④ 비서 B는 사장을 보좌할 때 애로사항이 많아 입사 선배인 A에게 상사보좌의 노하우를 물어보고 업무 시 적용해 보는 노력을 했다.

9 정도건설 양영수 회장은 오늘 저녁 이수상사 김영한 사장과 우진면옥에서 만찬이 예정되어 있다. 그러나 양회장 집에 급한 일이 생겨 만찬을 취소해야 하는 상황이다. 이 경우 양회장 비서의 행동으로 가장 적절한 것은?

① 김영한 사장 비서에게 전화를 걸어 상사의 정보이므로 이유는 말해줄 수 없지만 부득이하게 오늘 약속을 취소해야 한다고 전하였다.

② 김영한 사장 비서에게 전화를 걸어 김영한 사장의 가능한 대체 일정을 먼저 확인하였다.

③ 따로 예약금을 지불해 놓은 상황은 아니므로 우진면옥에 예약취소 전화를 하지는 않고 자동취소 되기를 기다렸다.

④ 만찬 취소 완료 후 새로운 일정을 기입하고자 이전의 일정을 삭제하였다.

Ａnswer 8.④ 9.②

8 ① 자기계발과 정보를 얻기 위해서도 동호회 활동은 필요하다.
② A의 지시가 아니라 상사의 지시를 따라야 한다.

9 ① 약속을 취소해야 하는 경우 상대방의 일정에 차질이 없도록 신속하게 통보하고, 취소 사유를 정확히 전해야 한다. 취소에 대해 사과하되 불필요한 변명을 해서 상대방을 불쾌하게 하지 않도록 주의한다.
③ 우진면옥에 전화해 취소해야 하며, 노쇼 불이익은 없는지 확인한다.
④ 일정 조정 시엔 상대방과 상사의 일정을 감안하여 새로운 일정을 잡고 상대방으로부터 일정 변경에 관련해 연락받은 경우에는 상사에게 즉시 보고하고 일정표를 정정한다.

10 다음 중 식당 예약업무를 진행하는 비서의 태도로 가장 적절한 것은?

① 이금자 비서는 상사가 요청한 식당으로 4월 15일 오후 6시 예약을 시도하였지만 그 날 자리가 만석으로 예약이 불가하다는 식당측 답변을 들었다. 하지만 포기하지 않고 4월 14일까지 취소자리를 기다리다가 그때도 자리가 없자 상사에게 보고하였다.

② 한영희 비서는 상사가 횟집 '서해마을' 예약을 지시하자 여러 지점 중 상사가 주로 이용하는 '서해마을 일산점'으로 예약을 진행하였다.

③ 윤영아 비서는 상사가 지시한 이태리 식당에 예약을 하며 상사의 이름과 비서의 연락처로 예약을 진행하였다.

④ 고은정 비서는 상사가 7시 가나호텔 식당 예약을 지시하자 오후 7시 만찬으로 예약을 하였다.

11 다음 중 회의 용어를 적절하게 사용하지 못한 것은?

① "오늘 심의할 의안을 말씀드리겠습니다."
② "김영희 위원님의 동의로 사내 휴게실 리모델링이 의결되었습니다."
③ "이번 안건에 대해서는 표결(票決)로 채결을 하겠습니다."
④ "오늘 안건을 추가로 발의하실 분 계십니까?"

ANSWER 10.③ 11.②

10 ① 상사에게 보고한 후, 다른 식당을 알아보아야 한다.
② 상사에게 '서해마을 일산점'이 맞는지 확인해야 한다.
④ 상사에게 오전인지 오후인지 명확히 물어야 한다.

11 ② "김영희 위원님의 동의로 사내 휴게실 리모델링이 표결되었습니다."
※ **표결과 의결**
　㉠ 표결은 그 안건을 가결할 것인가 부결할 것인가를 결정하기 위해서 투표 또는 거수로써 찬성과 반대의 수를 세어서 어느 쪽이 우세한지를 결정하는 절차를 말한다.
　㉡ 의결은 표결에 부친 안건에 대해 찬성 또는 반대 위원의 수에 따라 가결 혹은 부결여부를 최종적으로 결정하는 것을 의미한다.

12 다음 중 비서의 상사 해외 출장관리 업무로 가장 적절한 것은?

① 휴가철이라 인천공항이 붐비는 관계로 상사 자택과 가까운 도심공항터미널에서 탑승수속을 먼저하고 수하물은 인천공항에서 바로 부칠 수 있게 했다.

② 3주 후 상사의 유럽 출장이 계획되어 있어 비서는 전임비서가 추천한 기업요금(commercial rate)이 적용되는 호텔을 예약하였다.

③ 상사가 출장지에서 업무지시를 원활하게 할 수 있도록 스마트기기에 애플리케이션을 설치해 드렸다.

④ 6개월 전 미국 출장을 다녀온 상사가 다시 미국으로 출장을 가게 되어 사전입국 승인을 위해 ESTA 작성을 했다.

13 다음 행사 의전에 대한 설명 중 관례상 서열에 관한 설명으로 가장 적절하지 않은 것은?

① 지위가 비슷한 경우 여자는 남자보다 상위에 위치한다.

② 지위가 비슷한 경우 내국인이 외국인보다 상위에 위치한다.

③ 기혼부인 간의 서열은 남편의 직위에 따른다.

④ 지위가 비슷한 경우 연장자가 연소자보다 상위에 위치한다.

ANSWER 12.③ 13.②

12 ① 공항에서 하는 모든 탑승수속을 시내에서 끝내고, 공항으로 갈 수 있는 곳이 바로 도심공항 터미널이다. 수하물도 도심공항터미널에서 보내는 것이 좋다.
　② 호텔은 출장지에서 업무를 수행하기에 편한 곳으로 선택하여야 하며, 숙박시설이 시내 중심에 위치하는지, 편의 시설이 잘 갖추어져 있는지, 부대시설은 어떤지 등을 확인하여 상사에게 보고한다.
　④ ESTA의 유효기간은 2년이다.

13 ② 지위가 비슷한 경우 외국인이 내국인보다 상위에 위치한다.

14 다음 달에 미국 샌디에고에 위치한 다국적 기업인 ABC회사와 기술제휴 업무협약식을 가질 예정이다. 이를 위해 ABC회사의 대표이사, 국제교류 이사, 그리고 기술개발 연구팀장 3인이 방문할 예정이다. 우리 회사 측에서는 김영철 사장, 권혁수 상무, 김진표 해외영업 팀장, 이진수 기술개발 팀장 4인이 업무협약식에 참석 할 예정이다. 김영철 사장 비서는 협약식장의 좌석을 아래 그림과 같이 배치하였다. 다음 내용 중 가장 잘못된 것은?

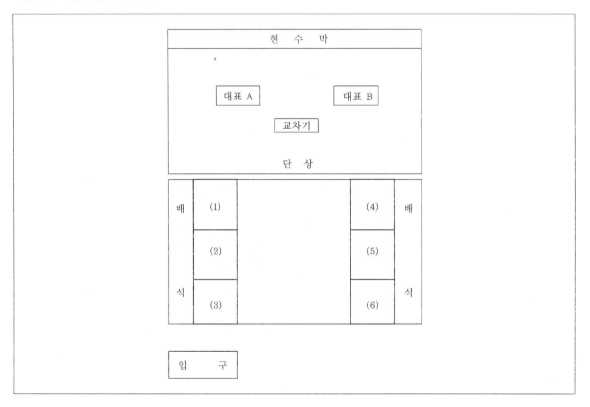

① 단상에 위치한 교차기는 앞에서 볼 때 왼쪽에 태극기가 오도록 한다.

② 단상의 대표 A자리에는 우리 회사의 대표인 김영철 사장이 앉는다.

③ 참석자의 기관명, 직함, 이름을 기재한 명패는 참석자 앞에 상대방에게 글자가 보이도록 놓는다.

④ 협약서는 참석자 수대로 준비하여 식순과 함께 참석자 앞에 준비해 둔다.

15 다음 중 비서의 공식 만찬 행사 준비로 가장 올바른 것은?

① 만찬의 드레스코드가 'Business suit w / tie'라 비서는 상사에게 타이를 매지 않아도 된다고 말씀드렸다.

② 부부 모임의 만찬이므로 사각 테이블의 왼쪽에는 남자가, 오른쪽에는 부인들이 앉도록 자리를 배치하였다.

③ 만찬 오프닝에는 최근의 정치적 이슈와 관련된 내용이 논의 될 수 있도록 간략하게 자료를 준비하였다.

④ 만잔 조대장에는 식사 시작 시간을 명시하였다.

16 상사가 오전 11시에 비서를 호출하여 갑자기 오늘 제주에 급히 내려갈 일이 생겼으니 항공권을 바로 예매하라는 지시를 하였다. 가능하면 KAL로 예약을 하라고 하였다. 이 지시에 대한 비서의 가장 바람직한 보고는?

① "사장님, 보고 드리기 죄송합니다만 요즘이 휴가철이라 대한항공의 당일 예매권은 없습니다. 어떻게 할까요?"

② "사장님, 보고 드립니다. KAL은 당일표가 없어서 가장 빨리 갈 수 있는 제주항공편 14시로 일단 예약을 했고, 대한항공 편으로 12시 30분 출발하는 비행기가 있어서 대기자 명단에는 올려 두었습니다."

③ "사장님, 송구합니다. 오늘 대한항공 발권은 불가능한데, 죄송합니다만 내일로 일정을 미루실 수는 없으신가요?"

④ "사장님, 바로 알아본 결과 원하시는 대한항공편은 오늘예약이 안되는데 다른 항공사 티켓이 있는지 알아볼까요?"

ANSWER 15.④ 16.②

15 ① 드레스코드가 'Business suit w / tie'면 타이를 매야 한다.
② 부부가 같이 앉을 수 있도록 배치해야 한다.
③ 정치와 같이 민감한 이야기는 피하는 것이 좋다.

16 ② 예약하려는 항공사에 남은 좌석이 없을 경우, 대기자 명단에 올리고, 비슷한 시간대의 다른 좌석을 확보해 두고 대기 좌석이 오픈되는지 수시로 확인해야 한다.

17 다음의 보고서 내용 중 ㉠~㉣의 한자 연결이 올바른 것은?

> 1. 4사분기 경영(㉠)실적 회의의 주요 정책(㉡) 사항
> 2. 아시아 법인(㉢) 실적 개선을 위한 분석(㉣) 내용

① ㉠ 經營 – ㉡ 政策 – ㉢ 法人 – ㉣ 分析
② ㉠ 經營 – ㉡ 定策 – ㉢ 法人 – ㉣ 分石
③ ㉠ 京營 – ㉡ 定策 – ㉢ 法印 – ㉣ 分石
④ ㉠ 京營 – ㉡ 政策 – ㉢ 法印 – ㉣ 分析

18 다음 중 상사를 보좌하기 위한 비서의 행동으로 가장 적절하지 않은 것은?

① 상사에게 온 우편물을 중요도와 긴급도에 따라 분류하여 올려드렸다.
② 상사의 일정은 매일 아침 출근하여 그 날의 일일일정표를 작성하였다.
③ 상사의 개인 파일에 상사의 사번, 주민등록번호, 운전면허증, 신용카드번호와 각각의 만기일 등을 기록하고 암호화하였다.
④ 상사가 참여하고 있는 각 모임의 이름과 구성원들의 이름, 소속, 연락처, 기념일 등을 정리해두었다.

ANSWER | 17.① 18.②

17 ㉠ 經營 : 계획을 세워 사업을 해 나감
㉡ 政策 : 국리민복을 증진하려고 하는 시정의 방법
㉢ 法人 : 자연인이 아니면서 법에 의하여 권리 능력이 부여되는 사단과 재단
㉣ 分析 : 얽혀 있거나 복잡한 것을 풀어서 개별적인 요소나 성질로 나눔

18 ② 일일 일정표 작성 시, 비서는 상사 퇴근 전에 다음날의 일정표를 작성해 상사에게 보고하고 수정이나 변경할 사항이 있는지 확인한다.

19 다음 중 경조사 업무를 처리하는 비서의 태도로 가장 바람직 하지 않은 것은?

① 경조사가 발생하면 화환이나 부조금을 준비하는 데 회사의 경조 규정을 참고한다.

② 신문의 인물 동정 관련 기사를 매일 빠짐없이 확인하고, 사내 게시판 등에 올라오는 경조사도 확인한다.

③ 경조사가 발생했을 경우에는 시기가 중요하므로 비서가 먼저 처리한 후 추후 상사에게 보고한다.

④ 평소 화원이나 꽃집을 한두 곳 선정해두고 경조사 발생 시 전화나 인터넷을 통하여 주문한다.

20 다음은 사내 이메일로 구성원들에게 전송할 상사 모친상의 조문 답례글을 비서가 작성한 것이다. 잘못된 한자어로만 묶인 것은?

> 삼가 감사의 (㉠)人事를 드립니다.
>
> 이번 저희 어머니 (故 ○○○) (㉡)葬禮에 (㉢)弔義와 (㉣)厚意를 베풀어 주신 데 대하여 감사드립니다. 직접 찾아뵙고 人事드리는 것이 당연한 도리이오나 아직 경황이 없어 이렇게 서면으로 대신함을 너그럽게 (㉤)惠亮해 주시기 바랍니다.
>
> 귀하의 (㉥)哀事에 꼭 은혜를 갚도록 하겠습니다.
> 항상 건강하시고 댁내 平安하시기를 기원합니다.
>
> ○○○ (㉦)拜相

① ㉠, ㉡, ㉢

② ㉡, ㉢, ㉣

③ ㉢, ㉣, ㉤

④ ㉤, ㉥, ㉦

---

19 ③ 경조사가 발생했을 경우에는 상사에게 즉시 보고 한 후 필요한 조처를 취한다.

20 ㉤ 惠亮→惠諒(혜량) : 살펴서 이해함

　㉥ 哀事→哀史(애사) : 개인이나 국가의 불행하거나 슬픈 역사

　㉦ 拜相→拜上(배상) : 절하며 올린다는 뜻으로, 예스러운 편지글에서 사연을 다 쓴 뒤에 자기 이름 다음에 쓰는 말

21 다음 중 기업의 사회적 책임 범위에 대한 설명으로 가장 적절하지 않은 것은?

① 기업은 이해관계자 집단 간의 이해충돌로 발생하는 문제해결을 위한 이해조정의 책임이 있다.

② 정부에 대해 조세납부, 탈세 금지 등 기업의 영리활동에 따른 의무를 갖는다.

③ 기업은 자원보존의 문제나 공해문제에 대한 사회적 책임을 갖는다.

④ 기업은 이윤 창출을 통해 주주의 자산을 보호하고 증식시켜줄 의무는 갖지 않는다.

22 다음은 기업 형태에 대한 설명이다. (   )안에 알맞은 말로 올바르게 짝지은 것은?

> (A   )(은)는 자본적인 결합없이 동종업종 또는 유사업종 기업들이 경쟁을 제한하면서 수평적으로
> 협정을 맺는 기업결합 형태이며, (B   )(은)는 자본적으로나 법률적으로 종래의 독립성을 상실하고
> 상호결합하는 기업집중 형태를 말한다.

① A – 콘체른, B – 지주회사

② A – 카르텔, B – 트러스트

③ A – 지주회사, B – 콤비나트

④ A – 트러스트, B – 콘체른

21 ④ 기업은 이윤 창출을 통해 주주의 자산을 보호하고 증식시켜줄 의무를 갖는다.

22 (A) **카르텔** : 같은 종류의 상품을 생산하는 기업이 서로 가격이나 생산량, 출하량 등을 협정해서 경쟁을 피하고 이윤을 확보 하려는 행위

　　(B) **트러스트** : 동일산업 부문에서의 자본의 결합을 축으로 한 독점적 기업결합. 기업합동 · 기업합병

23 이사회는 주식회사의 제도적 기관으로 필요상설기관이다. 다음 중 이사회의 결의만으로 효력을 가질 수 없는 내용으로, 이사회가 집행할 수 있는 업무 권한으로 보기에 가장 적절하지 않은 것은?

① 대표이사의 선임 ② 감사의 선임

③ 주주총회의 소집 ④ 사채발행의 결정

24 다음은 기업을 둘러싸고 있는 경영환경의 예이다. 그 속성이 다른 것은?

① 시장의 이자율, 물가, 환율에의 변동

② 새로운 기술 개발 및 기술 혁신

③ 노동조합 설립

④ 공정거래법, 노동법, 독과점 규제법 강화

25 다음은 대기업과 비교하여 중소기업의 필요성 및 특징을 설명한 것이다. 이 중에서 가장 거리가 먼 것은?

① 시장의 수요변동이나 환경변화에 탄력적으로 대응하기 어렵지만 효율적인 경영이 가능하다.

② 기업의 신용도가 낮아 자본조달과 판매활동에 불리하여 대기업의 지배에 들어가기 쉽다.

③ 악기나 도자기, 보석세공 같이 소비자가 요구하는 업종으로 대량생산에 부적당한 업종도 있기 때문이다.

④ 가발제조업과 같이 대규모 시설투자는 필요하지 않고 독특한 기술이나 숙련된 수공을 요하는 업종이 존재하기 때문이다.

ANSWER 23.② 24.③ 25.①

23 ② 이사회의 권한에 따른 의결사항
  ㉠ 주주총회소집권
  ㉡ 대표이사선임권
  ㉢ 이사의 경업과 겸직의 승인
  ㉣ 경업시 개입권, 신주발행사항 결정
  ㉤ 사채모집

24 ③ 내부환경 ①②④ 일반환경

25 ① 중소기업은 기업의 규모가 작아서 대기업보다 높은 수준의 유연성을 가진다. 따라서 내적·외적 환경의 변화에 대응하여 빠르게 대처할 수 있다.

26 다음 중 공동기업의 기업형태에 대한 설명으로 옳은 것은?

① 합자회사는 2인 이상의 무한책임사원이 공동출자하여 정관을 법원에 등기함으로써 설립되는 기업형태이다.

② 합명회사는 출자만 하는 유한책임사원과 출자와 경영을 모두 참여하는 무한책임사원으로 구성된 기업형태이다.

③ 익명조합은 조합에 출자를 하고 경영에 참여하는 무한책임 영업자와 출자만 하고 경영에는 참여하지 않는 유한책임 사원의 익명조합원으로 구성되는 기업형태이다.

④ 주식회사는 2인 이상 50인 이하의 사원이 출자액을 한도로하여 기업채무에 유한책임을 지는 전원 유한책임사원으로 조직되는 기업형태이다.

27 다음의 기업 사례들은 무엇으로부터 비롯된 것인지, 보기 중 가장 적합한 것은?

> A기업 : 최고경영진 3명과 중간관리자들의 분식회계를 통한 이익 허위공시, 2001년도 파산
> B기업 : 분식회계를 통한 수익조작, 2002년도에 410억 달러의 부채와 함께 파산 신고

① 조직의 창업주 및 경영이념

② 조직 규범 및 문화

③ 경영자의 도덕적 해이

④ 조직의 사업 및 회계범위의 확장

26 ① 합자회사란 1인 이상의 무한책임 사원과 1인 이상의 유한책임 사원으로 구성된 회사를 말한다.

② 정관에 특별한 계약이 없는 한 전원이 공동출자히여 무한책임을 지므로 신뢰관계가 두터운 가족이나 친지간에 이용되는 기업형태

④ 주식으로 세분화된 일정한 자본을 가진 전형적인 물적회사로서, 사원인 주주는 주식의 인수가액을 한도로 하여 출자의무를 부담할 뿐이고 회사채권자에 대하여는 아무런 책임을 지지 않는 회사

27 ③ 도덕적 해이는 주인과 대리인이 가진 정보가 달라서 발생한다. 경영자는 회사의 경영상황을 잘 알지만 주주는 경영자를 일일이 따라다니며 감시할 수 없기 때문이다. 이런 '비대칭적 정보'로 인해 주인-대리인 문제가 발생한다.

28 다음 중 최고경영자 계층의 유형과 역할에 대한 설명으로 가장 거리가 먼 것은?

① 최고경영자 계층은 수탁관리층, 전반관리층, 부문관리층 등으로 나눌 수 있으며 이중 부문관리층은 대개 이사로 선임되어있는 각 사업부문의 장을 의미한다.

② 최고경영자 계층은 조직 전체와 관련된 총괄적이고 종합적인 의사결정을 행한다.

③ 공장건설, 신제품개발, 기술도입, 기업의 인수와 같은 전략적인 의사결정 문제를 주로 한다.

④ 불확실하고 대개 반복적인 경영전략 수립 등 장래의 정형적인 업무의 의사결정을 주로 한다.

29 SWOT분석은 기업의 전략적 계획수립에 빈번히 사용하는 기법이다. 다음 A반도체의 SWOT분석 내용 중 O에 해당하지 않는 것은?

① 브랜드 신뢰도 확보 및 반도체 시장점유율 확대

② 미국과 중국의 반도체 수요 증가

③ 4차 산업혁명에 따른 메모리 반도체 수요 증가

④ 반도체 산업의 활황세

28 최고경영자는 조직 내에서 비교적 적은 수의 사람으로 구성되며, 조직의 전반적인 계획기능, 조직기능, 인사기능, 통제기능 등 경영을 총괄한다. 이들은 조직의 운영방침을 세우고 조직외부의 환경과 상호작용에 관하여 방향을 제시하고, 기업경영의 사회적 책임을 지는 경영층이다. 최고경영자의 명칭은 조직별로 각각 상이하지만 회장, 대표이사, 사장 또는 부사장 등을 들 수 있으며, 미국에서는 전문경영자의 성격을 갖고 있는 최고의사결정책임자(CEO : chief executive officer)가 이 범주에 속한다.

29 ① S에 해당한다.
※ SWOT : 강점(Strength), 약점(Weakness), 기회(Opportunity), 위협(Threat)

30 다음 중 조직문화의 구성요소인 7S에 대한 설명으로 가장 적절한 것은?

① 기업의 구조(Structure)는 기업의 컴퓨터 및 기계장치 등 물리적 하드웨어를 의미한다.

② 공유가치(Shared Value)는 구성원을 이끌어 가는 전반적인 조직관리 형태로 경영 관리제도와 절차를 포함한다.

③ 구성원(Staff)은 기업의 인력구성, 능력, 전문성, 구성원의 행동패턴 등을 포함한다.

④ 전략(Strategy)은 기업의 단기적 방향에 따라 실행하는 비공식적인 방법이나 절차를 의미한다.

31 다음 중 리더가 갖는 권력에 대한 설명으로 옳은 것은?

① 준거적 권력과 강제적 권력은 공식적 권력의 예이다.

② 합법적 권력은 부하직원들의 봉급인상, 보너스, 승진 등에 영향력을 미치는 리더의 권력이다.

③ 전문가 권력은 부하직원의 상사에 대한 만족도에 긍정적 영향을 미친다.

④ 보상적 권력은 부하직원의 직무수행에 부정적 영향을 미친다.

Aɴsᴡᴇʀ 30.③ 31.③
....

30 조직문화의 구성요소인 7S

㉠ **공유가치(Shared Value)** : 조직 구성원들의 행동이나 사고를 특정 방향으로 이끌어 가는 아주 특별한 원칙이나 기준을 말한다.

㉡ **전략(Strategy)** : 변화하는 시장 환경에 기업이 어떻게 적응하여 능력을 발휘할 것인가 하는 장기적인 목적과 계획, 그리고 이를 달성하기 위한 자원 배분 방식 등을 말한다.

㉢ **스킬(Skill)** : 장기적인 목적과 계획이 전략이라면, 스킬은 그 전략을 어떻게 실행할 것인가를 말한다.

㉣ **구조(Structure)** : 전략을 실행해 나가기 위한 틀이다. 조직 구조나 직무 분류, 역할과 책임 등이 이에 해당된다.

㉤ **시스템(System)** : 시스템은 반복되는 의사 결정 사항들의 일관성을 유지하기 위해 제시된 틀을 말한다.

㉥ **구성원(Staff)** : 기업이 필요로 하는 사람의 유형을 말하며, 기업 문화 형성의 주체이기도 하다. 여기서 구성원은 단순히 인력 구성을 말하는 것뿐만 아니라, 그들이 갖고 있는 능력이나 지식 등의 집합체를 말한다.

㉦ **스타일(Style)** : 구성원들을 이끌어 가는 전반적인 조직 관리 스타일을 말한다. 예를 들면, 개방적, 참여적, 민주적, 온정적, 유기적 스타일 등이 있다.

31 ① 준거적 권력은 비공식적 권력, 강제적 권력은 공식적 권력의 예이다.

② 공식적 직위, 업무 할당 또는 사회적 규범 등에 기반을 둔 권력이다.

④ 타인에게 보상해줄 수 있는 자원과 능력에 기반을 둔 권력이다.

32 다음 중 허즈버그의 2요인 이론에 대한 설명으로 가장 적합한 것은?

① 만족과 불만족을 동일한 개념의 양극으로 보지 않고 두개의 독립된 개념으로 본다.

② 작업환경, 관리자의 자질, 회사정책은 동기요인에 속한다.

③ 위생요인을 충족시켜주면 직무만족도가 증가하고 결핍되면 직무불만족에 빠지게 된다.

④ 경영자는 종업원의 직무동기를 유발하기 위해서는 종업원의 급여나 대인관계와 같은 동기요인에 관심을 기울여야 한다.

33 아래의 사례를 설명하기에 가장 적합한 경제용어는?

> (사례1) 비서 C씨의 사무실 근처 거리에 같은 메뉴를 파는 두 음식점이 있다. A음식점은 줄을 서서 기다리는 반면 B음식점은 한 두 테이블에만 사람이 앉아 있다. 비서 C씨는 '사람이 없는 곳은 다 이유가 있겠지'라는 생각에 A음식점을 선택한다.
>
> (사례2) 비서 C씨는 유행에 따라 물건을 구입하는 경향이 있다.

① 백로효과

② 밴드왜건효과

③ 베블런효과

④ 분수효과

---

32 ② 위생요인에 해당한다.

③ 동기요인이 충족되면 직원들의 만족도가 올라가고, 위생요인이 충족되면 직원들의 불만족이 사라진다.

④ 경영자는 단순히 직원들의 근무환경이나 급여만 가지고 동기부여할 것이 아니라, 성취도나 일에 대한 책임감 부분에서도 접근해야 한다.

33 ① 특정상품에 많은 사람이 몰리면 희소성이 떨어져 차별화를 위해 다른 상품을 구매하려는 현상

③ 가격이 오르는 데도 일부 계층의 과시욕이나 허영심 등으로 인해 수요가 줄어들지 않는 현상

④ 저소득층의 소득 증대가 총수요 진작 및 경기 활성화로 이어져 궁극적으로 고소득층의 소득도 높이게 되는 효과

34 다음 중 기업의 복리후생제도에 대한 설명으로 가장 적합하지 않은 것은?

① 법정복리후생은 법률에 의해 실시가 의무화되며 종류에 따라 기업이 전액을 부담하거나 기업과 종업원이 공동으로 부담하기도 한다.

② 법정복리후생에는 건강보험, 연금보험, 산업재해보상보험, 고용보험이 있다.

③ 법정외복리후생은 기업이 자율적으로 또는 노동조합과의 교섭에 의해 실행한다.

④ 복리후생은 기본급, 수당 등의 노동에 대한 금전적 보상뿐만 아니라 비금전적 보상도 포함한다.

35 IT기술과 자동화시스템이 기업 전반에 영향을 미치면서 과거에는 없었던 컴퓨터 및 정보 관련 문제가 대두되었다. 이에 기업은 전산침해나 정보유출로부터 안전을 유지하기 위한 다양한 대책을 마련하고 있는데, 이 중 적절한 대책으로 가장 거리가 먼 것은?

① 방화벽 설치

② 인증시스템 도입

③ 개인 USB 사용 금지

④ 패스워드 격년별 정기교체

34 ④ 복리후생이란 조직이 구성원이나 그 가족들에게 제공하는 혜택으로 보너스, 특별상여, 주식배당, 유급휴가, 유급병가 등의 재정적 급부와 보험급여, 휴가시설이용, 유연한 업무스케줄, 여행기회, 은행서비스, 훈련과 개발 등 비화폐적인 급부가 있다.

35 ④ 패스워드는 6개월마다 주기적으로 변경하는 것이 좋다.

36 다음 보기의 내용은 마케팅 전략 중 무엇을 설명하는 것인가?

> 〈보기〉
> A 커피회사는 미국 서부에는 진한 커피를, 동부에는 약한 커피를 공급한다.
> B 백화점은 각 층별로 영캐주얼층, 남성층, 여성층 등으로 나누어 전시한다.

① 포지셔닝(positioning)　　　　　　② 시장세분화(segmenting)
③ 표적시장(targeting)　　　　　　　④ 통합화(integrating)

37 단체교섭에 대한 설명으로 옳지 않은 것은?

① 노동조합이 없는 회사에서는 노사교섭의 수단이 전혀 없다.
② 근로자 단체교섭권은 헌법에 명시된 노동3권 중 하나이다.
③ 근로자가 노동조합을 통하여 사용자와 교섭을 벌여야만 단체교섭이다.
④ 단체교섭에서 결정된 사항이 작성된 규정문서를 단체협약서라고 한다.

38 A기업의 자본총계는 1억 6천만 원이고 부채총계는 4천만 원이다. 이때 A기업의 자산총계와 부채비율은 각각 얼마인가?

① 자산총계 – 1억 2천만 원이며, 부채비율 – 20%
② 자산총계 – 1억 6천만 원이며, 부채비율 – 400%
③ 자산총계 – 2억 원이며, 부채비율 – 25%
④ 자산총계 – 2억 4천만 원이며, 부채비율 – 17%

ANSWER 36.② 37.① 38.③

36 ② 한 시장을 여러 개의 세부시장으로 나누는 것이다.
　　① 기업이나 제품에 대하여 위상을 정립하기 위해 마케팅 믹스를 통해 소비자들에게 자사 제품의 정확한 위치를 인식시키는 것이다.
　　③ 특정한 고객이나 집단을 대상으로 하는 시장을 말한다.
　　④ 모든 고객들을 구분하지 않고 하나의 시장으로 보면서 마케팅을 하는 것을 말한다.

37 ② 회사에 복수의 노동조합의 없는 경우에는 전체 근로자의 과반수의 노동조합이 아니더라도 교섭대표권을 가지고 있으므로 회사에 단체교섭을 요구할 권리가 있다.

38 '자산총계 = 유동자산 + 고정자산'이므로, A기업의 자산총계는 2억 원이며, '부채비율 = 부채총계 / 자본총계'이므로, 25%이다.

39 제조 설비를 가지지 않은 유통 전문업체가 개발한 상표로, 유통 전문업체가 스스로 독자적인 상품을 기획한 후, 생산만 제조업체에게 의뢰하여 제조된 제품을 무엇이라 하는가?

① NB 제품(National Brand)

② PB 제품(Private Brand)

③ OB 제품(Objective Brand)

④ IB 제품(International Brand)

40 다음 중 기업의 자금조달 방식에 대한 설명으로 가장 적합하지 않은 것은?

① 주식은 주식회사의 자본을 이루는 단위로 주주의 권리와 의무를 나타내는 증권이다.

② 회사채는 기업이 일정기간 후 정해진 액면금액과 일정한 이자를 지급할 것을 약속하는 증서를 말한다.

③ 직접금융은 기업의 장기설비 투자를 위한 자금 조달에 용이하다.

④ 간접금융은 자금의 공급자와 수요자 사이에 정부가 신용을 보증하는 방식으로 주식, 채권 등을 통해 이루어진다.

ANSWER 39.② 40.④

39 ① 전국적인 시장수용성을 가지는 제조업자의 브랜드
④ 국제적으로 통용되는 상표

40 간접 금융은 자금 공급자와 자금 수요자 사이에 금융기관이 개입되어 자금의 흐름을 매개하는 방법이므로 가계가 일단 은행에 예금하면 은행은 모아진 자금을 기업에 대출해 주기도 하고 회사채나 국채를 구입한다. 이와 같이 기업은 증권시장(주식시장이나 채권시장)을 통해 자금공급자의 자금을 직접 조달하기도 하고 금융기관으로부터 자금을 대출받기도 한다.

41 Choose one that does NOT match each other.

① AKA : Also knows as

② ISP : Internet Service Product

③ ROI : Return on Investment

④ BOE : Board of Executives

42 Choose one that does NOT match each other.

① <u>Branch</u> is one of the offices, shops, or groups which are located in different places.

② <u>Personnel department</u> is responsible for hiring employees and interviewing with candidates.

③ <u>Marketing department</u> talks to clients and persuades them to buy products.

④ <u>Accounting department</u> organizes financial aspects of business.

ANSWER 41.①② 42.③

41 ① AKA : Also known as

② ISP : International Standardized Profile

42 ① 지점은 서로 다른 곳에 위치한 사무실, 상점 또는 그룹 중 하나입니다.

② 인사 부서는 직원을 고용하고 지원자와의 인터뷰를 담당합니다.

③ 마케팅 부서는 고객과 대화하고 제품 구매를 설득합니다.

④ 회계 부서는 비즈니스의 재무 측면을 구성합니다.

43 Which English sentence is grammatically LEAST correct?

① 경제 성장률이 현재 4%에 머무르고 있다.

   → Economic growth now stands at 4 percent.

② 우리는 3년간 흑자입니다.

   → We have been in the red for three years.

③ 올해 순이익은 3천 4백만 달러에 달했다.

   → Net income of this year was $34 million.

④ 파업으로 우리의 매출이 급감했다.

   → Our profits fell sharply because of strikes.

44 Which is a LEAST proper English expression?

① 주문하신 제품을 배송하였음을 알려드립니다. This is to let you know that we've shipped your order.

② 저는 품질 보증부의 Jack Owen입니다. My name is Jack Owen in the Warranty Department.

③ 저희 로스엔젤레스 지사의 부장, Michael Hong께서 귀하의 존함을 알려주셨습니다.

   I was given by your name of the Director Michael Hong for our Los Angeles office.

④ 제가 도와드릴 수 있는 일이 또 있으면 연락 주십시오. If there's anything else I can help you, please let me know.

ANSWER 43.① 44.③

43 in the red → 적자로

   ② 우리는 3년간 흑자입니다. → We are in the black for three years.

44 '~에게 소개받아 연락합니다'는 'I was given you name by 소개해준 사람이름'으로 표현한다.

   ③ 저희 로스앤젤레스 지사의 부장, Michael Hong께서 귀하의 존함을 알려주셨습니다. → I was given you name by the Director Michael Hong for our Los Angeles office.

45 Which of the followings is the MOST appropriate order?

Mr. Banta
Personnel Director
AAA Ltd.

Dear Mr. Banta,

(a) I have been working as a marketing manager at Media.com. I am in charge of directing market research in addition to recommending business strategies and planning.

(b) I believe my education and experience have given me the background you desire for the position.

(c) I would like to apply for the position of marketing manager, which you advertised in the recruiting site on November 10, 2018.

(d) Thank you very much for your consideration, and I look forward to hearing from you soon.

(e) The enclosed resume will provide you further details of my qualifications, and I would appreciate it if you could give me a chance to have an interview.

Sincerely yours,

---

① (c) − (b) − (a) − (e) − (d)

② (b) − (c) − (e) − (a) − (d)

③ (c) − (d) − (b) − (e) − (a)

④ (b) − (e) − (c) − (d) − (a)

ANSWER 45.①

45 「Mr. Banta
인사 이사
AAA Ltd.
친애하는 Banta
(c) 2018년 11월 10일 모집 사이트에서 광고한 마케팅 관리자의 직책을 신청하고 싶습니다.
(b) 저는 저의 교육과 경험이 귀사의 그 직책에 대해 원하는 배경을 주었다고 생각합니다.
(a) 저는 Media.com에서 마케팅 관리자로 일하고 있습니다. 저는 사업 전략과 계획을 추천하는 것 외에도 시장 조사를 담당하고 있습니다.
(e) 동봉된 이력서는 저의 자격에 대한 자세한 정보를 제공합니다. 제게 인터뷰 할 기회를 주신다면 감사하겠습니다.
(d) 고려해 주셔서 대단히 감사합니다. 곧 연락을 기다리겠습니다.」

46 According to the following text, which one is NOT true?

To : "Jackie Yang" 〈jyang@cellfirst.com〉
From : "Samuel Lewis" 〈slewis@cellfirst.com〉
Date : Monday, October 1, 2019 13:25:30
Subject : Dinner

Dear Jackie,

This is to remind you of our dinner meeting next Thursday, October 14. Are you okay at 19:00 at the Plough on Harborne Road? I heard this new restaurant has a terrace and it's fabulous. My treat, of course.
Please confirm and I look forward to seeing you then.

Warm regards,
Sam

---

① Plough restaurant has a good condition for dinner.

② It was sent via e-mail.

③ Jackie will be serving meals to Samuel.

④ Dinner was promised in advance.

46 Samuel이 Jackie에게 한턱내겠다고 했으므로, ③은 옳지 않다.
 ① Plough 레스토랑은 저녁 식사를 하기에 좋은 상태이다.
 ② 이것은 이메일로 발송되었다.
 ③ Jackie는 Samuel에게 식사를 제공할 것이다.
 ④ 저녁 식사는 미리 약속되었다.
 「받는 사람 : Jackie Yang〈jyang@cellfirst.com〉
 보낸 사람 : Samuel Lewis〈slewis@cellfirst.com〉
 날짜 : Monday, October 1, 2019 13:25:30
 주제 : 저녁식사
 친애하는 Jackie 씨에게
 다음주 10월 14일 목요일 저녁 식사 모임을 상기시켜 드리기 위해 메일을 씁니다. 19:00에 Plough on Harborne Road에서 괜찮으십니까? 이 새로운 식당에 테라스가 있는데 정말 멋지다고 들었습니다. 물론 제가 한턱내겠습니다.
 확인해주시고, 그때 뵙길 기대하겠습니다.」

47 Which is NOT correct about this?

The Honorable Tony Knowles, Governor, the State of Alaska

&

Mrs. Susan Knowles

request the pleasure of your company

at a reception

to honor the growing ties

between the Republic of Korea and State of Alaska

on Monday,

the 23rd day of September, 2019,

from 6 until 8 p.m.

R.S.V.P. 739-8058/9 (Ms. Susan Kim)   The Grand Ballroom

The favor of a reply is requested by September 13.   Westin Chosun Hotel

---

① This is the invitation letter to a reception.

② The letter specifies the time, date and venue to invite.

③ The receiver of this letter should notify of the attendance.

④ Tony Knowles and Mrs. Susan Knowles are the receivers of the letter.

---

47 ④ Tony Knowles와 Mrs. Susan Knowles는 이 서신의 발신자이다.

　　① 이것은 리셉션 초청장이다.

　　② 편지는 초대 시간, 날짜 및 장소를 지정한다.

　　③ 이 서신의 수령인은 출석을 통보해야 한다.

　　④ Tony Knowles와 Mrs. Susan Knowles는 이 서신의 수신자이다.

　「존경하는 알래스카 주 주지사, Tony Knowles & Susan Knowles 부인은 당신의 회사가 리셉션에 참석해주시길 바랍니다.

　한국과 알래스카 주의 성장하는 유대를 존중하기 위해.

　2019년 9월 23일 월요일 오후 6시부터 8시까지.

　회답주시기 바랍니다. 739-8058/9 (Ms. Susan Kim)

　회신은 9월 13일까지 해주시길 바랍니다.」

48 What is MOST proper in the blank?

Dear Mr. Lawler,

We received your Purchase Order 456-99. Unfortunately, the item below is _____:

Item No. 45-BC Black Chair

We will back order this item and ship it by February 15. The rest of your order is being processed and will be shipped by January 20.

We appreciate your business and look forward to serving you in the future.

---

① in stock   ② ready

③ not in stock   ④ packed

49 Which of the following is a LEAST appropriate expression when closing a meeting?

① Thank you for coming and for your contributions.

② Let's call it a day.

③ Would you like to start with the first point?

④ I declare this meeting adjourned.

ANSWER **48.③ 49.③**
....

48 ① 재고로 ② 준비된 ③ 재고 없음 ④ 가득 찬

「친애하는 Lawler 씨에게.
저희는 당신의 구매 주문서 456-99를 받았습니다. 불행하게도, 아래 아이템은 재고가 없습니다.
아이템 No. 45-BC 검은색 의자
저희는 이 아이템을 다시 주문하고 2월 15일까지 배송할 거입니다.
나머지 주문은 처리 중이며 1월 20일까지 배송됩니다.
애용해주셔서 감사드리며 앞으로 서비스를 제공할 수 있도록 최선을 다하겠습니다.」

49 회의를 끝낼 때와 상관없는 표현은 ③이다.
① 와 주셔서 감사합니다.
② 오늘은 여기까지 하죠.
③ 첫 번째 요점부터 시작하시겠습니까?
④ 이 회의를 휴회한다고 선언합니다.

50 What is the MOST appropriate answer in the conversation?

> A : Miss Lee, when is the board meeting?
> B : _____.

① It's scheduled of the 9th, Friday within 1:00 p.m.

② It's scheduling in Friday the 9th, in 1:00 p.m.

③ It's scheduling on 1:00 p.m. Friday the 9th.

④ It's scheduled on the 9th, Friday at 1:00 p.m.

51 Which is LEAST correct according to the following?

> I have been attempting to schedule a trip to Korea for the past 6 weeks without success. I have been thinking about my schedule this fall and I have realized that it has been a year since the last audit. I would like to schedule an Audit visit on the 1st week of Oct.(6th-10th). Please let me know if there are two consecutive days of this week that are available. I will send the paperwork and agenda for this activity by Sept. 5, 2019.
> Sincerely yours,
> John Kim

① John could not visit Korea for the last six weeks.

② John is planning to visit Korea.

③ The recent audit was done last year.

④ John would like to do the audit only on Oct. 6th and 10th.

ANSWER 50.④ 51.④

50 'It's scheduled to'는 '~하기로 되어 있다'의 뜻이며, 날짜 앞에 오는 전치사는 'on'이다.

「A : 이사회는 언제입니까?
B : 9일 금요일 오후 1시에 하기로 되어 있습니다.」

51 John은 10월 1주(6~10일 사이)에 감사를 수행하려고 한다.
① John은 지난 6주 동안 한국을 방문할 수 없었다.
② John은 한국에 방문할 계획이다.
③ 최근 감사는 작년에 이루어졌다.
④ John은 10월 6일과 10일에만 감사를 수행하려고 한다.

「저는 지난 6주 동안 한국 여행을 성공시키려고 노력하고 있습니다. 저는 이번 가을에 제 일정에 대해 생각하고 있으며 마지막 감사 이후 1년이라는 것을 깨달았습니다. 10월 1주(6~10일)에 감사 방문 일정을 잡고 싶습니다. 이번 주 2일 연속 이용 가능한 날짜를 알려주십시오. 2019년 9월 5일까지 이 활동에 대한 서류 및 의제를 보낼 것입니다.
John Kim으로부터」

52 According to the following dialogue, which one is NOT true?

Ms. Park : Good morning. May I help you?

Mr. Lee : Good morning. My name is John Lee of ABC Company. I have an appointment with Mr. Howard at 10 o'clock.

Ms. Park : Yes, Mr. Lee. I'll call Mr. Howard's office. One moment, please.

(Mr. Howard의 비서에게 Mr. Lee의 방문을 알려줌)

Ms. Shin : Oh, yes. Please send him up.

Ms. Park : Yes, thank you. Thank you for waiting, Mr. Lee. Mr. Howard is expecting you. Please take the elevator on your right to the 7th floor. Mr. Howard's office is on the left side.

Mr. Lee : Thank you.

---

① Ms. Shin is a secretary of Mr. Howard.

② Ms. Park's occupation is receptionist.

③ Mr. Lee made an appointment in advance and visited Mr. Howard.

④ Ms. Park and Ms. Shin are on the same floor.

52 마지막에 7층으로 올라가라고 하는 것으로 보아 둘은 다른 층에 있는 것을 알 수 있다.

① Ms. Shin은 Mr. Howard의 비서이다.

② Ms. Park의 직업은 접수원이다.

③ Mr. Lee는 사전에 약속을 하고 Howard 씨를 방문했다.

④ Ms. Park과 Ms. Shin은 같은 층에 있다.

「Ms. Park : 안녕하세요. 무엇을 도와드릴까요?

Mr. Lee : 안녕하세요. 저는 ABC사의 John Lee입니다. Howard 씨와 10시에 약속이 있습니다.

Ms. Park : 네, Howard 씨의 사무실에 전화하겠습니다. 잠시만 기다려주세요. (Mr. Howard의 비서에게 Mr. Lee의 방문을 알려줌)

Ms. Shin : 오 네, 그를 보내주세요.

Ms. Park : 네, 감사합니다. 기다려주셔서 감사합니다. Howard 씨가 당신을 기다리고 있습니다. 오른쪽 엘리베이터를 타고 7층으로 가십시오. 하워드 씨의 사무실은 왼쪽에 있습니다.

Mr. Lee : 감사합니다.」

53 What are the BEST expressions for the blank ⓐ and ⓑ?

> Most hotels have an alarm clock in each room; however, some hotels use _____ⓐ_____. Check-out time is usually between 11:00 a.m. and 1:00 p.m. Most hotels have a _____ⓑ_____, if you need to store your luggage after checking out.

① ⓐ get up calls   ⓑ baggage claim area

② ⓐ morning calls   ⓑ luggage allowance

③ ⓐ give up calls   ⓑ laundry service

④ ⓐ wake up calls   ⓑ luggage storage room

54 What are the BEST expressions for the blank ⓐ and ⓑ?

> Waiting areas for visitors ⓐ 다릅니다 different companies. Usually visitors wait near the receptionist, but sometimes they may be shown directly to the meeting room and wait there.
>
> Coffee or tea is not always served. If you are served coffee, it may be in a cup, a mug or even a ⓑ 일회용 컵. You may also be asked to help yourself to coffee or a soft drink.

① ⓐ differ on   ⓑ recycled cup

② ⓐ varies on   ⓑ tumbler

③ ⓐ vary in   ⓑ disposable cup

④ ⓐ have various   ⓑ paper cup

Aɴsᴡᴇʀ 53.④ 54.③

53 wake up calls 모닝콜 luggage storage room 수하물 보관실 baggage claim area 짐 찾는 곳 luggage allowance 수하물 허용량 laundry service 세탁 서비스

「대부분의 호텔에는 각 방에 알람시계가 있습니다. 그러나 일부 호텔은 모닝콜을 사용합니다. 체크아웃 시간은 보통 오전 11시에서 오후 11시입니다. 체크아웃 후 수하물을 보관해야 하는 경우 대부분의 호텔에는 수하물 보관소가 있습니다.」

54 vary in ~이 여러 가지다, 다양하다 disposable cup 일회용 컵 differ on ~에 대해 다르다 recycled cup 재활용 컵

「방문객 대기 지역은 회사마다 다릅니다. 일반적으로 방문객은 안내원 근처에서 대기하지만, 때로는 회의실로 바로 안내되어 대기할 수도 있습니다.
커피나 차가 항상 제공되는 것은 아닙니다. 커피가 제공되는 경우 컵, 머그잔 또는 일회용 컵이 있을 수 있습니다. 당신은 커피나 청량음료를 마실 수 있게 해달라는 요청을 할 수 있습니다.」

55 Which is CORRECT according to the phone conversation?

S1 : Good morning. Is that Sales Manager's office?

S2 : Yes, it is. How can I help you?

S1 : I'm Miss Chang, secretary to Mr. Brown, Vice President of Diwon Company. Mr. Brown would like to see him to discuss the new products around this week, if that is convenient.

S2 : Yes, Miss Chang. I shall have to check with the Sales Manager. May I call you back?

S1 : Certainly. I'll be here all morning. My number is 254-3928 extension 133.

① Mr. Brown himself called first.

② Sales manager called the Vice President.

③ Vice President had an appointment to meet the Sales Manager this afternoon.

④ Secretary of Sales Manager will call back to Miss Chang.

55 ①② 부사장 Brown 씨의 비서 Miss Chang이 영업 관리자의 비서에게 전화를 했다.

③ 부사장은 이번 주에 오후 영업 관리자를 만나고 싶어 한다.

「S1 : 안녕하세요. 영업부 사무실이죠?

S2 : 네, 무엇을 도와드릴까요?

S1 : 저는 Brown 씨의 비서 Miss Chang입니다. Diwon Company의 부사장인 Brown 씨는 만약 괜찮다면, 이번 주쯤 그를 만나 신제품에 내해 논늬하기늘 원합니나.

S2 : 네, Miss Chang. 제가 영업 관리자에게 확인해야 하는데요, 다시 전화해도 될까요?

S1 : 물론입니다. 저는 아침 내내 여기 있을 것입니다. 제 전화번호는 254-3928 내선 133입니다.」

① Brown 씨가 먼저 전화를 했다.

② 영업 관리자가 부사장에게 전화했다.

③ 부사장은 오늘 오후 영업 관리자를 만나기로 약속했다.

④ 영업 관리자의 비서는 Miss Chang에게 다시 전화할 것이다.

56 What is the BEST sentence for the blank?

Operator : This is the United States operator. Is this 395-4007?

S : Yes, it is.

Operator : We have an overseas collect call for Mr. Kim from Mr. John Smith of Pittsburgh. Will you accept the charges?

S : Yes, thank you.

Operator : _____ Go ahead, please.

① How much do you charge?

② Your party is on the line.

③ Put him through.

④ Who do you want to speak to?

57 Belows are sets of phone conversation. Choose one that does NOT match correctly each other.

① A : I'll be waiting, but be sure to call me, will you?

　B : Sure thing. But it may take a while.

② A : We've been out of touch lately, so I thought I'd give you a call.

　B : Thanks. Let's have a drink one of these days.

③ A : Can you tell me how to get there from the hotel?

　B : If you have any question, feel free to call.

④ A : Can I pick you up in front of your house at 9 o'clock?

　B : Thank you. Please do.

57 ① A : 기다리고 있을 테니 전화해주세요.

　R : 물론입니다. 그러나 시간이 걸릴 수 있습니다.

② A : 최근 연락이 닿지 않아서 전화를 드렸습니다.

　B : 감사합니다. 만나서 음료 한 잔 합시다.

③ A : 호텔에서 가는 방법을 알려주시겠습니까?

　B : 궁금한 점이 있으면 언제든지 전화하십시오.

④ A : 9시에 당신의 집 앞으로 데리러 가도 되겠습니까?

　B : 정말 감사합니다.

58 Which is LEAST correctly inferred about the schedule?

> Boss : What is today's afternoon schedule?
>
> S : At 3, Mr. Robert White of AIO Insurance Co. will be here to introduce the new chairman. At 4 o'clock, Mrs. Brown wants to see you about purchasing our new products. At 5 o'clock, Mr. Thomas Lee of China Trading Co. would like to see you about your business trip to Taiwan next month. At 6 o'clock, there is a formal sitdown dinner party at the Imperial Hotel to commemorate our 25th anniversary in our business.
>
> Boss : Please call my wife and remind her about the party tonight.
>
> S : Yes, Mr. Kim.

① The schedule of Mr. Kim is occupied this afternoon.

② Mr. Kim is supposed to be introduced a new chairman at 3 p.m.

③ Mr. Kim's wife is supposed to attend the dinner party.

④ Casual clothes are appropriate for dinner party.

---

58 ① 오늘 오후에는 김 씨의 일정이 바쁘다.

② Mr. Kim은 오후 3시에 새 회장을 소개받을 것이다.

③ Mr. Kim의 아내는 디너파티에 참석해야 한다.

④ 캐주얼 의류는 디너파티에 적합하다.

「Boss : 오늘 오후 일정은 무엇입니까?

S : 3시에 AIO Insurance Co.의 Robert White 씨가 새 회장님을 소개하기 위해 이곳에 올 것입니다. 4시에 Brown 부인은 우리의 신제품 구입 때문에 당신을 만나기를 원합니다. 5시에, China Trading사의 Thomas Lee 씨는 다음 달 대만 출장 때문에 당신을 만나고자 합니다. 6시에 임페리얼 호텔에서 비즈니스 창립 25주년을 기념하는 공식 디너파티가 있습니다.

Boss : 아내에게 전화해서 오늘 밤 파티에 대해 상기시켜주세요.

S : 네, 알겠습니다.」

59 Which is LEAST correct about Mr. Kim's itinerary?

Itinerary for Mr. Kim April 3(Monday) Note : All times are local times.	
16 : 00	Check in at Incheon Airport, Korea Airlines counter.
18 : 00	KAL724 to San Francisco
10 : 45 a.m.	Arrive at San Francisco International Airport
12 : 00	Check in at St. Francisco Hotel 100 Post Street San Francisco, CA94110
13 : 00	Lunch with Mr. Jones at Grotto #9 Restaurant at Fishermen's Wharf
15 : 00 ~ 17 : 00	Staff Meeting at San Francisco Downtown Branch office

① Mr. Kim will have lunch with Mr. Jones in USA.

② The destination of Mr. Kim's flight is San Francisco.

③ Mr. Kim will attend staff meeting in the afternoon at San Francisco.

④ At 14:00 of local time in San Francisco, he is in flight.

ANSWER 59.④

59 오전 10시 45분에 샌프란시스코에 도착하므로 ④는 옳지 않다.
　① Mr. Kim은 미국에서 Mr. Jones와 함께 점심을 먹을 것이다.
　② Mr. Kim의 비행 목적지는 샌프란시스코이다.
　③ Mr. Kim은 샌프란시스코에서 오후에 직원회의에 참석할 것이다.
　④ 샌프란시스코에서 현지 시간으로 14:00에 비행 중이다.

Mr. Kim의 여정 4월 3일(월요일) 노트: 모든 시간은 현지 시간입니다.	
16:00	인천 공항, 대한 항공 카운터에서 체크인
18:00	San Francisco − KAL724
오전 10.45	샌프란시스코 국제공항 도착
12:00	St. Francisco Hotel 체크인 100 Post Street San Francisco, CA94110
13:00	Fishermen's Wharf의 #9 레스토랑에서 Mr. Jones at Grotto와 점심 식사
15:00 ~ 17:00	샌프란시스코 시내 지점 직원회의

60 Which of the following is CORRECT?

Boss : Miss Lee, please come in.

Secretary : Yes, Mr. Kim.

Boss : I want you to deliver this copy to Mr. Park, Mr. Kang, and Mr. Cho.

Secretary : Yes, I will, right away.

(After 20 minutes)

Secretary : Mr. Kim, Mr. Park said to please go ahead with it. Mr. Kang said he has some questions, so he would like to have 15 minutes of your time after lunch. Mr. Cho was out, so I gave it to his secretary, Miss Han and asked her to have him contact you upon his return.

Boss : Thank you.

---

① Mr. Park rejected the suggestions of Mr. Kim.

② Mr. Kang wants to meet Mr. Kim in the morning.

③ Miss Han is going to contact Mr. Kim.

④ Mr. Cho will get in touch with Mr. Kim when he gets in.

61 다음은 공문서의 두문과 결문이다. 이 문서에 관한 설명으로 올바른 것은?

대 한 사 회 과 학 회

수신자 상공대학교 총장(인문사회연구소장)
(경유) 사회과학데이터센터장
제 목 사회과학연구지 논문모집 안내

– 내용 생략 –

대 한 사 회 과 학 회 장   직인생략

★연구원 홍미순   편집국장 김주현   학회장 양지석
협조자 사무국장 윤정혜
시행 편집 2019-093(2019. 8. 2)   접수

---

① 대한사회과학회에서 상공대학교 사회과학데이터센터로 발송되는 문서이다.
② 홍미순 연구원이 기안해서 김주현 국장의 검토를 거쳐서 양지석 학회장이 결재한 후 윤정혜 사무국장에게 협조 받은 문서이다.
③ 이 문서는 사회과학데이터센터의 사무국에서 발송되었다.
④ 이 문서를 최종적으로 받는 사람은 상공대학교 인문사회 연구소장이다.

ANSWER 61.④

61 ① 대한사회과학회에서 상공대학교 총장에게 발송되는 문서이다.
③ 이 문서는 대한사회과학회에서 발송되었다.

62 다음 중 우편제도를 가장 부적절하게 사용한 경우는?

① 김 비서는 상사의 지시로 결혼식장으로 바로 경조금을 보내기 위해 통화등기를 이용하였다.

② 배 비서는 50만원 상당의 백화점 상품권을 전달하기 위해서 유가증권등기를 이용하였다.

③ 안 비서는 미납금 변제 최고장 발송을 위해 내용증명을 이용하였다.

④ 신 비서는 인터넷으로 작성한 내용을 우편으로 발송하기위해 e-그린우편을 이용하였다.

63 상공건설에 근무하는 김 비서가 아래와 같이 문서 수발신 업무를 처리하고 있다. 다음 중 바람직하지 않은 것끼리 묶인 것은?

> 가) 내일까지 상대편에서 받아야 하는 문서여서 익일특급으로 발송하고 등기번호를 기록해두었다.
> 나) 다른 부서에 전달할 기밀문서는 봉투에 넣어서 봉한 후 직접 전달하였다.
> 다) 직인을 찍어 시행문 발송 후 보관용으로 최종 수정한 워드 파일을 보관해두었다.
> 라) 기밀문서를 발송할 경우에도 문서 발송 대장에 기입해 두었다.
> 마) 문서접수 부서에서 전달받은 문서 중 상품안내와 광고문은 즉시 폐기 처리하였다.

① 가), 라)   ② 나), 다)

③ 다), 마)   ④ 라), 마)

64 아래 감사장 내용과 작성에 관련한 설명이 가장 적절하지 않은 것은?

감사의 글

신록의 계절을 맞이하여 귀하의 건강과 발전을 기원합니다.

이번 본인의 대표이사 취임을 축하해 주신 문철수 사장님의 많은 관심과 배려에 감사드립니다. 미약한 능력이나마 제게 맡겨진 역할과 임무에 최선을 다해 노력하겠습니다. 아무쪼록 지금과 같이 아낌없는 관심과 지원 부탁드립니다.

시간을 내어 축하해 주신 모든 분을 찾아뵈어야 하는데 서면으로 인사를 드리게 되어 송구스럽습니다.

주식회사 상공상사
대표이사 최진우

---

① 대표이사 취임을 축하해준 문철수 사장에 대한 감사인사를 하기 위해 작성한 것이다.
② 많은 사람에게 동일한 내용을 발송하는 경우 수신자의 이름과 직책은 메일머지를 사용하면 편리하다.
③ 축하해 주신 분을 직접 찾아뵙고 감사인사를 드릴 예정임을 미리 알리는 서신이다.
④ 취임에 대한 축하를 받은 후에 일주일 이내에 작성해서 발송하는 것이 좋다.

65 다음 보기 중에서 문서유형 구분이 동일한 것끼리 묶인 것은?

① 사내문서, 사문서
② 접수문서, 배포문서
③ 대외문서, 폐기문서
④ 공람문서, 의례문서

ANSWER 64.③ 65.②

64 ③ 찾아뵙지 못해 서면으로 감사인사를 드리는 서신이다.

65 ② 기안문서에 해당한다.

66 다음 외국인의 명함을 알파벳 순으로 정렬하려고 한다. 순서가 맞는 것은?

(가) Dr. Anne Arthur

(나) Mr. Andrew Arthur, Jr.

(다) Andrew Kim

(라) Ms. April Clinton

(마) Catherine Clinton, ph.D.

(바) Clinton, Alice, CPA

---

① (나) - (다) - (가) - (라) - (마) - (바)

② (나) - (가) - (바) - (라) - (마) - (다)

③ (다) - (마) - (바) - (가) - (나) - (라)

④ (바) - (나) - (가) - (라) - (마) - (다)

67 다음 중 전자결재 및 전자문서에 관한 설명으로 가장 적절하지 않은 것은?

① 전자결재를 할 때에는 전자문서 서명이나 전자이미지 서명 등을 할 수 있다.

② 전자문서 장기 보관 관리를 위한 국제표준 포맷은 EPUB이다.

③ 전자결재는 미리 설정된 결재라인에 따라 자동으로 결재파일을 다음결재자에 넘겨준다.

④ 전자결재는 기본적으로 EDI 시스템 하에서 이루어지는 것이다.

68 마케팅 이사의 비서로서 상사 및 회사의 소셜미디어 관리를 지원하고 있다. 소셜미디어 관리에 관한 사항으로 가장 적절하지 않은 것은?

① 소셜미디어에 올라온 우리회사 및 상사와 관련한 정보에 대해 항상 유의한다.

② 우리회사 SNS의 주요 게시물 및 고객의 반응에 대해 모니터링 한다.

③ 경쟁사의 소셜미디어 게시물 및 고객 반응에 대해서 모니터링 한다.

④ 사용자 수가 감소세에 있는 매체보다는 최근에 사용자 수가 증가하고 있는 매체 중심으로 내용을 업데이트한다.

69 인터넷을 통해서 정보를 찾고 있다. 다음 중 가장 적절하지 않은 방법은?

① 잘 모르는 시사경제용어가 있어서 네이버 지식백과사전을 활용하여 내용을 확인했다.

② 한국공항공사 홈페이지에서 항공기 이착륙 정보를 확인하였다.

③ 경쟁회사의 소액주주명단 확인을 위해서 전자공시시스템에서 검색하였다.

④ 국가직무능력표준에 입각한 채용을 위하여 NCS홈페이지에서 직무정보를 확인하였다.

ANSWER 68.④ 69.③

68 ④ 사용자 수가 증가하고 있는 매체는 물론이고 사용자 수가 감소세에 있는 매체에도 브랜드 관리를 위해 내용을 업데이트해야 한다.

69 ③ 소액주주명단은 확인이 힘들다. 공식적으로 주주명부를 확인하기 위해서는 증권예탁원에 "주주명부폐쇄" 또는 "주주명의개서정지"를 요청한 후 약 2주에서 1달에 걸친 기간 동안 집계한 다음에나 주주명부가 확정되도록 되어 있다.

70 다음 신문기사를 통해서 알 수 있는 내용으로 가장 적절하지 않은 것은?

> 올해 상반기 자유무역협정(FTA) 발효국과 교역액이 3천605억 달러로 작년 동기 대비 5.3% 감소했다고 관세청이 30일 밝혔다. 수출은 1천981억 달러로 작년보다 7.9% 감소했고 수입은 1천624억 달러로 2.0% 줄었다. 상반기 우리나라의 전체 해외 교역액은 5천235억 달러로 작년 대비 6.9% 감소한 가운데 FTA 비발효국의 교역액은 1천630억 달러로 작년보다 10.3% 감소한 것으로 집계됐다. FTA 비발효국과 무역수지는 166억 달러 적자인데 비해 발효국과 무역수지는 357억 달러 흑자를 달성했다. 그러나 흑자 규모는 작년 상반기 493억 달러에 비해선 27.5% 줄었다. 관세청은 "글로벌 경기침체에도 불구하고 FTA 교역이 무역수지에 긍정적인 영향을 줬다"고 평가했다. 미국과 교역량은 673억 달러로 작년 동기보다 6.1% 늘어났지만 유럽연합(EU)은 545억 달러로 10.5% 줄었고 중국은 1천198억 달러로 8.6% 감소했다.
>
> 상반기 FTA 활용률은 수출 75.0%, 수입 73.5%로 작년 동기대비 각각 0.9% 포인트, 1.1% 포인트 증가했다. 수출 활용률은 특혜대상품목 수출액 대비 수출신고서상 원산지증명서 발급 수출액의 백분율이며, 수입 활용률은 특혜대상품목 수입액 대비 실제 특혜관세가 적용된 수입액의 백분율이다. FTA 협정별로 수출은 캐나다(96.0%), EU(86.7%), 미국(85.3%), EFTA(84.6%) 등의 활용률이 높게 나타났고 수입은 칠레(99.6%), 뉴질랜드(93.8%), 콜롬비아(85.7%), 호주(84.4%) 순으로 높게 나타났다. 산업별로는 자동차 등 기계류(85.5%), 비금속광물·광물성연료 등 광산물(80.4%)은 수출에서 높은 활용률을 보였고 농·축·수산물 및 가공품(91.5%), 섬유류(85.3%) 등은 수입 활용률이 높았다. 지역별로 대기업이 밀집한 서울(85.3%), 울산(79.8%), 인천(78.5%), 전남(77.4%) 순으로 수출 활용률이 높았고 대구(85.9%), 경북(84.4%), 광주(84.3%), 대전(82.0%) 순으로 내륙지역에서 수입 활용률이 높게 나타났다.
>
> (매경 2019. 7. 30)

① 우리나라의 상반기 해외 교역액이 작년 대비 감소했다.
② FTA 비발효국과는 수출액이 수입액보다 많다.
③ FTA 발효국과는 수출액이 수입액보다 많다.
④ 서울의 FTA 수출활용률이 다른 지역보다 높다.

71 컴퓨터를 이용하여 정보관리를 하고 있다. 다음 중 가장 적절하지 않은 사항은?

① 김 비서는 사용이 익숙한 윈도우즈 XP가 설치된 컴퓨터를 사용한다.

② 정 비서는 사용 중인 PC의 IP주소를 확인하기 위해서 IPCONFIG 명령어를 사용하였다.

③ 박 비서는 컴퓨터 보안을 위해서 CMOS에 비밀번호를 지정해 두었다.

④ 한 비서는 백신 프로그램을 주기적으로 업데이트하고 실시간 감시를 켜두었다.

72 다음 중 사무정보기기 사용이 가장 올바르지 않은 것은?

① 자동공급투입구(ADF)를 이용해 스캔하기 위해 스캔할 면을 아래로 향하게 놓았다.

② 라벨프린터를 이용하여 바코드를 출력하였다.

③ NFC기능 프린터를 이용하여 스마트폰의 문서를 출력하였다.

④ USB를 인식하는 복합기를 사용해서 USB저장매체에 저장된 문서를 바로 출력했다.

73 상공홀딩스 대표이사 비서로 일하고 있는 지우정 비서는 상사의 명함 및 내방객 관리 데이터베이스를 MS-Access 프로그램을 이용하여 업무에 활용하고 있다. 다음 중 관리 및 활용이 잘못된 것은?

① 명함스캐너를 이용하여 수집된 데이터를 테이블로 내보내기하여 저장하였다.

② 연하장 봉투에 붙일 주소를 출력하기 위해서 페이지 기능을 활용하였다.

③ 명함 내용과 방문현황을 화면상에서 한눈에 보기 위해서 하위 폼 기능을 이용하였다.

④ 월별 내방객 수를 계산하여 데이터시트 형태로 보기 위해서 쿼리를 이용하였다.

ANSWER 71.① 72.① 73.②

71 ① 현재 윈도우즈 XP의 보안업데이트가 종료되어 보안 위협에 취약하다.

72 ① 자동공급투입구(ADF)를 이용해 스캔하려면 스캔할 면을 위로 향하게 놓아야 한다.

73 ② Access에서 우편물 레이블 마법사를 사용하여 레이블 만들기를 활용한다.

74 최근 정보검색과 관련된 추세로서 가장 적절하지 않은 것은?

① 검색 플랫폼의 축소로 동영상 검색의 신뢰도 저하

② 모바일 중심 이용자 맥락을 반영한 검색 방식 및 편의성 개선

③ 인공지능 및 딥러닝 등 다양한 기술과의 접목

④ 검색 디바이스의 확장으로 인공지능 스피커를 활용한 검색

75 다음 중 전자결재 시스템의 특징에 관한 설명으로 옳지 않은 것을 모두 고르시오.

가. 문서 작성 양식이 적용되어 작성이 용이하다.

나. 문서 사무처리 절차가 복잡하다.

다. 문서 작성자의 익명성이 보장된다.

라. 문서 유통 과정이 투명해진다.

마. 문서 보관시 공간확보가 용이하다.

---

① 가, 나

② 나, 다

③ 나, 다, 라

④ 나, 다, 라, 마

Aɴꜱᴡᴇʀ 74.① 75.②
....

74 ① 검색 플랫폼의 확대로 동영상 검색의 신뢰도가 향상되었다. 국내 인터넷 이용자 10명 중 6명이 유튜브를 정보검색 채널로 활용한다.

75 전자결재 시스템의 장점
  ㉠ 언제 어디서든 결재(승인/반려)를 할 수 있다.
  ㉡ 의사결정을 빠르게 할 수 있다.
  ㉢ 문서관리가 편리하다.
  ㉣ 의사결정에 대한 근거와 기록을 남길 수 있다.

76 상사의 업무를 효율적으로 지원하기 위해 문서작성 업무를 아래와 같이 수행하고 있다. 이 중 가장 적절하지 않은 경우는?

① 정 비서는 상사를 대신하여 인사장을 작성하면서 상사가 평소 자주 사용하는 표현을 활용하여 작성하였다.

② 황 비서는 상사에게 제출할 업무보고서를 작성하면서 한 페이지에 내용이 모두 들어가도록 글자크기를 작게 줄였다.

③ 최 비서는 문서를 전달해야 할 시기가 촉박하므로, 가장 적당한 전달방법을 고려하면서 작성하였다.

④ 윤 비서는 결론적인 메시지가 눈에 잘 띄도록 하였고, 전달할 메시지는 분명하고 간결하게 표현하였다.

77 상사를 위해 프레젠테이션 자료를 준비 중에 있다. 일련의 단계를 통해 여러 개의 혼란스러운 내용이 통합된 목표 또는 내용으로 이어질 수 있는지를 보여 주기에 가장 적절한 스마트 아트는?

①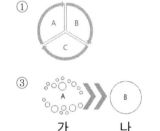

②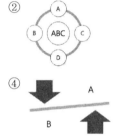

③

④

76 ② 비서가 상사에게 제출할 보고서인 경우에는 상사가 의사 결정을 하기 쉽고, 보기 편하도록 가독성 높게 작성해야 한다.

77 스마트아트의 종류
ㄱ 목록형 : 순서와 상관없이 그룹화 된 정보를 표시하고 보여줄 때 사용함
ㄴ 프로세스형 : 작업공정의 신행방향이나 단계를 나타낼 때 사용함
ㄷ 주기형 : 서로 관계들이 유기적으로 밀접한 관련성이 있거나 연속된 영향이 있을 때 사용함
ㄹ 계층구조형 : 회사, 학교 등 조직도에 주로 사용되며, 한 조직에서 직위관계 등을 나타낼 때 사용함
ㅁ 행렬형 : 핵심부분에 대한 주변관련성을 보여줄 때 사용함
ㅂ 피라미드형 : 특정한 구조 및 체제의 정보의 각 단계별 비율을 나타낼 때 사용함
ㅅ 관계형 : 두 가지 이상의 개념이 서로 관련성이 있음을 나타낼 때 사용함

78 대한기업 대표이사 비서는 회의자료 작성을 위해서 다음의 자료를 챠트화 하려고 한다. 각 자료에 가장 적합한 그래프의 유형으로 순서대로 표시된 것은?

> ㈎ 대한기업의 지역별 1월~10월 영업실적 비교
> ㈏ 대한기업의 주요 주주 구성 현황

① ㈎ 분산형 그래프 - ㈏ 선그래프

② ㈎ 가로막대 그래프 - ㈏ 100% 누적 막대그래프

③ ㈎ 다중 선그래프 - ㈏ 도넛형 그래프

④ ㈎ 누적 막대그래프 - ㈏ 원그래프

79 다음 중 문장부호 사용법이 잘못된 것은?

① "어디 나하고 한번…."하고 민수가 나섰다.

② 광역시: 광주, 대구, 대전, …

③ 날짜: 2019. 10. 9.

④ 상사는 "지금 바로 출발하자."라고 말하며 서둘러 나갔다.

---

78 ③ ㈎ 둘 이상 세트의 선으로 이루어진 그래프로 시간별 추세를 표시하는 데 적합하다.
　㈏ 도넛형 챠트는 원그래프처럼 하나의 데이터 집합에 상응하는 링으로 전체에 대한 각 항목의 비율을 보여주며, 독자와 관객이 쉽게 이해할 수 있도록 데이터를 시각화해준다.

79 ② 광역시: 광주, 대구, 대전, …… / 광역시 : 광주, 대구, 대전, ….
　※ 줄임표
　줄임표는 가운데에 여섯 점(……)을 찍는 것이 원칙이나, 아래에 여섯 점(……)을 찍거나 세 점(…, …)만 찍는 것도 가능하다. 종전의 「한글 맞춤법」(1988)에서는 가운데에 여섯 점을 찍도록 규정되어 있었으나, 그동안 컴퓨터 등에서 입력할 때 불편함이 많았던 것을 반영하여 「한글 맞춤법 일부 개정안」(2015)에서 개선된 것이다. 다만 여기서 주의할 것은 점을 아래에 찍더라도 마침표는 생략하지 않는다는 것이다. 즉, 점을 아래에 찍더라도 마침표가 필요한 경우에는 마침표를 찍어야 한다. 따라서 마침표를 포함해서 아래에 일곱 점(…….)을 찍거나 네 점(….)을 찍어야 한다.

80 다음 중 결재 받은 공문서의 내용을 일부 삭제 또는 수정할 때의 처리 중 가장 부적절한 내용은?

① 문서의 일부분을 삭제 또는 수정하는 경우, 수정하는 글자의 중앙에 가로로 두 선을 그어 삭제 또는 수정한 후 삭제 또는 수정한 자가 그 곳에 서명 또는 날인한다.

② 원칙은 결재 받은 문서의 일부분을 삭제하거나 수정할 때에는 수정한 내용대로 재작성하여 결재를 받아 시행하여야 한다.

③ 시행문 내용을 삭제하는 경우, 삭제하는 글자의 중앙에 가로로 두 선을 그어 삭제한 후 그 줄의 오른쪽 여백에 삭제한 글자 수를 표시하고 관인으로 날인한다.

④ 문서의 중요한 내용을 삭제 또는 수정한 때에는 문서의 왼쪽 여백에 수정한 글자 수를 표시하고 서명 또는 날인한다.

80 ④ 문서의 중요한 내용을 삭제 또는 수정한 때에는 문서의 여백에 수정한 글자 수를 표시하고 서명 또는 날인 한다.

1과목 **비서실무**

1 김 비서는 태평양지역 본부장의 비서로 근무하고 있다. 매월 말에 각 지역 본부장의 월별 일정을 본사에 보고해야 하므로 일정관리 소프트웨어인 아웃룩(Outlook)을 이용하려고 한다. 다음 중 비서의 행동으로 가장 부적절한 것은?

① 상사가 아웃룩에 익숙하지 않다면 비서가 작성한 아웃룩 상의 일정을 상사가 원하는 때에 살펴볼 수 있도록 '캘린더 공유하기(Share Calendar)' 기능부터 설명해 드린다.

② '캘린더 공유하기' 기능에서 비서가 상사의 일정을 볼 수 있도록 설정하면 편리하다.

③ 상사가 '캘린더 공유하기'를 승낙하면 관련된 사람들과도 공유하여 상사의 일정을 열람, 수정 가능하도록 설정한다.

④ 아웃룩으로 일정을 작성해서 비서의 업무용 핸드폰과도 연결하여 수시 확인이 되도록 한다.

2 인공지능 관련 기술이 급속히 발달하고 있는 시대의 흐름에 발맞추어 "미래 비서 직무를 위한 포럼"이 개최되었다. A 회사의 비서들도 포럼에 참가하였고 참가 후 사내 세미나를 열었다. 아래는 포럼에 참가한 비서들의 대화인데 이 중 가장 부적절한 것은?

① "비서의 직무 수행 시 기밀보장, 책임감, 정직, 자기계발, 충성심 등 직업윤리는 앞으로도 중요한 비서의 자질이다."

② "인공지능 기술의 발달로 인해 비서의 직무 중 상사의 경영활동 보좌는 줄어들고 상사의 행정 업무 보좌에 집중하게 될 것이다."

③ "비서의 직무는 다른 사무직과 비교하여 상대적으로 정형적이지 않고 동시 다발적으로 다양한 업무를 수행하므로, 자동화로 대체할 수 없는 부분에서 역량을 향상시키려는 노력이 요구될 것이다."

④ "4차 산업혁명 시대에는 인공지능 기술의 도움을 받을 것이므로 단순 사무 지원 업무보다는 산업에 대한 이해와 업무관련 IT 기술을 갖춘 실무역량이 요구될 것이다."

ANSWER 1.③ 2.②

1 ③ '캘린더 공유하기' 기능을 사용하면 상사와 비서가 일정을 공유할 수 있어 편리하다. 하지만 상사가 '캘린더 공유하기'를 승낙하였다고 해서 관련된 사람들에게도 일정을 공유하여 상사의 일정을 열람·수정이 가능하도록 설정하는 것은 비밀유지 및 일정 관리 등에 있어 부적절한 행동이다.

2 ② 반대로 설명되었다. 인공지능 기술이 발달하면 비서의 직무 중 상사의 행정 업무 보좌가 줄어들어, 좀 더 고차원적인 업무인 상사의 경영 활동 보좌에 집중할 수 있게 된다.

3 다음 중 경조사 종류에 해당하는 한자어가 잘못 연결된 것은?

① 결혼 : 祝結婚, 祝華婚, 祝聖婚
② 문병 : 賻儀, 謹弔, 弔意
③ 축하 : 祝就任, 祝昇進, 祝榮轉
④ 개업, 창업 : 祝開業, 祝開館, 祝創立

4 다음은 정도물산 김정훈 사장의 비서인 이 비서의 내방객 응대태도이다. 가장 적절하지 않은 것은?

① 김정훈 사장이 선호하는 내방객 응대 방식을 파악해 두었다.
② 약속이 되어 있는 손님에게는 성함과 직책을 불러드리면서 예약 사항을 비서가 알고 있음을 알려드렸다.
③ 비서가 관리하는 내방객 카드에 회사 방문객의 인상이나 특징을 적어두었다.
④ 내방객 중 상사와 각별하게 친분이 있는 경우, 선착순 응대에 예외를 둔다.

5 비서가 상사의 대외활동을 위해 지원하는 업무로 가장 적절한 것은?

① A 비서는 상사의 소셜미디어를 관리하는 차원에서, 올라오는 질문이나 댓글에 답변을 달고 주제별로 답변을 분류하여 매주 보고 드리고 있다.
② SNS를 통하여 기업 내·외와 소통을 하는 상사를 위해, B비서는 자신의 개인 소셜미디어를 활용해 회사와 상사에 관한 글들을 자주 올리고 있다.
③ C 비서는 자신의 개인 소셜미디어에 본인의 소속과 이름, 직책을 명확하게 밝힌 상태에서 회사 제품을 홍보하고 있다.
④ D 비서는 상사의 SNS에 팔로워로 동참하면서 불만사항으로 올라온 글들을 이슈별로 정리하여 상사에게 보고하고 소통할 수 있는 방안을 제시해 드리고 있다.

ANSWER 3.② 4.④ 5.④

3 ① 賻儀(부의) : 상가(喪家)에 부조로 보내는 돈이나 물품, 또는 그런 일
　　謹弔(근조) : 사람의 죽음에 대하여 삼가 슬픈 마음을 나타냄
　　弔意(조의) : 남의 죽음을 슬퍼하는 뜻

4 ④ 상사와 각별하게 친분이 있는 내방객이라고 하여 선착순 응대에서 예외를 두는 것은 적절하지 않다.

5 ① 상사의 소셜미디어에 올라오는 질문이나 댓글에 직접 답변을 다는 것은 적절하지 않다.
　　②③ 상사의 대외활동을 위해 지원하는 업무는 비서 개인의 소셜미디어를 활용하는 방식보다 상사의 SNS에 팔로워로 동참하면서 불만사항 등을 확인·정리하여 보고하는 방식이 더욱 적절하다.

6 사장은 김 비서에게 다음과 같이 지시를 내렸다. 이때 비서의 지시받는 모습 중 가장 올바른 대처는?

> "김 비서! 요즘 '직장 내 괴롭힘 금지법'이 큰 이슈라 우리 회사도 이에 대한 매뉴얼을 얼른 만들어야 할 것 같아요. 인사팀장에게 지금 연락해서 위원구성이랑 앞으로 어떻게 대책을 마련할 것인지에 대해 구상해서 내게 보고 좀 하라고 해주세요."

① "네 알겠습니다."라고 대답을 한 뒤 바로 인사팀장에게 전화를 걸어 "팀장님, 사장님께서 '직장 내 괴롭힘 금지법'에 관한 매뉴얼을 만들어서 보고하라고 하십니다. 언제까지라는 말씀은 없으셨습니다."라고 말씀드린다.

② 지시를 받은 후 "사장님, 그럼 팀장님께는 '직장 내 괴롭힘 금지법' 매뉴얼을 언제까지 만들어서 보고하라고 전달할까요?"라고 질문을 하였다.

③ "네. 알겠습니다."라고 대답을 한 뒤 바로 인사팀장에게 전화를 걸어 "팀장님, 사장님께서 '직장 내 괴롭힘 금지법' 관련 위원회를 구성해 매뉴얼 구상을 보고하라고 하십니다. 언제까지라는 말씀은 안 하셨습니다."라고 말씀드린다.

④ 지시를 받은 후 "사장님! '직장 내 괴롭힘 금지법'과 관련해서 우리 회사의 대책 방안에 관한 보고는 언제까지 올리라고 전달할까요?"라고 질문을 하였다.

ANSWER 6.④
....

6 지시를 받을 때에는 상사가 요청한 것을 정확하게 인지하여야 하며, 확실하지 않은 부분이 있을 경우 반드시 질문하여 확인하도록 한다.

　④ 사장은 인사팀장에게 '직장 내 괴롭힘 금지법'과 관련한 위원구성과 앞으로의 대책을 구상해서 보고하라는 지시를 내렸다. 이때, 보고기한에 대한 언급이 따로 없었으므로, 이 부분을 질문하여 확인하고 인사팀장에게 전달하는 것이 바람직하다.

7 다음은 상사의 미국 출장 일정이다. 비서의 업무 수행 내용으로 가장 적절한 것은?

No	편명	출발	도착	기종
1	KE085	Seoul (ICN) 4 Apr 11:00	New York (JFK) 4 Apr 10:25	Boeing747
2	KE086	New York (JFK) 9 Apr 21:50	Seoul (ICN) 06:45 (+1)	Boeing747

① 비서는 상사의 출장기간을 고려하여 출장 후 국내 협약식 참가 일정을 4월 10일 오전 11시로 계획하였다.

② 출장 전에 참가하여야 할 전략기획회의 일정이 조정되지 않아 4월 4일 오전 7시 조찬으로 전략기획회의 일정을 변경하였다.

③ 비서는 예약된 호텔의 check-in과 check-out 시간을 확인하여 상사에게 보고하였다.

④ 상사는 4월 9일 새벽에 인천공항에 도착하므로 시간 맞춰 수행기사가 공항에 나가도록 조치하였다.

8 박 비서는 상사가 개최하는 행사를 보좌하는 업무를 수행하게 되었다. 다음 중 박 비서의 업무태도로 가장 옳지 않은 것은?

> 동아은행 김영수 행장 비서로 근무하는 박 비서는 서울에 있는 25개 외국계 금융 기관의 지점장과 본행 임원 및 영업 담당실무자 15명이 참여하는 회의 개최 준비를 지시받았다. 회의의 명칭은 '사업 추진 전략 회의'이며, 의제는 '현장 지원 중심의 마케팅 활동 강화', 회의 일정은 2020년 6월 26일 오전9시~오후 6시이다. 오전에는 마케팅 현장 전문가 강연, 오후에는 우수 은행 A와 B의 마케팅 사례발표가 있다. 회의장소는 웨스틴호텔 2층 다이너스티 룸이며, 회의 이후 black-tie dinner가 예정되어 있다.

① 박 비서는 회의 이후 예정된 만찬의 좌석 배치에 관해 상사에게 보고하였다.

② 박 비서는 6하 원칙에 따라 who(김영수 행장), when(2020년 6월 26일), where(웨스틴호텔 2층 다이너스티 룸), why(현장지원 중심의 마케팅 활동 강화), What(사업 추진 전략 수립), how(전문가 강연, 사례발표)로 회의 내용을 정리하였다.

③ 참석자들에게는 행사 후 일주일 이내에 감사장을 보내되, 내용은 우선 감사의 말을 쓰고, 당일 행사 중에 혹 실례를 범했다거나 불편을 준 것은 없었는지 염려하는 마음을 담아보냈다.

④ 저녁 만찬은 참석자의 서열에 따라 원형 테이블로 배치하고 드레스코드는 격식을 갖춘 연미복 차림이므로 사전에 참석자와 행장님께 안려 드렸다.

9 다음 중 상사와 원만한 인간관계를 위하여 비서가 취할 가장 적절한 행동은?

① 비서 A는 상사의 급한 성격 때문에 스트레스를 받아 사내스트레스관리 프로그램에 참여하여 매주 자신의 사례를 공유하며 조언을 받았다.

② 비서 B는 상사의 업무지시가 과다하다고 판단되어 상사에게 이메일로 자신의 상황을 전달하였다.

③ 비서 C는 본인 역량을 넘어선 높은 수준의 업무가 주어지자 상사에게 본인의 업무영역이 아니므로 적절한 사람을 추천하겠다는 의견을 제시하였다.

④ 비서 D는 상사의 지시를 받고 나와 보니 이전의 지시와 상반된 내용이 있어 업무를 시작하기 전에 상사에게 확인하였다.

10 전화응대 업무에 대한 설명으로 가장 적절한 것은?

① 상사가 해외에 상품 주문을 요청하여 상품 재고 여부를 직접 전화로 알아보기 위해 국제클로버 서비스가 가능한지 확인해 보았다.

② 업무상 자리를 두 시간 정도 비울 예정이라 발신 전화번호서비스를 이용하였다.

③ 상사가 회의 중일 때 당사 대표이사로부터 직접 전화가 와서 비서는 상사가 지금 회의 중임을 말씀드리고 회의가 끝나는 대로 바로 전화 연결하겠다고 응대하였다.

④ 상사가 연결해달라고 요청한 상대방이 지금 통화가 힘들다고 하여 비서는 다시 전화하겠다고 한 후 이를 상사에게 보고하였다.

9 ④ 상사의 지시가 이전의 지시와 상반될 경우 업무 시작 전에 반드시 확인하는 것이 바람직하다.
　① 상사로 인한 스트레스 상황을 사내 프로그램에서 공유하는 것은 상사와의 원만한 인간관계를 위해 적절하지 않다.
　② 상사의 업무지시가 과다하다고 판단될 때는 이메일로 상황을 전달하기보다는 면대면으로 자신의 상황을 정확하게 설명하고 조언을 구하거나 합의점을 찾아가는 것이 적절하다.
　③ 비서는 자신의 역량을 높이기 위해 끊임없이 배우고 노력함으로써 자신과 조직뿐 아니라 자신이 속한 분야의 전문성을 높이는 데 기여해야 한다. 주어진 업무가 본인의 역량을 넘어서는 것이라고 해서 바로 다른 사람을 추천하는 것은 적절한 행동이라고 할 수 없다.

10 ① 국제클로버 서비스(國際clover service)는 해외에서 걸려 오는 전화에 대하여 전화를 받는 쪽에서 요금을 부담하는 전화 서비스이다. 과도한 국제전화요금을 부담하지 않기 위해서는 국제전화를 걸기 전 국제클로버 서비스가 가능한지 확인해 보는 것이 필요하다.
　② 업무상 자리를 비울 때 이용할 수 있는 서비스는 착신전환 서비스이다. 착신전환 서비스는 걸려오는 전화를 지정해둔 조건별(무조건 착신전환, 조건 착신전환)로 등록된 다른 착신번호로 전환해 주는 서비스이다. 발신 전화번호 서비스는 전화를 걸어온 상대방의 번호를 표시해 주는 서비스이다.
　③ 상사보다 직급이 더 높은 대표이사로부터 직접 온 전화이므로, 해당 내용을 메모지에 적어 회의 중인 상사에게 전달하고 상사의 지시에 따르도록 한다.
　④ 상사가 통화하기를 원하는 상대방이 자리를 비우거나 바쁜 업무로 인하여 전화 연결이 안 되는 경우, 전화해 줄 것을 메모로 남기고 후에 다시 걸 것에 대비해 상대방의 통화 가능 시간을 확인한 후 상사에게 보고하는 것이 적절하다.

11 비서의 방문객 응대 태도로 가장 적절한 것은?

① 비서 홍여진씨는 사장님을 만나고 싶다는 손님이 안내데스크에서 기다린다는 연락을 받았다. 현재 사장님은 부재중이고 선약이 된 손님은 없는 시간이었으므로 사장님이 안 계신다고 손님에게 전해달라고 안내데스크에 이야기하였다.

② 비서 박희진씨는 약속한 손님이 정시에 도착하였으나 상사가 면담 중이라 양해를 구하고 접견실로 안내하였다. 그리고 면담 중인 상사에게 손님이 기다린다는 메모를 전달하였다.

③ 비서 김영희씨는 평소처럼 손님에게 차 종류를 여쭈어보았더니 시원한 물로 달라고 했으나 손님에게 물 대접하는 것은 예의가 아닌 듯하여 시원한 주스를 드렸다.

④ 비서 채미영씨는 2시에 예약된 A 손님이 기다리고 있는 시간에 상사와 개인적으로 약속을 한 B 손님과 겹치게 되어 당황했으나 A 손님에게 양해를 구하고 B 손님을 먼저 안내하였다.

12 비서의 자기개발 방법으로 가장 적절한 것은?

① 결재 올라온 문서들을 읽으면서 회사의 경영환경 동향을 파악하기 위해 노력한다.

② 상사의 업무처리 방법과 아랫사람을 대하는 태도를 닮도록 노력한다.

③ 회사 거래처 자료를 보관해 두었다가 퇴사 후에도 지속적으로 거래처와 연락을 취하여 그들과의 인간관계가 잘 유지되도록 노력한다.

④ 좀 더 많은 사람들과 좋은 인간관계를 맺기 위해서는 항상 상대방에게 맞추는 연습을 한다.

Ａnswer 11.② 12.①

11 ① 선약이 안 된 내방객도 정중하고 반갑게 맞이하는 것이 기본적인 태도이다. 내방객이 방문했다는 연락을 받으면 안내데스크 쪽으로 나가서 내방객을 맞도록 한다. 내방객에게 사장님이 부재중임을 알리고 이름과 연락처를 받아 두었다가 후에 보고하고 지시에 따른다.
③ 손님이 요청한 것에 대하여 임의로 판단하지 말고, 시원한 물을 가져다드리는 것이 적절하다.
④ 상사가 개인적으로 약속하였다는 것을 알게 되었으므로 상사에게 보고 후 지시에 따른다.

12 ① 회사의 경영환경 동향을 파악하기 위해 노력하는 것은 비서의 적절한 자기개발 방법에 해당한다.
② 상사와 비서의 위치는 서로 다르므로, 업무처리 방법과 아랫사람을 대하는 태도 등을 그대로 닮도록 노력하는 것은 적절하지 않다.
③ 퇴사 후에 다니던 회사의 거래처 자료 등을 유용하는 것은 바람직하지 않다.
④ 좋은 인간관계를 위해서라도 항상 상대방에게 맞추는 것은 적절하지 않다.

13 상사의 인간관계 관리자로서 비서의 역할에 대한 설명으로 가장 적절하지 않은 것은?

① 상사가 조직 내외의 사람들과 유기적인 관계가 잘 유지될 수 있도록 상사의 인간관계에 항상 관심을 기울인다.

② 조직 내에 소외되는 사람들이 있을 경우 상사에게 보고하여 상사가 적절한 조치를 취할 수 있도록 한다.

③ 상사의 대내외 인사들과의 만남이 균형 있게 이루어지도록 관련 내용을 데이터베이스화 해 둔다.

④ 상사가 지역 유관기관들과 지속적인 관계를 유지하도록 비서는 스스로 판단하여 필요한 정보를 유관기관들과 공유하도록 한다.

14 예약 매체에 따른 예약방법에 대한 설명으로 가장 적절하지 않은 것은?

① 전화 예약은 담당자와 직접 통화하여 실시간으로 정보 확인을 하여 구두로 예약이 가능하므로 추후 다시 확인을 하지 않아도 되는 방법이다.

② 전화 예약 시에는 예약 담당자와 예약 정보를 기록해 두고 가능하면 확인서를 받아 두는 것이 좋다.

③ 인터넷 사이트를 통한 예약은 시간 제약 없이 실시간 정보를 확인하여 직접 예약을 할 수 있으나 인터넷 오류로 인해 문제가 발생되는 경우가 있으므로 반드시 예약 확인이 필요하다.

④ 팩스나 이메일을 통한 예약은 정보가 많거나 복잡하고 문서화가 필요한 경우 주로 사용하는 예약 방법이며, 발신 후 반드시 수신 여부를 확인할 필요가 있다.

15 상사와 개인적으로 약속을 한 내방객이 방문을 하였다. 같은 시간 선약이 되어 있는 내방객이 있는 경우 비서의 응대 자세로 가장 적절하지 않은 것은?

① 일정표에 기록되어 있지 않아 예상하지 못한 내방객이기는 하나 난처한 표정을 짓지 않고, 평소와 다름없이 맞이한다.

② 내방객 응대 원칙에 따라 방문객의 소속, 성명, 방문 목적, 선약 유무 등을 확인한다.

③ 상사가 개인적으로 약속하였다는 것을 알게 되었으므로 상사에게 보고 후 지시에 따른다.

④ 개인적 약속을 한 손님에게 양해를 구한 후 예약 순서 원칙에 따라 선약된 손님부터 응대한다.

13 ④ 유관기관들과 정보를 공유할 때에는 비서가 단독으로 판단하기보다는 상사의 확인하에 이루어지는 것이 적절하다.

14 ① 전화 예약은 담당자와 직접 통화하여 실시간으로 정보를 확인하고 구두로 예약이 가능하지만, 예약이 잘못되었을 경우를 대비하여 추후 다시 확인해야 할 필요가 있다. 따라서 전화 예약 시에는 예약 담당자와 예약 정보를 기록해 두고 가능하면 확인서를 받아 두는 것이 좋다.

15 ④ 상사와 개인적으로 약속을 한 내방객과 선약이 되어 있는 내방객이 같은 시간에 겹칠 경우, 상사에게 보고 후 지시에 따르는 것이 적절하다.

16 다음 중 적절한 화법은?

① "앞으로 나와 주시기를 바라겠습니다."

② "당사는 고객을 위해 고군분투 하겠습니다."

③ "양해 말씀 드립니다."

④ "사장님, 저희 나라는 최근 경기가 좋아지고 있습니다."

17 상사의 해외출장 보좌업무를 수행하는 비서의 업무수행 방법으로 적절하지 않은 것은?

① 해외 출장 중 호텔이나 교통편, 식당 이용 시 현금으로 팁을 제공하는 경우가 많으므로 이를 대비하여 소액권을 준비했다.

② 미국은 전자 여행 허가제(ESTA)를 통해 허가를 받으면 90일 동안 무비자로 체류가 가능하므로, 이를 신청하기 위해전자 여권을 준비했다.

③ 상사가 외국인이기 때문에 여권 관련 업무를 위해 비서가 대신 한국대사관에 방문해서 업무를 처리했다.

④ 상사가 해외 현지 상황을 대비해 출장 준비할 수 있도록 현지 정보를 미리 수집하고 정리하여 상사에게 보고했다.

---

16 ① 바라겠습니다→바랍니다 : '바라다'는 '생각이나 바람대로 어떤 일이나 상태가 이루어지거나 그렇게 되었으면 하고 생각하다'는 의미로, 미래를 포함하고 있다. 따라서 '미래의 일이나 추측을 나타내는 어미'인 '-겠-'과 함께 사용하면 의미의 중복이 발생한다.

③ 양해→사과 : '양해'는 '남의 사정을 잘 헤아려 너그러이 받아들임'의 의미로, '양해를 구하다', '양해를 얻다' 등으로 사용된다. 따라서 남에게 양해를 구하는 말을 해야 할 경우, '사과 말씀드립니다'로 사용하는 것이 적절하다.

④ 저희 나라→우리나라 : 자기의 나라나 민족은 남의 나라, 다른 민족 앞에서 낮춤의 대상이 아니다.

17 ③ 상사가 외국인일 경우 상사의 여권 관련 업무는 상사의 국적국 대사관에서 처리해야 하며, 원칙적으로는 본인이 직접 해야 한다.

18 다음 예약업무 중 가장 올바르게 처리한 것은?

① 출장지 숙박업소에 대한 정보는 출장지 관계자에게 문의하면 그 곳의 사정을 잘 알고 있기 때문에 도움을 받을 수 있다.

② 항공편 예약 시 상사가 선호하는 항공사와 좌석 선호도를 우선으로 예약하되 항공 기종은 신경쓰지 않았다.

③ 도착지에 공항이 여러 개가 있는 경우, 가능하면 시설이 편리한 큰 공항으로 도착하는 비행기 편으로 예약하였다.

④ 해외에서 사용할 렌터카의 예약 시 여권이 운전면허증을 대신하므로 여권 앞장을 복사해서 보내고, 만약에 대비해 여권 앞장을 상사 스마트폰에 저장하였다.

19 국제회의를 준비하며 국기를 게양할 때 가장 적절한 것은?

① 한국, 브라질, 칠레 3개 국가의 국기를 게양 시, 한국 국기를 단상을 바라보았을 때 맨 왼쪽에 게양하고, 브라질과 칠레의 국기는 알파벳순으로 그 오른쪽에 차례대로 게양하였다.

② 한국과 외국 3개 국가의 국기를 게양 시 우리 국기를 단상을 바라보았을 때 오른쪽에 게양하고 외국 국기를 알파벳순으로 그 왼쪽에 게양하였다.

③ 한국과 중국의 국기를 교차 게양하는 경우, 왼쪽에 태극기가 오도록 하고 그 깃대는 중국 국기의 깃대 앞쪽에 위치하게 하였다.

④ 여러 나라 국기를 한꺼번에 게양할 때는 우리나라의 국기의 크기를 가장 크게 게양하였다.

ANSWER 18.① 19.③

18 ② 항공편 예약 시 출발 및 도착 날짜와 시간을 가장 우선 고려하되, 선호하는 항공사와 좌석이 있다면 반영하고 항공 기종 역시 확인해야 한다.
③ 도착지에 공항이 여러 개 있는 경우, 목적지와의 거리 및 이동경로 등을 고려하여 예약하는 것이 적절하다.
④ 해외에서 렌터카를 이용하기 위해서는 국제운전면허증을 발급받아야 한다. 참고로 국제운전면허증의 유효기간은 1년이며, 국제운전면허증과 국내운전면허증, 여권을 지참하지 않을 경우 무면허로 처벌받을 수 있으므로 주의해야 한다.

19 ①② 태극기와 외국기와 함께 게양 시 알파벳 순서로 게양하되, 홀수일 경우 태극기를 중앙에, 짝수일 경우 단상을 바라보았을 때 맨 왼쪽에 게양한다.
④ 여러 나라 국기를 한꺼번에 게양할 때는 모든 나라의 국기의 크기를 동일하게 해야 한다.

20 송파구청장 비서 A양은 서울시 주최, 송파구청 주관으로 한성백제박물관 개관식 행사를 준비하고 있다. 행사개요는 아래와 같다. 주요 인사들이 많이 초청된 행사라, 자리배치 등 의전에 각별히 신경을 써서 준비하라는 구청장의 특별 지시가 있었다. 테이프커팅식 때 일반적으로 주요 인사들의 서 있는 위치가 정면에서 보았을 때 올바르게 배치된 것은?

행사개요
일시 : 20XX. 4. 30(월) 09:00~11:05 장소 : 한성백제박물관(송파구 방이동 올림픽공원) 참석 : 500여명 주요참석인사 : 서울시장, 송파구청장, 국회의원, 시의회의장, 문체부차관

※ ① : 서울시장 ② : 문체부차관 ③ : 시의회의장 ④ : 국회의원 ⑤ : 송파구청장

①   ④ ② ① ③ ⑤

②   ⑤ ③ ① ② ④

③   ① ② ③ ④ ⑤

④   ⑤ ④ ③ ② ①

ANSWER 20.①

20 자리배치는 행사에 참석한 최상위자를 중심으로 하고, 그 다음 인사는 최상위자 자리를 중심으로 정면에서 바라보았을 때 좌측부터 우측의 순으로 교차 배치한다. (최상위자를 기준으로 하였을 때는 우측부터 좌측의 순으로 교차 배치)

21 다음은 기업윤리를 설명한 내용이다. 이 중 가장 적합한 내용은?

① 기업은 소비자와의 관계에서 고객을 통해 얻은 이익을 소비자중심주의를 채택하여 소비자의 만족도를 높여야 한다.

② 기업이 종업원과의 관계에서 종업원의 승진, 이동, 보상, 해고 등에 대한 내용들은 기업윤리와 상관이 없다.

③ 기업은 투자자와의 관계에서 그들의 권리보장은 관계없이 수익을 최우선적으로 증대시키기 위해 노력해야 한다.

④ 기업은 매일 수 없는 윤리논쟁에 직면하고 있는데, 일반적으로 크게 소비자와의 관계, 기업구성원과의 관계, 기업투자자와의 관계, 국제기업과의 관계로 나눌 수 있다.

22 다음의 경영환경요인들이 알맞게 연결된 것은 무엇인가?

> A. 소비자, 경쟁자, 지역사회, 금융기관, 정부
> B. 경제적, 기술적, 정치, 법률적, 사회/문화적 환경

① A : 외부환경, 간접환경
② B : 외부환경, 과업환경
③ A : 외부환경, 직접환경
④ B : 내부환경, 일반환경

ANSWER 21.① 22.③

21 기업윤리란 기업이 사회의 한 조직으로서의 마땅히 지켜야 할 도리로 기업경영에서 구성원들의 의사결정이나 행동 또는 태도에 관한 도의적 가치로서 그들의 의사결정이나 행동 또는 옳고 그름을 판별하는 규범이다. 또한 일반적 윤리규범과 같이 기업경영이라는 특수한 상황에 적용될 수 있는 실용적 특성을 갖춘 것이다.

22 경영환경은 크게 외부 환경요인과 내부 환경요인으로 나누어볼 수 있으며, 기업에 직접적인 영향을 미치느냐의 여부에 따라 직접 환경요인과 간접 환경요인으로 나누어볼 수 있다.
  ㉠ 외부의 직접적 환경요인 : 소비자, 경쟁자, 공급자, 금융기관, 지역사회, 정부
  ㉡ 외부의 간접적 환경요인 : 경제적 환경, 정치-법률적 환경, 사회-문화적 환경, 기술적 환경
  ㉢ 내부의 직접적 환경요인 : 주주, 종업원, 경영자, 조직문화

23 다음은 카르텔에 대한 설명이다. 옳지 않은 것은?

① 카르텔은 동종 내지 유사 산업에 속하는 기업이 연합하는 것이다.

② 독립적인 기업들이 연합하는 것으로 서로 기업활동을 제한하며 법률적, 경제적으로도 상호 의존한다.

③ 카르텔의 종류로 판매 카르텔, 구매 카르텔, 생산 카르텔이있다.

④ 일부 기업들의 가격담합 등의 폐해가 심각하여 국가에 의한 강제 카르텔 외에는 원칙적으로 금지 또는 규제하고 있다.

24 다음 (㉠)은/는 무엇에 대해 기술한 것인지 보기 중 가장 가까운 답을 고르시오.

기업은 하나의 개방시스템으로 자신을 둘러싼 (㉠)과/와 상호작용을 한다. (㉠)은/는 계속해서 변화하는 특징을 가지고 있으며, 경우에 따라서 기업의 활동에 의해 변화하기도 한다. 따라서 경영자는 (㉠)의 중요성을 충분히 인식하고 변화를 사전에 예측하여 이에 적극적으로 대처할 수 있는 통찰력과 판단력을 갖추어야 성공적인 기업경영을 이룰 수 있다.

① 경영통제   ② 경영환경
③ 조직문화   ④ 정부정책

25 다음 중 벤처캐피탈의 특징에 대한 설명으로 가장 적합하지 않은 것은?

① 투자수익의 원천을 주식 매각으로부터 얻는 자본수익보다는 배당금을 목적으로 투자하는 자금이다.

② 벤처캐피탈은 위험이 크지만 고수익을 지향하는 투기성 자금이라고 할 수 있다.

③ 투자심사에 있어서 기업의 경영능력, 기술성, 성장성, 수익성 등을 중시한다.

④ 투자기업의 경영권 획득을 목적으로 하지 않고 사업에 참여방식으로 투자하는 형식을 취한다.

26 다음은 인수합병의 장점과 단점을 요약한 것이다. 이 중 가장 거리가 먼 것은?

① 시장에의 조기 진입 가능   ② 취득자산 가치 저하 우려

③ 투자비용의 절약   ④ 자금유출로 인한 재무 강화

ANSWER 25.① 26.④

25 ① 벤처캐피탈은 비교적 창업 초기의 벤처기업을 대상으로 주로 지분 참여 형식으로 자금지원을 하며, 배당금이나 이자수익보다는 주식매각을 통한 자본이득을 목적으로 한다.

26 인수합병의 장점
   ㉠ 시장진입 시간 단축
   ㉡ 신규시장 진입 시 기존 업계와 마찰 회피
   ㉢ 인력, 기술, 경영 노하우 흡수
   ㉣ 효율적 투자와 투자비용 절감
   ㉤ 브랜드파워, 영업망 확보 등 시너지효과 창출
   ㉥ 무능력한 경영진 퇴출
   ㉦ 기업구조조정 및 경쟁력 확보
   ㉧ 초기 사업에 대한 위험회피
   ㉨ 절세효과, 사업 다각화, 규모의 경제효과
   ㉩ 무역 장벽 회피, 해외 유통망 확대
   ㉪ 해외 기업 인수를 통해 국제화 경영 촉진
   ※ 인수합병의 단점
      ㉠ 정확한 가치산정 어려움
      ㉡ 비우호적 M&A의 경우 인재 유출 우려
      ㉢ 차입급에 인한 M&A의 경우 재무구조 악화 우려
      ㉣ 인수자가 비도덕적일 경우 도덕적해이 문제
      ㉤ 인수자의 경영능력 검증 부족으로 인한 경영상 어려움
      ㉥ 초기 인수자금 과다투자
      ㉦ 이질적 기업문화 극복 어려움
      ㉧ 기업과 기존 경영진에 대한 신뢰성 검토 어려움
      ㉨ 절차의 복잡성
      ㉩ 인수한 자산 또는 주식가치의 절하 가능성
      ㉪ 임직원의 불안심리로 인한 경영활동 위축 가능성

27 다음 중 주식회사의 특징으로 가장 거리가 먼 것은?

① 자본의 증권화, 즉 출자 단위를 균일한 주식으로 세분하여 출자를 용이하게 하고, 이를 증권시장에서 매매가 가능하도록 한다.

② 주식회사가 다액의 자본을 조달하기 쉬운 이유는 출자자의 유한책임제도를 이용하기 때문이다.

③ 주주는 자신의 이익을 위하여 활동하고, 주주들의 부의 극대화가 저해될 때 대리인문제가 발생할 수 있다.

④ 출자와 경영의 분리제도로 주주는 출자를 하여 자본위험을 부담하고, 중역은 경영의 직능을 담당하게 한다.

28 기업조직의 통제기능의 필요성을 설명한 내용으로 가장 거리가 먼 것은?

① 끊임없이 변화하는 경영환경으로 이미 수립된 계획의 타당성확인을 위해

② 조직의 규모와 활동이 복잡하고 다양화됨에 따라 조직 내에서 발생하는 다양한 활동의 조정 및 통합을 위해

③ 경영자의 의사결정의 오판이나 예측오류의 발생을 예방하고 정정하기 위해

④ 경영자가 조직의 중앙집권화를 위해 권한위임을 최소화하고 부하 구성원 활동에 대한 감독을 강화하기 위해

29 다음은 경영자의 의사결정역할에 대한 설명이다. 경영자의 의사결정역할에 대한 설명으로 거리가 먼 것은?

① 경영자는 새로운 아이디어를 내고 자원 활용과 기술 개발에 대한 결정을 한다.

② 경영자는 기업 외부로부터 투자를 유치하고 기업 홍보와 대변인의 역할을 수행한다.

③ 경영자는 주어진 자원의 효율적 활용을 위해 기업 각 기능의 역할 및 자원 배분에 신중을 기한다.

④ 경영자는 협상에서 많은 시간과 노력을 들여 유리한 결과를 이끌어내도록 최선을 다한다.

ANSWER 27 ③ 28 ④ 29 ②

27 ③ 주주는 기업가치가 높아지기를 원하나, 경영자는 개인적 이익을 우선시할 때 대리인 문제가 발생한다.

28 ④ 통제기능은 조직의 목표와 이를 달성하기 위한 계획이 예정대로 성취되는지 확인하기 위하여 조직구성원의 업무수행 과정과 결과를 일정기준에 따라 측정, 평가하여 만약 경영성과가 계획과 다른 결과가 발생하였을 경우 경영활동이 계획대로 수행되도록 적절한 시정조치를 취하도록 한다.

29 ② 대인관계 역할에 해당한다. 의사결정 역할은 경영자가 목표를 달성하기 위하여 전략과 관계된 역할을 수행하기 위해 요구되는 역할이다. 이러한 역할은 혁신자 역할, 문제 해결자 역할, 자원 분배자 역할, 협상자 역할로 나누어 볼 수 있다.

30 다음 중 공식조직을 구조화할 때, 고려해야 할 사항에 대한 설명으로 옳지 않은 것은?

① 그레이프바인 시스템 활성화 　　　② 권한의 위양 정도

③ 조정 절차 매뉴얼 　　　④ 구체적인 정책 수립

31 아래 도표와 같이 부하직원을 내집단과 외집단을 구분하여 설명하고 있는 리더십 이론은 무엇인가?

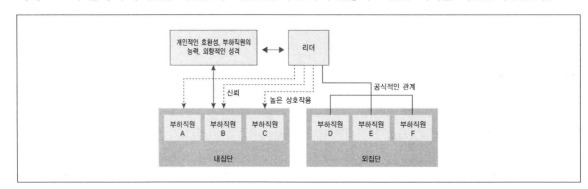

① 리더참여이론 　　　② 상황적합이론

③ 경로-목표이론 　　　④ 리더-부하 교환이론

32 다음은 매슬로우의 욕구이론과 앨더퍼의 ERG이론을 비교 설명한 것이다. 가장 거리가 먼 내용은 무엇인가?

① 매슬로우의 생리적욕구와 앨더퍼의 존재욕구는 기본적으로 의식주에 대한 욕구로 조직에서의 기본임금이나 작업환경이 해당된다.

② 앨더퍼의 관계욕구는 매슬로우의 안전의 욕구 및 사회적 욕구, 존경의 욕구 각각의 일부가 이에 해당된다.

③ 앨더퍼의 성장욕구는 매슬로우의 자아실현욕구에 해당하는 것으로 조직 내에서의 능력개발이라기보다는 개인이 일생을 통한 자기능력 극대화와 새로운 능력개발을 말한다.

④ 매슬로우 이론과는 달리 앨더퍼는 욕구가 좌절되면 다시 퇴행할 수 있고, 동시에 여러 욕구가 존재할 수 있다고 주장한다.

ANSWER 　30.① 　31.④ 　32.③

30 ① 공식조직을 설계할 때 반드시 고려해야 할 점은 정책, 권한, 책임, 의무, 위양, 조정이다.

31 ② 상황 이론의 대표적인 학자인 피들러는 효과적인 리더십은 리더의 스타일과 리더가 직면하는 상황의 호의성 간의 상호작용에 의해 결정된다고 보았다.
　　③ 경로-목표모형은 리더의 행동이 부하의 동기유발, 만족, 성과에 어떻게 영향을 미치는가를 설명하려는 이론이다.

32 ③ 앨더퍼의 성장욕구는 매슬로의 존경 욕구의 일부(자아존중)과 자아실현의 욕구로 각각 대응된다.

33 다음은 4P 마케팅 믹스의 구체적 내용이다. 옳지 않은 것은?

① Place : 재고, 서비스, 품질보증   ② Price : 할인, 보조금, 지불기간

③ Promotion : 광고, 인적판매, 판매촉진   ④ Product : 품질, 디자인, 브랜드명

34 다음 (A)제약의 사례는 보기 중 어느 것에 해당되는 것인가?

> (A)제약은 일반 무좀약 시장으로부터 손발톱 무좀약 시장을 독립시켰다. 손발톱 무좀이라는 피부병이 따로 있다는 사실을 잘 모르고 있던 소비자들에게 이를 알리고 새로운 시장을 개척하였다.

① 제품차별화   ② 시장세분화

③ 표적시장결정   ④ 제품포지셔닝

ANSWER | **33.**① **34.**②

33 마케팅 믹스 4P
- ㉠ 제품 전략(Product strategy) : 목표 시장에서 경쟁사보다 더 나은 제품의 포지셔닝 구축
  - 물리적 차별화 : 제품의 종류, 디자인, 기능, 성능, 품질, 내구성, 포장, 크기나 규격 등에서 차별화된 요소
  - 서비스 차별화 : 품질보증 서비스, 고객 상담, 고객 관리, A/S, 주문의 용이성 등의 측면에서 차별화 시도
- ㉡ 가격전략(Pricing strategy) : 제품의 적정 가격을 설정, 할인 여부와 정도, 할부기간 등에 관한 의사결정
  - 고려요소 : 기업의 재무적 목표, 수익성, 고객의 수용성, 경쟁자 진입, 제품·유통·촉진 전략과 일관성
- ㉢ 유통 전략(Placement strategy) : 제품을 고객이 원하는 시간과 장소에 제공
  - 직접유통방식 : 제품을 온라인 또는 오프라인에서 고객에게 판매하는 방식(ex. 직영점 매장, 온라인)
  - 간접유통방식 : 중간 유통업자가 개입하여 생산한 제품을 원하는 장소와 시간을 원하는 형태로 가공하여 제공
  - 혼합방식 : 기업고객에게는 직접 판매하는 경우가 많고, 기업고객보다 고객 수가 훨씬 더 많고 지리적으로 분산되어 있는 소비자에게는 중간 유통망을 통해 간접적으로 판매
- ㉣ 촉진 전략(Promotion strategy) : 기업이 마케팅 목표를 달성하기 위해 제품에 대한 정보를 전달
  - 광고(Advertising) : 대중매체를 활용하여 간접적으로 고객에게 제품 또는 서비스의 내용을 전달(ex. tv, 라디오, 신문, 잡지 등을 통한 광고)
  - 판매촉진(Sales Promotion) : 제품을 구매하도록 유도하기 위해 행사를 기획하여 고객들이 구매를 할 수 있도록 유도(1+1, 무료증정, 샘플 증정, 사은행사)
  - PR(Public Relations) : 기업이 좋은 이미지를 구축하여 장기적으로 제품이나 서비스 판매를 유도(수상실적, 인증, 특허, CSR)
  - 인적/직접 판매(Personal/Direct Selling) : 직접 고객과 대면하여 판매하는 방식으로 B2B 형태로 진행(카탈로그, 우편, 전화, 직접 방문 등)
  - 전시회(Trade Show) : 공급자, 에이전시, 연구기관이나 주주들, 잠재적인 고객들에게 제품 또는 서비스를 소개
  - 온라인 기반 촉진 전략 : 웹과 모바일 사용 환경에 기반하여 마케팅을 진행

34 ② 시장 세분화 : 제품에 대한 니즈, 인구통계학적, 심리학적, 지리적 등 일정한 변수에 따라 집단으로 구분하여 전체 시장을 나누는 것이다.
  - ③ 목표시장 선정 : 세분화된 각각의 시장의 매력도를 고려하여 제품에 맞는 시장을 선정하는 것이다.
  - ④ 포지셔닝 : 세분화된 시장을 목표로 설정하여 제품을 어떠한 이미지로 각인 시킬 것인가를 결정하는 활동이다.

35 경영활동에 활용되는 정보기술의 보고기능에 대한 설명으로 가장 적합하지 않은 것은?

① 데이터마트는 기업경영자료를 2차원 또는 3차원으로 나타내어 사용자가 시각적으로 쉽게 자료를 이해할 수 있도록 지원한다.

② 온라인분석처리(OLAP)는 사용자가 다차원 분석도구를 이용하여 의사결정에 활용하는 정보를 분석하는 과정을 말한다.

③ 데이터마이닝은 데이터 사이의 관련성을 규명하여 의사결정에 도움을 주는 고차원의 통계적 알고리즘을 사용한 기법을 의미한다.

④ 의사결정시스템은 경영자들에게 요약, 조직화된 데이터와 정보를 제공함으로써 의사결정을 지원하는 정보시스템을 말한다.

36 다음 중 인사고과에서 발생할 수 있는 오류에 관한 설명으로 가장 적절하지 않은 것은?

① 종업원을 실제보다 높거나 후하게 평가하는 관대화경향이 발생할 수 있다.

② 출신지역, 직무, 인종 등의 특징이나 고정관념으로 평가자의 편견에 비추어 종업원을 평가하는 상동적 태도가 나타날 수 있다.

③ 비교 대상이 무엇인지에 따라 평가결과가 달라지는 대비오류가 나타날 수 있다.

④ 종업원의 한 면만을 기준으로 다른 것까지 평가해 버리는 중심화경향이 나타날 수 있다.

37 다음은 재무상태표(대차대조표)를 작성할 때 각각의 계정과목에 대한 설명이다. 이 중 가장 거리가 먼 것은?

① 유동자산은 재고자산과 당좌자산으로 구성되며, 차변에 기재한다.

② 부채는 유동부채와 비유동부채로 구성되며, 대변에 기재한다.

③ 비유동자산은 유형자산, 무형자산, 투자자산으로 구성되며, 차변에 기재한다.

④ 자본은 자본금, 자본잉여금, 이익잉여금으로 구성되며, 차변에 기재한다.

Ａnswer 35.① 36.④ 37.④

．．

35 ① 데이터 마트는 데이터 웨어하우스 환경에서 정의된 접근계층으로, 데이터 웨어하우스에서 데이터를 꺼내 사용자에게 제공하는 역할을 한다. 데이터 마트는 데이터 웨어하우스의 부분이며, 대개 특정한 조직, 혹은 팀에서 사용하는 것을 목적으로 한다.

36 ④ 인사고과는 기업에서의 노동력의 유효 이용을 목적으로 그 종업원의 담당 직무의 수행도를 측정하는 제도이다. 즉 종업원의 업적·능력·집무·성격·적성 등 모든 관점에서 종업원을 직무와의 관계에서 분석하고 그것을 평가하여 기록해 두는 절차를 말한다. 따라서 한 면만을 기준으로 다른 것까지 평가하는 중심화경향은 나타나지 않는다.

37 ④ 재무상태표의 차변은 자산으로 기업의 자산이 어떻게 운용되는가를 나타내며 대변은 부채와 자본으로, 자금의 조달측면을 나타낸다.

38 아래의 글이 설명하는 용어로 가장 적합한 것은?

> 무리한 인수·합병으로 회사 전체가 위험에 빠지고 결국 경영에 독이 되는 현상이 나타나는 경우를 말한다. 예를 들면, 인수자금을 마련하기 위해 빌린 돈의 이자를 부담할 수 없는 상황에 빠져 모기업의 현금흐름마저 이를 감당할 수 없게 되어 기업전체가 휘청거리는 상황에 이르는 현상이다.

① 곰의 포옹 ② 흑기사

③ 독약 처방 ④ 승자의 저주

39 최근 승차공유서비스인 카풀의 경우 택시업계와 갈등을 빚어왔으며, 승합차 호출서비스와 개인택시 간에 서비스 불법논란이 불거지고 있다. 이처럼 한번 생산된 제품을 여럿이 함께 협력소비를 기본으로 한 방식을 일컫는 용어를 무엇이라 하는가?

① 공유소비 ② 공유경영

③ 공유경제 ④ 공유사회

ANSWER 38.④ 39.③

38 ① 적대적 M&A 전략 중 하나로, 사전예고 없이 경영진에 매수를 제의하고 빠른 의사결정을 요구하는 기법을 말한다.
③ 적대적 M&A 시도가 있을 때 이사회 결성만으로 신주를 발행해 인수자를 제외한 보는 수수에게 시가의 설반 이하 가격으로 살 수 있도록 해서 M&A를 저지하는 방법이다.

39 ③ 플랫폼 등을 활용해 자산·서비스를 다른 사람과 공유해 사용함으로써 효율성을 높이는 경제 모델이다. 개인, 기업, 공공기관 등이 유휴자원을 일시적으로 공유하는 활동도 공유경제에 포함된다. 1인 가구 증가, 합리적 소비 확산 등으로 인해 소비의 방식이 '소유'에서 '공유'로 전환되며 공유경제가 활성화되고 있다. 최근 이동통신 기반의 개인간 실시간 거래환경이 조성되면서 교통·숙박 등 다양한 분야에서 혁신적인 개인간(P2P) 공유경제 모델이 확산되고 있다.

40 빅데이터 분석에 대한 설명으로 가장 적절치 않은 것은?

① 스마트폰 및 소셜미디어 등장으로 생산, 유통, 저장되는 정보량이 기하급수적으로 늘면서 대규모의 디지털 데이터에서 일정한 패턴을 읽고 해석하는 것이다.

② 일반 데이터와의 차이를 3V로 설명할 수 있는데, 용량(Volume), 유효성(Validity), 다양성(Variety)이 있는 자료를 말한다.

③ 빅데이터 분석은 정보량이 방대해 지금까지 분석하기 어렵거나 이해할 수 없던 데이터를 분석하는 기술을 의미한다.

④ 소셜미디어 서비스에서 유통되는 내용을 통해 대중의 심리변화와 소비자의 요구사항도 파악할 수 있어 마케팅 전략에도 이용이 가능하다.

ANSWER 40.②
....

40 Volume은 데이터의 양, Velocity는 데이터의 입출력 속도, Variety는 데이터의 다양성을 의미하며, 가장 일반적으로 정의되는 빅데이터의 특징이다.

41 According to the following Mr. Lee's schedule, which one is NOT true?

Day & Date	Time	Schedules	Location
Monday 06/22/2020	10:20 am	Appointment with Mr. James Brook of KBC Bank	Office
	11:00 am	Division Meeting with Managers	Meeting Room 304
	6:00 pm	SME Association Monthly Meeting	ABC Hotel, 3rd Floor, Emerald Hall
Tuesday 06/23/202	09:30 am	Meeting withBranch Managers	Meeting Room 711
	12:00 pm	Lunch with Ms. David Smith of Madison Company	Olive Garden
	4:00 pm	Keynote Speechat the 5th Annual Conference for Administrative Specialists	City Conference Center, 2nd Floor

① Mr. Lee는 월요일 오후 6시에 SME 협회 월간 회의에 참석할 예정이다.

② Mr. Lee는 화요일 오전 9시 30분에 지점 관리자들과 회의실에서 회의가 있다.

③ Mr. Lee는 화요일 오후 4시에 씨티 컨퍼런스 센터에서 폐회사를 한다.

④ Mr. Lee는 월요일 오전 10시 20분에 사무실에서 Mr. James Brook과 만날 예정이다.

ANSWER 41.③

41 ③ Mr. Lee는 화요일 오후 4시 씨티 컨퍼런스 센터에서 기조연설(Keynote Speech)을 한다.
폐회사는 'closing address[speech]'이다.

42 According to the followings, which one is true?

This is the overview of the Sejong Hotel in Seoul.
- Three Diamond downtown hotel with indoor pool
- The Sejong Hotel is a few minutes walking distance from Cityhall Subway Station and Namsan Tower. Approximately a 15-minute walk to Gyeongbokgung Palace and Kyobo Tower is located outside the front door of the hotel.
- We have Business Center, Fitness Center, and Meeting Rooms.
- All guests get free standard Wi-Fi in-room and in the lobby.
- Free cancellation is available up to 5 days before arrival.

① There is no subway station near the hotel.

② Business Center and Fitness Center are in the Sejong Hotel.

③ You can use standard Wi-Fi in your room with charge.

④ You can cancel your reservation up to 3 days before your arrival without charge.

ANSWER 42.②

42 「서울 세종호텔 개요입니다.
- 실내 수영장이 있는 다이아몬드 세 개짜리 시내 호텔
- 세종호텔은 시청 지하철역과 남산타워에서 도보로 몇 분 거리에 있습니다. 호텔의 정문 밖에서 15분 정도 거리에 경복궁과 교보타워가 위치해 있습니다.
- 비즈니스 센터, 피트니스 센터 및 미팅룸이 있습니다.
- 모든 투숙객은 객실과 로비에서 무료 표준 Wi-Fi를 이용할 수 있습니다.
- 도착 5일 전까지 무료 취소가 가능합니다.」
① 호텔 근처에는 지하철역이 없다. → 도보로 몇 분 거리에 시청 지하철역이 있다.
② 세종호텔에는 비즈니스 센터와 피트니스 센터가 있다.
③ 객실 내 표준 Wi-Fi를 유료로 이용할 수 있다. → 객실과 로비에서 무료 표준 Wi-Fi를 이용할 수 있다.
④ 도착 3일 전까지 무료로 예약을 취소할 수 있다. → 도착 5일 전까지 무료 취소가 가능하다.

43 Which is true according to the following conversation?

Mr. Smith : Good morning, Miss Kim.S

ecretary : Good morning, Mr. Smith. What can I do for you?

Mr. Smith : Can I see Mr. Wilson if he is free?

Secretary : Mr. Wilson is quite busy now. But let me check with him. Mr. Wilson, Mr. Smith
        wants to see you now.

Mr. Wilson : Well, I don't want to be interrupted now. I have to finish this report on which
        I am working. Could you ask Mr. Smith whether it is an urgent matter?

Secretary : Certainly. Mr. Smith, Mr. Wilson is working on important report and he wants to
        know if you want to talk about something urgent.

Mr. Smith : I have a VIP Resort Club brochure with me and I want to explain it to Mr.
        Smith. It's not that urgent and I can come back tomorrow.

Secretary : Then, let me check his schedule. How about tomorrow afternoon, 3 o'clock?

Mr. Smith : That will be fine. Thank you, Miss Kim.

---

① Mr. Smith는 Mr. Wilson과 선약이 되어 있었다.

② Mr. Smith는 급한 업무로 Mr. Wilson을 만나기를 원했다.

③ Mr. Smith는 VIP Resort Club 브로셔를 Mr. Wilson에게 설명하고자 하였다.

④ Mr. Wilson은 자신의 일을 미루고 Mr. Smith를 바로 만나기로 하였다.

ANSWER 43.③
....

43 「Mr. Smith : 좋은 아침이에요, Miss Kim.
비서 : 안녕하세요, Mr. Smith. 무엇을 도와 드릴까요?
Mr. Smith : Mr. Wilson이 한가하면 만날 수 있을까요?
비서 : Mr. Wilson은 지금 매우 바쁘세요. 하시만 제가 확인해 보겠습니다. Mr. Wilson, Mr. Smith가 지금 뵙고 싶고 합니다.
Mr Wilson : 글쎄요. 저는 지금 방해받고 싶지 않아요. 제가 하는 일에 관한 이 보고서를 끝내야 하거든요. 긴급한 일인지 Mr. Smith
에게 물어봐 주겠어요?
비서 : 물론이죠. Mr. Smith, Mr. Wilson가 중요한 보고서를 작성하고 있는데, 당신이 급한 용건으로 이야기하길 원하는지 궁금해
하십니다.
Mr. Smith : VIP 리조트 클럽 브로셔를 가지고 있는데, 그것을 Mr. Smith에게 설명하고 싶습니다. 그렇게 급한 일은 아니고 내일 다시
올 수 있어요.
비서 : 그럼, 제가 그의 스케줄을 확인해 보겠습니다. 내일 오후 3시 어떠세요?
Mr. Smith : 그게 좋겠네요. 고마워요, Miss Kim.」

44 Which is the MOST appropriate expression for the blank below?

A : Hello. This is Tim Starbuck from Starbucks Holdings. May I speak to Mr. Park?

B : I'm sorry, but Mr. Park is in a meeting and asked not to be disturbed.

A : I'm afraid to ask you, but _____
I have an urgent matter to discuss with him.

B : Well, let me see, but I doubt whether I'll be able to put you through. (To Mr. Park) Mr. Tim Starbuck of Starbucks Holdings is on the line. He said he had an urgent matter to discuss with you.

C : All right. Put him through.

① could you please interrupt him for me?

② please ask him to be on the line.

③ I can't wait until he is on the line.

④ please tell him that I'm on the line.

45 According to the following memo, which is true?

TELEPHONE MEMO

Date : <u>May 7, 2020</u>   Time : <u>2:30 p.m.</u>

For : <u>Mr. Max Fisher</u>
From : <u>Ms. Barbara Black of HSB Bank</u>

Tel No. <u>554-2302</u>   ext. <u>122</u>

■ Telephoned   □ Please call
□ Wants to see you   □ Will call again
□ Returned your call   □ URGENT
□ Was here to see you

□ Message : <u>Ms. Black says the meeting on Monday is postponed. Please reschedule for</u>
<u>Thursday morning if possible.</u>

Taken by <u>Julie Smith</u>

① Mr. Fisher에게 걸려온 전화의 메모를 Julie Smith가 작성하였다.
② HSB Bank의 Ms. Black은 월요일 회의가 목요일로 연기되었음을 알리기 위해 연락하였다.
③ Mr. Fisher의 전화번호는 554-2302이고 내선번호는 122이다.
④ Ms. Black은 Mr. Fisher가 가능한 빨리 전화해주기를 바란다.

ANSWER 45.①

45 ② HSB Bank의 Ms. Black은 월요일 회의가 연기되었음을 알리고, 가능하면 목요일 오전으로 다시 스케줄을 잡아달라고 하기 위해 연락하였다.
   ③ Mr. Fisher의 전화번호와 내선번호는 알 수 없다. 전화 메모에 적혀있는 전화번호와 내선번호는 Ms. Black의 것이다.
   ④ 가능한 한 빨리 전화해 주기를 바란다는 요청은 없었다.

46 According to the following invitation, which is NOT true?

You are invited to attend Sales Managers Workshop ofMarch 21, 2020.

To Register
- Click on the registration link for the session you wish to attend. Three sessions will be held.
- On the resulting page, select the "Enrol" button located on the top-right side of the page.
- You will receive an email confirmation and a calendar entry.

Each session has a maximum capacity of 24 seats.
Enrolment is on a 'first come first served' basis. If you register but are unable to attend, please send an emailto Mirae Lee to cancel your registration.

---

① 영업관리자 워크숍에 참석가능한 최대 인원은 총 72명이다.
② 워크샵 참석 신청은 컴퓨터를 이용해서 3개의 세션에 모두신청 등록을 해야 한다.
③ 'Enrol' 버튼은 결과 페이지의 상단 오른쪽에 위치한다.
④ 워크숍 참석 신청을 위한 등록은 선착순이다.

ANSWER 46.②

46 ② 세 개의 세션이 열리지만, 모두 신청 등록해야 하는 것은 아니다.

「2020년 3월 21일 Sales Manager 워크샵에 초대받았습니다.
등록하려면
• 참석하고자 하는 세션의 등록 링크를 클릭합니다. 세 개의 세션이 열려있습니다.
• 결과 페이지에서 오른쪽 상단에 있는 "등록하기" 버튼을 선택합니다.
• 이메일 확인 및 캘린더 항목이 표시됩니다.
각 세션의 정원은 24석입니다. 등록은 선착순으로 이루어집니다. 등록은 하셨지만 참석이 어렵다면, Mirae Lee에게 등록 취소 메일을 보내주시기 바랍니다.」

47 Read the following letter and choose the one which is NOT true.

Dear Ms. Kim:

In reply to your advertisement in Korea Times, I am applying for the position of a secretary. Words such as "responsible" and "administrative ability" in the description of the position immediately appealed to me.

I believe I have the necessary qualification; therefore, I would like to be considered for this position. An examination of my personal data sheet will show that I am well prepared by training and experience for secretarial work. In addition, my extracurricular activities, described in the enclosed personal data sheet, have prepared me work with other people.

I would very much like the opportunity to work in your company and convert my knowledge and well-prepared training to practical use. I should be grateful if you would grant me an interview.

I look forward to hearing from you soon.

① 이 편지는 지원자가 기관의 채용 광고를 본 후 관심 있는 직종에 지원의사를 밝히기 위해 작성한 것이다.
② 지원자는 본 문서에 본인의 이력서를 첨부하였다.
③ 지원자는 비서 경험이 없는 신입비서로서, 입사 후 비서직에서 훈련받기를 원한다는 내용이다.
④ 지원자는 다양한 과외 활동을 통해 협업 능력을 길렀다.

47 「Ms. Kim에게:
코리아 타임즈에 실린 당신의 광고에 대한 답변으로, 저는 비서직에 지원하게 되었습니다. 그 직책 설명에 있는 "책임감", "행정능력" 등이 단어가 제 관심을 끌었습니다.
저는 제가 필요한 자격을 가지고 있다고 믿습니다. 그러므로 저는 이 직책에 고려되길 바랍니다. 제 이력서를 보면 제가 비서 업무를 위한 훈련과 경험을 통해 준비가 잘 되어 있다는 것을 알 수 있습니다. 게다가, 동봉한 이력서에 기술된 저의 과외 활동은 다른 사람들과 함께 일할 수 있도록 준비시켜 주었습니다.
저는 귀사에서 일하면서 저의 지식과 잘 준비된 훈련을 실용적으로 전환할 수 있는 기회를 갖고 싶습니다. 인터뷰에 응해 주신다면 정말 감사하겠습니다.
곧 연락주시길 기다리겠습니다.」

48 다음 편지의 구성요소 중 가장 바르게 표현된 것은 무엇인가?

November 15, 2020

Ms. Catherine A. Cox
Manager
Worldwide Travel, Inc.
450 Canyon View Drive East
① Flagstaff, AZ 86001

Dear Ms. Cox:

Our company has decided to hold its regional salesmeeting in Scottsdale, Arizona, during the second weekof December. I need information on a suitable conference site.

We will need a meeting room with 30 computer workstations, a LCD display, and a microphone and podium.

A final decision on the conference site must be made within the next two weeks. Please send me any information you have for a suitable location in Scottsdale immediately. Thank you for your help.

Sincerely yours,

② Mr. Bill McKay
③ Marketing Manager

④ Enclosing

/jse

① Flagstaff, AZ 86001   ② Mr. Bill McKay
③ Marketing Manager   ④ Enclosing

48 ① 우편번호 항목은 '도시명, 주(두 자리 약자) 우편번호'의 형식으로 작성한다. 도시명 뒤에는 마침표가 아닌 쉼표를 사용한다.
② 서신 작성자의 이름이므로 'Bill McKay'만 적는다.
④ 서류 동봉은 'Enclosure', 'Encl', 'Encs', 'Enc' 등으로 쓴다.

49 다음 밑줄 친 단어의 사용이 바르지 않은 것은?

① The <u>minutes</u> of a meeting is the written records of the things that are discussed or decided at it.

② <u>Exchange rate</u> is the money that you need to spend in order to do something.

③ When someone gives you a <u>quotation</u>, he/she tells you how much he/she will charge to do a particular piece of work.

④ An <u>agenda</u> is a list of the items that have to be discussed at a meeting.

50 Which is the MOST appropriate expression for the blank?

A : Ms. Lee, can you come to my office now? I have something to ask you.

B : Sure.

A : Can you make copies of these paper?

B : Yes, just one copy for each?

A : No, I need two copies for them. One for me and the other for the sales manager.

B : Ok. I'll make two copies for them.

A : And please enlarge the size of them. _____.

B : No problem. I'll make it enlarged size. Is there anything else?

A : No. Thank you, Ms. Lee.

① Please reduce this paper to 50%. ② The letters are too small to read.

③ Make color copies, please. ④ I've done about half for it.

49 ② Exchange rate → Cost : 환율은 무언가를 하기 위해 필요한 돈이다.
① <u>회의록</u>은 회의에서 논의되거나 결정된 사항에 대한 서면 기록이다.
③ 누군가가 <u>견적</u>을 내줄 때, 그는 특정 작업에 얼마를 청구할지 알려 준다.
④ <u>안건</u>은 회의에서 논의해야 하는 항목의 목록이다.

50 ② 사이즈를 크게 해달라고 요청하였으므로, 뒤에 글자가 너무 작아서 읽을 수가 없다는 내용이 이어지는 것이 가장 적절하다.

「A : Ms. Lee, 지금 제 사무실로 오실 수 있으세요? 부탁할 게 있어요.
B : 알겠습니다
A : 이 종이들 좀 복사해 줄 수 있나요?
B : 네, 각각 한 장씩만요?
A : 아니요, 두 부 복사해 주세요. 하나는 저를 위한 것이고 다른 하나는 판매 부장님을 위한 것입니다.
B : 알겠습니다. 두 부 복사하겠습니다.
A : 그리고 사이즈도 좀 크게 해주세요. <u>글자가 너무 작아서 읽을 수가 없어요.</u>
B : 문제없어요. 사이즈 크게 해드릴게요. 다른 건 없나요?
A : 아니요. 감사합니다, Ms. Lee.」

51 Read the following conversation and choose one which is NOT true.

Mr. Park : Ms. Kim. Do I have an appointment this morning?

Ms. Kim : Yes. Mr. Hong of Taomi will be here at 11:00.

Mr. Park : Ok. After that?

Ms. Kim : You have a luncheon meeting with the board of directors at the Grace Hotel at noon.

Mr. Park : I'm in busy schedule this morning.

Ms. Kim : Yes. To be on time for the luncheon meeting, you should leave here at 11:30 a.m. But there is no appointment after lunch.

Mr. Park : Hum... If possible, can I meet Mr. Hong 30 minutes earlier?

Ms. Kim : I'll contact him now to see if he can change the schedule.

Mr. Park : Thank you.

① Mr. Park has a full schedule in the afternoon.

② Mr. Park wants to meet Mr. Hong at 10:30.

③ Ms. Kim will call Mr. Hong immediately after talking to her boss.

④ Grace Hotel is located about 30 minutes away from Mr. Park's company.

51 「Mr. Park : Ms. Kim. 오늘 아침에 약속이 있나요?
Ms. Kim : 네. Taomi의 Mr. Hong이 11시에 오실 거예요.
Mr. Park : 알겠어요. 그 후에는요?
Ms. Kim : 정오에 그레이스 호텔에서 이사회와 오찬 회의가 있습니다.
Mr. Park : 오늘 아침은 스케줄이 바쁩니다.
Ms. Kim : 네, 그렇습니다. 오찬 모임에 제시간에 도착하려면 오전 11시 30분에 이곳을 떠나셔야 합니다. 하지만 점심 후에는 약속이 없습니다.
Mr. Park : 음... 가능하다면, Mr. Hong을 30분 일찍 만날 수 있을까요?
Ms. Kim : 지금 그에게 연락해서 일정을 변경할 수 있는지 알아보겠습니다.
Mr. Park : 감사합니다.」
① Mr. Park은 오후에 일정이 꽉 차 있다. → 점심 이후에는 약속이 없다고 하였다.
② Mr. Park은 10시 30분에 Mr. Hong을 만나고 싶어 한다.
③ Ms. Kim은 상사와 통화 후 바로 Mr. Hong에게 전화할 것이다.
④ 그레이스 호텔은 Mr. Park의 회사에서 30분 정도 떨어져 있다.

52 What is the MOST proper expression for the blank?

> If a business is "open 24/7", it _____.

① is open for 24 days and closed for seven days every month

② opens at 7:00 in the morning

③ never closes

④ is open for seven hours each day

53 Which English sentence is grammatically LEAST correct?

① May I ask what your visit is in regard to?

② I'd like to schedule a meeting for discuss with the project.

③ I think we need at least two hours to plan for that project.

④ You may be asked to help yourself to a soft drink.

54 Followings are sets of conversation. Choose one that does NOT match correctly each other.

① A : Did you get an email from him?

B : I should have gotten it done tomorrow.

② A : How's the project going?

B : Everything is okay with it.

③ A : I'm sick and tired of writing a report.

B : So am I. I think I have written as many as 200 reports this year.

④ A : Did you finish the sales report?

B : Oops! It slipped my mind.

55 Followings are sets of Korean sentence translated into English. Which is the LEAST appropriate expression?

① 그 마을에 있는 역사적인 건물들의 본래 외관은 보존될 것이다.

→ The original appearance of the town's historic buildings will be preserved.

② 다른 회사와 합병하는 것은 언제나 어렵고 민감한 문제이다.

→ Merging another company are always a difficult and sensible issue.

③ 숙련된 조립라인 작업자들이 좀 더 세심한 경향이 있다.

→ Experienced assembly-line workers tend to be more attentive.

④ Mr. Nick Jordan은 나의 직속 상사이다.

→ Mr. Nick Jordan is my immediate supervisor.

ANSWER 54.① 55.②

54 ① A : 그에게서 이메일을 받았습니까?
B : 나는 그 일을 내일 끝냈어야 했습니다.
② A : 프로젝트는 어떻게 되어 갑니까?
B : 다 잘 되고 있어요.
③ A : 저는 보고서 쓰는 것에 진절머리가 나요.
B : 저도 그래요. 올해 200개나 되는 보고서를 쓴 것 같아요.
④ A : 영업 보고서는 다 읽었습니까?
B : 이런! 깜빡 잊었어요.

55 ② 'sensible'은 '합리적인'이라는 의미의 형용사이다. '민감한'이라고 표현할 때는 'sensitive'가 적절하다.

56 Followings are the mailing information phrases of an envelope. Which is the MOST appropriate description?

① Do not bend : It will break easily.

② Fragile : It should be sent as quickly as possible.

③ Urgent : Keep it flat.

④ Confidential : Only the addressee should read it.

57 Choose one to fill in the blank below with the MOST appropriate vocabulary term.

> _____ immediately, the marketing services division has been reorganized as follows. There will be four separate departments; Customer Services, Market Research, Advertising, and Field Sales.

① Efficient

② Efficiently

③ Effective

④ Effection

56 ④ 기밀의 : 수신인만 읽어야 한다.
　① 구부리지 마시오 : 그것은 쉽게 깨질 것이다. →'Fragile'
　② 부서지기 쉬운 : 가능한 한 빨리 보내야 한다. →'Urgent'
　③ 긴급한 : 평평하게 유지하다. →'Do not bend'

57 'effective immediately'는 '즉시 시행되는', '즉시 유효한'이라는 표현이다.
　「마케팅 서비스 분과는 다음과 같이 개편되어 즉시 시행됩니다. 고객 서비스, 시장 조사, 광고 및 현장 영업의 네 개의 별도 부서가 있습니다.」

58 Which of (a)-(d) has most AWKWARD part?

A : (a) I'm finding for Ms. Johnson's office. I was told that it was on this floor.

B : I'm sorry, but (b) her office moved to the fifth floor. (c) Please take the elevator over there.

A : Thank you.

B : (d) You're welcome.

---

① (a)   ② (b)

③ (c)   ④ (d)

59 Which is the MOST appropriate expression for the underlined Korean sentence?

I will be on a business trip to London for two weeks. I'm going to meet sales managers and marketing managers in UTS company. I will also attend two conferences and an exhibition. 미스 리가 2주 동안 제업무를 대신할 것입니다.

---

① I will substitute Miss Lee for two weeks.

② Miss Lee will get me to replace her work for twoweeks.

③ Miss Lee will cover for me for two weeks.

④ I will work instead of Miss Lee for the next two weeks.

58 ① '~을 찾고 있다'라고 할 때는 'be looking for'라고 표현한다.

「A : Ms. Johnson의 사무실을 찾고 있습니다. 이 층에 있다고 들었는데요.
B : 미안하지만, 그녀의 사무실은 5층으로 옮겼습니다. 저쪽에서 엘리베이터를 타세요.
A : 고맙습니다.
B : 천만에요.」

59 'cover for someone'은 '다른 사람의 일을 대신 처리하다'는 뜻이다. 따라서 ③이 가장 적절한 표현이다.

60 Followings are expressions to confirm an appointment that has already been made. Which is the MOST appropriate expression?

① Would you like to meet on the 2nd at 10:00?

② I'd like to remind you of the meeting on the 2nd at 10:00.

③ Do you have any schedule on the 2nd at 10:00?

④ Are you free on the 2nd at 10:00?

60 선약을 확인하는 데 적절한 표현은 ②이다.
① 2일 10시에 만날까요?
② 2일 10시에 있을 회의를 상기시켜 드리고 싶습니다.
③ 2일 10시에 일정이 있나요?
④ 2일 10시에 시간 있으세요?

61 다음은 네트워크와 관련 장비에 대한 설명이다. 가장 적절하지 않은 설명은?

① 랜카드(LAN card) : LAN선을 연결하기 위한 장치로서 회선을 통해 사용자 간의 정보를 전송하거나 전송받을 수 있도록 변환하는 역할을 한다.

② 허브(Hub) : 여러 대의 컴퓨터를 LAN에 접속시키는 네트워크 장치이다.

③ 포트(Port) : 컴퓨터가 통신을 위해 사용해야 하는 컴퓨터의 연결 부분으로 이 장치를 통하여 전용 회선, 프린터, 모니터 등의 주변 장치와 연결이 가능하고 주로 컴퓨터 뒷면에 부착되어 있다.

④ 엑스트라넷(Extranet) : 기존의 인터넷을 이용해 조직 내부에서만 사용하는, 조직 내부의 정보를 공유하며 업무를 통합하는 정보시스템이다.

62 다음 중 모바일 기기의 특징으로 가장 적절하지 않은 것은?

① 무선통신

② 휴대성

③ 긴 라이프사이클

④ 터치방식의 입력

ANSWER | 61.④   62.③

61 ④는 인트라넷(Intranet)에 대한 설명이다. 엑스트라넷(Extranet)은 인터넷 기술을 사용하여 공급자 · 고객 · 협력업체 사이의 인트라넷을 연결하는 협력적 네트워크를 말한다.

62 ③ 모바일 기기는 라이프사이클이 짧다.

63 다음 중 아래 신문기사에 대한 내용으로 가장 연관이 적은 것은?

5G 서비스 만족도 30%대 불과 … 커버리지 불만多

5G 이동통신 서비스 가입자가 400만 명을 넘어섰으나, 소비자 만족도는 30%대에 그치는 것으로 조사됐다. 특히, 커버리지에 대한 불만이 가장 많은 것으로 나타났다.

이동통신 전문 리서치기관 컨슈머인사이트는 5G 스마트폰 이용자 3만3295명을 대상으로 조사한 결과, 이같이 집계됐다고 14일 밝혔다.

구체적으로 데이터 속도에서는 ○○텔레콤 34%, □□텔레콤36%, ☆☆텔레콤 37%의 만족률을 보였다. 5G 커버리지(전국망) 만족률은 ○○텔레콤 28%, □□텔레콤 30%, ☆☆텔레콤 29%다.

5G 데이터 품질(안정성, 끊김 없음)은 ○○텔레콤 32%, □□텔레콤 32%, ☆☆텔레콤 34%, 5G 데이터 전반적 만족도는 ○○텔레콤 31%, □□텔레콤 32%, ☆☆텔레콤 33%에 그쳤다.

컨슈머인사이트는 "통신 3사 간 5G 만족도에 큰 차이가 없었으며, 전반적인 만족 수준이 낮다는 점이 특징"이라며 "특히 커버리지 만족률은 3사 모두 30% 이하로 낮은 평가의 원인이 됐다"고 지적했다.

이 같은 5G 만족률은 LTE에 크게 못미치는 수준이다. 컨슈머인사이트의 올해 상반기 조사에 따르면, 전반적인 LTE 데이터만족도는 53%였다. 당시 LTE 데이터 만족률은 ○○텔레콤 59%, □□텔레콤 49%, ☆☆텔레콤 47% 순이었다.

컨슈머인사이트는 또, 5G 가입자의 빠른 증가 원인으로 예상보다 높지 않은 단말기 가격을 꼽았다. 5G 단말기의 실구입가(프로모션, 보조금 등 제외시)는 71만5000원으로 조사됐다. 이는 지난해 같은 기간 조사 때 LTE 스마트폰의 실구입가 65만1000원과 5만4000원밖에 차이나지 않았다.

컨슈머인사이트는 "통신사들이 5G 가입자 유치를 위한 프로모션을 펼치면서 실질적인 단말 가격 상승은 크지 않았음을 알 수 있다"고 분석했다.

한국통신사업자연합회(KTOA)에 따르면, 지난달 말 기준 5G가입자는 433만 명을 넘어선 상태다. 이는 전체 휴대전화 이용자의 6%에 달한다.

소비자들은 5G 서비스에서 고화질, 고용량 콘텐츠에 대한 기대(32%)가 가장 컸다. 그러나 '특별히 기대한 것 없음(저렴해서 구입 등)'이라는 응답이 두 번째로 많아(27%) 5G 특유의 장점을 모르거나 중요하지 않다고 느끼며 구입한 경우도 상당했다.

---

① 가격에 의한 요인으로 5G 가입자는 빠른 속도로 증가하고 있다.

② 5G에 대한 소비자의 만족도는 특히 5G 커버리지(전국망) 만족률에서 낮게 나타났다.

③ 5G 만족도는 통신 3사 모두 낮으며 데이터 속도와 커버리지 만족도는 ○○텔레콤이 가장 높다.

④ 지난달 말 기준 5G 가입자는 전체 휴대전화 이용자의 1/10이 되지 않았다.

63 ③ 기사 2문단에 따르면, 데이터 속도에서는 ☆☆텔레콤이 37%의 만족률로 가장 높고, 커버리지(전국망) 만족률은 □□텔레콤이 30%로 가장 높다.

64 다음 중 문서관리의 원칙과 설명이 적절하게 연결되지 않은 것은?

① 표준화 : 누가, 언제 처리하더라도 같은 방법이 적용될 수 있도록 문서 관리 시스템을 표준화시킴으로써 원하는 문서를 신속하게 처리할 수 있다.

② 간소화 : 중복되는 것이나 불필요한 것을 없애고 원본이 명확하게 정리되어 있는데도 불필요한 복사본을 가지고 있지 않도록 한다.

③ 전문화 : 문서 사무의 숙련도를 높이고 문서 사무의 능률을 증대시킬 수 있다.

④ 자동화 : 필요한 문서를 신속하게 찾을 수 있다. 문서가 보관된 서류함이나 서랍의 위치를 누구나 쉽게 알 수 있도록 소재를 명시해 둔다.

65 다음은 여러 가지 문서 작성을 위한 자료 수집 방법이다. 가장 적절하지 않은 것은?

① 초대장을 작성하는 경우 해당 장소로의 접근 방법(이동 경로, 교통편, 주차장 이용 등)에 대한 자료수집이 필요하다.

② 감사장을 작성할 경우 감사장을 받을 상대가 어떤 호의를 왜 베풀었는지에 관한 내용을 수집하는 것이 가장 중요하다.

③ 상사를 대신하여 일처리를 하기 위해 위임장을 작성하는 경우 위임할 사람의 정보, 위임받을 사람의 정보 등이 필요하다.

④ 이메일로 문서를 작성할 경우 전달 방법이 전자적인 형태일 뿐, 문서의 내용상 수집할 사항은 종이 문서와 비교하여 특별히 달라지는 것은 아니다.

Aɴswᴇʀ 64.④ 65.②

64 ④ 신속화와 관련된 설명이다. 자동화는 문서의 작성 및 처리를 자동화하는 것으로, 정확성을 도모하기 위해서는 자동화가 전제되는 것이 좋다.

65 ② 감사장은 감사할 대상과 감사한 이유에 대한 자료를 수집하여 감사한 마음과 감사 인사를 전달하는 것이 가장 중요하다.

66 다음 중 문장부호와 띄어쓰기가 공공언어 바로 쓰기에 맞춰 올바르게 바뀐 것은?

항목	수정 전	수정 후
가	4. 29. ~ 10. 31.	4. 29. ~ 10. 31.
나	1950. 7월 ~ 1953. 1월	1950. 7. ~ 1953. 1.
다	융 · 복합	융복합
라	장 · 차관	장차관
마	21,345천원	2,134만 5천 원

① 가, 나, 다, 라, 마
② 가, 나, 라, 마
③ 가, 나, 다, 마
④ 가, 나, 마

67 다음은 사내 문서의 유형을 분류한 것이다. 유형과 종류가 잘못 연결된 것끼리 묶인 것은?

유형	종류
연락 문서	명령서, 통지서, 기획서 등
보고 문서	업무 보고서, 출장 보고서, 조사 보고서, 영업보고서 등
지시 문서	안내문, 게시문, 업무 협조문, 조회문, 회람문, 통지서 등
기록 문서	회의록, 인사카드, 장표 등
기타 문서	상사의 연설문, 발표 문서 등

① 연락 문서, 기타 문서
② 보고 문서, 지시 문서
③ 기록 문서, 기타 문서
④ 연락 문서, 지시 문서

ANSWER   66.②   67.④

66 • 가 : 연월일 뒤에 마침표를 쓸 때는 '일'을 나타내는 숫자 뒤에도 마침표를 찍는다. (O)
 • 나 : 연월일을 나타내는 숫자 뒤에 찍는 마침표는 각각 '연, 월, 일'이라는 말을 생략한 것으로, 같은 형식으로 쓰는 것이 바람직하다. (O)
 • 다 : 가운뎃점은 열거할 어구들을 일정한 기준으로 묶어서 나타낼 때 쓰거나, 짝을 이루는 어구들 사이에 공통 성분을 숨여서 하나의 어구로 묶을 때 쓴다. 따라서 '융합'과 '복합'을 '융 · 복합'으로 쓴 것은 바르게 사용되었다. (X)
 • 라 : '장차관'은 장관과 차관을 아울러 이르는 말로 한 단어이다. 따라서 가운뎃점을 쓰지 않는다. (O)
 • 마 : 한글맞춤법 제44상에 따르면, 수를 적을 때에는 '만(萬)' 단위로 띄어 쓴다. 또한 금액을 나타내는 단위 '원'은 앞말과 띄어 쓴다. (O)

67 ④ 연락 문서와 지시 문서의 종류가 반대로 연결되었다. 통지서는 그 내용에 따라 지시 문서 또는 연락 문서의 성격을 가질 수 있다.

68 전자문서 관리에 대한 설명으로 틀린 것은?

① 파일명이 문서 내용을 충분히 반영하여 파일명만으로도 충분히 문서 내용을 유추할 수 있는지 확인한다.

② 전자 문서의 경우, 종이 문서와 동일하게 두 가지 이상의 주제별 정리를 이용할 경우 cross-reference 를 반드시 표시해 두어야 한다.

③ 조직의 업무 분류 체계를 근거로 하여 문서의 종류, 보안등급에 따라 접근에 대한 권한을 부여하여 분류한다.

④ 진행 중인 문서의 경우, 문서의 진행 처리 단계에 따라서 문서의 파일명을 변경하거나 변경된 폴더로 이동시켜서 정리·보관한다.

69 비서가 업무상 문서를 작성할 때 유의할 사항으로 잘못 기술된 것은?

① 주요 메시지를 문서 작성 시작부분에서 기술하며, 그 이후에는 이에 대한 세부 내용을 구체화하는 형식인 두괄식 구성이 사무 문서에서 대체로 선호된다.

② 간단명료한 문서 작성을 위해 가급적 단어를 적게 사용하면서도 메시지를 분명하게 전달한다.

③ 비서가 상사를 대신하여 작성하는 문서는 상사가 직접 문서를 작성할 수 없는 상황임을 상세하게 밝히고 비서의 이름으로 나가는 것이 원칙이다.

④ 문서가 제시간에 전달되지 못하면 작성된 목적을 달성할 수 없으므로 시간내 전달되기 위한 방식에 맞추어서 문서를 작성하여야 한다.

70 MS-Access로 만들어진 방문객 관리 DB를 이용하여 업무처리를 하고 있다. 월별 방문객수 및 방문 목적별 방문객 수와 같이 데이터의 계산을 할 수 있는 개체는?

① 테이블 ② 페이지

③ 쿼리 ④ 매크로

Ａnswer) 68.② 69.③ 70.③

68 ② cross-reference(상호참조)는 중복되거나 관련 있는 내용이나 문서에 대하여 [상호참조]를 삽입해 줌으로써 해당 내용이나 문서를 서로 참조할 수 있도록 하는 기능이다.

69 ③ 비서가 상사를 대신하여 작성하는 문서는 상사의 최종 검토와 확인을 받아서 상사의 이름으로 나가는 것이 원칙이다.

70 쿼리를 사용할 수 있는 경우
㉠ 특정 조건을 기준으로 필터링하여 특정 데이터를 빠르게 찾으려고 할 때
㉡ 데이터를 계산하거나 요약하려고 할 때
㉢ 최신 데이터를 반복해서 검토하는 등의 데이터 관리 작업을 자동화하려고 할 때

71 다음 그래프를 통해서 알 수 있는 내용으로 가장 적절하지 않은 것은?

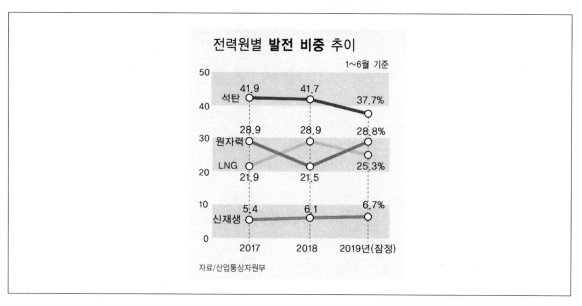

① 신재생 에너지의 비중이 매년 조금씩 증가하고 있는 추세이다.

② 석탄의 비중은 2019년은 2018년에 비해서 4% 감소했다.

③ 원자력은 2018년에는 감소했으나, 2019년에는 2017년 수준으로 거의 회복했다.

④ 2018년에는 석탄 > LNG > 원자력 > 신재생 순으로 비중이 높았다.

71 ② 2019년에 석탄의 비중은 37.7%로 2018년의 14.7%에 비해 4%p 감소했다. 두 백분율 간의 차이를 나타낼 때 사용하는 단위는 퍼센트 포인트이다.

72 다음 중 문서의 보존기간과 문서의 종류가 잘못 짝지어진 것은?

연번	문서 보존 기간	문서의 종류
ㄱ	영구보존	정관, 중요 계약 서류, 등기·특허 서류, 품의서, 주주 총회 관련서류 등
ㄴ	10년 보존	세무 관련 서류, 월차 결산서·상업장부, 주주 명의부 등
ㄷ	3~5년 보존	왕복 문서, 통지 서류, 일보·월보, 조사서, 참고서 등
ㄹ	6개월~1년 보존	주요 전표, 거래 관련 서류, 문서의 수발신 기록, 사원 이동, 급료 수당관련 서류 등

① ㄱ, ㄴ   ② ㄴ, ㄷ

③ ㄷ, ㄹ   ④ ㄹ, ㄱ

73 전자결재시스템의 특징으로 볼 수 없는 것은?

① 전자결재시스템을 통해 시간적, 공간적 제약성을 극복할 수 있으나, 여러 사람이 동시에 내용을 열람하는 것은 불가능하다.

② 결재권자가 출장 중이라도 평소와 같은 통상적인 업무 수행이 가능하다.

③ 경영 의사결정 사이클을 단축하는 효과를 지닌다.

④ 결재 과정을 단축시키고 직접 접촉에 의한 업무 수행의 제한점을 극복할 수 있다.

74 윈도우 운영체제를 사용하는 내 컴퓨터의 IP주소를 찾기 위해서, cmd를 실행하여 명령 프롬프트를 연후 사용할 수 있는 명령어는?

① IPCONFIG   ② CONFIGIP

③ IPFINDER   ④ MSCONFIG

75 다음 중 컴퓨터나 원거리 통신 장비 사이에서 메시지를 주고받는 양식과 규칙의 체계에 해당하지 않는 것은?

① HTTP
② TELNET
③ POP3
④ RFID

76 다음 중 밑줄 친 한글맞춤법이 잘못된 것은?

① 신용카드 <u>결제일</u>이 매월 25일이다.
② 난 겨울이 되면 <u>으레</u> 감기가 걸린다.
③ 상무님이 <u>이따가</u> 처리할 테니 두고 가라고 하신다.
④ 도대체 <u>어따 대고</u> 삿대질이야?

77 사이버 환경에 적용 가능한 인증기술 동향에 대한 설명으로 가장 부적절한 것은?

① 지식기반 사용자 인증방식은 사용자와 서버가 미리 설정해 공유한 비밀 정보를 기반으로 사용자를 인증하는 것으로 패스워드 인증이 일반적이다.
② 패스워드 인증 방식은 별도 하드웨어가 필요 없어 적은 비용으로 사용자 편의성을 높이는 장점이 있다.
③ 소유기반 사용자 인증방식은 인증 토큰을 소유하고 이를 기반으로 사용자를 인증한다. 소프트웨어 형태의 예로 OTP 단말기와 하드웨어 형태의 예로 공인인증서로 구분된다.
④ 소유기반 사용자 인증방식은 사용자 토큰에 관련한 인증시스템 구축이 어렵고, 최소 1회 이상 인증기관 또는 등록기관과 본인임을 확인해야 한다.

78 다음 중 랜섬웨어 감염을 예방하기 위한 행동이 나열되어 있다. 이 중 적절하지 않은 것은?

> 가. SNS에 올라온 사진 다운로드 시 주의가 필요하다.
> 나. 신뢰할 수 없는 사이트의 경우 가급적 방문하지 않는다.
> 다. P2P사이트에서 파일을 다운로드받지 않는다.
> 라. 출처가 분명한 이메일이라도 첨부파일 실행은 주의한다.
> 마. 중요한 자료는 자주 백업해둔다.
> 바. PC운영체제 및 소프트웨어를 최신 버전으로 유지한다.
> 사. 백신을 반드시 설치하고 주기적으로 업데이트 및 점검한다.

① 없다.   ② 가

③ 다   ④ 라

79 다음은 ㈜진우 기업의 문서 접수 대장이다. 문서 접수 대장에 대한 설명이 가장 적절하지 않은 것은?

일련번호	접수일자	발신처	문서번호	문서제목	상사전달	전달일	담당부서	인수자	기타
20-112	20.3.16.	보람카드	–	2월 카드명세서	0	3.16.			
20-113	20.3.16.	상공협회	상공 20-15	국가자격증 안내		3.16.	인사팀	최문영	
20-114	20.3.17.	한울대학	교무-35	취업교육의뢰		3.17.	교육팀	김세인	

① 2020년 3월 16일에 접수한 문서는 두 건이다.

② 한울대학에서 온 취업교육의뢰 문서는 교육팀 김세인씨가 비서실로 전달해주었다.

③ 상공협회에서 온 국가자격증 안내 문서는 인사팀에서 처리할 문서이다.

④ 보람카드에서 온 카드명세서는 상사의 개인 카드명세서여서 봉투를 개봉하지 않고 전달했다.

ANSWER 78.① 79.②

78 가~사 모두 랜섬웨어 감염을 예방하기 위한 행동으로 적절한 설명이다.

79 ② 한울대학에서 온 취업교육의뢰 문서는 비서실에서 교육팀 김세인 씨에게 전달해 준 것이다.

80 프레젠테이션 과정은 발표 내용결정, 자료작성, 발표준비, 프레젠테이션 단계의 4단계로 구분할 수 있다. 보기 중 나머지와 단계가 다른 하나를 고르시오.

① 프레젠테이션의 목적 및 전략 설정 과정
② 프레젠테이션 스토리 설정 과정
③ 수신인에 대한 정보 수집 및 분석 과정
④ 청중이 이해하기 쉽게 일상적인 것과 비교할 수 있는 수치 제시 과정

ANSWER 80.④

80 ①②③은 발표 내용결정 단계, ④는 자료작성 단계에 해당한다.

※ 프레젠테이션 과정

순서	내용
내용결정	• 목적 설정 • 수신인 정보수집 • 스토리 설정 • 시간 설정 및 배분
자료작성	• 기초적인 자료수집 • 자료선별 • 문서화할 내용 결정 • 스토리에 맞춰 구성 • 메시지 결정 • 요소선정 • 효과적인 전달을 위한 비주얼화
발표준비	• 회의장 조사 • 발표기술 연습 • 리허설 시행
프레젠테이션	• 서론 - 주의 유도 및 분위기 조성 - 동기부여 - 주요 포인트 소개 - 질의응답 시간 안내 • 본론 - 발표 • 결론 - 주의 환기 - 주요 포인트 요약 - 질의응답 및 마무리

1과목 **비서실무**

1 다음 비서의 자질과 태도에 관한 설명 중 가장 적합하지 않은 것은?

① 다양한 사무정보 기기를 능숙히 다루기 위하여 많은 노력을 기울인다.

② 바쁜 업무시간 틈틈이 인터넷 강의를 들으며 외국어 공부를 한다.

③ 평소 조직 구성원들과 호의적인 관계를 유지하기 위해 노력한다.

④ 상사의 직접적인 지시가 없어도 비서의 권한 내에서 스스로 업무를 찾아 수행한다.

2 아래는 전문 분야에서 일하고 있는 비서들의 경력개발 사례이다. 가장 적절한 것은?

① A : A씨는 국제기구의 사무총장 비서이다. 다음 달에 상사가 국제회의에 참석하셔야 하므로 이에 대비해 해당 국가에 가서 연수를 받고자 급하게 한 달간의 단기 연수 교육신청을 하였다.

② B : B씨는 종합병원 원장 비서이다. 병원 조직의 효율적인 관리와 의사결정을 위해 의료 서비스 관련법과 행정매뉴얼을 숙지하려고 노력하고 있다.

③ C : C씨는 대형 로펌의 법률 비서이다. 법률상담 업무를 능숙하게 하기 위해 법률관련 문서와 판례를 평소에 꾸준하게 읽고 있다.

④ D : D씨는 벤처기업 사장 비서이다. 상사의 투자자를 찾아내고 섭외하는 업무를 보좌하기 위해 투자 관련 용어를 학습하고 있다.

ANSWER 1.② 2.④

1 ② 업무시간에는 성실하게 업무에 임하도록 한다. 바쁜 업무시간 중 자기개발을 하는 것은 바람직한 자세가 아니다.

2 ①②③은 상사가 해야 할 업무이다. 비서는 상사가 업무에 전념할 수 있도록 전문적으로 보좌하는 역할을 해야 한다. 따라서 상사의 업무를 보좌하기 위해 필요한 선에서 자신의 능력을 개발하는 것이 적절하다.

3 다음 중 전화응대 대화 내용으로 가장 적절한 것은?

① "안녕하세요, 이사님. 저는 상공물산 김영호 사장 비서 이인희입니다. 비 오는데 오늘 출근하시는데 어려움은 없으셨는지요? 다름이 아니고 사장님께서 이사님과 다음 주 약속을 위해 편하신 시간을 여쭈어보라고 하셔서 전화드렸습니다."

② "안녕하세요, 상무님. 다음 주 부사장님과 회의가 있는데요, 부사장님은 목요일 점심, 금요일 점심에 시간이 나십니다. 부사장님은 목요일에 관련 회의를 하고 나서 상무님을 뵙는게 낫다고 금요일이 더 좋다고 하십니다. 언제가 편하신가요?"

③ "전무님, 그럼 회의시간이 금요일 12시로 확정되었다고 사장님께 말씀드리겠습니다. 장소도 확정되면 알려 주십시오."

④ "상무님, 사장님께서 급한 일정으로 회의를 취소하게 되었습니다. 제가 사장님을 대신해서 사과드립니다."

4 다음 중 회의 용어를 올바르게 사용하지 못한 것은?

① "이번 회의는 정족수 부족으로 회의가 성원 되지 못했습니다."

② "김영희 부장이 동의(動議)를 해 주셔서 이번 발의를 채택하도록 하겠습니다."

③ "동의를 얻은 의안에 대해 개의해 주실 분 있으신가요?"

④ "이번 안건에 대해 표결(表決)을 어떤 식으로 할까요?"

ANSWER 3.③ 4.②

3 ① '비 오는데 오늘 출근하시는 데 어려움은 없으셨는지요?'라는 내용은 불필요하다. 자신의 소속과 이름을 밝힌 후 바로 통화 목적을 말하는 것이 좋다.
② 말하고자 하는 내용을 조리 있게 정리하여 전달하는 연습이 필요하다.
④ 사장님을 대신해서 사과드린다는 표현은 적절하지 않다. 사장님께서 사과의 말씀을 전하셨다고 표현하는 것이 적절하다.

4 ② 動議→同意 : '의사나 의견을 같이함'을 의미할 때에는 同意(같을 동, 뜻 의)로 쓴다.

5 김 비서의 회사는 현재 비전 컨설팅에 조직개발에 관해 컨설팅 의뢰를 해 둔 상태이다. 다음 대화 중 사장 비서인 김 비서(A)의 전화응대 태도로 가장 적절한 것은?

① A : 안녕하십니까? 상공물산 대표실입니다.

  B : 비전 컨설팅 김태호 대표입니다. 사장님 자리에 계십니까?

  A : <u>무슨 용건이신지요?</u>

② A : 안녕하십니까? 상공물산 대표실입니다.

  B : 비전 컨설팅입니다. 김태호 대표님께서 사장님과 통화를 원하시는데 사장님 계십니까?

  A : <u>제가 먼저 연결하겠습니다.</u>

③ A : 안녕하십니까? 상공물산 대표실입니다.

  B : 비전 컨설팅 김태호 대표입니다. 사장님 계십니까?

  A : <u>지금 외출 중이십니다. 사장님 돌아오시면 연락드리겠습니다.</u>

④ A : 안녕하십니까? 상공물산입니다.

  B : 비전 컨설팅 김태호 대표입니다. 사장님 계신가요?

  A : <u>사장님은 통화중이십니다. 잠시만 기다리시겠습니까? 아니면 사장님 통화 마치시면 저희가 전화드릴까요?</u>

  B : 기다리겠습니다.

....

5 ① 김 비서의 회사는 이미 상대방의 회사에 컨설팅 의뢰를 해 둔 상태이므로 용건에 대해 묻는 것은 적절하지 않다.
   ② 상사에게 확인 후 상대방 비서에게 먼저 연결해 줄 것을 요청하는 것이 바람직하다.
   ③ 상사가 부재중일 경우 급한 용무인지, 남길 메모가 있는지 등을 묻고, 상사에게 보고 후 지시에 따르도록 한다.

6 다음은 비서의 내방객 응대에 관한 대화이다. 가장 부적절한 것은?

(약속된 내방객이 들어선다.)

비서 : <u>안녕하세요, 10시에 약속하신 통일위원회 김영호 위원장님이시죠?</u> …… ㉠

김 위원장 : 네, 그렇습니다.

비서 : <u>원장님께서 기다리고 계십니다. 이쪽에 앉아 잠시만 기다려 주십시오.</u> …… ㉡

김 위원장 : 네.

비서 : <u>위원장님, 원장님께 어떠한 용건이라고 말씀드릴까요?</u> …… ㉢

김 위원장 : 직접 뵙고 말씀드릴 겁니다.

(원장님께 김 위원장님이 도착하셨음을 알린다.)

비서 : <u>위원장님, 기다려 주셔서 감사합니다. 이쪽으로 모시겠습니다.</u> …… ㉣

(좌석을 안내한다.)

비서 : 차는 녹차와 커피가 있습니다. 어느 것으로 올릴까요?

① ㉠

② ㉡

③ ㉢

④ ㉣

7 상공기획(주) 이영준 대표이사는 중요한 업무 파트너인 서준희 회장님과 중식당에서 오찬을 마친 후 회사 회의실에서 1시간 정도 실무진 임원과 함께 미팅 예정이다. 김미소 비서가 내방객을 맞이하기 위한 준비 업무로 가장 적절치 않은 것은?

① 김 비서는 상사의 회사 도착시각을 예측하기 위해 기사에게 사전에 오찬 장소에서 출발할 때 연락을 하도록 부탁한다.

② 김 비서는 서준희 회장의 내방객 카드를 찾아 평소 즐기는 차의 종류를 미리 확인하여 준비한다.

③ 김 비서는 상사와 서준희 회장이 회의실에 도착하기 전에 회의에 동석하기로 되어 있는 홍보 담당 전무에게 연락하여 회의실에 미리 와 있도록 한다.

④ 회의자료는 회의 참석자에게 며칠 전에 이메일로 전송하였으므로 참석자에게 상사와 서준희 회장이 회의실에 도착하기 직전에 자료 확인 문자를 넣도록 한다.

ANSWER 6.③ 7.④

6 ③ 선약이 된 내방객이므로 용건을 물어 전달할 필요는 없다.

7 ④ 회의 자료에 대한 확인 문자는 여유 있게 미리 넣는 것이 바람직하며, 회의 시작 전까지 출력하여 준비할 수 있도록 한다.

8 사무실에 자주 내방하시던 상사의 오랜 지인이 어느 날 강 비서에게 늘 도와줘서 감사하다며 함께 점심 식사를 하자고 하신다. 이에 대처하는 강 비서의 태도로 가장 바람직한 것을 고르시오.

① 감사하지만 다른 일정으로 참석이 어려움을 밝힌다. 이후 상사에게는 관련 사실을 보고한다.

② 상사 지인에게 단호하게 거절하며 불쾌함을 분명히 표현한다.

③ 사내 여사원 온라인 게시판에 익명으로 관련 내용을 문의한다.

④ 평소에 잘 알고 지내온 터라 편한 마음으로 식사를 함께 하며 상사에게는 특별히 언급하지 않는다.

9 다음 중 상사의 교통편을 예약할 시, 가장 적절한 업무 태도는?

① 해외 항공권 예약 시에는 e-티켓으로 예약 확인하고 한 번 더 예약확인서를 문자로 요청하였다.

② 성수기로 항공권 예약이 어려울 것을 예측하여 우선 비서의 이름과 여권번호로 항공권 예약을 해서 좌석을 확보해 둔다.

③ 상사가 선호하는 항공편의 좌석이 없을 때는 일단 다른 비행기를 예약하고, 상사가 원하는 항공편의 좌석이 나왔는지 수시로 확인한다.

④ 상사가 동행인이나 관계자가 있는 경우, 상대방의 형편도 고려하여 출발시간을 잡아 예약한다.

10 상사가 출장 출발 전에 비서가 확인해야 할 사항으로 가장 적절하지 않은 것은?

① 출장 중 상사 업무 대행자가 처리할 업무와 출장지의 상사에게 연락해야 할 업무 등을 구분하여 상사로부터 미리지시를 받는다.

② 상사와 일정한 시간을 정해 놓고 전화 통화를 하거나 email, SNS 등을 이용하면 편리하게 업무보고와 지시를 받을 수 있다.

③ 비서는 상사 출장 중에 그동안 밀렸던 업무를 처리한다.

④ 상사 업무 대행자 지정은 상사가 출발한 후 조직의 규정에 따라 지정하면 된다.

Aɴsᴡᴇʀ 8.① 9.④ 10.④

8 ① 상사의 지인과 사적인 식사 자리를 갖는 것은 바람직하지 못하다. 말씀만으로도 감사하지만 다른 일정으로 참석이 어려움을 밝히고, 이후 상사에게 해당 내용을 보고하도록 한다.

9 ① 예약확인서는 보통 이메일로 발급한다.
② 상사에게 보고 후 상사의 이름과 여권번호로 항공권 예약을 해서 좌석을 확보해 둔다.
③ 상사가 선호하는 항공편의 좌석이 없을 경우 다른 항공권을 예약하고 선호하는 항공편의 대기자 명단에 상사의 이름을 올려 두어 좌석이 나왔을 때 예약할 수 있도록 한다.

10 ④ 상사 업무 대행자 지정은 출장 사전에 상사와 상의하여 지정한다.

11 회사 50주년을 축하하는 기념식 행사를 준비하는 비서가 행사장의 좌석배치 계획을 수립할 때 다음 중 가장 부적절한 것은?

① 단상에 좌석을 마련할 경우는 행사에 참석한 최상위자를 중심으로 단 아래를 향하여 우좌의 순으로 교차 배치한다.

② 단하에 좌석을 마련할 경우는 분야별로 좌석 군을 정하는 것이 무난하여, 당해 행사의 관련성을 고려하여 단상을 중심으로 가까운 위치부터 배치한다.

③ 단하에 좌석을 마련할 경우 분야별로 양분하는 경우에는 단상에서 단하를 바라보아 연대를 중심으로 왼쪽은 외부초청 인사를, 그 오른쪽은 행사 주관 기관 인사로 구분하여 배치한다.

④ 주관 기관의 소속 직원은 뒤에, 초청 인사는 앞으로 한다. 행사 진행과 직접 관련이 있는 참석자는 단상에 근접하여 배치한다.

12 다음 중 한자어가 잘못 기입된 것은?

① 단자(單子) : 부조나 선물 위의 내용을 적은 종이
② 장지(葬地) : 장사하여 시신을 묻는 장소
③ 빈소(殯所) : 상여가 나갈 때까지 관을 놓아두는 방
④ 발인(發人) : 상여가 떠나는 절차

13 초청장에 명시된 복장규정의 설명이 맞지 않는 것은?

① business suit : 남성정장으로 색, 무늬, 스타일 등의 제한을 받는다.
② lounge suit : 남성 정장으로 조끼와 자켓을 갖추어 입는다.
③ black tie : 예복으로 남성의 경우 검은 나비 타이를 착용한다.
④ smart casual : 티셔츠에 면바지가 허용되는 편안한 복장이다.

ANSWER 11 ③ 12 ④ 13 ④

11 ③ 단상에서 단하를 바라보아 연대를 중심으로 왼쪽은 행사 주관 기관 인사를, 그 오른쪽은 외부 초청 인사를 구분하여 배치한다.

12 ④ '장례를 지내러 가기 위하여 상여 따위가 집에서 떠남. 또는 그런 절차'를 의미하는 용어는 '發靷(필 발, 가슴걸이 인)'으로 쓴다.

13 ④ smart casual은 business suit나 lounge suit보다 편안한 복장이지만 티셔츠에 면바지가 허용되는 것은 아니다. 셔츠 등을 갖춰 입어 편하면서도 깔끔해야 한다.

14 다음 중 보고 업무를 수행하고 있는 비서의 자세로 가장 적절하지 않은 것은?

① 위기에 처했을 때 보고하는 것도 중요하지만 평소에 중간보고를 충실히 하여 예측되는 문제를 미연에 방지한다.

② 업무 진행 상황을 자주 보고하여 상사가 일이 어느 정도 속도로, 또 어떤 분위기로 진행되고 있는지 알 수 있도록 한다.

③ 업무의 절차적 당위성을 확보하기 위해 조직 내 공식적인 채널을 통해서만 보고한다.

④ 업무 중간 중간에 상사의 의견을 물어 잘못되었을 경우 수정할 수 있는 시간을 갖는다.

15 비서의 직업윤리와 그에 해당하는 상황 설명이 윤리에 적합한 것은?

	직업윤리	상황
㉠	시간을 남용하거나 낭비하지 않아야 하므로 근무 시간에 자신의 의무를 충실히 이행하여야 한다.	퇴근 시간이 다가오면 퇴근 후의 일정을 계획하려고 장시간 메신저를 한다.
㉡	회사 비품이나 금전을 개인적인 용도로 쓰지 않아야 한다.	회사에서 직원들을 위해 비치한 생수나 커피 재고가 많이 남아 직원들과 나누어 가져갔다.
㉢	회사나 자신의 지위를 이용하여 개인적인 이득을 얻고자 하지 않는다.	고객이 감사하다며 비서에게 선물을 하여 거절하였다.
㉣	회사나 사업에 관련된 기밀이나 정보를 외부에 누출하지 않는다.	퇴근 후 친구와 SNS로 회사의 고충 상황을 의논하였다.

① ㉠

② ㉡

③ ㉢

④ ㉣

14 ③ 업무의 성격에 따라 조직 내 공식적인 채널과 비공식적인 채널을 구분하여 적절하게 활용하는 것이 바람직하다.

15 ㉠ 퇴근 후의 일정을 업무시간 중에 계획하는 것은 바람직한 직업윤리에 해당하지 않는다.

㉡ 회사 비품을 나누어 가져가는 것은 바람직하지 않다.

㉣ 회사 업무와 관련된 내용을 친구와 SNS를 통해 의논하는 것은 비서의 직업윤리에 비춰볼 때 바람직하지 않다.

16 마케팅부 이미영 비서는 '기업의 SNS 마케팅' 특강을 준비하였다. 특강비용처리와 관련하여 가장 적절하지 않은 것은?

> 마케팅부 이미영 비서는 마케팅부서 직원 50명을 대상으로 '기업의 SNS 마케팅' 특강을 준비하고 있다.

① 특강에 필요한 물품을 먼저 구입 후 12만원 비용처리를 위해 경리부에 간이영수증을 전달하였다.

② 특강료를 지급하기 위해 외부강사의 주민등록증과 은행계좌를 받아 원천징수한 금액을 외부 강사의 통장으로 입금하였다.

③ 특강강사에게 3만 원 이하로 선물을 준비하라는 사장님의 지시를 받고, 선물 구입 후 간이영수증을 제출하였다.

④ 특강 후 상사와 강사, 그리고 특강 수강자들과의 저녁식사가 있어 법인카드를 사용하였다.

17 다음은 상사의 해외 출장 일정이다. 상사의 일정을 관리하는 방법으로 가장 옳지 않은 것은?

Itinerary			
편명 / 좌석번호	EK323 / 14A	클래스	Business
출발	ICN 08 Aug 23:55	도착	DXB 09 Aug 04:25
비행시간	09H 30M	마일리지	4189
편명 / 좌석번호	EK 237 / 9A	클래스	Business
출발	DXB 11 Aug 08:40	도착	BOS 11 Aug 14:15
비행시간	13H 35M	마일리지	6662
편명 / 좌석번호	EK 201 Operatedby KE086 / 17H	클래스	Business
출발	JFK 15 Aug 00:50	도착	ICN 16 Aug 04:10
비행시간	14H 20M	마일리지	6906

* Business Class Service : Chauffeur-drive services, Business Class Lounge

① 상사의 전체 출장일정은 ICN-DXB-BOS-JFK-ICN 일정으로 8박 9일이다.

② 상사의 DXB 체류 기간은 2박 3일로 여유가 있으므로 도착당일인 8월 9일 이른 오전시간부터 업무 일정을 수립하지 않는 것이 바람직하다.

③ 상사가 8월 11일 BOS 시내에서 오후 4시에 개최되는 행사의 Keynote Speech를 할 수 있도록 준비하였다.

④ 상사가 8월 16일 새벽에 도착하므로 주요 일정을 오전에 수립하지 않았다.

ANSWER 16.① 17.③

16 ① 간이영수증이 인정되는 한도는 3만 원까지이다.

17 ③ 상사는 8월 11일 14:15에 BOS에 도착한다. 따라서 당일 4시에 개최되는 행사의 기조연설을 하기에는 시간이 빠듯하며 13시간 35분이라는 긴 비행시간으로 인해 피로할 수 있다.

18 국회의원 비서로 일하고 있는 비서 A씨는 상사 의정 활동 홍보업무를 하고 있다. 다음 중 가장 적절한 것은?

① 보좌하고 있는 의원의 활동을 보도하기 위해 배포할 내용을 언론사의 배포 부서별로 선정을 해 두었다.

② 작성된 보도 자료는 보안을 위해 언론사에 직접 방문하여 제출하였다.

③ 보도하고자 하는 내용은 최대한 상세하게 6하원칙에 의해 작성한다.

④ 연설문, 기고문, 축사는 홍보의 내용이 아니므로 전문가의 의견까지 받을 필요가 없다.

19 김 비서의 업무용 프린터가 갑자기 고장 났다. 업무 지연을 방지하기 위하여 서둘러 구매하려고 한다. 다음 중 바르지 않은 것은?

① 지출결의서를 작성하여야 하는데, 지출결의서란 올바른 회계처리를 하기 위한 기초 자료임과 동시에 대표자나 경영진이 올바른 자금 집행을 하기 위한 중요한 서식이다.

② 업무용 프린터 구입이므로 일반 경비 지출 결의서에 작성한다.

③ 매년 정기적으로 구매하는 프린터 용지, 프린터 토너 등의 구입 시에도 지출 요청일 최소 5일 이전에 결재 받아야 한다.

④ 예산 한도 내에서 결제할 때는 결재 받을 필요가 없다.

20 외국에서 중요한 손님이 우리 회사를 방문할 때 비서의 의전 관련 업무 수행 시 적절하지 않은 것은?

① 외국 손님의 인적사항은 공식 프로필에서 확인하는 것이 원칙이다.

② 국가에 따라 문화가 다르므로 상호주의 원칙을 따른다.

③ 의전 시 서열 기준은 직위이나 행사 관련성에 따라 서열기준이 바뀔 수 있다.

④ 손님의 선호하는 음식이나 금기 음식을 사전에 확인하여 식당 예약을 한다.

ANSWER 18.① 19.④ 20.①

18 ② 언론사를 직접 방문하여 제출하는 것은 시간관리상 비효율적이다.
③ 보도하고자 하는 내용은 6하원칙에 따라 핵심내용을 요약적으로 작성한다.
④ 연설문, 기고문, 축사 등도 대외적으로 공개되는 내용이므로 전문가의 의견을 받아 작성하는 것이 좋다.

19 ④ 예산 한도 내에서 결제를 할 때에도 결재를 받아야 한다.

20 ① 공식 프로필은 물론 가용할 수 있는 비공식적인 정보가 있다면, 이를 최대한 고려하여 보다 효과적인 의전이 될 수 있도록 해야 한다.

21 기업의 다양한 이해관계자에 대한 설명으로 가장 옳은 것은?

① 지역사회 : 비즈니스 환경에서 동행하며 이들의 요구를 충족시키는 것은 기업 성공의 최고 핵심 조건이다.

② 파트너 : 기업과 파트너십을 맺고 있는 협력업체와의 신뢰확보는 기업 경쟁력의 버팀목이다.

③ 고객 : 기업이 사업장을 마련하여 이해관계를 같이 하는 곳이다.

④ 투자자 : 기업을 믿고 지지한 주주로서 기업의 고객과 가장 가까운 곳에 위치한다.

22 다음 중 기업의 공유가치창출(CSV) 활동의 사례로 보기에 가장 적절한 것은?

① 종업원들에게 경영참가제도와 복지후생제도를 도입 활용한다.

② 제3세계 커피농가에 합리적 가격을 지불하고 사들인 공정무역커피를 판매한다.

③ 저소득층 가정의 학생들에게 아침밥을 제공한다.

④ 제3세계 농부들에게 코코아 재배에 관한 교육을 제공하여 숙련도를 높이고 양질의 코코아를 제공받아 초콜릿을 생산한다.

23 다음 중 협동조합에 관한 설명으로 가장 적절한 것은?

① 협동조합은 출자액의 규모와 관계없이 1인 1표의 원칙을 갖고 있다.

② 협동조합은 영리를 목적으로 설립한 공동기업의 형태이며 조합원들에게 주식을 배당한다.

③ 소비자협동조합은 비영리 조합원 소유의 금융협동체로서 조합원들에게 대출 서비스를 주요 사업으로 한다.

④ 협동조합은 소수 공동기업으로 운영되며 이익이나 손실에 대해 조합장이 유한책임을 진다.

ANSWER 21.② 22.④ 23.①

21 ① 고객에 대한 설명이다.
③ 지역사회에 대한 설명이다.
④ 투자자는 기업을 믿고 지지한 주주로서 기업에 있어 중요한 위치를 차지한다.

22 공유가치창출은 기업의 경제적 가치와 공동체의 사회적 가치를 조화시키는 경영을 말한다. 보기 중 공유가치창출에 해당하는 사례는 ④가 가장 적절하다.

23 ② 협동조합은 사업의 목적이 영리에 있지 않고 조합원 간의 상호부조에 있다.
③ 신용협동조합에 대한 설명이다. 소비자생활협동조합은 소비자들의 자주·자립·자치적인 생활협동조합활동을 촉진함으로써 조합원의 소비생활 향상과 국민의 복지 및 생활문화 향상을 위해 설립된 조합이다.
④ 협동조합의 조합원들은 조합에 대하여 유한책임을 진다.

24 협상을 통해 두 기업이 하나로 합치는 인수 합병(M&A)은 '실사 - 협상 - 계약 - 합병 후 통합' 과정을 거치는 데, 각 단계에 대한 설명으로 가장 옳은 것은?

① 실사 : 기업의 인수합병계약 전 대상기업의 재무, 영업, 법적현황 등을 파악하는 절차

② 협상 : M&A 과정 중 가장 중요한 단계로 계약서를 작성하는 단계

③ 계약 : 계약 체결을 위해 대상기업과의 교섭 단계

④ 합병후 통합 : 대상기업과의 인수가격, 인수형태 등 법적절차를 협상하는 단계

25 다음 중 기업의 외부환경분석 중 포터(M. Porter)의 산업구조분석모형에서 다섯 가지 세력(5-Forces)에 해당하지 않는 것은?

① 기존 산업 내 경쟁 정도

② 공급자의 협상력

③ 신규 시장 진입자의 위협

④ 정부의 금융 · 재정정책

26 대기업과 비교할 때 중소기업의 특징에 대한 다음 설명 중 가장 옳지 않은 것은?

① 자금과 인력의 조달이 어렵다.

② 경영진의 영향력이 커서 실행이 보다 용이하다.

③ 규모가 작아 고용 증대에 큰 기여를 하지 못한다.

④ 환경의 변화에 보다 신속하게 대응할 수 있다.

ANSWER 24.① 25.④ 26.③
....

24 ② 계약서를 작성하는 단계는 '계약' 단계이다.
③④ 계약 체결을 위한 교섭 및 협상은 '협상' 단계에 해당한다.

25 포터의 산업구조분석모형에서 Five Forces에 해당하는 것은 다음의 다섯 가지이다.
- 신규 진출 기업의 위협(Threat of new entrants) - 진입장벽
- 기존 기업 간 경쟁정도(Rivalry among existing competitors)
- 대체제 위협 결정요인(Threat of substitute products or services)
- 구매자 협상력 (Bargaining power of buyer)
- 공급자 협상력 (Bargaining power of suppliers)

26 ③ 중소기업은 전체 기업의 대부분을 차지하며 전체 기업 종사자의 80% 이상이 중소기업에 근무하고 있다. 즉, 중소기업은 고용 증대에 크게 기여한다.

27 경영 조직화의 설명 중 가장 거리가 먼 것은?

① 조직화의 의미는 부서수준에서 부장, 과장, 대리 등으로 직무를 설계하여 업무가 배분되고 조정되도록 하는 것을 의미한다.

② 조직화 과정에는 일반적으로 계획된 목표달성을 위해 필요한 구체적인 활동을 확정하는 단계가 있다.

③ 구체적인 활동이 확정되면 개개인이 수행할 수 있도록 일정한 패턴이나 구조로 집단화시키는 단계가 있다.

④ 조직화란 과업을 수행하기 위해 구성원과 필요한 자원을 어떻게 배열할 것인가를 구상하는 과정이다.

28 다음 중 조직구조의 유형에 관한 설명으로 가장 적합하지 않은 것은?

① 유기적 조직은 환경이 급변하고 복잡한 경우 기계적 조직보다 적합하다 할 수 있다.

② 기계적 조직은 유기적 조직에 비해 집단화 정도와 공식화 정도가 높다.

③ 유기적 조직은 직무내용이 유사하고 관련성이 높은 업무를 우선적으로 결합하여 업무의 전문성을 우선시하는 조직이라 할 수 있다.

④ 라인(line)구조는 조직의 목표 달성에 직접적인 책임을 지고 있는 기능을 가지고 있다.

29 민쯔버그가 제시한 경영자의 역할 중에서 종업원을 동기부여하는 역할로서 가장 적절한 것은?

① 정보적 역할

② 대인적 역할

③ 의사결정적 역할

④ 협상자 역할

ANSWER 27.① 28.③ 29.②

27 ① 조직화는 기업의 목표를 효과적으로 달성하기 위해 조직 전체의 수준에서 직무를 설계하고 자원을 배분하는 등의 조정하는 활동을 말한다.

28 ③ 기계적 조직에 대한 설명이다. 유기적 조직은 프로젝트별 팀들이 조직의 기본단위를 이루는 조직구조이다.

29 민쯔버그는 경영자가 인간관계 역할(대인적 역할), 정보관련 역할(정보적 역할), 의사결정 역할의 3가지를 수행한다고 보았다.
- 대인적 역할 : 기업을 계속적으로 원만하게 운영하는 데 도움을 주는 역할로, 외형적 대표자, 리더, 연락자로서의 역할 등이 있다.
- 정보적 역할 : 외부의 정보를 수집 · 전달하는 역할로, 모니터, 전파자, 대변인으로서의 역할 등이 해당한다.
- 의사결정 역할 : 경영에 있어 의사를 결정하고 문제를 해결하는 역할로, 기업가, 분쟁해결자, 자원배분자, 협상가로서의 역할 등이 해당한다.

30 다음 중 리더십이론에 대한 설명으로 가장 적절하지 않은 것은?

① 블레이크와 모튼의 관리격자이론에서 (1.9)형은 과업형 리더유형이다.

② 피들러는 리더십의 결정요인이 리더가 처해있는 조직 상황에 있다고 주장한다.

③ 허쉬와 블랜차드는 부하의 성숙도가 가장 높을 때는 지시형 리더보다는 위임형 리더가 더 효과적이라고 제안한다.

④ 번즈의 변혁적 리더십은 카리스마, 지적자극, 개별적 배려로 구성되어 있다.

31 다음 중 유한회사의 설명으로 가장 거리가 먼 것은?

① 유한회사의 사원은 의결권 등에서는 주식회사와 유사하다.

② 50인 이하의 유한책임사원과 무한책임사원으로 구성된다.

③ 주식회사보다는 자본규모가 작고 출자지분의 양도도 사원총회의 승인을 받아야 한다.

④ 소수의 사원과 소액의 자본으로 운영되는 중소기업에 적당한 기업형태이다.

ANSWER 30.① 31.②

30 ① 블레이크와 모튼의 관리격자이론에서 (1.9)형은 컨트리클럽형(친목형) 리더유형이다.

※ 관리격자이론

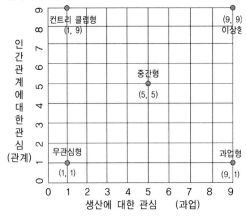

31 ② 유한회사 사원의 책임은 「상법」에 다른 규정이 있는 경우 외에는 그 출자금액을 한도로 한다. 즉, 모두 유한책임사원으로 구성된다.

32 경영의사결정이 어려운 이유를 설명한 것 중 가장 거리가 먼 것은?

① 의사결정과 관련된 문제의 복잡성, 모호성, 가변성 등으로 문제를 정확하게 파악하기 어렵다.

② 의사결정과 관련된 기초자료의 불확실성, 주변 환경과의 불확실성, 의사결정 후의 불확실성 등으로 의사결정이 어렵다.

③ 의사결정과정은 문제인식, 결정기준의 명시, 대안 도출, 대안평가, 대안 선정의 과정을 포함한다.

④ 다양한 선택기준으로 대안을 비교할 때 하나의 기준이 아닌, 기업의 이익, 비용, 규모, 이미지 등 여러 요소를 고려해야 하기에 의사결정이 어렵다.

33 다음의 내용은 무엇에 대한 설명인가?

(A)은/는 제조공정, 제품개발 등에서 혁신을 가져왔고, 앞으로 (B)로/으로 발전할 것이다. (B)은/는 (A)을/를 부품 등의 설계도를 출력하면 스스로 조립하여 물체가 완성되는 개념으로 무생물인 물질에 생명을 불어넣는 것으로 알려진 (B)의 사례는 여러 가지가 존재 한다.

① A – ERP, B – CRM
② A – ERP, B – ES
③ A – 3D프린팅, B – 자율자동차
④ A – 3D프린팅, B – 4D 프린팅

34 인사관리 중 선발의 경우, 면접 시 생길 수 있는 오류의 설명 중 바르게 설명된 것은?

① 현혹효과는 후광효과라고도 하는데, 이는 한 측면의 평가결과가 전체 평가를 좌우하는 오류를 말한다.

② 관대화 경향은 평가할 때 무조건 적당히 중간 점수로 평가하여 평가치가 중간에 치중하는 현상을 나타나게 하는 오류이다.

③ 스테레오타입오류는 피그말리온효과라고도 하는데, 자기충족적 예언을 의미한다.

④ 다양화오류는 사람들이 경험을 통한 수많은 원판을 마음에 가지고 있다가 그 원판 중에 하나라도 비슷하게 맞아떨어지면 동일한 것으로 간주해버리는 오류를 의미한다.

ANSWER 32.③ 33.④ 34.①

32 ③ 의사결정과정은 문제인식 → 대안 도출 → 결정기준의 설정 → 대안 평가 → 대안 선정의 과정으로 이루어진다.

33 A는 3D 프린팅, B는 4D 프린팅에 해당한다. 4D 프린팅은 미리 설계된 시간이나 임의 환경 조건이 충족되면 자가변형이 가능한 제품을 3D 프린팅하는 기술이다.

34 ② 중심화 경향에 대한 설명이다. 관대화 경향은 인사고과 시 실제보다 높은 점수로 평가하는 오류를 말한다.
③ 피그말리온 효과는 긍정적인 기대나 믿음이 좋은 영향을 미치는 효과를 말한다.
④ 스테레오타입오류에 대한 설명이다.

35 BSC(Balanced Score Card) 인사평가에서 균형이란 성과평가에서 재무적·비재무적 성과를 모두 균형 있게 고려한다는 것이다. 재무적 성과와 비재무적 성과를 고려하는 BSC 평가관점이 아닌 것은?

① 재무적 성과 : 고객 관점

② 재무적 성과 : 재무 관점

③ 비재무적 성과 : 외부 프로세스 관점

④ 비재무적 성과 : 학습과 성장 관점

36 다음 중 기업에서 활용되는 다양한 마케팅 활동에 대한 설명으로 가장 적합하지 않은 것은?

① 디마케팅(demarketing)은 자사 제품이나 서비스에 대한수요를 일시적 또는 영구적으로 감소시키려는 마케팅이다.

② 퍼미션(permission)마케팅은 같은 고객에게 관련된 기존상품 또는 신상품을 판매하는 마케팅이다.

③ 자극(stimulation)마케팅은 제품에 대한 지식이나 관심이 없는 소비자에게 자극을 주어 욕구를 가지게 하는 마케팅이다.

④ 바이럴(viral)마케팅은 네티즌들이 이메일이나 다른 전파매체를 통해 자발적으로 제품을 홍보하는 메시지를 퍼트리는것을 촉진하는 마케팅이다.

ANSWER 35.③ 36.②

35 과거에 기업성과를 측정할 때 재무적 측면만을 고려했던 것에 반해, 최근으로 올수록 기업의 복잡성과 다양성을 반영하는 기업의 실제 모습이나 성과를 측정하여 문제점을 발견하기 위해서는 재무적 측면뿐 아니라 비재무적 측면까지 모두 균형있게 고려하고 있다.
③ 외부 프로세스 관점은 비재무적 성과에 해당한다.

36 ② 퍼미션마케팅은 소비자의 자발적 허락, 즉 동의를 구한 마케팅 행위를 말한다.

37 포괄손익계산서 보고서 양식은 다음과 같다. 각 과목에 대한 산정방식으로 옳지 않은 것은?

보기		과목	계산 방식
	(1)	순매출액	
	(2)	매출원가	
①	(3)	매출총이익	(1)-(2)
	(4)	영업비용(판매비와 일반관리비)	
	(5)	영업이익	
	(6)	영업외손익(금융손익 등)	
②	(7)	법인세비용 차감전 순이익	(5)-(6)
	(8)	법인세비용	
③	(9)	당기순이익	(7)-(8)
	(10)	기타포괄손익	
④	(11)	총포괄손익	(5)+(9)

① (3) 매출총이익 = (1)-(2)

② (7) 법인세비용 차감전 순이익 = (5)-(6)

③ (9) 당기순이익 = (7)-(8)

④ (11) 총포괄손익 = (5)+(9)

38 다음 중 아래의 설명이 나타내는 용어로 가장 적합한 것은?

> 고객 중에는 간혹 물건을 오랜 기간 사용하고 물건에 하자가 있다고 환불이나 교환을 요구하거나 멀쩡한 음식물에 고의적으로 이물질을 넣어 보상금을 챙기는 사람들이 있다. 이와 같이 악성민원을 고의적, 상습적으로 제기하는 소비자를 뜻하는 말이다.

① 블루슈머   ② 레드슈머

③ 트윈슈머   ④ 블랙컨슈머

39 다음 중 아래와 같은 상황을 뜻하는 용어로 가장 적절한 것은?

> 어느 한 제품의 가격을 올리면 그 제품을 만드는 기업이 유리해진다. 그러나 모든 제품의 가격이 오르면 모든 기업이 이익을 얻으므로 아무도 유리해지지 않으며 오히려 물가만 올라가 나쁜 영향만 미치는 상황이 만들어진다.

① 구성의 오류   ② 매몰비용의 오류

③ 인과의 오류   ④ 도박사의 오류

40 은행이 고객으로부터 받은 예금 중에서 중앙은행에 의무적으로 적립해야 하는 비율을 일컫는 용어는?

① 현금통화비율   ② 현금비율

③ 지급준비율   ④ 본원통화

ANSWER 39.① 40.③

39 제시된 내용은 구성의 오류와 관련된 상황이다. 구성의 오류란 부분적 성립의 원리를 전체적 성립으로 확대 추론함에 따라 발생하는 오류로, 어느 한 제품의 가격을 올려 더 많은 이익을 얻었다고 하여 전체 제품의 가격을 올릴 경우 오히려 기업 경제에 악영향을 미치게 되는 것을 말한다.
② 매몰비용의 오류 : 미래에 발생할 효용이 크지 않음에도 불구하고 과거에 투자한 비용이 아까워서 계속 진행하는 오류
③ 인과의 오류 : 원인과 결과를 잘못 연결하는 오류
④ 도박사의 오류 : 확률적으로 독립적인 사건에 대해, 이전 사건의 발생 확률에 근거하여 다음에는 반대되는 결과가 나올 것이라고 착각하는 오류

40 은행이 고객으로부터 받은 예금 중 중앙은행에 의무적으로 적립해야 하는 비율을 일컫는 용어는 지급준비율이다.
① 현금통화비율 : 민간보유현금(현금통화)을 통화총량으로 나눈 것
② 현금비율 : 유동자산 중 특히 현금예금과 유동부채와의 관계를 표시해 주는 비율
④ 본원통화 : 중앙은행이 지폐 및 동전 등 화폐발행의 독점적 권한을 통하여 공급한 통화

41 Which pair is NOT proper?

① 도착 서류함 – in-tray

② 연필깎이 – sharpener

③ 소화기 – fire end

④ (회사명이 들어있는) 편지지 – letterhead paper

42 Choose the one which does NOT correctly explain the abbreviations.

① MOU : Merging of United

② IT : Information Technology

③ CV : Curriculum Vitae

④ M&A : Merger and Acquisition

43 Choose the sentence which does NOT have a grammatical error.

① First, let me congratulate you the rapid growth of your operation.

② I'm pleased to learn of the succession you have been.

③ He will be scheduled an appointment with you within a few day.

④ I would like to arrange an appointment with you so that we can go over any questions you might have.

44 What is INCORRECT about the following envelope?

XYZ CORPORATION
12 Broadway
Tulsa, OK 74102

CONFIDENTIAL

stamp

SPECIAL DELIVERY
Mr. Charles Lockwood
Marketing Director
Sharpie Electronics Company
1255 Portland Place
Boulder, CO 80302

① 수신인은 마케팅 이사인 Charles Lockwood이다.
② 이 서신은 빠른우편으로 배송되었다.
③ 이 서신의 내용은 인비이므로 Lockwood가 직접 개봉해야 한다.
④ 이 서신의 발송지는 미국 Oregon주이다.

45 What is the LEAST correct information about the below fax?

FAX from : Jefferey Duncan

    ICN Co. ESH Singapore

    Tel. +65 6426 7823

    Fax +65 6426 7824

# of Pages : 1 including this page

DATE : May 2, 2020

FAX to : Kevin Meier of ABC company +81 3 5277 061

MESSAGE

Dear Mr. Meier:

Thank you for your fax. Most of all, we apologize for the delay in shipping your order.

We normally keep to our delivery dates, but in this case our suppliers shipped to us late. Your order will be shipped today, and the date of delivery will be May 11.

We are very sorry for the inconvenience, and will make every effort to prevent a recurrence.

① ICN Co. has had a business with ABC company.

② Kevin Meier is expected to get the ordered goods on May 2.

③ The main purpose of this fax is to apologize for the delay and inform the delivery date.

④ Kevin Meier must have sent a fax to ask for the shipment of his order.

45 ② 5월 2일은 물건이 발송된 날짜이고 배송 날짜는 5월 11일이다.

「친애하는 Mr. Meier

팩스를 보내주셔서 감사합니다. 무엇보다도 귀하의 주문품 발송이 지연된 점 사과드립니다.

우리는 보통 납기일을 지키지만, 이 경우에는 공급업체가 늦게 우리에게 배송했습니다. 고객님의 주문품은 오늘 발송되며, 배송 날짜는 5월 11일입니다.

불편을 끼쳐드려 대단히 죄송하며 재발 방지를 위해 최선을 다하겠습니다.」

46 Which of the following is the MOST appropriate expression for the blanks ⓐ, ⓑ, and ⓒ?

Dear Dr. Grondahl,

Charles Lewis has asked me to ⓐ_____ your luncheon meeting with him and a representative of Third Millennium at noon on Monday, June 3.

The Moonsoon Restaurant, ⓑ_____ the Metropolis Hotel at 29 West 49th Street, is convenient to numerous midtown offices and the prime shopping and entertainment districts, and you should have no trouble finding it. You will be Mr. Lewis's guest for lunch.

I am ⓒ_____ a map of the New York City area for your convenience.

Sincerely,

Jane Jones

① ⓐ cancel ⓑ placed in ⓒ sending

② ⓐ confirm ⓑ located in ⓒ enclosing

③ ⓐ remake ⓑ to be placed ⓒ attaching

④ ⓐ call off ⓑ located on ⓒ forwarding

46 「Dr. Grondahl님께
Charles Lewis가 6월 3일 월요일 정오에 그와 Third Millennium 밀레니엄 대표와 함께 할 당신의 오찬 모임을 확인해 달라고 요청했습니다.
West 49번가 29번지에 있는 Metropolis Hotel에 위치한 Moonsoon 레스토랑은 수많은 미드타운 사무실과 프라임 쇼핑 및 놀이시설을 이용하기 편리하여, 이곳을 찾는 데 문제가 없을 것입니다. 당신은 Mr. Lewis의 점심식사 손님이 될 것입니다.
당신의 편의를 위해 뉴욕시 지역 지도를 동봉합니다.
진심을 담아,
Jane Jones」

47 Which is NOT true according to the following Mr. Smith's itinerary?

<u>WEDNESDAY, MAY 6</u>

01:30 p.m.   Leave Chicago/O'Hare Field

American Airlines Flight No. 836

Nonstop

05:10 p.m.   Arrive Boston/Logan Int.

Hotel Transportation Provided

Phone : 617-267-9314

Hotel : Revere Square Hotel, 9135 Revere Square

Dates : May 6 and 7

Confirmation No. 156J92CD (by Joan)

Guaranteed Arrival

Note. Upon arrival, contact Tom Kennedy regarding conference presentation.

<u>THURSDAY, MAY 7</u>

10:00 a.m.   Presentation to National Pharmaceutical Sales Conference, Decker Hall, Revere

Square Hotel

11:45 a.m.   Luncheon w/ John Blake, new accountant, Pullman Room, Revere Square Hotel

04:00 p.m.   Meeting w/ all regional sales managers, Hall B, Revere Square Hotel

07:30 p.m.   Conference Banquet, Diamond Hall, Revere Square Hotel

<u>FRIDAY, MAY 8</u>

10:00 a.m.   Leave Boston/Logan Int.

American Airlines Flight No. 462

Nonstop

---

① 스미스씨는 2박 일정으로 Revere Square 호텔을 예약하였다.

② 호텔 예약과 관련하여 문제가 발생했을 경우는 Joan과 연락하면 된다.

③ 연회는 저녁 7시 30분에 Pullman Room에서 개최될 예정이다.

④ 스미스씨는 수요일 오후 1시 30분 시카고 오헤어 공항을 떠나는 일정이다.

48 Fill in the blanks with the BEST ones.

> A : Intercontinental Hotel. How may I direct your call?
>
> B : Reservations, please.
>
> A : Just a moment, please.
>
> C : Reservations. How may I help you?
>
> B : I'd like to make a reservation. Do you have a double room available from the 15th of March through the 17th?
>
> C : Yes, we have. Your room _____ from March 15th to 17th. May I have your credit card number _____ your reservation?

① is booked − to guarantee   ② booked − to confirm

③ is booked − for reconfirming   ④ booked − for making

49 Which English sentence is LEAST proper for the given Korean meaning?

① 이사회에 정성어린 축하를 전해주시기 바랍니다.

    → Please pass on our kindest wishes to the board of directors.

② 귀사의 주요 고객 중 한 분인 Mr. Anderson 씨에게 귀사에 대해 들었습니다.

    → I've heard about your company from Mr. Anderson, one of your major clients.

③ 용도에 맞게 쓰시라고 전자 상품권을 발행해 드렸습니다.

    → An electronic voucher has issued for your use.

④ 귀하가 우리 대리점에서 겪으신 불편에 대해 알고 염려가 되었습니다.

    → We were concerned to learn that you have experienced an inconvenience in our agency.

ＡNSWER   48.①   49.③

48 ① 예약이 되는 것이므로 수동형 써야 하며, 신용카드 번호는 예약을 보증하기 위한 것이므로 'to guarantee'가 들어가는 것이 적절하다.

「A : Intercontinental 호텔입니다. 전화를 어디로 연결해 드릴까요?

B : 예약실로 연결해 주세요.

A : 잠시만 기다려 주세요.

C : 예약실입니다. 무엇을 도와드릴까요?

B : 예약을 하고 싶은데요. 3월 15일부터 17일까지 사용 가능한 더블룸이 있나요?

C : 네, 있습니다. 3월 15일부터 17일까지 <u>예약되었습니다.</u> 예약을 <u>보증하기 위해</u> 신용카드 번호를 알려주시겠습니까?」

49 ③ has issued → has been issued

50 What is LEAST proper as a phrase for ending the conference?

① Can we have a quick show of hands?

② Let's try to keep each item to 15 minutes.

③ Thank you for coming and for your contributions.

④ I think we've covered everything on the agenda.

51 Choose the MOST appropriate expression.

> A : Miss Jung, (a)이사회가 몇 시로 예정되어 있죠?
> B : (b)9일, 금요일 오후 1시입니다.

① (a) when is the board meeting scheduled?

   (b) On the 9th, Friday at 1:00 p.m.

② (a) when is the board meeting scheduling?

   (b) On Friday, the 9th at 1:00 p.m.

③ (a) when does the board meeting scheduling?

   (b) In the 9th, Friday at 1:00 p.m.

④ (a) when has the board meeting been scheduled?

   (b) By Friday, the 9th at 1:00 p.m.

52 What is MOST appropriate expression for the underlined part?

> Visitor : I'd like to see Mr. Han for a few minutes.
>
> Secretary : 어떤 용무로 그를 만나시려는지 여쭤봐도 될까요?
>
> Visitor : I'd like to talk to him about our new sales strategies.

① May I ask why you wish to see him?

② May I ask why do you wish to see him?

③ May I ask the reason you wish to see him about?

④ May I ask the reason do you wish to see him?

53 Among the phone conversations, which is LEAST proper?

① A : Is this Bill speaking?

   B : No, it isn't. He is not in right now.

② A : I'm sorry, may I ask who's calling, please?

   B : I'm afraid Jaeho Kim doesn't work here.

③ A : Hello, is this Sinae Travel Service?

   B : I'm sorry. You have the wrong number.

④ A : May I take a message for him?

   B : No, thanks. I will call later.

ANSWER ▸ 52.① 53.②

52 ① 'May I ask ~' 뒤로 이어지는 간접 의문문에서는 의문사(why) + 주어(you) + 동사(wish)순으로 와야 한다.

53 ① A : 말씀하고 계신 분은 Bill이신가요?
   B : 아니요, 그렇지 않습니다. 그는 지금 안 계십니다.
   ② A : 실례지만, 전화를 받고 계신 분은 누구시죠?
   B : 죄송하지만 김재호 씨는 여기서 일하지 않는 것 같아요.
   ③ A : 여보세요, 신애 여행사인가요?
   B : 미안해요. 전화를 잘못 거셨어요.
   ④ A : 그에게 메시지를 남겨드릴까?
   B : 아뇨, 고마워요. 나중에 전화할게요.

54 According to the followings, which is LEAST true?

S : Mr. Chang. Can I come in and fill you in on your schedule for today?

B : Well, I looked it through before I left home this morning, but come in Ms. Lee. It doesn't harm to double check, does it?

S : Not at all sir. Actually, Mr. Trevor of the finance department dropped by yesterday after you left for home. He wanted to see you to discuss funding for the next year's project.

B : I can see him now.

S : Well. Mr. Trevor has a department meeting at the moment. He will come to see you at 11:00. Mr. Chang, you don't have anything scheduled from 11 until noon.

B : 11 o'clock is good. Let me know when he is here. Anything else?

S : You are scheduled to go to the 5th Annual Meeting for Seoul SME Executives Association.

B : What time is the meeting and where should I go?

S : It is at 6:00 p.m. at the ABC Hotel. Because it's rush hour, I suggest your leaving at least an hour earlier.

B : OK. Thank you. Ms. Lee.

---

① Mr. Chang will leave for ABC Hotel around 5 o'clock.

② Mr. Trevor wanted to see Mr. Chang yesterday, but hecouldn't.

③ Mr. Chang already looked through today's schedule thismorning.

④ Ms. Lee is Mr. Trevor's secretary.

54 ④ Ms. Lee는 is Mr. Chang의 비서이다.

「S : Mr. Chang. 제가 들어가서 오늘 스케줄에 대해 말씀드려도 될까요?

B : 음, 오늘 아침에 집을 나서기 전에 훑어봤지만, 들어오세요 Ms. Lee. 다시 한 번 확인해도 나쁘지 않죠?

S : 물론입니다. 실은, 어제 당신이 집으로 떠난 후 재무부의 Mr. Trevor가 들렀었습니다. 그는 내년 프로젝트를 위한 자금에 대해 논의하려고 당신을 만나고 싶어했습니다.

B : 나는 지금 그를 만날 수 있어요.

S : 글쎄요. Mr. Trevor는 지금 부서 회의가 있습니다. 그는 11시에 당신을 만나러 올 것입니다. Mr. Chang, 11시부터 정오까지는 일정이 없습니다.

B : 11시 좋아요. 그가 여기에 오면 알려주세요. 또 다른 건 없습니까?

S : 제5차 서울중소기업경영자총협회 연차총회에 참석하실 예정이십니다.

B : 회의가 몇 시에 있고 어디로 가야 하나요?

S : ABC 호텔에서 오후 6시입니다. 퇴근 시간이기 때문에 적어도 한 시간 일찍 떠나시길 권합니다.

B : 네. 감사합니다. Ms. Lee.」

55 Which of the following is the MOST appropriate expression for the blank?

A : Hello. This is Paul Morris from Shilla Holdings. May I speak to Mr. Park?
B : I'm sorry, but Mr. Park is in a meeting and asked not to be disturbed.
A : I feel sorry to ask you, but _____ I have an urgent matter to discuss with him.
B : Well, let me check, but I doubt I'll be able to put you through.
   (To Mr. Park) Mr. Paul Morris from Shilla Holdings is on the line. He said he had an urgent matter to discuss with you.
C : All right. Put him through.

① please ask him to be on the line now.
② could you please interrupt him for me?
③ please tell him Mr. Morris on the line.
④ I will wait for a while.

56 What kind of letter is this?

Mr. Benjamin Button
HR Director
New Bridge Finance, Ltd.

Dear Mr. Button:

It is my great pleasure to write for Stacy Truman for the opening position in your company.

During the past three years that Ms. Truman was with us, I have come to know her as a hard-working, diligent and optimistic person with tremendous initiative. She began as a part-time secretary in Finance division but quickly demonstrated her potential and was promoted to executive secretary within a year's time.

Though I will be disappointed to see her go, I also know that Ms. Truman's ambition should not be held back. I'm sure she will make a valuable asset to any company.

Sincerely,
Richard Branson
Richard Branson,
Executive Vice President

---

① Condolence Letter

② Congratulatory Letter

③ Resignation Letter

④ Recommendation Letter

ANSWER 56.④

56 자신의 회사에서 비서로 근무하던 Ms. Truman이 이직하게 된 회사의 인사부로 보내는 추천편지이다.

「Mr. Button님께
귀사에서 직책을 맡게 된 Stacy Truman을 위해 편지를 쓰게 되어 매우 기쁩니다.
Ms. Truman이 우리와 함께했던 지난 3년 동안, 저는 그녀가 엄청난 진취성을 지닌 성실하고 근면하며 낙천적인 사람인 것을 알게 되었습니다. 그녀는 재무 부서에서 시간제 비서로 시작했지만, 그녀의 잠재력을 재빨리 입증하였고 1년 만에 수석비서로 승진했습니다. 그녀가 가는 것을 보면 실망하겠지만, Ms. Truman의 야망이 억제되어서는 안 된다는 것도 알고 있습니다. 저는 그녀가 어떤 회사에서든 소중한 자산이 될 거라고 확신합니다.」
① 문상편지 ② 축하편지 ③ 사직서 ④ 추천편지

57 Which of the followings is MOST appropriate for the blank?

S : Good afternoon. How may I help you?

V : Excuse me. Can I see Mr. Parker for a moment?

S : May I have your name, please?

V : I am Kelly Lee.

S : I'm sorry, but Mr. Parker is booked up all day today. But let me check if he is available to see you. _____

V : Oh, I just want to say hello to him. I'm his old friend.

(비서가 상사에게 방문객에 대해 보고한다.)

S : Mr. Parker. Ms. Kelly Lee is here to see you. She said she just dropped by to say hello to you.

B : Oh, really? Please show her in. By the way, do I have any scheduled meeting now?

S : Not right now. But you have an appointment in 20 minutes.

B : OK. Please let her in.

(비서가 내방객에게)

S : Ms. Lee. Please go in.

V : Thank you.

---

① May I take your message?

② May I ask what the business is?

③ May I ask your name and the nature of your business?

④ May I have your contact number just in case?

Answer 57.②

57 「S : 안녕하세요. 무엇을 도와드릴까요?
　　V : 실례합니다. Mr. Parker를 잠깐 볼 수 있을까요?
　　S : 성함이 어떻게 되시죠?
　　V : 저는 Kelly Lee입니다.
　　S : 죄송하지만, Mr. Parker는 오늘 하루종일 예약이 꽉 찼습니다. 하지만 그가 당신을 만날 수 있는지 확인해 보겠습니다. <u>무슨 용건인지 물어봐도 될까요?</u>
　　V : 아, 단지 그냥 그에게 인사하고 싶은 거예요. 저는 그의 오랜 친구입니다.
　　(비서가 상사에게 방문객에 대해 보고한다.)
　　S : Mr. Parker. Kelly Lee씨가 당신을 만나러 왔습니다. 그녀가 당신에게 인사하러 들렀다고 합니다.
　　B : 아, 정말요? 그녀를 안으로 안내해 주세요. 그런데, 제가 지금 예정된 회의가 있나요?
　　S : 지금은 아니에요. 하지만 당신은 20분 후에 약속이 있습니다.
　　B : 네, 들여보내 주세요.
　　(비서가 내방객에게)
　　S : Ms. Lee. 들어가세요.
　　V : 감사합니다.」

58 According to the following conversation, which one is NOT true?

A : Ms. Lee, could you tell me my schedule for today?

B : Yes. Mr. Taylor, there'll be a meeting on our new product promotion at 10:30. Mr. Y. G. Seo, Marketing Director, would like you to join the meeting. At 12:00 you have a lunch appointment with Ms. Jill Sander at the cafeteria.

A : Cafeteria on the first floor?

B : Yes, it is. After lunch, at two o'clock Lawyer Park will visit you to discuss the labor agreement.

A : All right. Tell me how you've planned my business trip to New York.

B : You're leaving Seoul at 9:30 on Tuesday morning on OZ780 and arriving at JFK Airport at 10 o'clock on the same day. Mr. John Park will meet you at the airport and take you to the headquarters.

A : Good.

B : You will be staying at the Royal Garden Hotel for 5 nights.

A : And on the way back?

B : The return flight leaves at 4 o'clock on Sunday afternoon and arrives at the Incheon Airport at 9:00 p.m. next Monday. Mr. Kim, driver, will meet you at the airport.

① Mr. Taylor has a meeting at 10:30 regarding new product promotion.

② Mr. Taylor has a lunch appointment with Ms. Jill Sander at the cafeteria on the first floor today.

③ Mr. Taylor will fly to New York on a business trip.

④ Mr. John Park will stay at the Royal Garden Hotel for 5 days.

ANSWER 58.④

58 ④ Royal Garden Hotel에서 5일간 머무르는 것은 Mr. Taylor이다.

「A : Ms. Lee, 오늘 제 스케줄을 말씀해 주시겠어요?

B : 네. Mr. Taylor, 10시 30분에 신제품 홍보 회의가 있습니다. Y. G. Seo 마케팅 부장님께서 미팅에 참석하시길 바랍니다. 12시에 Ms. Jill Sander와 카페테리아에서 점심 약속이 있습니다.

A : 1층에 카페테리아요?

B : 네. 그렇습니다. 점심식사 후, 2시에 Park 변호사가 노사협약을 논의하기 위해 방문할 것입니다.

A : 알겠습니다. 뉴욕 출장은 어떻게 계획되어 있는지 말해 주세요.

B : 화요일 아침 9시 30분에 OZ780편으로 서울을 출발해서 같은 날 10시에 JFK 공항에 도착할 것입니다. Mr. John Park이 공항으로 마중 나가셔서 본사로 모셔다드릴 겁니다.

A : 좋습니다.

B : Royal Garden Hotel에서 5박을 할 예정입니다.

A : 돌아오는 일정은 어떻습니까?

B : 돌아오는 비행기는 일요일 오후 4시에 출발해서 다음 날 월요일 오후 9시에 인천공항에 도착합니다. 운전기사 Mr. Kim이 공항으로 마중 나갈 겁니다.」

59 What is the main purpose of the following contents?

Travellers can reduce the effects of jet lag by changing their eating and drinking patterns. If you want to sleep on a plane, you should eat foods such as bread, pasta or cakes. Avoid eating high protein foods such as meat, eggs or cheese. Don't drink tea or coffee for two days before flying. Remember that you don't have to eat and drink everything that they offer you on a plane. You should avoid alcohol and drink at least two liters of water on a six-hour flight. Exercise also helps. You can do simple exercises in your seat, or walk around the plane.

① Rule of conduct on a plane
② Effective Diet Method
③ How to avoid jet lag
④ How to keep your health

60 Choose one pair of dialogue which does NOT match each other.

① A : It's a little bit early for dinner but would you like to have something?
　B : Why don't we have a sandwich?

② A : Do I have any meetings tomorrow?
　B : I'll let you know the schedule for tomorrow.

③ A : Do you have any particular brand of car in mind?
　B : No, but I'm looking for a compact car.

④ A : Is there some sort of a landmark you can tell me about?
　B : You can take a taxi, but it's within walking distance.

ANSWER 59.③ 60.④

59 「여행자들은 그들의 식습관과 음주 패턴을 변화시킴으로써 시차 적응의 영향을 줄일 수 있습니다. 비행기에서 자고 싶다면, 빵, 파스타, 케이크와 같은 음식을 먹어야 합니다. 고기, 달걀, 치즈와 같은 고단백 음식을 먹는 것을 피하세요. 비행기를 타기 전에 이틀 동안은 차나 커피를 마시지 마세요. 비행기에서 그들이 제공하는 모든 것을 먹고 마실 필요는 없다는 것을 기억하십시오. 당신은 알코올을 피하고 6시간 비행 시 최소한 2리터의 물을 마셔야 합니다. 운동도 도움이 됩니다. 당신은 좌석에서 간단한 운동을 하거나 비행기 주변을 걸을 수 있습니다.」
① 비행기에서의 행동수칙
② 효과적인 다이어트 방법
③ 시차 피로를 피하는 방법
④ 건강을 유지하는 방법

60 ① A : 저녁 식사하기에는 좀 이르지만 뭐 좀 드실래요?
　　B : 샌드위치를 먹는 게 어때요?
② A : 내일 회의가 있나요?
　　B : 내일 일정을 알려드릴게요.
③ A : 마음에 두고 있는 특별한 브랜드의 차가 있나요?
　　B : 아뇨, 하지만 소형차를 찾고 있어요.
④ A : 제게 말해 줄 만한 랜드마크 같은 게 있나요?
　　B : 택시를 타시면 되는데, 걸어서 갈 수 있는 거리에 있어요.

61 다음은 공문서 작성 시 항목(1., 2., 3., 4., …)을 구분하여 작성하는 방법이다. 항목 작성 시 표시위치와 띄어쓰기에 관한 설명이 가장 적절하지 않은 것은?

① 첫째 항목기호는 왼쪽 처음부터 띄어쓰기 없이 왼쪽 기본선에서 시작한다.

② 하위 항목부터는 상위 항목 위치에서 오른쪽으로 2타씩 옮겨시작한다.

③ 항목이 한줄 이상인 경우에는 항목 기호(1., 2., 3., 4., …)위치에 맞추어 정렬한다.

④ 항목이 하나만 있는 경우 항목기호를 부여하지 아니한다.

62 다음 중 소통성을 높이고 정확한 표현 사용을 위한 공공언어바로 쓰기에 맞춰 올바르게 수정되어 변경된 것은?

항목	수정 전	수정 후
가	MOU	업무협정
나	적극적으로 뒷받침하기 위해	적극 뒷받침하기 위해
다	최선을 다할	만전을 기해 나갈
라	지자체	지방자치단체(이하 지자체)
마	제고하기	높이기

① 가, 나, 다, 라, 마

② 가, 다, 라, 마

③ 가, 나, 다, 마

④ 가, 라, 마

63 다음 중 문서의 종류에 대한 설명이 가장 적절하지 못한 것은?

① 공문서 중 비치문서는 민원인이 행정 기관에 허가, 인가, 그 밖의 처분 등 특정한 행위를 요구하는 문서와 그에 대한 처리 문서를 뜻한다.

② 비서실에서는 거래 문서보다 초대장, 행사 안내문, 인사장, 축하장, 감사장 등과 같은 문서의 비중이 높은 편이다.

③ 전자 문서 시스템, 사무용 소프트웨어 뿐 아니라 홈페이지 게시 등과 같이 작성되는 문서도 전자 문서에 속한다.

④ 문서 작성 소프트웨어에 의해 작성되었다고 하더라도 인쇄되어 종이의 형태로 유통된다면 종이 문서라고 할 수 있다.

64 다음 중 문장부호의 사용이 가장 올바르지 않은 것은?

① ≪영산강≫은 사진집 〈아름다운 우리나라〉에 실린 작품이다.

② 이번 회의에는 두 명[이혜정(실장), 박철용(과장)]만 빼고 모두 참석했습니다.

③ 내일 오전까지 보고서를 제출할 것.

④ "설마 네가 그럴 줄은…." 라고 경수가 탄식했다.

65 다음과 같이 감사장을 작성하고 있다. 아래에서 메일머지의 데이터를 이용해서 작성하는 것이 더 효율적인 것이 모두 포함된 것은?

> (가) <u>상공에너지</u> (나) <u>대표이사</u> (다) <u>김채용</u> 귀하
>
> 안녕하십니까?
>
> 지난 (라) <u>9월 10일</u> 개최된 (마) <u>4차산업 도래로 인한 사회 변혁 포럼</u>에 참석해주셔서 진심으로 감사의 말씀 드립니다. 이번 포럼에서 강연해 주신 (바) "<u>빅데이터의 기업활용 성공 사례</u>" 덕분에 포럼이 더욱 성황리에 마무리되었습니다. 회의 중에 불편한 점이 있으셨다면 양해해 주시기 바랍니다.
>
> 일일이 찾아 뵙고 인사드리는 것이 도리이오나 서면으로 대신함을 양해해 주시기 바랍니다. 앞으로도 더 좋은 자리에서 다시 뵙게 되기를 바라며, 항상 건강과 행운이 함께 하시길 바랍니다.
>
> (사) <u>2020. 9. 15.</u>
>
> (아) <u>한국상공포럼</u> 대표 (자) <u>김준하</u>

① (나), (다), (바), (사)

② (라), (마), (아), (자)

③ (가), (나), (다), (바)

④ (가), (나), (다), (마)

66 다음은 상사가 해외 출장 후 박 비서에게 전달한 명함이다. 정리순서대로 올바르게 나열한 것을 고르시오.

> (가) Stephen Lee
> (나) Dr. Stephanie Leigh
> (다) Kimberley, Charles
> (라) Mr. Charlie Kimberly, CAP
> (마) Eugene Maslow, Jr.
> (바) Eric-Charles Maslow, ph.D

① (나) – (바) – (마) – (다) – (라) – (가)

② (다) – (라) – (가) – (나) – (바) – (마)

③ (라) – (바) – (마) – (다) – (나) – (가)

④ (다) – (라) – (나) – (가) – (마) – (바)

ANSWER 65.③ 66.②

65 메일머지는 동일한 내용의 이메일을 여러 사람에게 보낼 수 있는 기능으로, 같은 내용의 이메일을 받는 사람의 이름, 직책, 소속 등만 달리하여 여러 사람에게 보낼 때 효율적으로 활용할 수 있다. 주어진 자료에서는 (바)의 강연제목도 받는 사람에 따라 달라져야 하므로 (바)도 포함된다.

66 영문명함은 먼저 '성'을 기준으로 하여 알파벳순으로 정리하고, 성이 동일할 경우 '이름'의 알파벳순으로 정리한다.

67 다음 전자문서에 대한 설명으로 가장 올바르지 않은 것은?

① 비서실에서 종이문서를 일반스캐너를 이용하여 이미지화한 문서는 종이 문서와 동일하게 법적 효력을 인정받는다.

② 전자문서는 특별규정이 없는 한 전자적인 형태로 되어 있다는 이유로 문서로서의 효력이 부인되지 않는다.

③ 전자문서는 일반 문서 작성용 소프트웨어를 사용하여 작성, 저장된 파일도 해당한다.

④ 전자적 이미지 및 영상 등 디지털 콘텐츠도 전자문서에 해당한다.

68 다음 보기를 읽고 최문영 비서가 문서를 효율적으로 관리하기 위해 1차적으로 어떤 문서 정리방법을 이용하는 것이 가장 적절한 지 고르시오.

> 최문영 비서가 입사한 회사는 축산 가공 식품 회사이다. 전국에 걸쳐 지역별로 이백여 개의 공급처에서 소와 돼지의 고기를 납품받아 햄이나 소시지 등으로 제품으로 가공하고 있다. 전국의 납품업체에서는 하루에도 수십 건씩 관련 문서가 팩스로 수발신되고 있다.

① 거래 회사명으로 명칭별 분류법   ② 거래 회사 전화번호로 번호식 문서정리방법
③ 부서별로 주제별 문서정리방법   ④ 거래 회사 지역별로 명칭별 분류법

69 공공기관의 전자문서에 대한 설명이 가장 적절하지 않은 것은?

① 전자이미지서명이란 기안자·검토자·협조자·결재권자 또는 발신명의인이 전자문서상에 전자적인 이미지 형태로 된 자기의 성명을 표시하는 것을 말한다.

② 전자문자서명이란 기안자·검토자·협조자·결재권자 또는 발신명의인이 전자문서상에 자동 생성된 자기의 성명을 전자적인문자 형태로 표시하는 것을 말한다.

③ 전자문서는 업무관리시스템 또는 전자문서시스템에서 전자문자서명을 하면 시행문이 된다.

④ 전자문서의 경우에는 수신자가 관리하거나 지정한 전자적 시스템에 입력됨으로써 그 효력을 발생하는 도달주의를 원칙으로 한다.

ANSWER 67.① 68.④ 69.③

67 ① 전자문서는 생성, 저장, 관리 등과 같은 각각의 기록들이 모두 추적될 수 있을 때 법적 효력을 인정받는다. 따라서 단순히 일반스캐너를 이용하여 이미지화한 문서는 종이 문서와 동일하게 법적 효력을 인정받을 수 있는 것은 아니다.

68 전국의 납품업체와 거래하고 있으므로, 지역을 기준으로 명칭별 분류법을 이용하는 것이 가장 적절하다.

69 ③ 전자문서는 업무관리시스템이나 전자문서시스템에서 전자문자서명을 하고 발신 처리하면 시행문이 된다.

70 프레젠테이션을 위한 올바른 슬라이드 작성 방법으로 가장 적절하지 않은 것은?

① 프레젠테이션 슬라이드는 기본적으로 시각 자료이며 텍스트와 그림을 전달내용에 맞추어 적절하게 구성하는 활동이 중요하다.

② 프레젠테이션 슬라이드는 서론, 본론, 결론의 단계성보다는 도형과 그림 중심으로 시각화하는 것이 중요하다.

③ 시각 자료의 양은 발표 분량이나 시간을 고려하여 결정되어야 하며 효과적으로 배치하여야 한다.

④ 프레젠테이션을 구성하는 주제, 내용, 시각자료 등은 논리적 연관관계가 치밀해야 한다.

71 다음 비서의 정보 수집 방법이 가장 적절하지 않은 것은?

① 강 비서는 상사의 지인에 관련한 부음을 신문에서 보고 해당인물의 비서실에 전화를 걸어서 확인하였다.

② 민 비서는 보고서 작성을 위해 사내 인트라넷을 이용하여 1차 관련자료를 수집한 후 외부자원을 위해서 추가 자료를 수집하였다.

③ 정 비서는 웹자료를 검색할 때에 정보의 질이 우수하여, 출처가 불분명한 글을 인용하였다.

④ 박 비서는 인터넷검색이 불가능한 오래된 귀중본 열람을 위해서 소장여부 및 열람가능여부 확인 후 도서관에 직접 방문하였다.

72 다음은 데이터베이스 관련 용어이다. 용어에 대한 설명이 가장적절하지 못한 것은?

① Big Data : 데이터의 생성 양, 주기, 형식 등이 기존 데이터에 비해 너무 크기 때문에, 어려운 대량의 정형 또는 비정형데이터로 이로부터 경제적 가치를 추출 및 분석할 수 있는 기술이다.

② DQM : 데이터베이스의 최신성, 정확성, 상호연계성을 확보하여 사용자에게 유용한 가치를 줄 수 있는 수준의 품질을 확보하기 위한 일련의 활동이다.

③ null : 데이터베이스를 사용할 때, 데이터베이스에 접근할 수 있는 데이터베이스 하부 언어를 뜻하며 구조화 질의어라고도 한다.

④ DBMS : 데이터베이스를 구축하는 틀을 제공하고, 효율적으로 데이터를 검색하고 저장하는 기능, 응용프로그램들이 데이터베이스에 접근할 수 있는 인터페이스 제공, 장애에 대한 복구, 보안 유지 기능 등을 제공하는 시스템이다.

ANSWER 70.② 71.③ 72.③

70 ② 프레젠테이션 슬라이드는 서론, 본론, 결론의 난계성을 숭심으로 하되, 도형과 그림의 효과적인 시각화를 통해 내용을 잘 전달할 수 있도록 구성하는 것이 좋다.

71 ③ 웹자료를 인용할 때는 정보의 출처가 분명하여야 하며, 반드시 출처를 밝혀야 한다.

72 ③ SQL에 대한 설명이다. Null은 프로그래밍 언어에서 포인터가 아무것도 가리키고 있지 않다는 것을 나타내기 위해 사용하는 값이다.

73 다음 그래프는 한중 교역량 추이와 중국 입국자 및 한국 관광수지 변화를 보여주는 그래프이다. 이 그래 프를 통하여 알 수 있는 내용 중 가장 올바른 정보는?

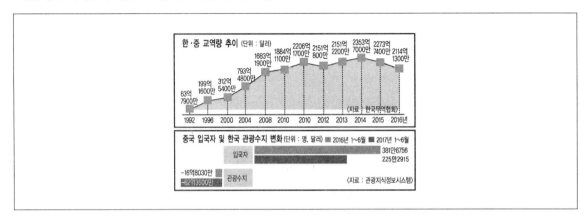

① 한 · 중 교역 규모는 2016년 2114억 1300만 달러로 1992년 교역 규모 대비 33배 축소되었다.

② 관광지식정보시스템 자료에 따르면 한 · 중 교역 규모가 가장 컸던 때는 2014년이었다.

③ 2017년 상반기 방한 중국인은 225만 2915명으로 전년 동기대비 증가했다.

④ 관광수지 적자폭도 2017년 상반기에 전년 동기 16억 8030만 달러에서 62억 3500만 달러로 커졌다.

74 사물인터넷에 대한 설명으로 잘못된 것은?

① 사물인터넷(Internet of Things, IoT)은 사물 등에 센서를 달아 실시간으로 데이터를 수집하고 주고받는 기술이다.

② IoT라는 용어는 1999년에 케빈 애쉬튼이 처음 사용하기 시작했다.

③ 보안 취약성, 개인정보 유출 등에 관한 우려가 존재하여 이에 대한 대응이 요구된다.

④ IoT에 관련한 국제표준이 부재하여 시장 전망에 비해 시장확대 속도가 느린 편이다.

ANSWER 73.④ 74.④

73 ① 2016년 한 · 중 교역량은 2,114억 1,300만 달러로 1992년 교역량 대비 33배 증가하였다.
   ② 한 · 중 교역량 추위는 '한국무역협회'의 자료이다.
   ③ 2017년 상반기 방한 중국인은 225만 2,915명으로 2016년 동기대비 감소했다.

74 ④ IoT에 관련한 국제표준이 존재한다. 참고적으로 2019년 11월 ISO와 국제 전기 기술 위원회(IEC) 간 합동기술 위원회 (JTC)의 사물인터넷 분과위원회(SC41) 제6차 국제표준화 회의에서 우리나라가 제안한 수중-IoT(수중통신) 분야의 표준 안 2건이 국제표준으로 승인되었다.

75 다음은 USB 인터페이스에 대한 설명이다. 가장 적절하지 못한 것은?

① USB 2.0에 비해 USB 3.0 버전은 빠른 데이터 전송이 가능하다.

② USB 인터페이스는 전원이 켜진 상태에서도 장치를 연결하거나 분리, 혹은 교환이 가능한 간편한 사용법이 특징이다.

③ USB 3.0 버전은 USB 2.0 버전과 구별하기 위해 보라색 포트사용을 권장하고 있다.

④ 별도의 소프트웨어 설치 없이도 상당수의 USB 장치(키보드, 마우스, 웹캠, USB 메모리, 외장하드 등)들을 간단히 사용할 수 있다.

76 복지 정책 관련 보고서를 작성하고 있는 김비서는 복지 관련 민원 접수에 대한 다음 표를 작성했다. 아래 표를 읽고 유추할 수 있는 사실과 거리가 가장 먼 것은?

민원구분 급수	민원접수			민원처리완료	
	건수	2018이관	2019신규	건수	백분율
1급	350	174	176	202	58%
2급	206	68	138	109	53%
3급	152	46	106	101	66%
4급	520	212	308	386	74%
합계	1,228	500	728	798	65%

① 위 데이터를 이용해 민원접수건수 전체 중 각 급수의 비중을 나타내는 차트로 가장 적절한 차트는 세로 막대형 차트이다.

② 3급 민원 접수 건 중 2018년도에서 이월된 비율은 약 30% 정도이다.

③ 민원처리완료 비율이 가장 높은 순서는 4급 – 3급 – 1급 – 2급 순이다.

④ 평균 민원 처리율은 65%이다.

---

75 ③ USB 3.0 버전은 USB 2.0 버전과 구별하기 위해 파란색 포트 사용을 권장하고 있다.

76 ① 전제 중 각 급수의 비중을 나타내기에 적절한 것은 원그래프이다. 원그래프는 원을 반지름으로 나누고, 전체를 1이라고 할 때 각각의 면적이 전체에서 차지하는 비중을 보여준다.

77 다음은 외국환율고시표이다. 표를 보고 가장 적절하지 못한 분석은?

외국환율고시표〈12월 13일〉 (자료=KEB하나은행)

국가명 통화	전신환		현금		매매기준율	대미환산율	달러당환산율
	송금할 때	송금받을 때	현금살 때	현금팔 때			
미국 달러	1,183.10	1,160.30	1,192.20	1,151.20	1,171.70	1.0000	1.0000
일본 엔	1,079.69	1,058.75	1,087.93	1,050.51	1,069.22	0.9125	1.0959
유로통화 유로	1,321.52	1,295.36	1,334.47	1,282.41	1,308.44	1.1167	0.8955
중국 위안	169.72	166.36	176.44	159.64	168.04	0.1434	6.9727

※ 일본 JPY는 100단위로 고시됩니다.

① 전신환으로 송금하는 경우 현금으로 살 때보다 돈이 덜 든다.

② 미화 100달러를 현금으로 팔아서 받은 돈으로 엔화 10,000엔을 송금하면 돈이 남는다.

③ 10,000위안을 송금받은 돈으로 2,000달러를 현금으로 사는 경우에 돈이 부족하다.

④ 대미환산율을 기준으로 볼 때 1.1167유로가 1달러에 해당한다.

78 우편봉투 작성 시 사용한 경칭의 예시가 맞는 것을 모두 고르시오.

㉮ 대한비서협회장 귀중	㉯ 대표이사 김철수 님
㉰ 이소민 귀하	㉱ ㈜정석컴퓨터 귀중
㉲ 회원 제위	

① ㉮, ㉯, ㉰, ㉱, ㉲

② ㉯, ㉰, ㉱, ㉲

③ ㉮, ㉱, ㉲

④ ㉰, ㉲

77 ④ 대미환산율을 기준으로 볼 때 1유로는 1.1167달러에 해당한다.

78 ㉮ '귀중(貴中)'은 편지나 물품 따위를 받을 단체나 기관의 이름 아래에 쓰는 높임말이다. 대한비서협회장 '귀하(貴下)'로 쓰는 것이 적절하다.

79 다음 중 사이버 보안위협 내용으로 옳은 것을 모두 고르시오.

> ㈎ 지능형 공격과 결합한 랜섬웨어 공격의 증가
> ㈏ 가상화폐 관련 서비스와 금전이익을 노리는 공격 증가
> ㈐ 보안에 취약한 IoT 기기를 악용한 범죄
> ㈑ 사회적 이슈 관련 대규모 사이버 공격 위협
> ㈒ 불특정 다수를 대상으로 한 스피어피싱의 증가

① ㈎ – ㈏ – ㈒
② ㈎ – ㈏ – ㈐ – ㈒
③ ㈎ – ㈏ – ㈐ – ㈑
④ ㈏ – ㈐ – ㈑

80 아래의 애플리케이션 중 그 성격이 다른 한 가지는?

① 드롭박스
② 구글 드라이브
③ 스카이프
④ 마이크로소프트 원드라이브

ANSWER 79.③ 80.③

79 ㈒ 스피어피싱(spear phishing)은 특정한 개인이나 회사를 대상으로 한 피싱 공격을 말한다. 공격자가 공격 성공률을 높이기 위해 사전에 공격 대상에 대한 정보를 수집하고 이를 분석하여 피싱 공격을 수행한다.

80 드롭박스, 구글 드라이브, 마이크로소프트 원드라이브는 웹기반의 파일 공유 서비스 어플리케이션이다.
　③ 스카이프는 에스토니아의 스카이프 테크놀로지사가 개발한 무료 voip 소프트웨어로, 스마트폰 등을 통해 무료로 영상 또는 음성 통화를 가능하게 해주는 어플리케이션이다.

서원각과 함께

꿈의 날개를 펴라

기업체 시리즈

한전KPS

KAC 한국공항공사

안전보건공단

예금보험공사

온라인강의와 함께 공부하자!

공무원 | 자격증 | NCS | 부사관·장교

네이버 검색창과 유튜브에 소정미디어를 검색해보세요.
다양한 강의로 학습에 도움을 받아보세요.

유튜브무료강의

소정미디어 홈페이지에서
다양한 강의를 확인해보세요.